Vertrackte Karrieren

Christiane Funken ist Professorin für Kommunikations- und Mediensoziologie sowie Geschlechterforschung am Institut für Soziologie der Technischen Universität Berlin. Jan-Christoph Rogge, M.A., war wissenschaftlicher Mitarbeiter und Sinje Hörlin, M.A., wissenschaftliche Mitarbeiterin im Projekt »Generation 35 plus. Aufstieg oder Ausstieg? Hochqualifizierte und Führungskräfte in Wirtschaft und Wissenschaft«.

Christiane Funken, Jan-Christoph Rogge, Sinje Hörlin

Vertrackte Karrieren

Zum Wandel der Arbeitswelten in Wirtschaft und Wissenschaft

Campus Verlag
Frankfurt/New York

MIX
Papier aus verantwortungsvollen Quellen
FSC® C089473
www.fsc.org

Bibliografische Information der Deutschen Nationalbibliothek
Die Deutsche Nationalbibliothek verzeichnet diese Publikation in der Deutschen Nationalbibliografie; detaillierte bibliografische Daten sind im Internet unter http://dnb.d-nb.de abrufbar.
ISBN 978-3-593-50271-7

Umschlaggestaltung: Campus Verlag GnbH, Frankfurt am Main
Satz: Campus Verlag, Frankfurt am Main
Druck und Bindung: Beltz Bad Langensalza GmbH
Printed in Germany

Dieses Buch ist auch als E-Book erschienen.
www.campus.de

Inhalt

Vorwort

Die vorliegende Studie entstand im Rahmen eines vom Bundesministerium für Bildung und Forschung (BMBF) geförderten Forschungsprojektes in den Jahren 2012 bis 2014 und erweitert meine Forschungsreihe zu den Karrierebedingungen und -strategien in der Wirtschaft um das Arbeitsfeld der Wissenschaft.

Das Forschungsinteresse richtete sich diesmal auf den Vergleich der karrieredeterminierenden Strukturmerkmale zweier nur auf den ersten Blick höchst unterschiedlicher Arbeitswelten, die jeweils einem starken strukturellen Wandel unterliegen.

Es zeigte sich, dass in beiden Feldern, also in Wirtschaft ebenso wie in Wissenschaft, die hegemonialen und identitätsstiftenden Leitbilder im Widerspruch stehen zu den Arbeits- und Karrierebedingungen. Die ehemals in der Wirtschaft durch extrinsische, in der Wissenschaft hingegen durch intrinsische Anreize gesteuerten Motivlagen verlieren an Gültigkeit, mit nicht intendierten Folgen.

Die Idee zur Studie stammt von Christiane Funken, die auch die Projektleitung innehatte. Sinje Hörlin widmete sich primär dem Arbeitsfeld »Wirtschaft«, während Jan-Christoph Rogge den Bereich »Wissenschaft« übernahm. Im Buch hat Jan-Christoph Rogge auch jene Abschnitte verfasst, in denen der Strukturvergleich durchgeführt wird.

An dieser Stelle sei den Interviewpartnerinnen und -partnern aus Wirtschaft und Wissenschaft für ihre bereitwillige und kooperative Mitarbeit gedankt. Danken möchten wir auch dem Bundesministerium für Bildung und Forschung (BMBF), das dieses Projekt über insgesamt 2 Jahre gefördert hat.

Nicht zuletzt danken möchten wir Angelina Dongauser, Nils Sahler, aber auch Filiz Dagci, Anika Hägner, Tanja Ertl und Nina Jurisch, die auf unterschiedliche Weise durch ihre engagierte Mitarbeit zum Gelingen des Projektes, der Konferenz und des Buches beigetragen haben.

Christiane Funken
Berlin im Oktober 2014

1 Einleitung – Turbulente Zeiten

Gegenwartsdiagnosen, zumal soziologische, können sich heute zumindest auf eines einigen: Wir leben in turbulenten Zeiten. In der Rückschau werden die drei Jahrzehnte nach dem Zweiten Weltkrieg in den westlichen Gesellschaften im Allgemeinen und in der deutschen im Besonderen oftmals als Hort der Stabilität und der ökonomischen Prosperität portraitiert. Spätestens seit den frühen 1990er Jahren scheint aber einiges durcheinandergeraten zu sein, alte Gewissheiten lösen sich auf und der Wandel nimmt Fahrt auf, ohne bis heute zum Stehen gekommen zu sein. In so gut wie allen Berichten über den gegenwärtig zu beobachtenden Wandel wird ein Gegensatz zwischen einem ruhigen, geordneten und manchmal sogar »glorreichen« (Bauman 2003: 25) *Früher* und einem unsicher und unübersichtlich gewordenen und werdenden *Jetzt* aufgespannt.

Eine vor allem in den 1980er und 1990er Jahren beliebte Art der Formulierung von Gegenwartsdiagnosen ist, den diagnostizierten (oder prognostizierten) Wandel als so grundlegend einzustufen, dass die ganze Gesellschaft oder das jeweilige Zeitalter ein neues Label verdient. Beispiele dafür sind die »Wissensgesellschaft« (zum Beispiel Stehr 1994), die »Netzwerkgesellschaft« (Castells 1996), die »Risikogesellschaft« (Beck 1986), die »Erlebnisgesellschaft« (Schulze 1993), die »Inszenierungsgesellschaft« (Willems 1998), die »Audit Society« (Power 1997) oder die »flüchtige Moderne« (Bauman 2003). Eine zweite Variante, den Wandel auf den Punkt zu bringen, ist die Formulierung von Prozessbegriffen. So ist etwa von einer »Subjektivierung von Arbeit«, von »Vermarktlichung«, »Prekarisierung«, »De-Institutionalisierung« und »Beschleunigung« (Rosa 2005), von der »Ökonomisierung« zuvor nicht-wirtschaftlich organisierter Gesellschaftsbereiche oder gleich der ganzen Gesellschaft (vgl. Schimank/Volkmann 2008), aber auch von der »Verwissenschaftlichung der Gesellschaft« (Weingart 2001: 18) die Rede. Eine dritte Variante stellt die Leitbilder und Anrufungen, denen die Subjekte in der Spätmoderne ausgesetzt sind, ins Zentrum ihrer Analysen: Während Ulrich Bröckling (2007) vom »unternehmerischen Selbst« als dem kategorischen Imperativ der Gegenwart spricht, identifiziert Andreas Reckwitz (2012: 9 und 10) eine »Unvermeidlichkeit des Kreativen« und »eine Dopplung von Kreativitätswunsch und Kreativitätsimperativ, von subjektivem Begehren und sozialer Erwartung«. Lässt man diese lange nicht erschöpfende Aufzählung von Gegenwartsdiagnosen Revue passieren und liest sie nicht als ein »entweder-oder«, sondern als ein »sowohl-als-auch« (vgl. Volkmann/Schimank 2002: 8), dann wird schnell klar: Die Turbulenz resultiert nicht nur daraus, dass der Wandel Neues hervorbringt, sondern auch und vor allem aus der Vielgestaltigkeit des Neuen. Dabei kommt es zu mannigfaltigen und komplexen Überlagerungen, zu Widersprüchlichkeiten und Verwerfungen. ›Alte‹ Strukturen und Leitbilder prallen auf ›neue‹ Muster und verschiedene Teilprozesse des Wandels konfligieren miteinander.

Ausgehend von diesem Befund interessieren wir uns für den vielgestaltigen Wandel der *Arbeitswelt* und dessen Einfluss auf die Karrieren der Beschäftigten in Wirtschaft und Wissenschaft. Wir wollen versuchen herauszuarbeiten, welche Aspekte des Wandels für einzelne Typen von Beschäftigten im Vordergrund stehen, an welchen Leitbildern sie sich orientieren, ob und, wenn ja, welche Widersprüche sie dabei erleben, ob und wie sie diese zu bewältigen vermögen und welche Ressourcen ihnen dabei helfen. Unsere Leitfragen sind: Welche Karriereentwürfe und -strategien verfolgen die jungen Führungskräfte und Hochqualifizierten in Wissenschaft und Wirtschaft? Welche Erfahrungen haben sie auf ihrem bisherigen Weg gemacht? Wie wirken sich diese Erfahrungen auf ihre weitere (Karriere-)Planung aus? Gibt es Unterschiede zwischen den Geschlechtern? Und: Welche Gemeinsamkeiten und Unterschiede lassen sich zwischen den beiden Feldern beobachten?

Der Feldvergleich erscheint uns aus mindestens zwei Gründen instruktiv für unsere Fragestellung zu sein: Zum einen, weil in der Literatur an vielen Stellen, insbesondere in der Forschung über die Wissenschaft und wissenschaftliche Karrieren, die Annäherungen und Hybridisierungen, aber auch die Kontinuitäten des jeweiligen feldspezifischen Eigensinns in Abgrenzung zu anderen Bereichen der Gesellschaft zum Thema gemacht werden. Meist geschieht das jedoch nur andeutungsweise bzw. aus der Perspektive eines der beiden Felder, vornehmlich der Wissenschaft. Ökonomisierung, Politisierung und Medialisierung der Wissenschaft sind Schlagworte, die eine Veränderung der Wissenschaft anzeigen sollen und sich, zumindest in der systemtheoretischen Terminologie von Peter Weingart (2001), auf die enger werdenden Kopplungen zwischen der Wissenschaft und anderen Funktionssystemen der Gesellschaft beziehen. Das gleiche gilt für den sogenannten neuen Modus 2 der Wissensproduktion (vgl. Gibbons u.a. 1994), der stärker als der ›alte‹, akademisch geprägte Modus 1 an die gesellschaftlichen Kontexte rückgebunden ist. Aber auch in der arbeits- und industriesoziologischen Forschung ist, zumindest implizit, viel von einer Angleichung der an die Arbeitenden gestellten Anforderungen an jene Merkmale, die ursprünglich für WissenschaftlerInnen reserviert schienen, zu lesen. Schon Daniel Bell äußerte 1973 die Hoffnung, dass die von Robert K. Merton zu einem Kanon verdichteten wissenschaftlichen Normen »zunehmend auch die Kultur der Gesellschaft insgesamt prägen würde[n]« (Baethge/Denkinger/Kadritzke 1995: 13). Der neue Typus der Wissensarbeit, den Helmut Willke (1998: 161) als das »Kernelement der Morphogenese der Industriegesellschaft zur Wissensgesellschaft« bezeichnet, ist nur über Mechanismen zu steuern und zu kontrollieren, die traditionell im wissenschaftlichen Kontext zu finden sind, zum Beispiel soziale Normen und der Appell an die intrinsische Motivation der Beschäftigten (vgl. Wilkesmann 2005: 62–63).

Wissensarbeit ist zudem, wie wissenschaftliche Arbeit auch, stark an die Subjektivität der Arbeitenden gebunden. Nicht umsonst ist die »Subjektivierung von Arbeit« in aller Munde. Zum anderen, wir kommen zum zweiten Grund für den Feldvergleich, werden die jeweiligen Wandlungsprozesse in den beiden Feldern ganz überwiegend in Spezialdiskursen (zum Beispiel Wissenschaftsforschung oder Arbeits- und Industriesoziologie) thematisiert, die zum Teil zwar mit ähnlichen Begriffen arbeiten und ähnliche Phänomene diskutieren, jedoch nicht oder nur wenig aufeinander Bezug nehmen. Sehr deutlich wird dies am Topos der Vermarktlichung, die, wie wir noch sehen werden, in beiden Feldern zu tiefgreifenden, gleichwohl unterschiedlich gelagerten Veränderungen führt. Ein weiteres Beispiel ist das Thema Karrieren. Im Vergleich wird schnell offenbar, dass die traditionelle Karrieretheorie, die auf die hohe Bedeutung von Organisationen abhebt, mit den empirischen Befunden der wissenschaftlichen Karriereforschung nicht kompatibel ist (vgl. Laudel/Gläser 2008: 389). Anders als Wirtschaftsorganisationen haben deutsche Hochschulen nur einen sehr geringen, wenngleich größer werdenden Einfluss auf die Karrieren von WissenschaftlerInnen, ausschlaggebend sind hier vielmehr die *scientific community* und die einzelnen ProfessorInnen. Ansätze, einen Karrierebegriff zu entwickeln, der in Wissenschaft und Wirtschaft Gültigkeit beanspruchen kann, sind jedoch rar gesät. Dieses Buch stellt also auch den Versuch dar, aus der integrierten Betrachtung dieser zum Teil disparat verlaufenden Diskursstränge neue Erkenntnisse über die Konvergenzen und Divergenzen von Wirtschaft und Wissenschaft zu gewinnen.

Unsere forschungsleitende These ist, dass die Vielgestaltigkeit des Wandels und das Nebeneinander von alten und neuen Strukturen und Leitbildern[1] zu widersprüchlichen Karriereanforderungen[2] an die Beschäftigten führen – und zwar in beiden Feldern gleichermaßen. Augenfällig wird dies an dem Widerspruch einer Arbeitswelt, die zunehmend auf Kurzfristigkeit und Oberflächlichkeit orientiert ist (vgl. Sennett 1998), in der sich die Leistungsbewertung nicht länger ausschließlich an Qualifikationsnachweisen, sondern an der aus der Performanz abgeleiteten, erwarteten Leistungsfähigkeit ausrichtet (vgl. Funken/Stoll/Hörlin 2011); einer Arbeitswelt, in der »[h]eute ins Morgen zu investieren und hierfür Opfer auf sich zu nehmen, [...] wenig rational« erscheint (Voswinkel 2000: 52), die aber gleichzeitig von den Beschäftigten verlangt, ihre Arbeit als Berufung zu erleben und zum Kern ihrer Subjektivität zu erheben (vgl. Honneth 2010: 75). Die vorliegende Arbeit ist deshalb in erster Linie als ein Beitrag zu einer Soziologie der Karrieren zu verstehen. Gleichfalls schließt sie aber sowohl an arbeits- und industrie- als auch an organisations- und ebenso an wissenschaftssoziologische Diskurse an, indem sie die veränderten Formen der Steuerung und Koordination von Arbeit in den beiden Feldern in den Blick nimmt. Sie wildert dazu im Bereich der Kultursoziologie und einer Soziologie der Normen, wenn sie den Einfluss von Leitbildern und normativen Verhaltenserwartungen in die Analyse miteinbezieht. Nicht zuletzt baut unsere Studie auf geschlechtersoziologischen Fragestellungen auf. Denn wir gehen davon aus, dass Leitbilder und Strukturen insofern vergeschlechtlicht sind, als sie ein bestimmtes Lebens- und Arbeitsmodell priorisieren oder bevorteilen. Daher liegt unser Augenmerk auch darauf zu ergründen, ob Frauen und Männer in unterschiedlicher Weise von einer Widersprüchlichkeit der Karriereanforderungen betroffen sind.

Die im Folgenden präsentierten Ergebnisse basieren auf dem Projekt »Generation 35plus«, das am Institut für Soziologie der TU Berlin durchgeführt und vom Bundesministerium für Bildung und Forschung (BMBF)

---

1 Mit Leitbildern sind im Folgenden in Anlehnung an Katharina Giesel (2007: 245) implizite Leitbilder gemeint, das heißt »denk- und handlungsleitende, zukunftsbezogene Orientierungsmuster«.

2 Der Begriff lehnt sich an das Konzept widersprüchlicher Arbeitsanforderungen von Manfred Moldaschl (2001) an, das zur Identifizierung der Ursachen psychischer Belastungen von ArbeitnehmerInnen dienen soll.

gefördert wurde. In diesem Rahmen haben wir 51 Hochqualifizierte und Führungskräfte aus Wirtschaft und Wissenschaft zu ihren bisherigen Erfahrungen im Beruf sowie ihren Karriereambitionen und Zukunftsperspektiven in persönlichen Tiefeninterviews befragt. In der Wirtschaft haben wir mit 31 Personen gesprochen, die zum Zeitpunkt der Befragung in großen Konzernen tätig und als ›WissensarbeiterInnen‹ zu klassifizieren waren. In der Wissenschaft haben wir 20 NachwuchswissenschaftlerInnen interviewt, die mindestens promoviert waren, aber noch keine Professur erlangt hatten. Fast alle Befragten waren zwischen 30 und 40 Jahren alt. Wir wollten mit Personen sprechen, die bereits einige Erfahrungen in ihrem jeweiligen Berufsfeld gesammelt haben, gleichwohl noch nicht ›arriviert‹ sind und die sich in der sogenannten Rush-Hour[3] des Lebens befinden. Alle Interviews wurden im letzten Quartal des Jahres 2012 geführt.[4]

Um der Kollision von alten und neuen Mustern auf die Spur zu kommen, haben wir zunächst, im folgenden zweiten Kapitel, die klassischen Organisations- und Sozialideen der beiden Felder herauspräpariert. In der Wirtschaft sind das die Bilder der Wirtschaftsorganisation als rationales System und der Arbeitenden als »Homines oeconomici«, in der Wissenschaft hingegen die Humboldtsche Universitätsidee und das Schillersche Idealbild des »philosophischen Kopfes«. Die je nach Feld getrennten Darstellungen werden ergänzt durch eine Zusammenführung, in der die Organisations- und Menschenbilder nebeneinander gelegt werden, um Gemeinsamkeiten und Unterschiede sichtbar machen zu können. Im dritten Kapitel untersuchen wir in vergleichender Perspektive zuerst den Wandel der Arbeits- und anschließend den Wandel der Karrierebedingungen in Wirtschaft und Wissenschaft. Das vierte Kapitel stellt die Ergebnisse der empirischen Erhebung vor. Die unterschiedliche Struktur der beiden Unterkapitel zur Wirtschaft (4.1) und zur Wissenschaft (4.2) erklärt sich aus der Logik der Ergebnisse und der Unterschiede zwischen den beiden Feldern.

Während in der Wissenschaft der massiv zugespitzte Wettbewerb einer immer größer werdenden Zahl von NachwuchswissenschaftlerInnen um eine gleichbleibende Anzahl an Professuren *das* dominante Kriterium ist, welches alle anderen mit dem Wandel einhergehenden Entwicklungen in

3 Bertram (2012: 111) zufolge ergibt sich die Rush-Hour des Lebens daraus, dass, aufgrund der gesellschaftlichen Veränderungen, zum Beispiel in der Arbeitsteilung zwischen den Geschlechtern, »Lebensentscheidungen, die lange als ein Nacheinander im Lebenslauf erlebt wurden, nun simultan als Gegenwart zu lösen sind«.

4 Weitere Angaben zum methodischen Vorgehen finden sich im Anhang.

den Schatten stellt, stehen in der Wirtschaft verschiedene Faktoren im Wahrnehmungsfokus der AkteurInnen. Hier zeigen sich drei voneinander abzugrenzende Handlungsmuster, die als Reaktionen auf höchst unterschiedliche Aspekte des strukturellen Wandels zu lesen sind. So formulieren die aufstiegsorientierten »Kritischen« den Gedanken eines potentiellen Ausstiegs aus den Konzernstrukturen in der Einsicht, dass sie ihr Autonomiebedürfnis und ihren Gestaltungsanspruch in diesem rigiden organisationalen Umfeld nicht ausleben können. Die ebenfalls sehr ambitionierten »Flüchtigen« hingegen haben die Erfahrung gemacht, dass sich aufgrund der dicht getackteten organisationalen Umstrukturierungsprozesse immer wieder neue Entwicklungsmöglichkeiten und Chancen auftun, und sehen deshalb von einer zielstrebigen Karriereplanung ab. Die ausbleibende weitere Karriereaspiration der »EntschleunigerInnen« resultiert schließlich aus dem Erlebnis einer enormen Leistungsverdichtung und immensen Beschleunigung der Arbeitsprozesse. Die WissenschaftlerInnen dagegen unterscheiden sich nicht hinsichtlich ihrer Reaktionen auf verschiedene Facetten des strukturellen Wandels, sondern hinsichtlich der subjektiven Wahrnehmung ihrer individuellen Karriereaussichten unter den Bedingungen des verschärften Konkurrenzdrucks in einem geschlossenen System ohne alternative Laufbahnperspektive. Einige gehen den Aufstieg zur Professur dank umfassender beruflicher und privater Unterstützung selbstbewusst an (die »Hoffnungsvollen«), andere wollen nur gezwungenermaßen aufsteigen und sind von Selbstzweifeln geplagt (die »Fatalisten«) und die dritten verweigern sich dem wissenschaftlichen Spiel um Anerkennung und Reputation und ziehen den kurz- bis mittelfristigen Ausstieg aus der Wissenschaft in Betracht (die »SpielverweigererInnen«).

Bevor im Anhang knapp das methodische Vorgehen skizziert wird, widmet sich das fünfte und letzte Kapitel einer abschließenden Betrachtung der empirischen Befunde aus den beiden Feldern. Dabei wird klar: Die Widersprüchlichkeit der Karriereanforderungen kulminiert in einer in weiten Teilen der Arbeitswelt vorherrschenden Unvereinbarkeit von Leitbildern, die die intrinsische Motivation und Selbststeuerung der Beschäftigten anrufen, mit den strukturellen Rahmenbedingungen, die – in der Wissenschaft immer mehr und in der Wirtschaft immer noch – auf extrinsische Motivation und Fremdsteuerung gepolt sind.

2 Historische (Vor-)Bilder – Die Organisations- und Sozialideen von Humboldt, Taylor und Weber

2.1 Der »homo oeconomicus« und die Wirtschaftsorganisation als rationales System

Als um die Jahrhundertwende die ersten großen Wirtschaftsorganisationen entstehen und sich vormalige Familienbetriebe im Zuge der Industrialisierung zu Großunternehmen fortentwickeln, sind damit auch organisationstheoretische Fragen verbunden. Zum einen machen die steigende Komplexität und interne Ausdifferenzierung dieser neuartigen Gebilde eine Auseinandersetzung damit notwendig, wie sich die Organisation und die Koordination von Arbeit im großen Stil optimieren lassen. Zum anderen stand es an, geeignete Organisationsformen für die nun angewandten mechanisch-maschinellen Produktionsverfahren zu finden. Man musste sich, mit anderen Worten, darüber Gedanken machen, wie man die industrielle Fertigung und die damit einsetzende Massenproduktion organisieren wollte.

2.1.1 Weber und Taylor als Klassiker der Organisationstheorie

Unter den zu Beginn des 20. Jahrhunderts in zahlreicher Form entstehenden Theorien und Texten auf dem Gebiet der Unternehmensführung und der Managementlehre, die prägenden Einfluss auf die in unseren Köpfen vorherrschenden »Bilder der Organisation« (Morgan 1997) haben sollten, sind es vor allem zwei Klassiker, deren Namen auch heute noch, rund 100 Jahre später, in diesem Zusammenhang immer wieder fallen. Dies ist zum einen der Soziologe Max Weber, der als einer der »Wegbereiter der modernen Organisationstheorie« (Kieser 2006c: 63) gilt, und dessen idealtypische Konstruktion der Bürokratie – zu Webers Lebzeiten *der* arbeitsorganisationale Prototyp – nicht nur zu einem »Gemeingut im Denken über Organisationen«

(Preisendörfer 2011: 110) geworden, sondern in der Organisationsforschung nach wie vor ein zentraler Bezugspunkt ist. Für Weber, der mit seiner Beschreibung bürokratischer Strukturen einen Erklärungsversuch für die im 19. Jahrhundert einsetzende Bürokratisierungswelle liefert, stand die bürokratische Organisation, die er mit einer »Maschine« (Weber 1976 [1921]: 835)[5] vergleicht, für ein »Höchstmaß an Effizienz« (ebd.: 101).[6] Die Steigerung der unternehmerischen Effizienz wird Weber (1976 [1921]: 562) zufolge aufgrund der »Schleunigkeit« organisationaler Operationen notwendig. Ursache hierfür sei »die Eigenart der modernen Verkehrsmittel« (ebd.), das heißt die neuen Kommunikationsmedien. Die von diesen ausgelöste »außerordentliche Beschleunigung« verlange auch seitens der Betriebe eine »Beschleunigung des Reaktionstempos«, was aus der Sicht Webers nur ein bürokratisch organisiertes Unternehmen zu leisten vermag (ebd.).

Während Weber den Rationalisierungsprozess in seiner idealtypischen Ausformung analysierte und beschrieb, war es auf Seiten der Praktiker Frederick Winslow Taylor, der etwa zeitgleich die Implementierung von Rationalisierungsmaßnahmen in den großen Industrieunternehmen vorantrieb. Obgleich äußerst kontrovers rezipiert, gehört Taylor bis heute zu den einflussreichsten Organisationstheoretikern. Der Taylorismus wurde praktisch »zum Sammelbegriff für Methoden der Rationalisierung – *der systematischen Optimierung der Arbeitsorganisation*« (Kieser 2006c: 117). Über Jahrzehnte hinweg, vor allem in der ersten Hälfte des 20 Jahrhunderts[7], ist der Taylorismus zu einem zentralen arbeitsorganisatorischen Leitbild geworden, das die Auffassung von Arbeit, von der Struktur von Arbeitsorganisationen und nicht zuletzt von den arbeitenden Individuen auf nachhaltige Weise prägte und auch heute in starkem Maße noch prägt.

Mit den *organisationalen* Bildern, wie der Taylorismus und der Bürokratismus sie zeichnen, gehen bestimmte *Menschen*bilder einher. So entspricht

5 Die Maschinenmetapher taucht in Webers Texten immer wieder auf. Alles durchorganisierte, straff Geplante gilt ihm offenbar als Maschine, so bezeichnet er etwa damit auch den Rechtsapparat und die Parteiorganisationen.

6 Kieser (2006b: 113) spricht in Bezug auf diese Maßgabe von einem regelrechten »Effizienz-Fieber«, das alle sozialen Bereiche durchzog: »Universitäten wurden Effektivitätsanalysen ebenso unterworfen wie Schulen und die öffentliche Verwaltung.«

7 Obgleich in bestimmten Bereichen tayloristische Konzepte der Arbeitsorganisation nach wie vor bzw. wieder eingesetzt werden (die sogenannte Re-Taylorisierung), so besteht in der Industriesoziologie doch im Grunde Einigkeit, dass die tayloristische Betriebsführung nicht mehr der für spätmoderne Ökonomien geeignete *One Best Way* ist (vgl. Marrs 2010: 338).

der im Taylorismus herrschenden Vorstellung von Organisation als einer Art Produktionsmaschine, die mit exakten wissenschaftlichen Methoden gesteuert werden kann, die Vorstellung eines Mitarbeiters, der ganz im Sinne der eigenen Interessensmaximierung des »homo oeconomicus« agiert – und damit der Vorstellung des Arbeiters, der nur so viel tut, wie er muss und der ›von Natur‹ aus zur »systematischen Drückebergerei« (Taylor 1977: 22) neigt.[8] Andererseits sind arbeitsorganisationale Leitbilder an der Hervorbringung bzw. Formung von Menschenbildern selbst nicht unwesentlich beteiligt. Sie erzeugen bestimmte Vorstellungen über Eigenschaften, Motive, Bedürfnisse und Ziele der Mitarbeitenden. Sie belohnen bestimmte Verhaltensweisen und Handlungen, sanktionieren Devianz und verbreiten damit implizite Idealvorstellungen, die als Leitlinien der Unternehmensphilosophie und -praxis zugrunde liegen. Dabei handelt es sich um Grundannahmen, deren Entstehung zwar auf eine spezifische Zeitperiode zurückgeht, die als Entscheidungs- und Handlungsprämissen jedoch (partiell) auch heute noch im Hintergrund wirksam sind – dies insbesondere auch in Bezug auf die Frage der Steuerung und Kontrolle organisationaler Prozesse (vgl. Conrad 2001: 500 f.). Organisationale Menschenbilder sind also durchaus zeitgeistgebunden, dennoch erweisen sich viele der traditionellen »Sichtweisen«, die über einen langen Zeitraum hinweg »erlernt« und internalisiert wurden, als »relativ stabil« (ebd.), sodass sie unsere Vorstellungen über Organisationen und Betriebe und den Menschen in den Betrieben nachhaltig beeinflussen.

Die Stabilität der traditionellen Perspektiven liegt wohl nicht zuletzt auch an der Wandlungsträgheit der daran gekoppelten organisationalen Architekturen sowie der eingeschliffenen Verfahrensweisen und eingespielten Routinen. Zwar haben sich – wie noch zu zeigen sein wird – die sozialen Leitbilder inzwischen grundlegend gewandelt, die unternehmerischen Strukturen verharren aber an vielen Stellen in dem Zustand, wie ihn die Klassiker beschrieben bzw. ins Leben gerufen haben. Die damit entstehende, im Grunde asynchrone Konstellation konfrontiert die Akteure der Gegenwart nicht nur mit widersprüchlichen Arbeitsanforderungen (vgl. Moldaschl 2001), sondern auch – und das ist hier unser Thema – mit widersprüchlichen *Karriere*anforderungen. Um die aus der Ungleichzeitigkeit resultierenden Unstimmigkeiten, mit denen die Karriereakteure und -akteurinnen von heute zu tun haben, zu verdeutlichen, ist es in einem ersten Schritt notwendig, sich

8 Vgl. zu einer Typologie von Menschenbildern Schein (Schein 1988) und McGregor (1960) sowie zu einer Typologie von Führungskräften Maccoby (1979).

die historischen Vorbilder von dem »idealen« Mitarbeitenden bzw., auf unser Sample gewendet, der »idealen« Führungskraft kurz ins Gedächtnis zu rufen. Gemeinsam ist den klassischen Ansätzen – so viel sei an dieser Stelle vorweggenommen –, dass sie *Organisationen als rationale Systeme* begreifen, die es unter Effizienzgesichtspunkten zu optimieren gilt (Preisendörfer 2011: 95).[9] Aus dieser Perspektive handelt es sich beim Thema Organisation um ein rein »technisches Problem« (Morgan 1997: 37). Der *human factor* wird dabei gänzlich ausgeklammert. Organisationen sind aus dieser Sicht vor allem ein Herrschaftsinstrument bzw. ein Mittel zur Ausübung von Kontrolle. Eine weitere Verbindungslinie ist die damit verbundene strukturdeterministische Sichtweise. Denn im Vordergrund steht die Frage, wie Menschen und deren Tätigkeiten an bestimmte (bürokratische, maschinelle) Strukturvorgaben anzupassen sind. Dieser Organisationsansatz, so resümiert auch Morgan (1997: 50), »formt die Menschen nach den Erfordernissen der mechanistischen Organisation, anstatt die Organisation auf die Stärken und Fähigkeiten der Mitarbeiter auszurichten«. Die seinerzeit gängigen Vorstellungen über die ideale Führungskraft werden im Folgenden kurz skizziert.

2.1.2 Bürokraten, Aufseher und ›Teamleader‹

Leitendes Prinzip des bürokratisch organisierten Betriebs, wie Weber ihn zu Beginn des 20. Jahrhunderts idealtypisch beschreibt, ist Berechenbarkeit (vgl. im Folgenden Weber 1976 [1921]: 551 ff.).[10] Arbeitsergebnisse sind in diesen maschinenartig funktionierenden und perfekt aufeinander abgestimmten Strukturen präzise kalkulierbar. Um einen reibungslosen, stets verlässliche

9 Preisendörfer (2011: 95) stuft diese Vorstellung als »die seit langem und noch immer dominierende Sichtweise sowohl im Alltagsleben als auch innerhalb der Organisationsforschung« ein. Dagegen tun Ansätze, welche die emergente Ordnungsbildung in Systemen hervorheben, diese klassische Konzeption als »naive Illusion« ab (Schreyögg 1999: 16).

10 Bei seiner Analyse macht Weber keinen Unterschied zwischen der Funktionsweise staatlicher Behörden und der eines Wirtschaftsunternehmens: Die »großen, modernen kapitalistischen Unternehmungen sind selbst normalerweise unerreichte Muster straffer bürokratischer Organisation« (Weber 1976 [1921]: 562). Weiter heißt es: »Die Vorstellung, daß staatliche Bürotätigkeit und privatwirtschaftliche Kontortätigkeit etwas innerlich wesensverschiedenes seien, ist europäisch-kontinental und den Amerikanern im Gegensatz dazu gänzlich fremd« (ebd.: 552). Und gerade auch für komplexe und hochspezialisierte Arbeitstätigkeiten sah Weber in bürokratischen Strukturen die technisch überlegene Organisationsform.

und vorhersehbare Resultate produzierenden Ablauf zu gewährleisten, unterliegen sämtliche organisationalen Prozesse einer strikten Arbeitsteilung: Die Aufgaben sind klar definiert, die Zuständigkeiten und Weisungsbefugnisse eindeutig abgrenzbar. Die Ausübung jeder einzelnen Tätigkeit ist an die Einhaltung strikter Regeln gebunden und obliegt Mitarbeitenden, die sich aufgrund ihrer fachlichen Qualifikation und Spezialisierung für die auszuführende Aufgabe ausgewiesen haben. Neben das Prinzip der horizontalen Differenzierung tritt das der vertikalen Differenzierung. In dem rigoros zentralistisch und hierarchisch[11] gegliederten Gebilde, das ein »fest geordnetes System von Ueber- und Unterordnung der Behörden unter Beaufsichtigung der unteren durch die oberen« (ebd.: 552) ist, sind die Dienstwege aufs Genaueste vorgeschrieben und einzuhalten. Damit korrespondiert die Vorstellung von einem Manager als »Kopf eines korporativen Akteurs, der mittels zielgerichteter Anweisungen die Bewegungen des Akteurs bis ins letzte Glied hinein« bestimmt (Pohlmann 2002: 231).

Die *Akteure* an den »oberen« Enden der unternehmerischen Hierarchie sind der Inbegriff des »ersten Beamten«[12] (Weber 1976 [1921]: 552), der seiner Arbeit aufgrund seines »Pflichtcharakter[s]« (ebd.: 552) nachgeht und auf Disziplin und »präzisen Gehorsam« (ebd.: 570) eingestellt ist. Gefragt ist demzufolge ein Mitarbeiter-, aber eben auch ein Vorgesetztentypus im Sinne eines bürokratischen Exekutiv-Organs, mit anderen Worten jemand, der das industriegesellschaftliche Paradigma der Standardisierung und Systematisierung in die Tat umsetzt und sich dabei als (lediglich) ausführende, nicht aber als autonom agierende Instanz versteht. Die Funktion des mittleren Managements, wie man wohl heute sagen würde, hat in dieser Zeit ein eher administratives Profil. So sind die bürokratischen Manager keine Gestalter im heutigen Verständnis. Eher verkörpern sie »geschulte, übergeordnete Verwal-

---

11 Organisationen, die auf dem Hierachieprinzip beruhen, sind aufgrund nicht entstehender Reibungsverluste gegenüber dezentral organisierten Strukturen im Vorteil. »Kollegial organisierte Arbeit […] bedingt Reibungen und Verzögerungen, Kompromisse zwischen kollidierenden Interessen und Ansichten und verläuft dadurch unpräziser, nach oben unabhängiger, daher uneinheitlicher und langsamer« (Weber 1976 [1921]: 562). Darüber hinaus, das klingt hier deutlich hörbar an, bergen dezentrale Strukturen die Gefahr, dem subjektiven Eigensinn freien Lauf zu lassen, den es aus bürokratisch-tayloristischer Sicht zu verhindern gilt.

12 In der Tat handelt es sich bei den Beschäftigten der im 19. Jahrhundert entstehenden Industrieunternehmen häufig um ehemalige Staatsdiener/-angestellte, die die Prinzipien staatlicher Verwaltung in die Unternehmen implementieren sollten (vgl. Kieser 2006c: 64 f.).

ter« (Pohlmann 2002: 229), die sich nicht durch ihren charismatischen Führungsstil, sondern durch »ein hohes Maß an Verläßlichkeit des Verhaltens und ein ungewöhnliches Maß an Konformität mit vorgegebenen Aktionsmustern« (Merton 1971: 268) auszeichnen. Die eigentliche Herrschaft obliegt der formalen Vernunft des bürokratischen Regelwerks.

Die *Struktur* des bürokratischen Großunternehmens ist entsprechend »so beschaffen, daß personalisierte Beziehungen und nichtrationale Überlegungen [...] fast völlig ausgeschaltet sind« (Merton 1971: 266). Neben dem Gebot der Regelbefolgung gehört die Unpersönlichkeit der Amtsführung zu den wesentlichen Prinzipien der bürokratischen Organisation. Letztere gleicht einem anonymen Apparat, in dem Beschäftigte und deren Vorgesetzte gleichermaßen zu beliebig austauschbaren Funktionsträgern mutieren. Persönliche Charakter- bzw. Wesensmerkmale oder Emotionen spielen für die Ausübung des Amtes keine Rolle, ja sollen geradezu unterbunden werden. Denn, so heißt es, die Komplexität und Spezialisierung der »modernen Kultur« benötige den »menschlich unbeteiligten, daher streng ›sachlichen‹ Fachmann« (Weber 1976 [1921]: 563). In der Bürokratie herrscht das »Prinzip des ›sine ira et studio‹. Ihre spezifische, dem Kapitalismus willkommene, Eigenart entwickelt sich umso vollkommener, je mehr sie sich ›entmenschlicht‹, je vollkommener, heißt das hier, ihr [...] die Ausschaltung von Liebe, Haß und aller rein persönlichen, überhaupt allen irrationalen, dem Kalkül sich entziehenden Empfindungselementen aus der Erledigung der Amtsgeschäfte gelingt.« (Ebd.) Als gewinnbringende Produktionsfaktoren werden dementsprechend ausschließlich sach- und fachbezogene Faktoren anerkannt. Allem Nicht-Fachlichem haftet der Ruf der Kontraproduktivität an.

Das gilt ebenso mit Blick auf den beruflichen Aufstieg. Für das individuelle Fortkommen sollen »rein fachliche Gesichtspunkte« den Ausschlag geben (Weber 1976 [1921]: 553). Als Vorbedingung zur Anstellung gilt die Absolvierung »eines fest vorgeschriebenen, meist die ganze Arbeitskraft längere Zeit hindurch in Anspruch nehmenden Bildungsganges« (ebd.: 552). Neben seiner Qualifikation erwartet man vom bürokratischen Beamten vor allem dessen langfristig angelegten Verbleib im Unternehmen. Für seine Loyalität erhält dieser im Gegenzug ein »Höchstmaß an beruflicher Sicherheit« (Merton 1971: 266). Die »Lebenslänglichkeit der Stellung« ist praktisch eine »faktische Regel«, zudem gilt die »Alterssicherung durch Pension«.[13] Dem Gedanken der Langfristigkeit gemäß existiert eine genau festgelegte

13 Dies unterscheidet den »Beamten« vom »Arbeiter« (Weber 1976 [1921]: 555).

Positionsabfolge: Der Verwaltungsmanager arbeitet sich innerhalb des Unternehmens hoch, das heißt er durchläuft eine »Reihe von Angestelltenpositionen, die zu einer leitenden Stellung führen« (Bendix 1960: 302). Die Karriereentwicklung verläuft folglich innerhalb einer festen Laufbahn, wobei das Aufrücken, der Aufstieg in die nächsthöhere Statusposition – »wenn nicht in die Aemter, dann in die Gehaltsstufen nach der ›Anciennität‹« (Weber 1976 [1921]: 556) – sich nahezu automatisch vollzieht. Aufgrund des Senioritätsprinzips verliert ein aktives Konkurrenzverhalten unter den Beschäftigten nahezu seine Relevanz (vgl. Merton 1971: 270). Außerdem erfolgt im Zuge der funktionalen Ausdifferenzierung (zum Beispiel von »Hand«- und »Kopfarbeit«: siehe nächster Abschnitt) und der dadurch entstehenden Vielzahl an Abteilungen und Unterabteilungen »eine beachtliche Vermehrung der Positionen zwischen Spitze und Basis« der betrieblichen Hierarchie, was nicht nur eine »Vermehrung der Rangordnungen im Unternehmen« bewirkt, sondern auch eine »Vermehrung der Stellen in jeder dieser Rangordnungen« nach sich zieht (Bendix 1960: 307). Durch die Aufblähung des bürokratischen Apparats und der darin zur Disposition gestellten Vielzahl an Stellen wird die Wettbewerbssituation abermals entschärft.

Die Konsequenzen, die aus der Bürokratisierung der innerbetrieblichen Strukturen für die arbeitenden Individuen resultieren, sind als durchaus ambivalent einzustufen: Einerseits wirkt die bürokratische ›Nomenklatur‹ – so die Fürsprache des Zeitgenossen[14] – dem »Reich der freien Willkür« bzw. »der persönlich motivierten Gunst und Bewertung« entgegen (Weber 1976 [1921]: 565). Andererseits bringt die Formalisierung, der ja nicht zuletzt auch die Individuen unterliegen, eine »weitgehend verobjektivierte«[15] Subjektivität hervor. Mehr noch: Im Rückblick wird die Individualität von innen heraus ausgehöhlt, von ihrer menschlichen Substanz entkernt, ja regelrecht »ab-

14 Die Gleichsetzung von Weber mit einem Bürokratie-Befürworter greift allerdings zu kurz. Gegen diese Verkürzung sprechen die seinen Schriften entstammenden Passagen scharfer Kritik. Berühmt ist vor allem der Vergleich des bürokratischen Systems mit einem »stahlharten Gehäuse der Hörigkeit« (Weber 2011 [1918]: 332). Für ihn ähnelt die Bürokratie einem »Korsett«, das den Bewegungsspielraum des Einzelnen sehr stark einschränkt, jegliche Autonomie untergräbt und zu Entfremdung führt: »In den Privatbetrieben der Großindustrie sowohl wie in allen modern organisierten Wirtschaftsbetrieben überhaupt reicht die ›Rechenhaftigkeit‹, der rationale Kalkül heute schon bis auf den Boden herunter. Es wird von ihm jeder Arbeiter zu einem Rädchen in dieser Maschine und innerlich zunehmend darauf abgestimmt, sich als ein solches zu fühlen und sich nur zu fragen, ob er von diesem kleinen Rädchen zu einem größeren werden kann.« (Weber 1988 [1924]: 314)

15 So fassen Kleemann und Voß (2010: 417) die Schlussfolgerungen von Marx zusammen.

geschafft«, stattdessen werden »formalisierte allgemeine Regeln und Gesetze auf die Arbeiter und den Arbeitsprozeß angewendet« (Illouz 2011: 119). Kurz gesagt: Die Arbeitssubjekte werden ent-subjektiviert.

Die ›Entmenschlichung‹ von Arbeit im Sinne einer Ausklammerung der subjektiven Eigenanteile findet ihren programmatischen Höhepunkt in der von Taylor entwickelten Methode des *Scientific Managements*.[16] Steht allerdings bei Weber die von »Beamten« bevölkerte ›Managementebene‹ der Unternehmen im Vordergrund, ist es bei Taylor die Ebene der operativ Beschäftigten, das heißt der Arbeiter. Taylor entwarf seine Ideen aus der Perspektive der Arbeitgeber und Unternehmer. Ihm war daran gelegen, der »systematische[n] ›Drückebergerei‹« (Taylor 1977: 22) der Arbeiter bzw. dem »angeborenen Instinkt und der Neigung der Menschen, nicht mehr zu arbeiten als unumgänglich nötig ist« (ebd.: 18) mittels einer »wissenschaftlichen Betriebsführung« (engl.: *scientific management*) entgegenzuwirken. Die Arbeit sollte auf der Grundlage wissenschaftlich abgeleiteter Regeln, Gesetze und Formeln von der Betriebsleitung organisiert werden und das »alte« System der Faustregeln ersetzen. »Kopfarbeit« und »Handarbeit« sollten systematisch voneinander getrennt werden (ebd.: 40).[17] Das Bestreben, organisationale Abläufe und Prozesse zu verwissenschaftlichen, was vor allem bedeutet: zu standardisieren und zu systematisieren, entsprach zu Taylors Lebzeiten nicht nur dem allgemeinen *life style* (vgl. Wren 1979: 209), sondern entsprang auch der gewohnten naturwissenschaftlich-technischen Herangehensweise seiner Profession (vgl. ebd.: 560f.). Taylor war Ingenieur. Die Angehörigen seiner Zunft, die seinerzeit in der Debatte um die arbeitsorganisationale Optimierung den Ton angaben, und die in Organisationen nichts anderes als Maschinen und in Arbeitern nichts anderes als »Reifen« oder »Ölkannen« sahen, weiteten ihre Standardisierungsprinzipien auf das »menschliche Element« im Produktionsprozess aus (Shenhav 1995: 560f.). In der verwissenschaftlichten Organisation, in der »menschliche und nichtmenschliche Entitäten« praktisch »austauschbar« (ebd.)[18] und die Arbeiter

16 Zur weitergehenden begrifflichen Differenzierung des Taylorismus vgl. Marrs (2010: 337f.).

17 Kernprinzip dieses »neuen« Systems war die »Pensumidee« (Taylor 1977: 41). Das zu leistende Pensum eines Arbeiters sollte durch wissenschaftliche Methoden genau berechnet und festgelegt und jedem Arbeiter, der sein Pensum geschafft hatte, ein mindestens dreißigprozentiger Zuschlag auf seinen gewöhnlichen Lohn gezahlt werden. Davon versprach Taylor sich eine »Erziehung und Verbesserung des Arbeitermaterials« (ebd.: 38) und eine Steigerung der unternehmerischen Effizienz.

18 Shenhav zitiert hier eine Ingenieurszeitschrift, das *Engineering Magazine*.

eine »ununterscheidbare menschliche Nummer« (zit. nach Bendix 1960: 408)[19] waren, wurde der Herstellungsprozess im Anschluss an eine genaue Analyse in viele einzelne Schritte, das heißt in Kleinsteinheiten zerstückelt und der Ablauf präzise durchorganisiert.[20] Den Arbeitenden wurde somit das Monopol über das Produktionswissen entzogen (vgl. Marrs 2010: 336 f.). Hinter den Normierungs- und Standardisierungsbestrebungen stand letztlich auch der Versuch, die Kontrolle über die Arbeitstätigkeit selbst zu erlangen.[21] Das *Scientific Management* stellt damit nicht nur einen bewussten Verzicht auf das individuelle Erfahrungswissen der Arbeitenden dar. Es wurde geradezu als notwendig angesehen, den Beschäftigten jeglichen Gestaltungsspielraum sowie jedwede (denkerische, kreative etc.) Eigenständigkeit zu nehmen. Die Subjekte wurden folglich nicht nur ignoriert bzw. ausgehöhlt, sondern auch enteignet. In der aktuellen Forschungsliteratur wird der Taylorismus daher auch als eine Strategie der »Dequalifizierung« diskutiert (vgl. Böhle 2010: 462).

Die Entwicklung von bürokratisch verwalteten und tayloristisch organisierten Systemen setzt voraus, über entsprechende Möglichkeiten zur Beaufsichtigung und zur Kontrolle der Arbeitenden zu verfügen. In einem so gearteten System wird Überwachung, darauf hat Foucault (1994: 226 f.) aufmerksam gemacht, »zu einem entscheidenden ökonomischen Faktor«.[22] Hinter dem neuen Paradigma verbirgt sich daher nicht zuletzt auch eine Disziplinierungsmaßnahme, die im Zusammenhang mit Taylors pessimistischem Menschenbild (»systematische Drückebergerei«) steht.[23] Jeglicher Raum für subjektiven Eigensinn, den die Organisation offenließ, das war seine Überzeugung, würde dem Ziel der wissenschaftlichen Organisation von

19 Bendix zitiert hier *The Management Review*, Bd. 17, Februar 1928, S. 48.

20 Taylor (1977: 19) setzte dazu Zeit- und Bewegungsstudien ein, um die optimale zeitliche Dauer der jeweiligen Arbeitstätigkeit zu berechnen, sodass am Ende das zur Verrichtung jedes einzelnen Schrittes bestmögliche Verfahren festgelegt werden konnte.

21 Taylor beabsichtigte, die in seinen Worten »große Menge überkommenen Wissens, das in vergangenen Tagen in den Köpfen der Arbeiter, in ihrer Handfertigkeit und in ihren Kunstgriffen durch jahrelange Erfahrung und tägliche Übung angesammelt worden war«, für das Management transparent zu machen (zit. nach Bendix 1960: 370).

22 »In this way, Foucault and Weber are not unconnected, for the ›bureaucratic‹ mode of domination […] is also the ›disciplinary‹ mode of domination (Smart 1983, 1985). […] For Weber, human life takes place within the ›iron cage‹ of bureaucracy. For Foucault, human life is existence within an institutional framework of incarceration.« (Burrell 1988: 233)

23 Bei Taylor galten die Arbeiter, so fasst es Illouz (2011: 115) zusammen, »als dumm, unmoralisch, unselbständig und Hauptursache aller sozialen Mißstände«.

Arbeit zuwiderlaufen. In dieser Weltsicht wird der Mitarbeitende zu einem »passive agent to be manipulated, motivated, and controlled by the organization« (Schein 1988: 53).[24] Und so wundert es wenig, dass die tayloristische Produktionsweise, die Gehorsam und nicht Eigeninitiative als oberste Regel setzt, faktisch einer Entmündigung gleichkommt, sprich die Akteurinnen und Akteure ihrer Handlungsfähigkeit beraubt: Die Disziplinierung erfolgt vor allem auch mittels genau geregelter Arbeitszeiten, die es mit geradezu »mechanische[r] Präzision« (Morgan 1997: 24) einzuhalten gilt: Für jede Tätigkeit im Pensumsystem wird von der Führung eine Normzeit ermittelt, die unter Führung von Zeitkarten einzuhalten ist. »Das Leben in der Organisation läuft oft mit der Genauigkeit eines Uhrwerks ab. Von Menschen wird erwartet, daß sie zu einer bestimmten Zeit am Arbeitsplatz erscheinen, einem im Voraus festgelegten Handlungsablauf folgen, zu festgelegten Zeiten Pausen machen und dann ihre Arbeit wieder aufnehmen, bis die Arbeitszeit vorüber ist.« (ebd.) Eine zwangsläufige Begleiterscheinung dieses Prozesses war daher die Entstehung eines gewaltigen Kontroll- und Steuerungsapparats (auf neudeutsch: des mittleren Managements), dem die Zuständigkeit für besagte »Kopfarbeit« oblag. Die darin angesiedelten höheren Angestellten leiteten die Arbeitenden an. Im tayloristisch organisierten Betrieb bildete sich auf diese Weise eine technokratische Managerkaste heraus, auch »Planungsabteilung« genannt, die das Unternehmen am Laufen zu halten hatte wie der Ingenieur den Motor (vgl. Shenhav 1995: 561 f.).[25]

Die Frage, wie sich die Bedingungen der Arbeit zu Zeiten der Industrialisierung auf den/die Einzelne(n) auswirken, beschäftigte bereits Taylors Vorgänger. Marx (2005 [1844]: 59) beschrieb den frühkapitalistischen Menschen als jemanden, der sich »außer der Arbeit bei sich und in der Arbeit außer sich« fühlt. Aus heutiger arbeits- und industriesoziologischer Sicht lautet die Kritik ganz ähnlich: Der Taylorismus impliziere nicht nur eine »Entleerung von Arbeit«, in Folge derer sich die Individuen von ihrer Arbeit (selbst-) entfremden, anstatt sich in ihr zu selbst zu verwirklichen (vgl. Böhle 2010: 471). Vielmehr befördere dieses über Jahrzehnte hinweg dominierende Leitbild »eine tiefgreifende strukturelle Ignoranz gegenüber der Leistung der beschäftigten Individuen« und degradiere die Menschen zu einem »systema-

24 Taylors Weltbild geht von einem rational-ökonomischen Menschen aus, der durch materielle Anreize motiviert wird, der seine Ressourcen kalkuliert einsetzt und der daher fremdkontrolliert werden muss (zu den Grundannahmen des »homo oeconomicus« (vgl. Schein 1988: 52 f.).

25 Shenhav zitiert hier wiederum das *Engineering Magazine*.

tisch durch Kontrolle und Vereinheitlichung möglichst zu minimierenden Störfaktor des Betriebsablaufs« (Kleemann/Voß 2010: 419).[26]

Obgleich Taylors Methode darauf angelegt war, die Arbeit von den Subjektanteilen der Beschäftigten tunlichst zu säubern oder gar zu befreien, so ebnete die wissenschaftliche Betriebsführung doch den Weg dafür, dass das Arbeitsindividuum in das Blickfeld der Managementtheorien geriet (vgl. Wren 1979: 219). Während aber Taylor davon ausging, dass die Beschäftigten allein durch materielle Anreize auf die organisationalen Ziele zu verpflichten seien, verschob sich in der Folge der arbeitswissenschaftliche Fokus auf den Einfluss der menschlichen Beziehungen am Arbeitsplatz und auf die Arbeitsleistung. Außerdem wurden »Gefühle und Stimmungen als Untersuchungsgegenstand entdeckt« (Kirchler/Meier-Pesti/Hofmann 2004: 60). Als eilfertiger Konsultant bot sich in diesem Zusammenhang die sich etablierende und im Zuge des Ersten Weltkriegs an Prestige gewinnende Berufsgruppe der Psychologen an. So gesehen kann die Arbeits- und Industriepsychologie praktisch als »Spin-off« des *Scientific Management* bezeichnet werden (Wren 1979: 224). Mit der Überantwortung der Definition dessen, was gute Arbeit kennzeichnet, an die Psychologen wandelten sich, folgt man Illouz (2011: 118), auch die Vorstellung und Voraussetzungen des idealen Mitarbeitenden bzw. der idealen Führungskraft: »War Erfolg im 19. Jahrhundert ein selbstverständliches Zeichen sozialer Überlegenheit gewesen, die sich somit selbst rechtfertigte, entwickelte sich Führungsqualität nunmehr zu einer flüchtigen Größe, zu einer Eigenschaft, die bewiesen werden mußte und nicht zwangsläufig und tautologisch zuerkannt wurde. Was einen guten Manager ausmachte, war nun mit einer neuen Unsicherheit behaftet.«

Jetzt oblag es also den Psychologen, Antworten auf die Frage zu finden, welche Eigenschaften eines Managers es genau waren, die die unternehmerische Produktivität zu steigern vermochten. Einer ihrer einflussreichsten

26 Ganz anders rechtfertigte der Urheber des *Scientific Managements* selbst sein Werk. Er beharrte darauf, dass die Formalisierung organisationaler Abläufe und Verfahren auf Grundlage ›wissenschaftlicher‹ Regeln und Normen den Spielraum einzelner machtvoller Akteure einschränke und das Prinzip der Willkür aushebele. So heißt es im O-Ton: »Unter dem System der wissenschaftlichen Betriebsführung hören willkürliche Machtausübung und Diktatur auf; ein jeder Fall, ob groß, ob unbedeutend wird Gegenstand eines wissenschaftlich vorgehenden Untersuchungsverfahrens, wird einem Gesetze subsumiert. Der an der Spitze des Gesamtmanagement Stehende ist unter den Bedingungen der wissenschaftlichen Betriebsführung denselben Gesetzen und Regeln unterworfen, die durch hundert und aber hundert Experimente gefunden worden sind, wie die Arbeiter.« (zit. nach Bendix 1960: 369)

Vertreter war der in Harvard forschende Psychologe Elton Mayo.[27] In seinen mittlerweile klassischen Hawthorne-Studien stützte Mayo sich zwar auf ein grundsätzlich anderes Vorgehen als Taylor. Allerdings haben seine »Vorstellungen von einer manageriellen oder administrativen Elite«, wie Bendix (1960: 409) in seiner Untersuchung zu Managementideologien schreibt, »mit der Taylorschen Konzeption einer manageriellen Elite vieles gemeinsam«. Trotzdem ist der Manager bei Mayo nicht mehr der Taylorsche Technokrat, der die Arbeitenden isoliert und in Anbetracht ihrer individuellen Eignung betrachtet und testet (vgl. ebd.: 412). Vielmehr fordert Mayo, den bislang vernachlässigten Stellenwert sozialer Relationen am Arbeitsplatz anzuerkennen und entsprechend zu berücksichtigen. Dazu gehört für ihn auch, dass Führungskräfte sich nicht mehr nur auf die von ihnen genossene technologische Ausbildung berufen, sondern ebenso ihre soziale Befähigung zur Mitarbeiterführung unter Beweis stellen.

Mayo macht also die individuelle Persönlichkeit zum entscheidenden Eignungskriterium.[28] Sein Manager ist geduldiger Zuhörer und empathischer Kommunikator in einem, ja, er verfügt geradezu über therapeutische Fähigkeiten[29]: »The new supervisor was to be more people oriented, more concerned, less aloof, and skilled in handling social and personal situations« (Wren 1979: 307). Zu diesem Ergebnis kam Mayo aufgrund seiner Untersuchungen von Angestellten in den Hawthorne-Werken der Western Electric Company, in denen er die wissenschaftliche Untermauerung des Zusammenhangs zwischen den Arbeitsbedingungen und der individuell erbrach-

27 Mayo war beileibe nicht der erste, der die Bedeutung zwischenmenschlicher Beziehung am Arbeitsplatz erkannte. Wie Rainhard Bendix (1960: 406) anmerkt, stellte Mayo selbst »ausdrücklich fest, daß die lange Reihe seiner wissenschaftlichen Forschungsberichte aus dem Gebiete der industriellen Probleme sich liest wie eine Wiederholung längst verklungener Meinungen, die unter Managern und Industriepsychologen einst im Schwange waren.« Mit Mayos Untersuchungen galt jedoch der Stellenwert von zwischenmenschlichen Beziehungen im Rahmen von Betriebsführung als wissenschaftlich legitimiert (vgl. Kieser 2006a: 133).

28 Obgleich der Zusammenhang zwischen bestimmten Persönlichkeitseigenschaften und Führungserfolg empirisch nicht nachzuweisen ist, übt die sich darauf stützende Theorie auf Unternehmensberater und Praktiker, wie der Hype um die Methode »Assessment Center« eindrücklich belegt, nach wie vor eine große Anziehungskraft aus (vgl. Kieser 2006a: 157).

29 Laut Chris Argyris, Mitbegründer der Personalentwicklung, verfügt die ideale Führungskraft über einen Führungsstil »which has diagnostic skills, an awareness of self and others, and which keeps in mind at all times the worth of the individual and the worth of the organization« (zit. nach Wren 1979: 482).

ten Leistung lieferte. Hinter der von Mayo formulierten Theorie der »Human Relations« stand nicht nur die Entdeckung »gefühlsmäßiger Faktoren« (Bendix 1960: 407) am Arbeitsplatz und, darüber vermittelt, die Identifikation des arbeitenden Menschen als soziales Wesen (vgl. Schein 1988: 56), das seine Motivation im Wesentlichen aus eben jenen »zwischenmenschlichen Beziehungen« bei der Arbeit schöpft. Indem Mayo das »Vokabular der Emotionalität mit dem Vokabular der Produktivität« (Illouz 2011: 127) vermischte, trug er auch zur Entstehung eines neuen Führungs- und Verhaltensmodells bei. Die neue Norm schreibt nun vor, sich im therapeutischen Sinne selbst zu kontrollieren und Einfühlungsvermögen zu zeigen. Emotionale Kompetenz wird zum »neuen ›moralischen Eignungskriterium‹ der Führungskraft« (ebd.: 145). Die von nun an propagierte Managerpersönlichkeit muss die »Human-Relations-Techniken« (Kieser 2006a: 146) jedenfalls erfolgreich beherrschen und sich die damit verbundenen Führungstechnologien, notfalls mittels systematischer Trainings, aneignen. Führung im Sinne des »human relations style of leadership« (Wren 1979: 307) bedeutet vor allem, menschliche Zusammenarbeit organisieren zu können (vgl. Bendix 1960: 413).

Obgleich die Ansätze von Taylor und Mayo auf unterschiedlichen Methoden beruhen, so bleibt beider Ziel doch das gleiche: »In its very essence, Mayoism espoused the same goal as Taylorism, that of collaboration and cooperation in industry. The means to this goal differed but the end which both anticipated was the recognition of a mutually beneficial relationship between the worker and the management.« (Wren 1979: 318) Die Human Relations-Bewegung darf also nicht als Substitut oder grundlegende Revision des Taylorismus-Fordismus gesehen werden. Eher handelt es sich, wie Kieser (2006a: 146) feststellt, um eine Expansion des »Methodenarsenal[s] der ›Rationalisierungsbewegung‹«. Zumal die nun einsetzende Hervorhebung der individuellen »Gefühlswelten« häufig nur als Fingerzeig auf einen weiteren in Rechnung zu stellenden »Unkostenfaktor« fungierte, der von jetzt an in die unternehmerische Kalkulation mit einzubeziehen ist (Bendix 1960: 409).[30]

30 Mayos Nachfolger richteten ihren Fokus auf die Arbeitsinhalte (vgl. Maslow 1954; Argyris 1957) und sahen hierin die Wurzel individueller Entfremdung. Viele der industriegesellschaftlichen Tätigkeiten seien auf eine Weise fragmentiert und spezialisiert, dass die Arbeitenden weder ihre Fähigkeiten voll ausschöpfen noch einen Einblick in die übergeordneten organisationalen Prozesse und Zusammenhänge gewinnen können. Autonomie und Selbstentfaltung gehörten jedoch für den sich selbstverwirklichen wollenden

Die »Herrschaft gesichtsloser bürokratischer Strukturen« (Illouz 2011: 110) wird zwar unter der Ägide der Psychologen insofern etwas aufgeweicht als man sich der Menschen hinter den Apparaturen gewahr wird. Zudem waren Mayos Untersuchungen für die Arbeits- und Organisationspsychologie der Ausgangspunkt für die Entwicklung einer ganzen Reihe von neuen Menschenbildern und Organisationstheorien (vgl. Kirchler/Meier-Pesti/Hofmann 2004). In vielen Betrieben und vor allem für den Konzernkapitalismus erweisen sich die strikten Strukturvorgaben des Taylorismus in Gestalt von rigider Arbeitsteilung, streng hierarchisch geregelten Kommunikationsvorgaben, direkten Kontrollformen etc. jedoch auch über die nachfolgenden Jahrzehnte hinweg als *das* arbeitsorganisationale Paradigma.

2.2 Der »philosophische Kopf« und die Humboldtsche Universitätsidee

Die gegenwärtigen Veränderungen in der Wissenschaft sind nicht angemessen zu begreifen ohne ihre Geschichte und ihren Mythos. Fluchtpunkt jeder Geschichtsschreibung und aktuellen Zustandsdiagnose der deutschen Universitäts- und Wissenschaftslandschaft ist die Gründung der *Berliner Universität* im Jahre 1810 auf Initiative von Wilhelm von Humboldt. Vor allem im 19. und 20. Jahrhundert war das Berliner Universitätsmodell für viele andere Universitäten auch über die Grenzen Europas hinaus strukturbildend

modernen Menschen zu ganz wesentlichen Triebfedern bei der Arbeit (vgl. Schein 1988: 68 f.). Chris Argyris (s.o.) sah diese aber durch die exzessiven Formalisierungs- und Spezialisierungstendenzen konterkariert: In Folge der strengen hierarchisierten Kontrollen verkümmerten die Talente der Arbeitenden, die ihr Fähigkeitspotenzial nicht vollends ausschöpfen könnten. Zudem werde deren Eigeninitiative untergraben (zit. nach Wren 1979: 481). Experten-Empfehlungen folgten auf dem Fuß. So riet der Management-Guru Peter F. Drucker den Unternehmern im Sinne einer partiellen Revision des Taylorismus die Ganzheitlichkeit von Arbeitstätigkeiten wiederherzustellen und den Mitarbeitenden mehr Verantwortung in Form von Selbst-Kontrolle zuzugestehen. Drucker führte damit die gerade unter wissensökonomischen Gesichtspunkten überaus populäre Methode des *management by objectives* in die Managementtheorie ein: »the manager should be directed and controlled by the objectives of performance rather than by his boss« (Drucker 1955: 118).

(vgl. Turner 2001: 13).[31] Heute noch sind Humboldt und seine Ideen zentrale Referenz für jede Reform(überlegung) der deutschen Universitäten, für Kritiker und Befürworter gleichermaßen.[32] Autoren wie Karl Jaspers, Helmut Schelsky und Jürgen Mittelstraß, um nur einige der prominentesten zu nennen, beziehen sich in ihren Entwürfen einer Idee der Universität zu unterschiedlichen historischen Zeitpunkten auf die Gedanken Humboldts und rufen zu deren Wiederbelebung und Neuinterpretation auf (vgl. Kopetz 2002). Gleich einer Chiffre steht der Name Humboldt dabei oftmals für das vermeintlich Beste und Bewahrenswerte der deutschen Universitäten. Gerade in diesen Zeiten, in denen sich international ein neues universitäres Modell als Leitbild herauskristallisiert, das die Universitäten in Deutschland unter Anpassungsdruck setzt (vgl. Baker/Lenhardt 2008), scheint der »Mythos Humboldt« (Ash 1999) lebendiger als je zuvor. Dass die Humboldtsche Universitätsidee in der Praxis nie verwirklicht wurde[33] und lediglich eine »Erfindung des 20. Jahrhunderts« (Paletschek 2002: 184) ist, das Ergebnis eines Konstruktionsprozesses, an dem die oben genannten Autoren nicht unwesentlich beteiligt waren, tut ihrer Verklärung zum Mythos offensichtlich keinen Abbruch, sondern macht sie als »ebenso unerreichtes wie erstrebenswertes Ideal« (Rohstock 2011: 117) nur umso wirkmächtiger.

31 Die 1876 in Baltimore nach den Prinzipien der Berliner Universität gegründete John Hopkins University gilt als »die Geburtsstunde der amerikanischen (Elite-)Universität« (Jamme/Schröder 2011: 10; vgl. auch Baker/Lenhardt 2008: 50).

32 Als Beispiel mag die 2002 in der Zeitschrift *die hochschule* erschienene »Disputation« über die 12 Thesen zur Universitätsreform von Reinhard Kreckel dienen, in der sich sowohl Kreckel als auch die beiden Reaktionen, formuliert von Detlef Müller-Böling und der aktuell amtierenden Bundesbildungsministerin Johanna Wanka, auf die Humboldtsche Universitätsidee berufen.

33 Vom Bruch (1999: 38) resümiert: »Die ideale Humboldt-Universität war mit der realen deutschen Universität des 19. Jahrhunderts niemals deckungsgleich, und schon gar nicht in Berlin selbst in der ersten Jahrhunderthälfte, aber sie bezog aus der idealen Konstruktion ihre Dynamik.« In seiner nur 16 Monate währenden Amtszeit vom März 1809 bis Juni 1810 hat Humboldt die bereits anvisierte Gründung der Berliner Universität entscheidend vorangetrieben und seine Ideen zur Aufgabe der Universität eingebracht, auf die Einrichtung und Entwicklung der Universität hat er jedoch »*de facto* gar keinen Einfluss gehabt« (Hermann 2011: 173). Als sich im Oktober 1810 die ersten Studierenden an der Universität einschrieben, weilte Humboldt bereits als diplomatischer Gesandter in Wien (vgl. Kopetz 2002: 37).

2.2.1 Entwicklung und Gehalt der Humboldtschen Universitätsidee

Die Gründung der Berliner Universität ist Teil eines weitreichenden, nicht nur institutionellen, sondern auch kognitiven und kommunikativen Transformationsprozesses der Wissenschaft. Am Übergang vom 18. zum 19. Jahrhundert tritt die Wissenschaft in ihre moderne Phase ein und differenziert sich als relativ autonomes Subsystem aus. Erst in dieser Zeit löste sich die wissenschaftliche Erkenntnis von der alltäglichen, entfaltete sich eine wissenschaftliche Methodologie, entstand ein disziplinäres Ordnungsmuster und bildete sich die Berufsrolle des Wissenschaftlers[34] mit eigener Laufbahn heraus; Entwicklungen, die in ihrer Summe dazu führten, dass sich die Wissenschaft mehr und mehr von anderen gesellschaftlichen Bereichen abschloss und verselbstständigte (vgl. Luhmann 1992: 270; Koppetsch 2000: 13–18). Institutionell ging dieser Übergang jedoch mit einer Reihe von Verwerfungen einher.

Großmehrheitlich steckten die deutschen Universitäten um 1800 in einer tiefen Krise – eine Diagnose, die dem heutigen Wissenschaftssystem nicht fremd ist. Akademisch war die »deutsche Universität« nur noch von geringer Bedeutung, die wichtigsten wissenschaftlichen Beiträge der Zeit wurden außerhalb ihrer Mauern erbracht. Mit der dynamischen intellektuellen Entwicklung im Gefolge der »Wissenschaftlichen Revolution« im 17. Jahrhundert konnte sie nicht mehr mithalten (vgl. Koppetsch 2000: 24–74). Ihr Lehrbetrieb, dessen zentrale Vermittlungsform der Kathedervortrag war, wurde von vielen Seiten als zu starr und nicht mehr zeitgemäß kritisiert (vgl. Ellwein 1992: 111–112). In Personalfragen wurde den traditionellen Universitäten »Vetternwirtschaft« und »provinzielle Enge« vorgeworfen (Schelsky 1963: 30). Es ging das Wort einer »im Zunftwesen erstarrten Universität« um, mit dem »die geistige Leere und die institutionelle Ohnmacht« in ihrem Innern bezeichnet werden sollte (ebd.: 22). Einzig die beiden noch recht jungen Universitäten in Halle (gegründet 1694) und Göttingen (1734) konnten an den mittelalterlichen Ruhm der deutschen Universitäten anknüpfen und erlangten zu dieser Zeit Weltgeltung. Im Übrigen grassierte ein großes Universitätssterben. Von den 42 Universitäten, die es 1792 im deutschen Sprachgebiet gegeben hatte, war 1818 nur noch etwa die Hälfte übrig geblieben. Zudem setzte im Laufe des 18. Jahrhunderts eine sich beständig ausweitende

34 In diesem Kapitel wird die männliche Form benutzt, um deutlich zu machen, dass die ideale wissenschaftliche Persönlichkeit des 18. und 19. Jahrhunderts, mal implizit, mal explizit als männliche gedacht wurde.

Trennung von Lehre und Forschung ein, die erst durch die Berliner Universitätsgründung wieder umgekehrt werden sollte. Sahen sich zunächst die traditionellen Universitäten in wachsendem Maße mit utilitaristischen Ansprüchen hinsichtlich der Berufserziehung angehender Staatsdiener von Seiten ihrer jeweiligen Landesherren konfrontiert, wurden in der zweiten Hälfte des 18. Jahrhunderts vermehrt eigenständige wissenschaftliche Fachschulen mit unmittelbarem Bildungsauftrag eingerichtet, die diese Funktion übernehmen sollten. Daneben hatten sich die ebenfalls neu gegründeten Akademien als eigentlicher Ort der Gelehrsamkeit und Forschung etabliert.

In dieser Situation bildeten sich mehrere Fronten heraus, die um die zukünftige Gestalt der deutschen Wissenschaftslandschaft rangen. Dem alten Gelehrtentum an den Universitäten standen einerseits die Denker und Politiker der Aufklärung und andererseits die neuhumanistisch-idealistisch orientierten Philosophen gegenüber. Während die Aufklärer sich von den Universitäten in erster Linie brauchbare Kenntnisse für die Praxis erwarteten, strebten die Idealisten danach, in einer neuen Art von wissenschaftlicher Anstalt eine neue Wissenschaftsauffassung durchzusetzen, in deren Zentrum nicht mehr die schulunterrichtsgleiche Weitergabe von Wissen, sondern die nie endende Suche nach der Wahrheit stehen sollte (vgl. Schelsky 1963: 20–45). Trotz aller Differenzen waren sich die Kräfte der Veränderung in einem Punkt einig: Die alten Universitäten, das mit ihnen verbundene Wissenschaftsbild und insbesondere auch die damit einhergehende Vorstellung des idealen Wissenschaftlers und Hochschullehrers, hatten ausgedient.

Dass sich die Ideen Humboldts und der Idealisten am Ende mit der Gründung einer neuen Universität würden durchsetzen können, war lange Zeit keineswegs absehbar. In der zweiten Hälfte des 18. Jahrhunderts gab es eine Reihe von universitären Reformansätzen im Sinne der aufklärerisch-utilitaristischen Fraktion, die gegen den Nepotismus und die Erstarrung in den Universitäten vorzugehen versuchten, die Verschulung der Universitätslehre aber noch weiter vorantrieben. Die Idealisten gewannen erst durch die Ernennung Wilhelm von Humboldts zum Leiter der Sektion für Kultus und Unterricht im preußischen Ministerium des Innern politischen Einfluss.[35]

35 Tatsächlich wurde der Einfluss Humboldts auf die Politik der preußischen Regierung erst 100 Jahre nach seinem Wirken mit der Veröffentlichung wichtiger Dokumente dieser Tage durch den Historiker Bruno Gebhardt und den Philosophen Eduard Spranger in vollem Ausmaße bekannt (vgl. Hermann 2011: 175). Dies ist die Geburtsstunde des Mythos Humboldt. Es darf daher angenommen werden, dass seine Ideen heute eine größere Strahlkraft besitzen als zu seiner Zeit.

Den aufklärerischen Universitätsreformen setzte Humboldt eine humanistisch-wissenschaftliche Idee der Universität entgegen, die darauf abzielt, den Rahmen für die individuelle Selbstbildung der in ihr Lehrenden und Lernenden zu schaffen. Seine auf 1809/10 datierten Darlegungen »über die innere und äussere Organisation der höheren wissenschaftlichen Anstalten in Berlin«[36] verbinden die Neugründung der Universität (die heute Humboldt-Universität heißt) mit der Erhebung der Wissenschaft zur »sozialen Lebensform« (Schelsky 1963: 66): »Denn nur die Wissenschaft, die aus dem Innern stammt und ins Innere gepflanzt werden kann, bildet auch den Charakter um« (Humboldt 1903a: 253). Von Anfang an war die Idee der Universität mit einer klaren Vorstellung der sozialen Eigenschaften der sie bevölkernden Individuen aufs Engste verwoben. In den Schriften Humboldts und seiner gleichgesinnten Zeitgenossen steht dementsprechend weniger die Institution Universität im Mittelpunkt, als vielmehr die sich selbst bildenden Individuen, die sich auf dem Weg zur »sittlichen Vervollkommnung« im Sinne einer »normativen Grundeinstimmung des Lebens« befinden (Schelsky 1963: 76, 79). Durch die allgemeine akademische Bildung an den Universitäten, die Humboldt scharf von der Schulbildung abgrenzt, sollten die Lernenden eine höhere sittliche Stufe erreichen können. Im Grunde sollte die Universitätsorganisation, das heißt ihre äußere Form, nur die Hülle sein für die Institutionalisierung der Wissenschaft als Lebensform. Humboldt zufolge ist es die vordringlichste Aufgabe der Universitäten und zugleich das oberste Erziehungs- und Bildungsziel, die Selbstwerdung des Menschen zu fördern. Die Universität ist für ihn der Ort, an dem der Mensch »durch und in sich selbst [...] die Einsicht in die reine Wissenschaft« finden kann (Humboldt 1993: 191). Als soziale und organisationale Voraussetzungen dafür gelten ihm zwei Prinzipien, die durch das gleichnamige Buch von Helmut Schelsky aus dem Jahr 1963 popularisiert wurden: »Einsamkeit und Freiheit« (Humboldt 1903b: 251).[37]

Zunächst zur Einsamkeit: Auch hier zeigt sich das Wechselspiel von organisationalen Strukturen und Erwartungen an die Individuen. Nicht nur müs-

36 In seinen Schriften stützt sich Humboldt zu wesentlichen Teilen auf die Überlegungen von Friedrich Daniel Ernst Schleiermacher, Johann Gottlieb Fichte und Friedrich Wilhelm Joseph Schelling (vgl. Hermann 2011: 173).

37 Schon im Litauischen Schulplan von 1809 formuliert Humboldt: »Zu diesem Selbst-Actus im eigentlichsten Verstand ist nothwendig Freiheit, und hülfereich Einsamkeit, und aus diesen beiden Punkten fliesst zugleich die ganze äussere Organisation der Universitäten.«

se der Aufbau der Universität so beschaffen sein, dass er die soziale Einsamkeit ermöglicht, die notwendig sei für das selbstständige Lernen, die Lernenden müssten auch dazu bereit sein, sich dem einsamen Studieren hinzugeben und die »bürgerlichen Lebensformen« hinter sich zu lassen (Schelsky 1963: 68–69). Was das bedeutet, lässt sich bei Johann Gottlieb Fichte (1817: 22) nachlesen, der vom »Lehrlinge einer solchen Anstalt«, das heißt der neu zu gründenden Universität in Berlin, unter anderem das Folgende erwartet: »Aufgehen seines gesamten Lebens in seinem Zwecke, darum Absonderung desselben von aller andern Lebensweise, und vollkommne Isolierung«. Ähnliche Formulierungen finden sich bei Humboldt, Schelling und anderen. Es wird hier das Bild einer wissenschaftlichen Persönlichkeit gezeichnet, die in der Abgeschiedenheit der neuen Universität ihr gesamtes Leben der Sache der Wissenschaft verschreibt und sich dazu von der außeruniversitären Welt lösen muss.

In dieser gemeinsamen Hingabe an die Sache wurzelt zugleich die Grundlage für eine neue Beziehung der universitären ›Statusgruppen‹. Obgleich Humboldt an der althergebrachten Sozialordnung der Universität formal nichts zu ändern beabsichtigte, so schwebte ihm doch eine grundsätzlich gleichberechtigte Gelehrtengemeinschaft von Professoren und Studenten vor (vgl. Schelsky 1963: 91)[38]: »Das Verhältniss zwischen Lehrer und Schüler wird daher durchaus ein anderes als vorher. Der erstere ist nicht für die letzteren, Beide sind für die Wissenschaft da.« (Humboldt 1903b: 251–252) Davon versprach er sich einen dynamischeren Erkenntnisprozess: »Der Gang der Wissenschaft ist offenbar auf einer Universität, wo sie immerfort in einer grossen Menge und zwar kräftiger, rüstiger und jugendlicher Köpfe herumgewälzt wird, rascher und lebendiger« (ebd.: 257). Diese Überzeugung ist die Grundlage für die von ihm propagierte Einheit von Forschung und Lehre, die bis heute prägendes Element der deutschen Universitäten ist. Universitäre Lehre gilt ihm nicht als Störung der »einsamen Musse des Schriftstellerlebens«, sondern als ein »Hülfsmittel zu demselben« (ebd.). Die soziale Einsamkeit des einzelnen Lernenden steht für Humboldt (1903b: 251) demzufolge nicht in Konflikt mit dem, wie er es nennt, »Zusammenwirken« der lernenden Gemeinschaft innerhalb der Universität, denn er ist der Meinung, dass nur daraus das »geistige Wirken in der Menschheit [...] gedeiht«. Die Universität muss beides zulassen können, »ungezwungenes und absichtsloses Zusammenwirken« (ebd.) sowie Einsamkeit gleichermaßen.

---

38 In diesem Dualismus von Studenten und Professoren war die Rolle des wissenschaftlichen Nachwuchses schlicht »unterbestimmt« (Schmeiser 1994: 40).

Wenn Humboldt von »Freiheit« – das ist die zweite Voraussetzung für die »reine Wissenschaft« – spricht, dann meint er damit zum einen die geistige Freiheit der Lernenden und zum anderen die Autonomie der wissenschaftlichen Einrichtungen. Beides bedingt jedoch einander: Erst die Unabhängigkeit der wissenschaftlichen Einrichtungen ermöglicht die geistige Freiheit der darin Tätigen. In eindrücklicher Weise plädiert Humboldt in seinen Schriften deshalb für die »Staatsferne der Universitäten« (Jamme/Schröder 2011: 7) und die Zweckfreiheit der Wissenschaft (Schelsky 1963: 68). Er erkannte den Staat als Vertreter allgemeiner Interessen zwar an (vgl. Serrano-Velarde 2008: 45). Auch billigte er ihm, in Ablehnung der Vetternwirtschaft in den traditionellen Universitäten, die Ernennung der Professoren zu. Den Anspruch unmittelbarer praktischer Nützlichkeit, den die aufklärerischen Reformer an die Universitäten stellten, wies er jedoch zurück. Die Wissenschaft müsse sich ›Selbstzweck‹ sein. Dahinter steht die Überzeugung, dass die Wissenschaft, indem sie nach außen zweckfrei bleibe und sich nur der Suche nach Wahrheit und dadurch der sittlichen Bildung verpflichtet fühle, dem Staat langfristig mehr nutze als durch kurzfristige Orientierung auf eine pragmatische Berufsausbildung oder andere äußere Ansprüche. Der Staat müsse »sich eben immer bewusst bleiben, dass er […] immer hinderlich ist, sobald er sich hineinmischt, dass die Sache an sich ohne ihn unendlich besser gehen würde« (Humboldt 1903b: 252). Ihm obliege zwar, »da es nun einmal in der positiven Gesellschaft äussere Formen und Mittel für jedes irgend ausgebreitete Wirken geben muss, […] die Pflicht […], diese auch für die Bearbeitung der Wissenschaft herbeizuschaffen« (ebd.). Er müsse aber von den Universitäten »nichts fordern, was sich unmittelbar und geradezu auf ihn [den Staat] bezieht, sondern die innere Ueberzeugung hegen, dass, wenn sie ihren Endzweck erreichen, sie auch seine Zwecke und zwar von einem viel höheren Gesichtspunkte aus erfüllen, von einem, von dem sich viel mehr zusammenfassen lässt und ganz andere Kräfte und Hebel angebracht werden können, als er in Bewegung zu setzen vermag« (ebd.: 255).[39] Die-

39 Die Annahme, dass die Universitäten dem Staat indirekt ein Vielfaches mehr an Nutzen einbringen als durch direkte Intervention, teilen auch moderne Autoren wie Niklas Luhmann (1970: 235), der die Autonomie der Wissenschaft und ihre Entlastung von »unmittelbarer gesellschaftlicher Verantwortung« als Voraussetzung für die Steigerung ihrer Leistungsfähigkeit ansieht. In funktional differenzierten Gesellschaften, in denen sich wissenschaftliche Wahrheit zum Sinnkern eines eigenen gesellschaftlichen Teilsystems verselbstständigt hat, müsse sich die Gesellschaft, wenn sie dessen Informationsverarbeitungskapazitäten nicht einschränken wolle, »darauf beschränken, es als System über dessen eigene Selbststeuerungsprozesse zu beeinflussen« (ebd.: 248).

ses Spannungsverhältnis zwischen der Bedürftigkeit staatlicher Alimentation und der akademischen Selbstbestimmung, zwischen Fremdbestimmung und Autonomie ist konstitutiv für die deutsche Wissenschaft und prägt sie noch heute. So kann es nicht verwundern, dass die Geschichte und Entwicklung der Wissenschaft vielfach als ein fortwährender Autonomieverlust beschrieben wird, für den immer neue Anhaltspunkte gesammelt werden. Referenz für den Status der Universität als Raum der sozialen Isolation, in dem Wissenschaftler in Einsamkeit und Freiheit forschen, sind die Grundsätze der Humboldtschen Universität.[40]

2.2.2 Die Wissenschaft als Lebensform

Das ist, in groben Zügen, die von Humboldt entworfene Idee einer neuen wissenschaftlichen Anstalt, die als Gegenentwurf zu den traditionellen deutschen Universitäten angetreten war, dann aus politischem Opportunismus auch Universität genannt, tatsächlich nie in Gänze umgesetzt wurde, gleichwohl aber seit Beginn des 20. Jahrhunderts zum Gründungsmythos der deutschen Universitäten avanciert und heute als solcher zur stilisierten Idealkonzeption geworden ist, an der sich alle Universität(sreform)en messen lassen müssen. Mythos hin oder her – die Wirkmächtigkeit dieser Idee ist ungebrochen. Das gilt nicht nur für die innere und äußere Verfasstheit der Universität, sondern in besonderem Maße für das, was Schelsky (1963: 66) als die »Sozialidee« der Berliner Neugründung bezeichnet: die Wissenschaft als Lebensform. Das Herzstück dieser sozialen Lebensform ist die vollständige Hingabe an die Wissenschaft, das gemeinsame Dienen für eine höhere Sache und die nie zufriedengestellte Suche nach der Wahrheit. Dazu hat sich dann an der Wende zum 20. Jahrhundert, exemplarisch in den Schriften von Weber und Jaspers, die Bereitschaft gesellt, für die wissenschaftliche Arbeit

40 Der mythische Charakter der Humboltschen Universitätsidee zeigt sich auch daran, dass sein Name viel bemühtes Synonym für die Autonomie der Wissenschaft ist. So möchte etwa, um nur zwei Beispiele zu nennen, Rüdiger vom Bruch 1999 wissen, ob die Universitätsgeschichte von 1810 bis 1945 als »langsamer Abschied von Humboldt« zu deuten ist und ein Sammelband von Kürschner, von Laer und Schulz 2000 mit dem Untertitel »Hochschule zwischen Autonomie und Fremdbestimmung« fragt im Titel: »Humboldt adieu?«.

über lange Zeit, möglicherweise sogar das ganze (Berufs-)Leben lang, äußere Unwägbarkeiten in Kauf zu nehmen.[41]

Humboldt (1903b: 251) spricht von der »reinen Idee der Wissenschaft«, der sich die wissenschaftlichen Anstalten, das heißt eigentlich: die WissenschaftlerInnen, die sich darin zusammenfinden, verschreiben sollten. Seine Ideen einer Gemeinschaft der Lehrenden und Lernenden und der Bildung durch Wissenschaft setzen die Anerkennung der wissenschaftlich Tätigen als autonome Subjekte voraus. Wissenschaft wird bei Humboldt, das dürfte deutlich geworden sein, vom sich in freier Absicht selbstbildenden Individuum her gedacht. Damit schließt er an die Gedanken Friedrich Schillers an, der in seiner Antrittsvorlesung an der Universität Jena 1792 zwischen dem »Brodgelehrten« und dem »philosophischen Kopf« unterscheidet, um die rechtwissenschaftlichen, medizinischen und theologischen, also die berufsorientierten Fakultäten, von der Philosophie zu trennen.[42] Wo der erstere nur an nützlichem Wissen zur Ausübung seines Amtes interessiert ist, strebt der letztere ohne Unterlass nach neuen Entdeckungen (vgl. Schiller 2006 [1789]: 8–12). Dem »philosophischen Kopf«, seinem prototypischen Wissenschaftler, den er seinen Zuhörern als Vorbild empfiehlt, attestiert Schiller (2006 [1789]: 11) eine Liebe zur Wahrheit und einen »ewig wirksamen Trieb nach Verbesserung«; Eigenschaften, die seinem Antagonisten fehlen: »Zu allem, was der Brodgelehrte unternimmt, muß er Reiz und Aufmunterung von außen her borgen: der philosophische Geist findet in seinem Gegenstand, in seinem Fleiße selbst, Reiz und Belohnung« (ebd.: 12).[43] Fichte (1817: 22–23) postuliert, der »vollendete Gelehrte« solle »in jedem Falle allein in der Idee [der Wissenschaft] die Wurzel seines Lebens haben«. Für seinen idealtypischen Wissenschaftler gibt es »gar keinen Gedanken mehr an seine eigene Person, sondern sein sämtliches Denken geht immerfort auf

41 Dementgegen schwebte den Vordenkern der Humboldtschen Universität gar ein Gelehrtendasein frei von materiellen Sorgen vor. Fichte (1817: 24) etwa entwarf in seiner Denkschrift von 1807 den Plan einer Universität, in der die Abgeschiedenheit des Lernens, gewissermaßen die Befriedigung des inneren Berufs eine »Sicherung vor jeder Sorge um das Aeußere, vermittelst einer angemessenen Unterhaltung für's Gegenwärtige, und Garantie einer gehörigen Versorgung in der Zukunft«, voraussetzte.

42 Dieser Gegensatz von Medizin und Rechtswissenschaft einerseits und dem »wissenschaftlichen Forschen, freien Denken« andererseits findet sich auch noch bei Bourdieu (1992: 103). Die Theologie fehlt bei ihm wohl deswegen, weil sie heute nicht mehr jene Rolle im universitären Fakultätenensemble spielt, die sie noch zu Schillers Zeiten innehatte.

43 Schillers Idealtypen gleichen damit der Unterscheidung von innen- und außengeleiteten Menschen durch David Riesman (1955).

im Denken der Sache« (Fichte 1806: 67). Max Weber (1995 [1919]) ruft gut hundert Jahre später in seiner berühmt gewordenen Rede »Wissenschaft als Beruf« den versammelten Studenten zu: »›Persönlichkeit‹ auf wissenschaftlichem Gebiet hat nur der, der rein der Sache dient« (ebd.: 15). Sodann spricht er von jungen Männern, die sich in die Wissenschaft »hineinsteigern«, von »Rausch« und »Leidenschaft« und davon, dass Wissenschaft »mit der ganzen Seele« und nicht nur mit dem »kühlen Verstand« betrieben werden müsse. Leidenschaft gilt ihm als »Vorbedingung des Entscheidenden: der ›Eingebung‹« (ebd.: 12). Ob jemand aber tatsächlich wissenschaftliche Eingebungen habe, sei neben »uns verborgenen Schicksalen« abhängig von etwas, das er »Gabe« (ebd.: 15) nennt.

Entlang dieser Linie argumentiert auch Jaspers (1980: 94), der meint, das »Schöpferische«, das »Geniale« sei dem Menschen »gegeben« – oder eben nicht.[44] Zudem sei die »Geistigkeit, das Ethos der Intelligenz, [...] die Liebe zur Sache, der Aufschwung durch Ideen, die Wahrhaftigkeit, der Enthusiasmus des Erkennens« unter den Menschen nur »spärlich« verbreitet. Beides jedoch, das Schöpferische und die Geistigkeit, zählt Jaspers zu jenen Begabungen, die der Mensch für das Universitätsstudium und die wissenschaftliche Arbeit mitbringen müsse (ebd.: 92). Er bezeichnet dies als die »anlagemäßigen Werkzeuge« (ebd.: 98), die der so ausgestattete Mensch durch Fleiß, Wille, Opferbereitschaft, Disziplin und harte Arbeit zur Geltung zu bringen habe. Sie sind die unabdingbaren Voraussetzungen bei der Entwicklung zur wissenschaftlichen Persönlichkeit, ohne die jede Mühe vergebens ist, die allerdings nur durch Mühe fruchtbar gemacht werden können. Denn: »Kein Mensch kann von sich wissen, wer er ist und wozu er fähig ist. Er muß es versuchen.« (Ebd.: 96) Auch Robert K. Merton spricht in seiner Studie über das Belohnungs- und Kommunikationssystem der Wissenschaft, in der er den so genannten »Matthäus-Effekt« des kumulierten Vorteils – »Wer hat, dem wird gegeben« – als grundlegendes Struktur- und Allokationsprinzip in der wissenschaftlichen Welt identifiziert hat, von den untersuchten Nobelpreisträgern in objektivistischer Manier als »oustanding scientists« (Merton 1968: 60) und »self-directed men« (ebd.: 61). Obwohl er feststellt, dass von

44 Jaspers hält zwar einschränkend fest, dass sich daraus nicht ableiten lässt, dass die »Begabung im Ganzen als ein jeweils Soseiendes aufzufassen« (Jaspers 1980: 95) sei, »Vererbung und Anlage« würden dem Menschen aber »Fesseln an[legen], die er nicht abzuwerfen vermag« (Jaspers 1980: 98). Diese gegebenen Anlagen hätten in Abhängigkeit der »soziologischen Herkunft« allerdings »verschieden günstige Chancen« sich zu entfalten (Jaspers 1980: 98).

55 amerikanischen Nobelpreisträgern 34 als junge Nachwuchswissenschaftler unter 46 früheren Nobelpreisträgern gearbeitet haben, ist er der Ansicht: »Certain aspects of their character also play a part. With few exceptions, these are men of exceptional ego strength.« (ebd.: 61) Diese ›Ich-Stärke‹ gilt ihm nicht als das Produkt der wissenschaftlichen Ausbildung, sondern als etwas Gegebenes, das durch ein unterstützendes und kreatives Umfeld zusätzlich gekräftigt wird: »[T]his attitude has been *re*inforced by their early experience in creative environments« (ebd.: 61, eigene Hervorh.). Von allen diesen Autoren und noch von vielen mehr wird das Bild einer innengeleiteten, ganz und gar, ›mit Haut und Haaren‹ der Wissenschaft verschriebenen Persönlichkeit gezeichnet. Begabung, Geistigkeit und Genialität sind in dieser positivistischen Vorstellung gewissermaßen vorsoziales, gegebenes (oder nicht gegebenes) Inventar des Menschen. Der ideale Wissenschaftler ist demzufolge gleichsam von Geburt an mit besonderen Gaben ausgestattet, die er im weiteren Verlauf seines Lebens nur konsequent entfalten muss. Das je Eigene und Besondere, sprich die Subjektivität der einzelnen WissenschaftlerInnen wird so zur Voraussetzung guter wissenschaftlicher Arbeit. Wissenschaft ist aus dieser Perspektive das Produkt der subjektiven Leistungen außerordentlich begabter Persönlichkeiten, die ihrer inneren Berufung zur Wissenschaft folgen.

Die Idealisierung des »inneren Berufs« der Wissenschaft bedeutet nicht, dass Weber und andere nicht auf die Unwägbarkeiten des »äußeren Berufs« der Wissenschaft hingewiesen hätten. Weber (1995 [1919]: 4) benennt klar die »plutokratischen Voraussetzungen«, auf denen der wissenschaftliche Beruf zu seinen Zeiten aufgebaut ist. Ohne Vermögen sei es für einen jungen Gelehrten »außerordentlich gewagt […], überhaupt den Bedingungen der akademischen Laufbahn sich auszusetzen« (ebd.). Auch die beste Eignung ist ihm kein Garant für einen positiven Ausgang der wissenschaftlichen Karriere: »Gewiß: nicht nur der Zufall herrscht, aber er herrscht doch in ungewöhnlich hohem Grade. Ich kenne kaum eine Laufbahn, wo er eine solche Rolle spielt.« (ebd.: 7) Weber ist mit einem Dilemma konfrontiert: Einerseits konstatiert er, das akademische Leben sei »ein wilder Hasard« (ebd.: 11) und dieses »der Universitätslaufbahn eigene[s] Moment« habe sich »wesentlich gesteigert« (ebd.: 7) – spätestens durch den anschwellenden »Berufungsstau« (Kreckel 2012: 1) für Habilitierte in deutschen Universitäten Ende des 19. Jahrhunderts in Verbindung mit der harten »*Barriere zwischen berufenen und nicht berufenen Mitgliedern des Lehrkörpers*« (Kreckel 2012: 2, Hervorh. i. O.). Als Grund für den gesteigerten »Hasard« führt Weber (1995 [1919]:

6–7) die ›Amerikanisierung‹ des deutschen Universitätslebens an, die zu einem Verlust der »althistorische[n] Atmosphäre der deutschen Universitäten« führe. Die »alte Universitätsverfassung« sei dadurch »fiktiv geworden« (ebd.: 7). Andererseits gilt ihm die Privatdozentur, das hat Martin Schmeiser in seiner Studie über das »Berufungsschicksal« des Professors in der Zeit von 1870 bis 1920 herausgearbeitet, als eine »charismatische Struktur«[45] (Schmeiser 1994: 34), das heißt als eine Phase der »*Bewährung*« (ebd.: 37, Hervorh. i. O.), in der die Nachwuchswissenschaftler ohne äußere Verpflichtung (aber eben auch ohne Entlohnung) ihrer inneren Berufung zur Wissenschaft nachkommen konnten. In gewisser Weise wird sie damit auch zum ›Test‹ der inneren Berufung, zu einer Prüfung, der sich die kommenden Professoren unterziehen müssen, um ihre Hingabe an die Wissenschaft unter Beweis zu stellen. Auf den unstillbaren inneren Drang kommt es auch Jaspers an, wenn er schreibt: »Wer einmal in die Situation gestellt ist, geistig zu werden, der soll voraussetzen, daß er zum Besten berufen ist; d.h. daraus keinerlei Anspruch, aber Verpflichtung abzuleiten« (Jaspers 1980: 96). Ob einem Menschen die zur wissenschaftlichen Tätigkeit unabdingbaren Begabungen in die Wiege gelegt wurden oder nicht, das kann nur die Zeit, das Studium in der Universität, das unablässliche Lernen zeigen. Der Einzelne kann sich der eigenen Begabung nie ganz sicher sein. Das ständige Infragestellen als Inbegriff der wissenschaftlichen Arbeitsweise macht auch vor den eigenen Leistungen nicht Halt. Wissenschaftler zu sein, ist eine innere »Verpflichtung« des Menschen gegenüber sich selbst und der ›Sache‹, ein nach außen gerichteter »Anspruch«, dem in institutionell gesicherter Form auch nachgehen zu können, ergibt sich daraus nicht.

Simmel (2000: 56) schreibt bereits 1896 ganz ähnlich über die wissenschaftliche Laufbahn wie Weber etwa zwanzig Jahre später: »Der ›ewige‹ Privatdocent‹ fängt allmählich an, eine typische Erscheinung zu werden. […] Ich kenne Privatdocenten, die in diesem Fegefeuer einer ewigen Spannung, einer stets lebendig erhaltenen und nie befriedigten Sehnsucht, einer als unwürdig und dauernd provisorisch empfundenen Position innerlich zugrunde gegangen sind.« Spätestens seit diesen Zeiten gilt das Risiko, trotz hervorragender Leistungen und absoluter Hingabe nicht auf eine gesicherte Stellung zu gelangen, als inhärentes Merkmal der wissenschaftlichen Laufbahn, des-

45 Das »Charisma« zeichnet sich bei Weber unter anderem dadurch aus, dass sein Träger »außerhalb der alltäglichen Familienpflichten« steht; die Folge ist deren »faktische Ehelosigkeit«. (Weber zitiert nach Schmeiser 1994: 36). Die Ehe galt als Beeinträchtigung für die Hingabe und den »Genius« des Privatdozenten (Schmeiser 1994: 38–39).

sen »psychische[n] Folgekosten« (Schmeiser 1994: 64) jeder, der sich zum wissenschaftlichen Arbeiten berufen fühlt, aushalten muss.[46] Nicht zuletzt aufgrund dieser These ist Webers Rede von ungebrochener Popularität und der »Hasard« des wissenschaftlichen Berufs in aller Munde.[47]

Am Ende konnte die Anerkennung der über das Schicksal der jungen Gelehrten herrschenden Kontingenz Weber nicht von der Feststellung abbringen, dass »die Zahl der richtigen Besetzungen trotz allem eine sehr bedeutende ist« (Weber 1995 [1919]: 8).[48] Wissenschaft, das ist für ihn im Kern eine »geistesaristokratische Angelegenheit« (ebd.: 10), die nur von einigen wenigen betrieben werden darf, um ihren Zweck nicht zu unterlaufen. Dem pflichtet Jaspers (1980: 92) unumwunden bei: Der Universitätsunterricht richte sich »nur äußerlich an alle, seinem Sinne nach an die Besten«. Weber und Jaspers bekennen sich damit ausdrücklich zu einer elitär-exklusiven Grundhaltung,

46 Dies hängt sicherlich auch mit dem sich langsam ändernden sozialen Gefüge unter den Wissenschaftlern zusammen. Schelsky (1963: 29–30) zufolge waren die Professoren im 17. und 18. Jahrhundert schon ob der schlechten Bezahlung auf privaten Zuverdienst oder eigenes Vermögen angewiesen. Zu dieser Zeit waren die Kolleggeldeinnahmen, das heißt die von den Studenten an den Professor zu entrichtenden Gebühren für die Teilnahme an einer Veranstaltung, deren Haupteinnahmequelle. Erst 1897 wurde eine gesetzliche Regelung der Besoldungen von Dozenten getroffen, die die große Ungleichheit bei der Bezahlung beseitigte (vgl. Maus 2013: 15–31). Damit war es auch vermehrt Personen möglich, eine wissenschaftliche Karriere einzuschlagen, die nicht über private Absicherung verfügten. Hinzu kam die stetige Vergrößerung der Studenten- und Dozentenschaft.

47 Bemerkenswert ist in diesem Zusammenhang, dass dieses »wissenschaftliche Testament, das ein geistesaristokratisches Leben in rückhaltloser Hingabe an die Sache der Wissenschaft, ein Leben allein *für die Wissenschaft* zu fordern scheint, [...] aus der Feder eines Menschen [stammt], der selbst immer wieder auch *von der Wissenschaft* leben musste« (Kaesler 2003: 40). Vor allem anhand der von seiner Frau Marianne geschriebenen Biographie Max Webers desillusioniert Dirk Kaesler das Bild des allein der Sache der Wissenschaft dienenden Wissenschaftlers und zeigt, dass Weber als das »heute so stilisierte Denkmal der reinen Wissenschaft [...] ganz wesentlich des Geldes wegen« (ebd: 34) zum Universitätsprofessor wurde. Und Weber war beileibe nicht der einzige, dem die alleinige Hingabe an die Sache nicht eben leicht gefallen ist: Von den 50 Professoren in Schmeisers Untersuchung hat sich kein einziger allein auf seine innere Berufung zur Wissenschaft verlassen: »Als Regelfall kann vielmehr gelten, beim Eintritt in die Karriere ohne Karrierecharakter nebenher eine konventionelle Karriere zu ergreifen und zu verfolgen« (Schmeiser 1994: 317). Ganz ohne äußere Absicherung scheint es dann doch nicht zu gehen.

48 Zu gewährleisten sei dies allerdings nur, insoweit sich der Staat aus den Berufungsverhandlungen heraushalte. Weber bezieht damit eine absolut konträre Position zu den Darlegungen Humboldts, der ja explizit deswegen dem Staat die Ernennung der Professoren zubilligt, um die Vetternwirtschaft der mittelalterlichen Universitäten zu überwinden.

die vor dem Hintergrund der wachsenden Hochschulexpansion vor allem als Versuch der Wiederbelebung eines verloren geglaubten »Geistes« gedeutet werden muss. Das sind bereits gänzlich andere Voraussetzungen als zu Zeiten Humboldts und seiner Zeitgenossen, denen das ständisch begründete aristokratische Prinzip der Auslese noch so selbstverständlich schien[49], dass auf seinem Boden ein universalistisch angelegtes Bildungsideal gedeihen konnte. Weil Humboldt die Bildung durch Wissenschaft als Voraussetzung der Versittlichung des Menschen und diese wiederum als Voraussetzung für den Eintritt in höhere Berufe erachtete, sah er es als zentrale Aufgabe der Universitäten an, eine neue soziale Führungsschicht auszubilden. Durch die solchermaßen legitimierte Trennung zwischen Volksbildung und akademischer Bildung »wurden aber Klassenstrukturen bestätigt, die den universalistischen Gehalt der Universitätsidee und das Versprechen, das diese für die Emanzipation der Gesellschaft im ganzen verheißen hätte, nachhaltig dementierten« (Habermas 1988: 156). Die Humboldtsche Idee der Universität, so resümiert Habermas (1988: 156) im Anschluss an Fritz K. Ringers (1983) Beschreibung des deutschen Gelehrtentums als »Mandarine«, verkam am Ende des 19., Anfang des 20. Jahrhunderts zur »Ideologie eines Berufsstandes mit hohem sozialen Prestige«, das mit dem idealistischen Bildungsideal nicht mehr viel zu tun hat: »In der machtgeschützten Innerlichkeit dieser Mandarine hat sich das neuhumanistische Bildungsideal zu dem geistesaristokratischen, unpolitischen, obrigkeitskonformen Selbstverständnis einer praxisfernen, nach innen autonomen, forschungsintensiven Bildungsanstalt verformt«.

In dieser Zeit bringen Weber und Jaspers ihre wissenschaftstheoretischen Überlegungen zu Papier. Das positivistische Bild der von Anfang an besonders begabten wissenschaftlichen Persönlichkeit hat da zwar an einigen Stellen bereits Risse bekommen, diese werden jedoch durch rigide soziale Abschottung zu kitten versucht. Dazu passt, dass beide sich der Unzulänglichkeiten aller Arten von Auslese zwar bewusst sind; Weber (1995 [1919]: 8) schob das auf die »Gesetze[n] menschlichen Zusammenwirkens«, Jaspers auf die – so sind seine Ausführungen wohl zu verstehen – eher unbewusst wirkenden »Neigungen« und den »Instinkt« der auswählenden Persönlichkeiten.[50] Sie scheinen aber, zumindest implizit, der Überzeugung zu sein, dass

49 Schelling (1990: 31) etwa schrieb: »Das Reich der Wissenschaften ist keine Demokratie, noch weniger Ochlokratie, sondern Aristokratie im edelsten Sinne.«

50 Wörtlich schreibt Jaspers (1980: 105) unter anderem: »Der Professor neigt dazu, seine Schüler und Kreaturen zu bevorzugen, ihm selbst Überlegene, Geistigere instinktiv nicht zur Geltung kommen zu lassen«.

die Auswahlmechanismen im Großen und Ganzen funktionieren und Leistung sich schlussendlich doch durchsetzt. Grundsätzliche Kritik jedenfalls entzündet sich an ihren Diagnosen nicht, Regelmäßigkeiten der (Nicht)Beachtung und (Nicht)Förderung sind nicht ihr Thema. Unsicherheiten und Ungerechtigkeiten der Bewertungs- und Auswahlprozesse werden vielmehr als ärgerliche Übel dargestellt, derer sich jeder wissenschaftlich ambitionierte Kopf bewusst sein müsse, die aber nicht aus der Welt zu schaffen sind. Einen Ausweg aus diesem unauflöslichen Dilemma sehen sie nicht. Nur eines ist ihnen gewiss: Die Chancen auf Erfolg im »äußeren Beruf« kann sich nur derjenige bewahren, der vom »inneren Beruf« beseelt ist – das ist bis heute der Mythos des wissenschaftlichen Berufs.

2.2.3 Der Mythos lebt

Auch wenn die Tage einer einheitsstiftenden Wirkung der Idee der Universität gezählt sein mögen, so ist die Idee der Wissenschaft als Lebensform in der geschilderten Weise nach wie vor präsent. Und genau darin liegt das aktuelle Dilemma der wissenschaftlichen Laufbahn: Einerseits hat der Strukturwandel die Wissenschaft fest im Griff. Eine Idee der Universität im Sinne eines normativen Leitbilds ist unter diesen Umständen, nicht zuletzt aufgrund der Ausdifferenzierung der Fächer und des Hochschulsystems als Ganzes, etwa durch die Gründung von Fachhochschulen und die Auslobung von Exzellenzinitiativen, nicht mehr vermittelbar. Wie wissenschaftliche Einrichtungen organisiert sein und welche Funktionen sie erfüllen müssen, dafür gibt es keine überwölbende Idee mehr; Habermas (1988: 168) spricht von einem »verdünnte[n] korporativen Bewusstsein« der Wissenschaftler. Andererseits hat sich an der Vorstellung, welche Eigenschaften eine wissenschaftliche Persönlichkeit prototypisch zu verkörpern hat, seit Webers Rede wenig geändert. So schließt bspw. Ulrich Oevermann (2005) an die Weberschen Überlegungen nahtlos eine Theorie der Professionalisierung an, in der die Hingabe an die Sache und der innere Beruf zur Wissenschaft im Zentrum einer mit dem Studium einsetzenden Habitusformation stehen. Dem Positivismus Humboldts und seiner Zeitgenossen, dem von Anfang an begabten und zur Wissenschaft berufenen Individuum, der »Gabe« bei Weber und den »Anlagen« bei Jaspers hält Oevermann damit die Vorstellung einer sich sozialisatorisch vollziehenden Aneignung der wissenschaftlichen Professionsethik entgegen. Allerdings sieht er den Forschungshabitus in einer »ästhetischen Erfahrung, vor allem hinsichtlich des erahnenden Sich-Vortastens in die Regionen des Unbekannten« (ebd.: 32) fundiert, dessen Spuren sich bis in die Adoleszenz zurückverfolgen lassen. Fast immer gebe es in dieser Zeit eine biographische »Ur-Szene der Erweckung« (ebd.: 31). Beim Eintritt in die Wissenschaft bringt die dermaßen bereits erweckte wissenschaftliche Persönlichkeit die wesentlichen Voraussetzungen ihrer weiteren Professionalisierung schon mit. Ob nun als Mitgift in die Wiege gelegt, durch die Erziehung im Elternhaus präformiert oder durch Ereignisse in der Adoleszenz erweckt: Allen diesen Konzeptionen ist gemein, dass sie die Grundlagen für die Berufung zur Wissenschaft außerhalb des wissenschaftlichen Feldes ansiedeln. Das Studium und die wissenschaftliche Arbeit können nur noch zur Blüte bringen, was bereits gesät wurde. Der innere Beruf zur Wissenschaft geht der wissenschaftlichen Sozialisation immer schon voraus.

Die empirisch-konstruktivistisch inspirierte feministische Wissenschaftsforschung wendet sich gegen diese Argumentation und stellt die substantielle Vorstellung infrage, dass die wissenschaftliche Persönlichkeit von Voraussetzungen lebt, die außerhalb des wissenschaftlichen Feldes und innerhalb ihrer singulären Individualität liegen. Dies ist genau die Position Oevermanns, der schreibt: Die Fähigkeit zur Verfügung über die Nicht-Standardisierbarkeit der Forschung, mithin die Fähigkeit zum Forschen selbst sei »eine Funktion der konkreten Totalität der Person des Forschers mit ihrer unverwechselbaren Lebensgeschichte«, die »als solche ohne Rest in der Erfahrung einer anderen rollenidentischen Person nicht aufgeht« (Oevermann 2005: 30). Steffani Engler (2001: 443) geht demgegenüber davon aus, dass die wissenschaftliche Persönlichkeit die »Folge von sozialen Praktiken im wissenschaftlichen Feld« selbst ist. Wissenschaftliche Persönlichkeiten (und wissenschaftliche Exzellenz) werden nach dieser Auffassung sozial konstruiert und durch (weitgehend unbewusst ablaufende) Zuschreibungsprozesse hergestellt (vgl. auch Münch 2007). Diese Sichtweise geht auf die Theorie der sozialen Felder von Pierre Bourdieu zurück. Soziale Felder sind das Ergebnis eines fortschreitenden Differenzierungsprozesses in modernen Gesellschaften und funktionieren nach je spezifischen Prinzipien. Im Unterschied zur Systemtheorie Niklas Luhmanns werden soziale Felder als »Kräftefelder« gedacht, die aus den Relationen zwischen den Akteurinnen und Akteuren resultieren, die unterschiedliche Positionen im sozialen Raum einnehmen (Engler 2001: 148). Der soziale Raum ist auf der Grundlage bestimmter Eigenschaften konstruiert, »über die alle wirksamen Akteure in unterschiedlichem Ausmaß verfügen und die im Kampf um die spezifisch universitären Machtformen als wirksame Machtfaktoren fungieren« (Bourdieu 1992: 54).

Diese Eigenschaften werden gedacht als das Ergebnis von wechselseitigen Zuschreibungsprozessen durch soziale Spiele, in deren Rahmen Konkurrenzkämpfe um Anerkennung ausgetragen werden (vgl. Engler 2001: 447). Angehörige eines sozialen Feldes wie dem wissenschaftlichen müssen sich einen bestimmten Habitus aneignen, der eine Passung zwischen dem individuellen Handeln und der Feldlogik bzw. den sozialen Strukturen herstellt. Bedingung zum Mitspielen ist das, was Bourdieu als *illusio* bezeichnet, der Glaube an den Sinn des Spiels und an den Wert von jenen Objekten, die in einem sozialen Feld Gegenstand der darin stattfindenden Auseinandersetzungen sind. Beispielsweise erfordert die Teilnahme am wissenschaftlichen Spiel, den hohen Wert wissenschaftlicher Publikationen für die Reputation der Handelnden anzuerkennen, die in anderen sozialen Feldern (fast) ohne Bedeutung sind.

Teil dieser *illusio* ist der Glaube daran, dass hervorragende wissenschaftliche Leistungen durch gleichermaßen hervorragende wissenschaftliche Persönlichkeiten erbracht werden und dass soziale »Determinierungen« wie die soziale Herkunft oder das Geschlecht für die Anerkennung der wissenschaftlichen Arbeit und den beruflichen Erfolg der Wissenschaftlerinnen keine Rolle spielen (vgl. Engler 2001: 447–453, hier 452). Weil jedoch, so argumentiert Engler in Anlehnung an Theresa Wobbe (1997), die Vorstellung davon, wie eine wissenschaftliche Persönlichkeit zu sein hat »unter Ausschluss von Frauen und allem, was als weiblich bezeichnet wurde« (Engler 2001: 459), entworfen wurde, sind Frauen von den sozialen Spielen ausgeschlossen, in denen jene Attribute zugeschrieben werden, die die wissenschaftliche Persönlichkeit ausmachen sollen – die Geistigkeit, das Schöpferische, Neue, Originelle und Eigene. Das bedeutet nicht, »dass allen Männern Originalität etc. zugeschrieben wird, es bedeutet jedoch, dass hier eine ›magische‹ Grenze eingesetzt ist, die Frauen von solchen Zuschreibungen ausnimmt« (ebd.: 461). Aus den öffentlich vorgetragenen Idealisierungen ist das Geschlecht mittlerweile verschwunden. Das Bild des eindeutig männlichen Wissenschaftlers ist in der Diskussion ersetzt worden durch ein als geschlechtsneutral geltendes Bild, das mit den Eigenschaften »innere Berufung, Ausdauer, Disziplin, Einsatzbereitschaft und Frustrationstoleranz« (Matthies/Zimmermann 2010: 198) verbunden ist. Diese Attribute werden Frauen jedoch nach wie vor weniger häufig zugeschrieben als Männern (vgl. Engler 2001; Beaufaÿs 2003).

Wichtig ist an dieser Stelle vor allem eines: Das Ideal der wissenschaftlichen Persönlichkeit hat im Laufe der Zeit zwar immer mehr Kratzer bekommen und bedurfte der einen oder anderen Restaurationsarbeit, an Strahlkraft hat es gleichwohl nicht verloren. Immer noch ist jede Person, die in der Wissenschaft anerkannt werden will, darauf angewiesen, dass ihr die genannten Attribute zugeschrieben werden. Mehr denn je klaffen jedoch heute die Strukturen des Wissenschaftssystems und das Ideal der wissenschaftlichen Persönlichkeit auseinander. Jürgen Mittelstraß (1994: 25) etwa, der lieber von der Theorie als von der Idee der Universität spricht, fordert, aus der Modernisierungskrise, in der die Universitäten stecken, nicht den Schluss zu ziehen, dass die idealistische Vision von der Wissenschaft als Lebensform sich überlebt habe, sondern im Gegenteil »sich in unzeitgemäßen Geiste gegen diese Form der Modernisierung zu wenden«. Humboldt gilt ihm nur insofern als Mythos, als sich die Bildung durch Wissenschaft, die Einheit von Forschung und Lehre und das Forschen in Einsamkeit und Freiheit in der modernen, verschulten Massenuniversität nicht mehr verwirklichen ließen. Gerade deshalb wäre es aber »falsch, der Universität ihr theoretisches Fundament, das in den angeführten Formeln (einschließlich der Formel: Wissenschaft als Lebensform) zum Ausdruck kommt, zu entziehen« (ebd.: 26–27). Im Gegenteil müsse es darum gehen, ihre Strukturen so zu verändern, dass sie dieser Theorie »wieder zu entsprechen vermag« (ebd.: 27).[51]

Anders als bei Mittelstraß steht hier nicht die Verunmöglichung des Humboldtschen Bildungsideals durch die Überlastung des universitären Lehrbetriebs im Fokus, sondern die Bedingungen für wissenschaftliche Karrieren. Die Diagnose ist jedoch eine ganz ähnliche: Die Strukturen des Wissenschaftssystems, zumal der Universitäten, und die »Sozialidee« der Wissenschaft als Lebensform passen nicht (mehr) zusammen. Während sich die Strukturen massiv verändert haben, ist die Vorstellung davon, wie die Akteure zu sein haben, unverändert wirkmächtig.

51 Den Ausweg aus diesem Dilemma sieht Mittelstraß in einer exzellenzorientierten Ausdifferenzierung des Hochschulsystems, wie sie spätestens seit 2006 durch die Exzellenzinitiative politisch vorangetrieben wird.

2.3 Bilder von Organisationen und Menschen in Wissenschaft und Wirtschaft

Sowohl die Idee von Wirtschaftsorganisationen als rationale Systeme, in denen Menschen als Input behandelt werden, der auf dem *One Best Way* und auf wissenschaftlich exakt nachvollziehbare Weise in profitträchtigen Output verwandelt werden soll, als auch die der Humboldtschen Universität, die nur die Hülle sein sollte für die Wissenschaft als Lebensform, galten in ihrem jeweiligen Feld über lange Zeit als Idealbilder. In der organisationalen Realität sind sie zwar nie gänzlich verwirklicht worden – vielleicht die bürokratisch-tayloristisch organisierte Fabrik noch eher als die Humboldtsche Universität. Dennoch ist die gewaltige Strahlkraft dieser Ideen, die sich im Laufe der Zeit verselbständigt haben und deren Gehalt weniger ein feststehender Glaubenssatz als vielmehr dynamischer Natur ist, nicht zu leugnen. Sie sind der Ausgangspunkt für die theoretische Betrachtung von Organisationen in Wirtschaft und Wissenschaft und fungieren noch heute als unvermeidliche Referenz, ob nun als immer noch gültiges Idealbild wie im Falle der Humboldtschen Universität oder zur negativen Abgrenzung.

Legt man diese beiden Ideen nebeneinander, so fällt eines unmittelbar auf: Es handelt sich um zwei grundverschiedene Bilder von Organisationen und Menschen. Schon die *Perspektive* könnte unterschiedlicher nicht sein: Die Organisation der Wissenschaft wurde vom Menschen her gedacht und die Organisation der Wirtschaft vom Betrieb. Die universitären Strukturen hatten vorrangig zum Zweck, die freie Entfaltung des sich selbstbildenden Individuums zu gewährleisten. In der Wirtschaft war es genau umgekehrt: Die Arbeitenden, und zwar Arbeiter und ›Aufseher‹ gleichermaßen, hatten sich voll und ganz in den Dienst der organisationalen Ziele zu stellen und der bürokratischen Vernunft unterzuordnen. Stand in der Wissenschaft die ideale wissenschaftliche Persönlichkeit im Vordergrund, so war es in der Wirtschaft die ideale wirtschaftliche Organisation. Nicht umsonst stellt Taylor seiner Abhandlung über die Grundsätze der Betriebsführung als programmatischen Satz voran: »Bisher stand die ›Persönlichkeit‹ an erster Stelle, in Zukunft wird [sic!] die Organisation und das System an erste Stelle treten« (Taylor 1977: 4). Schiller (2006 [1789]: 12) dagegen schreibt über den »philosophischen Geist«: »Wo er auch stehe und wirke, er steht immer im Mittelpunkt des Ganzen.«

2.3.1 Menschenbilder

Korrespondierend mit der zentralen Stellung der Organisation in der Wirtschaft und des Individuums in der Wissenschaft liegen den skizzierten Organisationsideen zwei grundsätzlich verschiedene Menschenbilder zugrunde: der »homo oeconomicus« in der Wirtschaft und der »philosophische Kopf« in der Wissenschaft.[52] Das Anliegen Humboldts und seiner Zeitgenossen war es, ihre Vorstellung von der Wissenschaft als Lebensform mit der Neugründung der Berliner Universität durchzusetzen und in eine institutionelle Form zu gießen. Demgegenüber waren es in der Wirtschaft nicht die Vertreter einer nach institutioneller Verwirklichung strebenden sozialen Lebensform selbst, die sich zu Wort meldeten, sondern Praktiker und Organisationstheoretiker, die nach Wegen suchten, die neu entstandenen kapitalistischen Großunternehmen auf größtmögliche Effizienz zu trimmen (Taylor) bzw. den Prozess der Rationalisierung zu beschreiben (Weber).

Taylors Ziel war nicht die Verwirklichung einer sozialen Lebensform, sondern im Gegenteil, pointiert formuliert, die Beseitigung alles Sozialen aus der Fabrik und die Unterdrückung der Subjektivität der Arbeitenden. Während sich bei Humboldt der Professor vom Studenten vor allem durch sein großes Erfahrungswissen, seinen Wissensvorsprung abhebt, betreibt der Taylorismus den bewussten Verzicht auf das Erfahrungswissen der Arbeiter, der daraus entstehende Gestaltungsspielraum galt Taylor (1977: 12) als »das größte Übel« der Arbeitsorganisation. Zwar betonte er immer wieder, die Betriebsleiter sollten »in herzlichem Einvernehmen mit den Arbeitern« (ebd.: 39) handeln, um die Umsetzung der wissenschaftlichen Grundsätze der Unternehmensführung sicherzustellen. Das bedeutete jedoch nicht, die Arbeiter am Entscheidungsprozess teilhaben zu lassen. Die Motivation zum einvernehmlichen Handeln sollte durch die Gewährung materieller Vorteile ›erkauft‹ werden. Finanzielle Anreize galten ihm als Antriebsmaschine menschlicher Leistungsbereitschaft.[53] Die Arbeiter wurden im rationalen System des tayloristisch organisierten Betriebs also fremdbestimmt und rigider Kontrolle unterworfen, für diese ›Entmündigung‹ sollten sie aber mit vergleichs-

52 Diese zwei Menschenbilder korrespondieren mit der *Theory X* und *Theory Y* von Douglas McGregor (1960). Der Mensch der *Theory X* hat eine ›natürliche‹ Abneigung gegen die Arbeit und muss deshalb extrinsisch motiviert und kontrolliert werden. Die *Theory Y* dagegen geht von intrinsisch motivierten Menschen aus und setzt auf Selbstkontrolle.

53 Dieser Logik hing auch Henry Ford an, der seinen Arbeitern ebenfalls hohe Löhne zahlte.

weise hohen Löhnen entschädigt werden. Weber wiederum nimmt in seiner Beschreibung der bürokratischen Herrschaft die »Managementebene« der Unternehmen in den Blick. Deren Angehörige unterscheiden sich von den Arbeitern vor allem durch ihre Qualifikation: Wo Taylor nicht müde wird, als Vorteil seines Systems zu betonen, dass jeder Mensch schnell in der Lage sein sollte, die klar vorgezeichneten Tätigkeiten auszuüben, bezeichnet Weber (1976 [1921]: 552) die zur Amtsführung notwendigen Kenntnisse als »besondere Kunstlehre [...], in deren Besitz die Beamten sich befinden«. Das heißt aber nicht, dass den Angehörigen der Leitungsebene, die Weber durchgängig als Beamte bezeichnet, eigene Problemlösungskompetenz zugestanden würde. Auch sie waren Objekte der bürokratischen Herrschaft und sollten ihre Tätigkeit »ohne Ansehen der Person« (ebd.: 562) ausführen. Sie sind lediglich Funktionsträger und in diesem Sinne jederzeit auswechsel- und ersetzbar durch eine andere Person, die sich ebenfalls in Besitz der »notwendigen Kenntnisse« befindet. Die ›Entmündigung‹ im Sinne der Ausschaltung subjektiver Anteile an der Arbeit gilt also nicht nur für die Arbeiter, sondern auch für die Beamten. Und genau so wie den Arbeitern sollte den Beamten ihre Loyalität und ihre Unterordnung in Form einer lebenslangen Anstellung und einer »gesicherten Existenz« materiell vergolten werden. Durch die Gewährung dieser Privilegien sollte ihre »Amtstreue« (ebd.: 553) sichergestellt werden. Im Fokus der Steuerungs- und Kontrollbemühungen stand sowohl bei Taylors Arbeitern als auch bei Webers Beamten demzufolge die »Arbeitskraftverausgabung« der Beschäftigten (Marrs 2010: 341).

In der Humboltschen Universität hatten die dort tätigen Wissenschaftler solcherlei extrinsische Motivation offenbar nicht nötig. Ihnen wurde eine tief in der eigenen Subjektivität wurzelnde Hingabe zur Wissenschaft zugeschrieben, die durch äußere Einflüsse nur gestört würde. Die Möglichkeit zu freier wissenschaftlicher Arbeit musste jedoch durch lange Phasen beruflicher Unsicherheit bezahlt werden. Spätestens die »Risikopassage« (Schmeiser 1994: 63) der Privatdozentur sollte offenbaren, in wem das Feuer der inneren Berufung lodert. Dieser Test der inneren Disposition und die weiteren wissenschaftlichen Auslesemechanismen hatten zum Zweck, die »philosophischen Köpfe« im Laufe der Jahre von den »Brodgelehrten« zu trennen, sodass der Wissenschaft am Ende nur noch die ersteren erhalten bleiben würden – womit freilich noch lange nicht gesagt ist, dass es auch alle von ihnen auf eine Professur schaffen konnten: Durch den zu Webers Zeiten diagnostizierten »Berufungsstau« für Habilitierte ab Ende des 19. Jahrhunderts gehen regelmäßig auch einige der »philosophischen Köpfe« leer aus. Dessen ungeachtet wurden die Inkaufnahme des »Hasards« der akademischen Laufbahn und die Anerkennung innerhalb der wissenschaftlichen Gemeinschaft als die zentralen Kontrollinstanzen der Wissenschaft erachtet. Das »Objekt der Kontrollbemühungen« ist hier nicht die durch extrinsische Anreize stimulierte »Arbeitskraftverausgabung«, sondern die intrinsisch motivierte »Leistungsbereitschaft« der einzelnen WissenschaftlerInnen (Marrs 2010: 341).

Die Wissenschaft ist also auf das Idealbild des »philosophischen Kopfes« – heute würde man vielleicht sagen: des »autonomen Wissensarbeiters« (Kirchler/Meier-Pesti/Hofmann 2004: 165) – zugeschnitten, der seine Entsprechung im wirtschaftlichen Kontext nur in der Figur des Unternehmers, in Reinform in der Gestalt des Schumpeterschen Entrepreneurs, findet. Er ist es, der das Unternehmen leitet und die kreativen Ideen einbringt, dem also Subjektivität zugestanden, ja geradezu abverlangt wird.[54] Er ist der »great man«, dem sämtliche Erfolge oder Misserfolge bei der Erreichung der Organisationsziele zugeschrieben werden (Preisendörfer 2011: 96). Der Unternehmer und der »philosophische Kopf« sind gleichermaßen charismatische Persönlichkeiten, die sich durch ihre schöpferische Kraft, leidenschaftliche Hingabe und innere Berufung[55] auszeichnen. Ihnen werden genau jene Eigenschaften zugeschrieben, die das jeweilige Feld voraussetzt, um sich darin perfekt und gleichsam natürlich zurechtzufinden.[56] Gleichzeitig umrankt sie eine Aura des Einzigartigen, der besonderen und spärlich gesäten Begabung. Taylor (1977: 18) schreibt, es gebe »natürlich auch Menschen von un-

54 Kieser (2006c: 78–80) weist daraufhin, dass Weber den selbstverantwortlichen Unternehmer – und nicht etwa das Parlament – als einzigen Weg aus dem »stahlharten Gehäuse« der bürokratischen »Maschinen« erachtet.

55 Weber spricht im Falle der charismatischen Herrschaft von »göttlichen Sendungen« (Weber 1976 [1921]: 654) und von »zur Qualität Aufgerufenen« (ebd.: 140). Diese Form der inneren Berufung findet ihre Entsprechung in der Anerkennung durch eine Gefolgschaft: »Erkennen diejenigen, an die er sich gesandt fühlt, seine Sendung nicht an, so bricht sein Anspruch zusammen« (ebd.: 655).

56 Mit Bourdieu (1982: 212–213; 1998a: 18–20) gesprochen verfügen sie, zu unterschiedlichen Anteilen, über diejenigen Kapitalsorten, die ihnen im sozialen Raum die höchsten Positionen verschaffen: ökonomisches und kulturelles Kapital. Die Position im zweidimensionalen Raum bestimmt sich auf der ersten Dimension über das Gesamtkapitalvolumen der Akteure und auf einer zweiten nach dem relativen Anteil von kulturellem und ökonomischem Kapital am jeweiligen Gesamtvolumen. Der Hochschullehrer strotzt vor kulturellem Kapital (und mag auch einiges an ökonomischem Kapital besitzen), der Unternehmer dagegen trumpft mit seiner Ausstattung an ökonomischem Kapital auf, hat aber weniger kulturelles Kapital zu bieten. Durch ihre hohe Gesamtkapitalausstattung gehören beide der gesellschaftlich herrschenden Klasse an (vgl. Bourdieu 1982: 197–198).

gewöhnlicher Energie und großem Ehrgeiz«, diese bilden ihm zufolge aber »eine Ausnahme und heben die Tendenz der anderen um so stärker hervor«. Die anderen, das sind die Arbeiter, Beamten und »Brodgelehrten«, denen es an Leidenschaft und Motivation fehlt und die daher der äußeren Aufforderung und Kontrolle bedürfen. An ihnen richtet sich die Organisationsstruktur des bürokratisch-tayloristisch organisierten Unternehmens aus. Für sie alle gilt das Menschenbild des »homo oeconomicus«. Ob eine Person eher dem einen Pol oder dem anderen zuzurechnen ist, wurde »dem einzelnen offenbar von Gott mit in die Wiege gegeben« (Volpert 1977: XXXI). In Wissenschaft wie Wirtschaft wird die bestehende Sozialordnung demnach bis weit ins 20. Jahrhundert hinein aus einer letztlich biologisch fundierten aristokratischen Herrschaftsvorstellung heraus begründet, die in der Wissenschaft nicht selten mit einem starken Elitebewusstsein einhergeht.[57]

2.3.2 Organisationsbilder

Freilich lässt sich die Unterschiedlichkeit der Organisationsideen in Wissenschaft und Wirtschaft nicht exklusiv mit den zugrundeliegenden Menschenbildern erklären. Es kommen andere Faktoren hinzu, die über deren Gehalt bestimmen. Schelsky würde von der *Sachidee* der Organisation sprechen. In der Sachidee, schreibt er, »müssen Anforderungen der vorhandenen Wirklichkeit, die bis dahin unbefriedigt blieben, ihre neuartige, bis dahin nicht vorhandene Lösung finden« (Schelsky 1963: 65). In der Wissenschaft konnten die mittelalterlichen Universitäten zum einen mit der Dynamik der wissenschaftlichen Revolution nicht mehr mithalten und wurden zum anderen den Ansprüchen der Aufklärung nicht gerecht. In der Wirtschaft erforderte die fortschreitende Industrialisierung am Anfang des 20. Jahrhunderts eine neue Form betrieblicher Organisation, die auf maschinelle Massenproduktion und bürokratische Effizienz zugeschnitten war. Einzig die »straffe bürokratische Organisation« (Weber 1976 [1921]: 562) schien geeignet, auf die enorme Beschleunigung der Welt adäquat reagieren zu können. Die Humboldtsche Universitätsidee und die tayloristisch-bürokratischen Organisationsprinzipien waren explizite Gegenentwürfe zu ihren Vorgängern,

57 Darauf weisen auch Bourdieu und Passeron (1971: 225) in ihren Studien über das französische Bildungssystem hin, in dem sie eine »Ideologie der ›natürlichen Begabung‹ und der ›angeborenen Neigungen‹« am Werk sehen.

den »alten«[58] Systemen, die von den Autoren als überholt und nicht mehr zeitgemäß angesehen wurden.

Auch die innere Struktur und die Außenbeziehungen der Organisationen lassen sich in ähnlicher Weise mit Rekurs auf die »Anforderungen der vorhandenen Wirklichkeit« erklären. So wird die hierarchische Struktur moderner Industriebetriebe in der klassischen Organisationstheorie als funktionalistische Notwendigkeit zur Kontrolle der Arbeitskraftverausgabung erachtet. Mit der Verbreitung von Lohnarbeit boten die Menschen nun schließlich nicht mehr das Produkt ihrer Arbeit feil, sondern ihre Arbeitskraft selbst. Damit wurde die effiziente Nutzung der Arbeitszeit für die Arbeitgeberseite zu einer Frage von Gewinn und Verlust (vgl. Morgan 1986: 282). Durch die Ausdifferenzierung und Aufgliederung der Unternehmen in unterschiedlich hoch angesiedelte Hierarchiestufen und -ebenen, die Einrichtung von Bereichen, Abteilungen und Unterabteilungen, von Gruppen und Teams sollen die strategischen Entscheidungen des Top-Managements von oben nach unten durchgesetzt und die Disziplinierung der beteiligten Personen sichergestellt werden. Der Idee der (Wirtschafts-)Organisation als rationales System liegt die Vorstellung zugrunde, dass die »Entscheidungen der Organisationsspitze das Organisationsgeschehen weitgehend determinieren und dass Veränderungen der eingespielten Abläufe im Wesentlichen nach dem Schema von *top down*-Prozessen initiiert und durchgesetzt werden« (Preisendörfer 2011: 96). Die Ebenen des sogenannten mittleren und auch des »lower« Management, die in diesem Buch für das Feld der Wirtschaft im Fokus stehen, sind dabei dem doppelten Erwartungsdruck vom Top-Management einerseits und der Ausführungsebene andererseits ausgesetzt (vgl. Staehle/Conrad/Sydow 1999: 89–95). Sie sind sowohl Objekt als auch Subjekt der Steuerung und Kontrolle.

In den Universitätsentwürfen der idealistischen Philosophen kommt eine Leitungsebene indes gar nicht vor. Die Universität sollte nichts anderes sein als der organisationale Rahmen für die in ihr versammelten Gelehrten. Die reale Hierarchie in den Universitäten, innerhalb der Gruppe der ProfessorInnen, aber auch zwischen ProfessorInnen und dem übrigen wissenschaftlichen Personal, verschwand im Schatten der Vorstellung einer gleichberechtigten Gemeinschaft von vollends der Wissenschaft verschriebenen Persönlichkeiten, die ihrer inneren Berufung folgen. Nicht durch hierarchische Ent-

58 Taylor (1977: 37) nennt seine Grundsätze das »neue System« und grenzt dieses von den »alten Betriebssystemen« ab.

scheidungen und strategische Planung, sondern durch die Verbindung von einsamem Studium und dem gemeinsamen Wälzen von Ideen in der universitären Gemeinschaft sollte der wissenschaftliche Erkenntnisprozess geprägt sein. In der Humboldtschen Universität gibt es keinen wissenschaftlichen Betrieb, keinen Arbeitgeber, dessen Interessen berücksichtigt werden müssten. Es gibt nur den Staat als »stillen Gesellschafter« der Wissenschaft, der zwar für die Alimentation der Wissenschaft aufkommen, ihr aber nicht die Agenda diktieren und sich so weit als möglich aus den inneruniversitären Abläufen heraushalten sollte. Direkte staatliche Interventionen, so argumentierte früher Humboldt und später Luhmann, würden den langfristigen Nutzen, den die Wissenschaft der Gesellschaft biete, zunichtemachen.

Damit hängt zusammen, dass der Fokus der sozialen Integration in der Wissenschaft, anders als in der Wirtschaft, traditionellerweise weniger auf der Organisation als vielmehr auf der organisationsungebundenen und -übergreifenden Gemeinschaft der Gelehrten bzw. heute geläufiger: auf der *scientific community* liegt.[59] Dieser Unterschied zeigt sich auch in der Bewertung von Leistungen in den beiden Feldern: Traditionell urteilen in der Wissenschaft die Produzenten als Gruppe selbst über die Arbeit des Individuums (und damit indirekt auch über ihre Arbeit als Gruppe) – Stichwort *peer review*. Die wissenschaftliche Gemeinschaft ist Anbieter, primärer Nachfrager und Kontrolleur ihrer Leistungen in Personalunion. In der Wirtschaft dagegen urteilen nicht die Produzenten, sondern die Konsumenten über den Erfolg der Arbeit. Profit wird am Markt erzielt, wo Anbieter und Nachfrager aufeinandertreffen, Güter getauscht werden und Preisbildung stattfindet. Hier müssen sich die Unternehmen bewähren. Während also in der Wirtschaft eine Vielzahl von Unternehmen miteinander am Markt konkurrieren, deren innere Struktur auf die optimale Erreichung der organisationalen Ziele getrimmt wird und die ständigen äußeren Einflüssen ausgesetzt sind, wird die Wissenschaft als nach außen sozial isolierter und nach innen sozial integrierter Entfaltungsraum für die wissenschaftliche Gemeinschaft konstruiert, der in der Einrichtung der Universität seine real-lokale Konkretisierung erfährt.

59 Erst in jüngster Zeit steigt durch die Kompetenzverlagerung auf die Hochschul(leitung)en – weg von den jeweils zuständigen Ministerien einerseits und der akademischen Selbstverwaltung andererseits – die Bedeutung der organisationalen Ebene im deutschen Wissenschaftssystem (siehe Kapitel 3.1.2).

2.3.3 ›Traditionelle‹ Karrieren

Für die Karrieren der Hochqualifizierten und Führungskräfte in beiden Feldern oder Systemen bedeutet das folgendes: In Wissenschaft wie Wirtschaft soll das individuelle Fortkommen durch rein fachliche Gesichtspunkte bestimmt sein (Weber: »ohne Ansehen der Person«). Hier wie dort sind lange Bildungsgänge zu durchlaufen und durch entsprechende »Bildungspatente« (Weber 1976 [1921]: 553) nachzuweisen. Für den Arbeiter in der tayloristisch organisierten Fabrik ist eine vertikale Karriere jedoch nicht wirklich vorgesehen. Karriere machen im Taylorismus vor allem die Kopfarbeiter, das heißt die Angehörigen der Leitungsebene. Ihnen wird, folgt man Weber, bei Eintritt in das Unternehmen eine lebenslang gesicherte Anstellung in Aussicht gestellt, die sich, entsprechende Leistung vorausgesetzt, entlang einer festgelegten Positionsfolge vollzieht. In der Wissenschaft wird der Leistungsmythos durch den ungewissen Ausgang der wissenschaftlichen Karriere gebrochen. Zwar gibt es ebenso wie in der Wirtschaft eine standardisierte Laufbahn von Positionsabfolgen, allerdings vollzieht sich die Karriereentwicklung nicht wie für die mittleren Manager in der Wirtschaft nach Anciennität und Leistung quasi automatisch, sondern ist mit hohen Unsicherheiten und einer harten Barriere zwischen berufenem und nicht-berufenem Personal verbunden. Zwischenstufen gibt es nicht. Bei der Berufung auf eine Professur bestimmen neben der Leistung, folgt man Weber, in hohem Maße Glück und Zufall über das Schicksal der Anwärter.

Zudem müssen die WissenschaftlerInnen mindestens zwei verschiedene Karrieren durchlaufen[60]: zum einen die in und über verschiedene wissenschaftliche Einrichtungen hinweg von wissenschaftlichen Nachwuchspositionen zur Professur verlaufende Organisationskarriere und zum anderen die Community-Karriere, die den Weg vom *apprentice*, der unter Anleitung forscht, über den »Kollegen«, der selbstständige Forschung betreibt, und den »Meister«, der andere anleitet, bis hin zur »Elite«, die zur Orientierung der Gemeinschaft beiträgt, beschreibt (Laudel/Gläser 2008: 390–392). Darin spiegelt sich die, im Vergleich zu Karrieren in der Wirtschaft, starke Bedeutung des Kontextes: Die Anerkennung und Reputation in der *scientific community* als »Kollege« und »Meister« gilt als Vorbedingung für die feste Anstellung als selbstständige ForscherIn bzw. als AnleiterIn von Forschung in

60 Gläser und Laudel (2008: 390) identifizieren neben der Organisations- und der Community- noch eine dritte, nämlich die kognitive Karriere, die als Serie von Forschungsprozessen definiert wird.

einer Organisation. Galt also in der Wirtschaft lange Zeit das auf materiellen Vorteilen und dem sukzessiven Aufstieg in der betrieblichen Hierarchie basierende »*Karrieremodell* als Inbegriff der Interessenidentität zwischen hochqualifizierten Angestellten und Unternehmen« (Baethge/Denkinger/Kadritzke 1995: 24), so hat in der Wissenschaft einerseits die Vorstellung einer gleichberechtigten Gemeinschaft und andererseits das Idealbild der vollständig der wissenschaftlichen Sache verschriebenen Persönlichkeit die hohe berufliche Unsicherheit zu kaschieren vermocht.

3 Arbeitswelten im Umbruch

3.1 Wandel der Arbeitsbedingungen

Sowohl die Humboldtsche Universität als auch die bürokratisch-tayloristisch organisierte Fabrik werfen ihre langen Schatten bis in die heutige Arbeitswelt. Dient die Humboldtsche Universitätsidee aber – vor allem in Deutschland – noch immer als Idealbild, an dem sich alle universitären Reformbemühungen messen lassen müssen, so hat die Taylorschen Ideen längst das Schicksal der negativen Kontrastfolie ereilt, von der sich alle Veränderungen der Arbeitswelt abzuheben suchen. Inhumane, degradierende, entfremdende und fremdgesteuerte Arbeitsbedingungen – damit wird das Taylorsche System heute in Verbindung gebracht. Der Begriff des Fordismus ruft bisweilen ähnliche Assoziationen wach, ist aber etwas weiter gefasst und bezieht neben der Organisation der Arbeit auch das wirtschaftliche Umfeld und die Lebensbedingungen der Menschen mit ein. Zu seinen Kennzeichen gehören deshalb nicht nur die industrielle Massenproduktion, sondern auch der Massenkonsum, die hohe Bedeutung des Nationalstaats für wirtschaftliche Aktivitäten und die Hegemonie der Berufsgruppe der männlichen, Vollzeit arbeitenden Industriearbeiter (vgl. etwa Knoblauch 1996: 349[61]). In Abgrenzung dazu werden zur Beschreibung der Arbeitswelt der Gegenwart oft die Begriffe post- bzw. nachtayloristisch (insbesondere für die in ihr gebräuchlichen Steuerungs- und Kontrollmechanismen) und post- bzw. nachfordistisch verwendet. Häufig wird von einer »Phase des Übergangs« gesprochen, in der die gesellschaftliche Formation des Taylorismus-Fordismus durch etwas noch nicht auf den Begriff gebrachtes Neues abgelöst wird, in der aber

61 Knoblauch (1996: 348) bringt daneben noch den Namen Keynes ins Spiel, um die staatlichen Interventionen in die Wirtschaft mit zu berücksichtigen, und spricht vom »Fordistisch-Keynesiastischen« in Abgrenzung zum »Post-Fordistischen Zeitalter«. Dieser Punkt spielt für unsere Analysen aber keine große Rolle.

gleichwohl »*Elemente einer nachfordistischen Restrukturierung*« in den Vordergrund treten (Sauer 2010: 23–25, Hervorh. i. O.).

Wenn dagegen vom Umbruch in der Wissenschaft die Rede ist, wird oft ein »Abschied von Humboldt« beklagt und an die Ideen des Berliner Universitätsgründers und seiner zeitgenössischen Mitstreiter erinnert. Der Name Humboldt dient nicht zur negativen Abgrenzung der Reformen von einem alten, überkommenen System, sondern als Erinnerung und Mahnmal einer nie erreichten, aber doch immer präsenten Idealvorstellung der »deutschen Universität«. An dessen Strahlkraft ändert auch das an den privaten US-amerikanischen Forschungsuniversitäten orientierte »emerging global model« (Baker/Lenhardt 2008: 49) der »Anglo-American University« (Marginson 2006) nur wenig. Die neue Vorbildstellung der Ivy-League-Leuchttürme um Harvard, Princeton und Yale stellt keinen expliziten Gegenentwurf zur Humboldtschen Universität dar. Vielmehr stehen nun zwei idealisierte Modelle nebeneinander im Regal, die es erlauben, sich bei Bedarf mal beim einen und mal beim anderen zu bedienen. Die besonderen Voraussetzungen sowohl der amerikanischen Privatuniversitäten als auch der Humboldtschen Universität geraten dabei allzu oft aus dem Blick. Weder sind die privaten Forschungsuniversitäten mit großem Kapitalstock die Prototypen der »amerikanischen Universität« – vielmehr stehen sie einsam an der Spitze eines stark vertikal differenzierten Systems –, noch ist das Humboldtsche Wunschbild gleichbedeutend mit der Realität der »deutschen Universität«.

Wir gehen davon aus, dass sich Wirtschaft wie Wissenschaft derzeit in einer Phase des massiven Umbruchs, in einer Phase des Nebeneinanders und der Überlagerung von »alten« und »neuen« Strukturelementen befinden. Die Ausgangsvoraussetzungen der beiden Felder, ihre Struktur und ihre Mythen, könnten dabei ungleicher nicht sein – das sollten die vorangegangenen Abschnitte deutlich gemacht haben. Den ›Megatrends‹ des 20. und 21. Jahrhunderts kann sich jedoch weder die Wirtschaft noch die Wissenschaft verschließen. Um die unterschiedlichen Auswirkungen dieser Entwicklungen in den beiden Feldern, auf die Arbeitsprozesse und auf die Arbeitenden wird es im Folgenden gehen.

3.1.1 Wirtschaft und Wissenschaft in der Wissensgesellschaft

Wissen wird heute mehr denn je als Kapital betrachtet und ergänzt die traditionelle Trias von Kapital, Boden und Arbeit um einen vierten Produktionsfaktor (vgl. Willke 1998: 163; Wilkesmann 2005: 57). Vor allem die westlichen Industrieländer der Gegenwart werden daher vielfach als »Wissensgesellschaften« charakterisiert (vgl. etwa Bell 1973; Stehr 1994). Damit soll ein weitreichender gesellschaftlicher Transformationsprozess auf den Begriff gebracht werden: Die Immaterialisierung der Wertschöpfungskette führt zu einem neuen Typus von Arbeit, der die industrielle Arbeit als strukturbildend abgelöst hat: Wissensarbeit. Nicht mehr die industrielle Fertigung standardisierter Massenware sorgt primär für individuellen und kollektiven Wohlstand. Das volkswirtschaftliche bzw. unternehmerische Kapital entsteht nun vorrangig in den Köpfen sogenannter WissensarbeiterInnen, die in interdisziplinären Expertenteams innovative Problemlösungen erarbeiten.

Wissensarbeit ist jedoch nicht einfach ein Sammelbegriff für wissensbasierte Tätigkeiten. Denn nahezu jede menschliche Tätigkeit – sogar in der tayloristischen Fabrik – setzt ein Mindestmaß an Wissen und Erfahrung voraus. Nicht das Wissen selbst, nicht das einmal Erlernte und Erworbene, sondern die Fähigkeit, mit diesem Wissen umzugehen, es zu organisieren und neues Wissen zu generieren, sind die besonderen Kennzeichen der Wissensarbeit (vgl. Willke 1998: 161). Im Gegensatz zu den tayloristischen Unternehmensstrukturen, die auf die Bearbeitung wiederkehrender Aufgaben im Sinne des *One Best Way*-Grundsatzes des *Scientific Management* angelegt waren, ist Wissensarbeit durch die Bewältigung von einmaligen und vielschichtigen Problemstellungen bestimmt. Dies impliziert, dass »das relevante Wissen (1) kontinuierlich revidiert, (2) permanent als verbesserungswürdig angesehen, (3) prinzipiell nicht als Wahrheit sondern als Ressource betrachtet wird und (4) untrennbar mit Nichtwissen gekoppelt ist« (ebd.). Anders als Daten ist Wissen zudem unmittelbar an Personen gebunden. In Dokumenten, Akten und Datenbanken sind Daten enthalten, die personenunabhängig getauscht werden können. Diese müssen jedoch erst von Personen interpretiert werden, damit sie die Form von Wissen annehmen.

Die Generierung von neuem Wissen geschieht immer in Zusammenarbeit und Auseinandersetzung mit Anderen, gleich ob nun durch direkte Interaktion oder indirekte Vermittlungswege wie zum Beispiel der Verarbeitung von schriftlich fixierten Informationen. Für beide Formen der kollektiven Wissensgenerierung[62] ist gemeinsam geteiltes Hintergrundwis-

62 Ein gefälliges Beispiel in der Wissenschaft ist die Vorstellung einer *scientific community*, zu deren Kreis sich nur zählen darf, wer bestimmte Qualifikationen erworben und seine

sen erforderlich (vgl. Wilkesmann 2005: 59). Der übereinstimmende Erfahrungshintergrund kann viele verschiedene Wurzeln haben: bspw. professionelle Sozialisation, gemeinsame Interessen oder den organisationalen Rahmen. Organisationen sind Formen kollektiven Handelns und Rahmen der »Zusammenarbeit und der gegenseitigen Abhängigkeit von Akteuren« (Crozier/Friedberg 1993 [1979]: 11). Im Falle von Wissensarbeit in Unternehmenskontexten reicht es deshalb nicht aus, den Blick nur auf die Organisation oder nur auf die Subjekte zu richten, erst aus dem Zusammenspiel der beiden Seiten, wenn Personen und Organisationen »in komplementärer Weise Wissen generieren, nutzen und wechselseitig ihr Wissenspotential sich zur Verfügung stellen« (Willke 1998: 167), entsteht Wissensarbeit und damit Innovation.

Der Bedeutungszunahme von Wissen als Wertschöpfungsfaktor steht ein verändertes Verhältnis der Wissenschaft zu ihren Umwelten gegenüber. Die unübersehbaren Parallelen von Wissens- und wissenschaftlicher Arbeit veranlassten Peter Weingart (2001: 17) gar zu der These, dass der Handlungstypus wissenschaftlicher Forschung, die »systematische und kontrollierte Reflexion […] zum verbreiteten Handlungsprinzip in der Gesellschaft« werde. Die Wissenschaft, so Weingart weiter, löst sich »aus ihrer vormaligen relativen sozialen Isolation und diffundiert in viele Bereiche der Gesellschaft« (ebd.: 15). Er bezeichnet diesen Prozess als »Verwissenschaftlichung« (Weingart/Carrier/Krohn 2007: 93 und ff.), die weite Bereiche der Politik, Wirtschaft und des Alltagslebens erfasst hat. Gleichzeitig ist die Wissenschaft dem wachsenden Druck ausgesetzt, durch einen höheren Anwendungsbezug in der Forschung zum gesellschaftlichen Nutzen und wirtschaftlich-technologischem Fortschritt beizutragen. Die Leistungs-, Innovations- und Wettbewerbsfähigkeit der Wissenschaft gerät verstärkt ins Blickfeld der politischen Steuerungsakteure.

In der Wissensgesellschaft hat sich die Vorstellung davon, wie Innovation »passiert«, grundlegend gewandelt. Das hat weitreichende Folgen für die wissenschaftliche Wissensproduktion. Dem modernen Verständnis nach ist Innovation nicht die Folge einer gleichsam linearen Entwicklung[63], die

---

Fähigkeit zur Generierung von neuem Wissen auf der Basis und in Kenntnis von bereits vorhandenen Wissensbeständen unter Beweis gestellt hat.

63 Diese Vorstellung liegt etwa dem vordergründigen Aufbau des deutschen Wissenschaftssystems zugrunde: Idealiter sind die Universitäten und die Max-Planck-Gesellschaft (MPG) für die akademische Grundlagenforschung zuständig, die Helmholtz-Gemeinschaft (HGF) besorgt für den Staat strategisch bedeutsame Großgeräteforschung

in der sozial isolierten, wissenschaftlichen Grundlagenforschung ihren Ausgang nimmt (Humboldts »Einsamkeit und Freiheit«), sondern sie entsteht in »reflexiven Schleifen und rekursiven Prozessen« (Knie/Simon 2010: 30) zwischen verschiedenen gesellschaftlichen Bereichen. Die vormals institutionell getrennten Sphären von Politik, Wirtschaft und Wissenschaft »are increasingly working together, with a spiral pattern of linkages emerging at various stages of the innovation process« (Etzkowitz/Leydesdorff 2001: 4). Damit zusammenhängend wird auch die Betrachtung der Wissenschaft als autonomer Teil der Gesellschaft in Frage gestellt (vgl. Funtowicz/Ravetz 1993). In der Wissenschaftsforschung wird gar die These diskutiert, ob sich eine neue Art der Wissensproduktion abzeichnet, ein Modus 2, der sich vom ehemals vorherrschenden, akademisch geprägten Modus 1 durch seine soziale Kontextualisierung abgrenzt: »By contrast with traditional knowledge, which we will call Mode 1, generated within disciplinary, primarily cognitive context, Mode 2 knowledge is created in broader, transdisciplinary social and economic contexts« (Gibbons u.a. 1994: 1). Wissenschaftliche Fragestellungen werden im Modus 2 der Wissensproduktion nicht mehr (nur) von den autonomen wissenschaftlichen Akteuren, sondern vom Kontext ihrer Anwendung (mit)formuliert, sodass Erkenntnis und Anwendung nicht mehr eindeutig voneinander zu trennen sind.

Diese These hat eine beachtliche Resonanz gefunden, ist aber auch vielfach kritisiert worden, unter anderem dafür, dass sie »wegen ihrer historischen Blindheit keinen Sinn für die Spannungen hat, denen die Wissenschaft seit der Wissenschaftlichen Revolution ausgesetzt ist« (Weingart/Carrier/Krohn 2007: 30). Schließlich sind die Diskurse über die praktische Nützlichkeit des Wissens nicht neu. Schon zu Aristoteles‹ Zeiten gab es konkurrierende Auffassungen über die Verbindung von Wissen und praktischem Nutzen (vgl. Düring 1966: 3–5).[64] Jene Form der Wissensproduktion, die

und die Fraunhofer-Gesellschaft (FhG) betreibt angewandte industrienahe Forschung, oftmals für private Auftraggeber. Die Leibniz-Gemeinschaft (WGL) vereinigt eine Vielzahl von Instituten mit unterschiedlicher Ausrichtung – von Grundlagenforschung, über Dienstleistungen in der Aus- und Weiterbildung sowie Politikberatung bis hin zu Museen. (Hohn 2010: 460–461) Dazu kommen die zahlreichen Forschungsabteilungen in privaten Unternehmen.

64 Düring (1966: 3) schreibt: »Die beiden Schulen [die Akademie Platons und die Schule des Isokrates] repräsentierten zwei verschiedene Erziehungsprogramme, die noch heute gegeneinander ausgespielt werden. Kurz gesagt, vertrat Isokrates eine Zweckpädagogik. Der Unterrichtsstoff sollte einen unmittelbaren Nutzwert haben. Sein Ziel war es, die jungen Männer innerhalb kurzer Zeit zu effektiv fähigen Bürgern und Politikern auszu-

Gibbons und andere als Modus 1 bezeichnen, sollte deshalb nicht als historische Phase verstanden werden, sondern als Teil der Kontrastfolie, vor deren Hintergrund der Strukturwandel der Wissenschaft eingefangen werden kann. Denn die Beschreibung von Veränderung (der Gesellschaft im Allgemeinen und der Wissenschaft im Speziellen) bedarf einer Gegenüberstellung eines (meist zeitlich unbestimmten) »Früher« zu einem empirisch vorzufindenden »Jetzt«. Dieses »Früher« wird in der Wissenschaft oft mit dem Namen Humboldt in Verbindung und mit den Attributen Autonomie und Selbststeuerung auf den Punkt gebracht (vgl. etwa aus Governance-theoretischer Perspektive De Boer/Enders/Schimank 2007; für den Modus 1 Gibbons u.a. 1994; aus systemtheoretischer Perspektive Luhmann 1992; u.v.m). Dementsprechend wird der Wandel der Wissenschaft und der Wissensproduktion mit verstärkter Fremdsteuerung (vgl. etwa De Boer/Enders/Schimank 2007), einer Kontextualisierung der Wissensproduktion (vgl. Gibbons u.a. 1994) und zunehmenden Verbindungen zwischen der Wissenschaft und anderen gesellschaftlichen Teilbereichen (vgl. Funtowicz/Ravetz 1993; Etzkowitz/Leydesdorff 2001) beschrieben. Uneinigkeit herrscht einzig noch über das Ausmaß, in dem das »Jetzt« das »Früher« verdrängt hat. Wissenschaftssoziologische Autoren wie Peter Weingart und Henry Etzkowitz verweisen etwa darauf, dass es in den unterschiedlichen Phasen des Erkenntnisprozesses zu verschiedenartigen Verbindungen von Wissensproduzenten und -nutzern sowie anderen gesellschaftlichen Akteuren kommt, Phasen der relativen Isolation wechseln sich ab mit Phasen intensiven Austauschs (vgl. Knie/Simon 2010: 31). Aus dieser Perspektive verliert die auf die *scientific community* orientierte Grundlagenforschung an den Universitäten nicht grundsätzlich an Bedeutung. Ebenso wenig lässt sich aber leugnen, dass die Wissenschaft einem erhöhten Legitimationsbedarf ausgesetzt ist.

In diesem Sog sind beide Felder, Wissenschaft und Wirtschaft gleichermaßen, ungefähr seit Mitte der 1980er massiven Wandlungsprozessen unterworfen. Zwei Themenkomplexe sind dabei für unsere Fragestellung besonders relevant: Erstens ist das die Veränderung der Steuerung und Koordination der Arbeit. In beiden Feldern findet in dieser Hinsicht, wenngleich auf unterschiedliche Weise, eine Vermarktlichung statt. Zweitens interessiert uns die Veränderung der Organisation der Arbeit. Sowohl in der Wirtschaft als auch in der Wissenschaft hat das Projekt einen Siegeszug als

bilden. Platons Ziel hingegen war die Bildung des Charakters durch strenge Schulung in wissenschaftlichem Denken.«

Organisationsform von Arbeit angetreten, der nicht ohne Folgen für die Arbeitsprozesse bleibt. Im Folgenden werden diese Wandlungsprozesse in der genannten Reihenfolge zum Thema gemacht.

3.1.2 Steuerung und Koordination der Arbeit: Vermarktlichung

Nach der jahrzehntelangen nicht nur praktischen, sondern auch theoretischen Dominanz des Taylorismus sind sich alle neueren Richtungen der arbeits- und industriesoziologischen Forschung mittlerweile weitgehend darin einig, dass »traditionelle«, das heißt tayloristische Kontrollformen ausgedient haben. Es haben sich neue Steuerungsformen durchgesetzt, die auf ein höheres Maß an *Selbstorganisation* der Beschäftigten innerhalb erweiterter Handlungsspielräume setzen. Für diesen Perspektivenwechsel finden sich in der Literatur vor allem zwei Gründe:

Zum einen wird auf die *qualitative Veränderung der Arbeit* als Motor der unternehmerischen Transformationsprozesse verwiesen. Technisierung und Mediatisierung werden, neben anderen, als wesentliche Ursachen für eine »Subjektivierung von Arbeit« angesehen (vgl. Kleemann/Matuschek/Voß 2002: 60–64)[65], die neue Formen der Arbeits- und Betriebsorganisation erforderlich macht. Gleichzeitig setzt der Aufstieg der Wissensarbeit die herkömmlichen innerbetrieblichen Kontrollmechanismen unter Druck. Bei diesem Tätigkeitsprofil, das heißt der Bearbeitung von vormals unbekannten, möglicherweise einzigartigen Problemlagen mit offenem Ergebnis, handelt es sich um einen Arbeitsprozess, der sich auf der Ebene der Tätigkeit nicht formalisieren lässt und daher nur begrenzt planbar ist. Wissensarbeit muss von den Arbeitenden maßgeblich selbst organisiert werden. Zudem ist sie auf Kooperation angewiesen und als interaktiver Prozess zu verstehen (vgl. Knoblauch 1996). Das bedeutet, dass Wissensarbeit nicht nach den für die Industriearbeit charakteristischen hierarchisch-bürokratischen, Maßstäben der rationalen Organisation direkt gesteuert werden kann. Stattdessen verlangt die Steuerung von Wissensarbeit nach Strukturen dezentraler Prob-

65 Als weitere Gründe für die Subjektivierung von Arbeit führen Kleemann, Matuschek und Voß (2002: 59–83) die Neustrukturierung des Verhältnisses von Arbeit und Leben, die De-Institutionalisierung des Lebenslaufs, die spezifischen Erwartungen und Forderungen der Frauen und die normative Subjektivierung der Arbeit infolge des sozio-kulturellen Wertewandels an.

lemlösung und Entscheidungsfindung, die die (teil-)autonome Handlungsfähigkeit der Akteure gewährleisten.

Zum anderen wurde seit Mitte der 1980er Jahre auf die ökonomische Überlegenheit alternativer Produktionsformen im internationalen Wettbewerb verwiesen: Konzepte wie Gruppen- und Projektarbeit sowie operative Dezentralisierung, auf die später noch näher eingegangen wird, wurden als Mittel zur Produktivitätssteigerung entdeckt – und das selbst in jenen Branchen, die als Brutstätte des Taylorismus gelten, bspw. in der Automobil- und Elektroindustrie (vgl. Minssen 2012: 79–82). In der deutschen Diskussion wird dieser Konzeptwandel häufig mit dem Buch »Das Ende der Arbeitsteilung« von Kern und Schumann (1984) in Verbindung gebracht. Die darin formulierte These eines Paradigmenwechsels der betrieblichen Rationalisierung von der rigiden Arbeitsteilung im Taylorismus zu einem ganzheitlicheren Aufgabenzuschnitt und Gruppenarbeit ist breit rezipiert worden. International hat die MIT-Studie von Womack, Jones und Ross (1990) über die Produktionsabläufe des japanischen Automobilkonzerns Toyota großes Aufsehen erregt. Die im Vergleich zu Westeuropa mehr als doppelt so hohe Produktivität der japanischen Automobilindustrie führten die Autoren auf das überlegene Organisationsmodell der japanischen Betriebe zurück (vgl. Wolf 2003: 14). Als zentrale Kennzeichen dieses als *lean production* berühmt gewordenen Produktionskonzepts identifizierten sie die Verlagerung von Kompetenzen und Verantwortung für den Arbeitsprozess auf die Beschäftigten im operativen Bereich sowie eine Verschlankung der Unternehmen, insbesondere auf der Ebene des mittleren Managements (vgl. Marrs 2010: 340).

Ausgehend von diesen Impulsen beschäftigte sich die deutsche arbeits- und industriesoziologische Debatte[66] seit Anfang der 1990er Jahre intensiver mit solchen Konzepten, die auf »Formen operativer Dezentralisierung« (Minssen 2012: 82) und auf die Erweiterung der Handlungsspielräume und die Partizipation der Beschäftigten abzielten. Ein Kernmerkmal dieser neuen Konzepte war die Partizipation der Arbeitenden an Veränderungsprozessen in den Unternehmen. Ging es beim Taylorismus, der heute oft als Sammelbegriff für alle Formen der direkten Kontrolle herhalten muss, um die möglichst exakte und detaillierte Kontrolle des gesamten Arbeitsprozesses, setzten die neuen »partizipativ-arbeitskraftzentrierten Managementkonzepte«

66 In der angelsächsischen *Labour Process Debate* wurde schon sehr viel früher zwischen der »direkten Kontrolle« (»Direct Control«) der Industriearbeit und der »verantwortlichen Autonomie« (»Responsible Autonomy«) der Angestellten unterschieden (Friedman 1977a: 78–79, ausführlicher Friedman 1977b).

(Dörre/Neubert/Wolf 1993) auf die subjektiven Leistungen und Potentiale der Arbeitenden. Die Beschäftigten sollten nunmehr an betrieblichen Entscheidungen beteiligt werden, von denen sie im Taylorismus kategorisch ausgeschlossen waren. Ihr Erfahrungswissen galt nicht mehr, wie noch bei Taylor, als »Grundübel der Arbeitsorganisation« (Kieser/Ebers 2006: 106), dem nur durch rigide managerielle Planung beizukommen ist, sondern als Mittel zur Produktivitätssteigerung. Dadurch veränderten sich auch die Kommunikationsabläufe im Unternehmen. Nicht nur wurde Kommunikation als wesentlicher Bestandteil der Arbeit erkannt, auch die Kommunikation zwischen den verschiedenen hierarchischen Ebenen im Unternehmen wandelte sich. Die mit der Trennung von Kopf- und Handarbeit korrespondierende einseitige Kommunikation zwischen Anweisungsbefugten und -empfängern sollte aufgehoben und die Kommunikation in beide Richtungen im Unternehmen gestärkt werden: »An die Stelle hierarchischer Koordinierungs- und Steuerungsformen soll eine permanente Selbstoptimierung und kontinuierliche Aushandlungs- und Abstimmungsprozesse zwischen den einzelnen Arbeitsgruppen treten« (Heidenreich 1996: 27). Bisweilen wird in diesem Zusammenhang von einer Ersetzung hierarchischer durch »diskursive Koordinierung« (Minssen 1999; Braczyk 2000: 564) gesprochen.

Obwohl einige Autoren schon früh auf die Ambivalenzen und Schattenseiten dieses veränderten Kontrollverständnisses hingewiesen haben (vgl. Friedman 1977a), war die Rezeption der Managementkonzepte der 1990er Jahre zunächst en gros von einer regelrechten »Partizipationseuphorie« und der Vorstellung einer gemeinschaftlichen Sozialordnung, die sich im sozialen Konstrukt der »Mannschaft« (Kotthoff 1997: 291) ausdrückt, geprägt. Die Hoffnung war, dass sich endlich die lange geforderte »Humanisierung der Arbeit« und eine neue Wertschätzung der Beschäftigten einstellen würden. Aus dieser Perspektive werden die Beziehungen zwischen dem Unternehmen und den Beschäftigten als psychologischer Vertrag in der Variante des sozialen Tausches konzipiert: Die Unternehmen gewähren ihren Beschäftigten ein hohes Maß an Autonomie und Beschäftigungssicherheit und erwarten dafür Leistungsbereitschaft, Flexibilität und Loyalität (vgl. Marrs 2010: 341). Der Zeithorizont ist auf Langfristigkeit angelegt, die Grundlage des Tausches ist das gegenseitige Vertrauen, das heißt Geben und Nehmen werden nicht direkt gegeneinander aufgerechnet (vgl. Kotthoff 1997: 17–18).[67] Dazu

67 Der Gegensatz des sozialen Tausches ist der auf Kurzfristigkeit und spezifische Tauschmittel angelegte ökonomische Tausch, der Misstrauen als etwas unterstellt, »womit man rechnen muss« (Kotthoff 1997: 17).

passt, dass die Führungskräfte, die Kotthoff Mitte der 1990er Jahre in den von ihm untersuchten Unternehmen vorfand, üppige Gehälter bezogen, sich einer »beamten-ähnlichen Arbeitsplatzsicherheit« erfreuten, ein hohes Maß an Autonomie und Verantwortung in der Arbeit genossen, sich stark mit ihrer Firma identifizierten und von einer so tiefen Loyalität zu ihrem Arbeitgeber geprägt waren, dass Kotthoff sie nicht nur als Berufs-, sondern auch als »Firmenmenschen« bezeichnete (Kotthoff/Wagner 2008: 12). Es war, als wäre Webers bürokratische Herrschaft dem Zwang zur streng hierarchischen Unterordnung beraubt worden und als wären alleine die von Weber im Gegenzug dafür vorgesehenen Vorteile für die Beschäftigten übrig geblieben: angemessene Entlohnung und hohe berufliche Sicherheit.

Jedoch wurde schnell klar, dass die Intensivierung der Kommunikationsbeziehungen im Unternehmen »keinen Verzicht auf Formen hierarchischer Koordinierung« (Minssen 2012: 91) bedeutet.[68] Mit der Umstellung von einseitigen, hierarchischen Anweisungen auf direkte Partizipation geht kein grundsätzlich verändertes Verhältnis zwischen den Beschäftigten und dem Unternehmen einher. Die dem hierarchischen Unternehmensaufbau geschuldete Asymmetrie der Kommunikationsprozesse wird dadurch nicht beseitigt. Das Ziel der Partizipation ist es nicht, die innerbetriebliche Demokratie zu stärken oder einen herrschaftsfreien Diskurs nach Habermas'scher Vorstellung zu ermöglichen. Es geht vielmehr darum, eine unter tayloristischen Kontrollformen vernachlässigte Ressource besser zu nutzen und in den Dienst des Unternehmens zu stellen: das Wissen und die subjektiven Potentiale der einzelnen Beschäftigten (vgl. ebd.: 89).

Um diesen veränderten Zugriff der Unternehmen auf ihr Personal auf den Punkt zu bringen, ist vielfach von einer »Subjektivierung von Arbeit« (vgl. prominent Kleemann/Matuschek/Voß 2002) die Rede. Damit soll zum Ausdruck gebracht werden, dass die Beschäftigten nicht mehr nur einfach Anweisungen ausführen, sondern in Eigenregie kreative, innovative Lösungen mit Blick auf den sich ständig ändernden Markt erarbeiten sollen. Es gilt nicht mehr die Unpersönlichkeit der Amtsführung, die Weber als essentiell für den unternehmerischen Erfolg erachtete, im Gegenteil wird die Persönlichkeit der Arbeitenden nun zur Ressource der Unternehmen. Dem

68 Dazu passt, dass die »Partizipationsangebote« der frühen 1990er Jahre nicht vom Druck der Beschäftigten, sondern vom Management ausgingen und von Anfang an den Charakter von Rationalisierungsstrategien hatten (vgl. Wolf 2003: 16).

daraus entspringenden vermeintlichen Freiheitsgewinn[69] der Beschäftigten, der mancherorts zunächst Anlass zur Freude gab, steht jedoch ein umfangreicher Zugriff auf die subjektiven Potentiale von Arbeitspersonen gegenüber.[70]

Spätestens durch die seit Ende der 1990er verstärkt thematisierte »Vermarktlichung« der unternehmensinternen Steuerung und das Platzen der *New Economy*-Blase hat die Euphorie über das veränderte Unternehmensmanagement (vgl. Döhl u.a. 2001) dann endgültig bittere Ernüchterung erfahren. Mit der Autonomie der Beschäftigten in der Arbeit stieg auch – bisweilen, so scheint es, sogar schneller – deren »Ergebnisverantwortlichkeit« (Heidenreich 1996: 27). Die Beschäftigten sollten nicht mehr nur für die plangerechte Erledigung des ihnen zugewiesenen Arbeitsschrittes verantwortlich sein, sondern einzeln oder in der Gruppe für ein umfangreicheres Aufgabengebiet und die Erfüllung von vorab definierten Zielen. Durch diese Verantwortungsverschiebung von den Unternehmen auf die Individuen werden die Beschäftigten von »Rationalisierungsbetroffenen« zu »Rationalisierungsträger[n]« (Minssen 2012: 89), die »möglichst unmittelbar den Anforderungen des ›Marktes‹ ausgesetzt und für die Bewältigung des permanenten Marktdrucks verantwortlich gemacht werden« (Marrs 2010: 339) sollen. Der Beitrag einzelner Personen oder Gruppen zum Markterfolg des Unternehmens lässt sich aber nicht direkt aus vergangenem Handeln kausal ableiten (vgl. Voswinkel 2005). In der unternehmensinternen Kommunikation entpuppt sich die Rede vom »Markt« als »soziales Konstrukt, an dem die Unternehmen durchaus absichtsvolle Interpretationen gegenüber ihren Beschäftigten vornehmen« (Marrs 2010: 346).

Den Beschäftigten treten die Bedürfnisse des Marktes nicht unmittelbar, sondern in Form von ökonomischen Kennziffern gegenüber, deren Erreichen als ökonomische Notwendigkeit inszeniert wird. In diesem Sinne ist

69 In der Tat wird der Prozess, den der Begriff der Subjektivierung beschreibt, in der Forschung mit großer Skepsis betrachtet. Denn zum einen obliegt die Definitionsmacht über die individuellen Autonomieanteile ja den Unternehmen, zum anderen steuern diese auch die Reichweite der Autonomie, die überhaupt erlangt werden kann.

70 Kleemann, Matuschek und Voß (2002) sprechen von der »doppelten Subjektivierung«, da dem veränderten unternehmensseitigen Zugriff auf die Beschäftigten die gewandelten Erwartungen an die Arbeit der Mitarbeitenden selbst gegenüberstehen: Selbstbestimmung und Selbstverwirklichung sind für sie zu zentralen Wertkategorien der Arbeit geworden (vgl. Baethge 1991b). Insofern besteht eine (in Anbetracht des sich bietenden unternehmerischen Ausbeutungspotentials) eigentümliche »Wahlverwandtschaft« zwischen den individuellen Einstellungen bzw. Erwartungen und den neuen Arbeitsformen (vgl. Heidenreich 1996: 40).

die Vermarktlichung der Steuerung und Kontrolle von Arbeit in erster Linie eine »Argumentations- und Machtressource mikropolitischen Handelns« (Voswinkel 2005: 289), die von den Unternehmen zur Disziplinierung ihrer Beschäftigten eingesetzt werden kann. Der Vorstellung eines sozialen Tausches im Unternehmen wird damit die Grundlage entzogen: Wenn der Fortbestand von einzelnen Arbeitsplätzen, ganzen Abteilungen und sogar von Unternehmensstandorten vorgeblich unmittelbar vom Markterfolg abhängig gemacht wird, fällt die Beschäftigungssicherheit als Tauschobjekt aus. Im Gegenteil entsteht ein allgemeines Gefühl der Unsicherheit, das den eigenen Arbeitsplatz plötzlich als »zerbrechliches und bedrohtes Privileg« (Bourdieu 1998b: 97) erscheinen lässt. Galt Beschäftigungssicherheit sowohl Weber (1976 [1921]: 553) als auch noch den partizipationsorientierten Managementkonzepten als Garant der Leistungsbereitschaft der Beschäftigten (vgl. Kotthoff 1997), kehrt die Vermarktlichung das Motivationsmoment um und macht nun die Ersetzbarkeit zum Teil des neuen Kontrollmodus. Damit gewinnt die »Reservearmee«, die schon Marx als bedeutendes Disziplinierungsmittel der Betriebsleitung gegenüber den Arbeitern identifizierte, neue Bedeutung. Von dieser Herrschaft durch Prekarität (vgl. Bourdieu 1998b: 100), die den außerbetrieblichen Arbeitsmarkt zur innerbetrieblichen Leistungssteuerung einsetzt, bleiben nur wenige Berufsgruppen, und das meist auch nur für eine begrenzte Zeit, verschont. Die Sicherheit des eigenen Arbeitsplatzes ist demnach nicht nur abhängig vom individuellen Beitrag zum Markterfolg des Unternehmens, sondern auch von der Arbeitsmarktlage.[71]

Ein Problem dieser schematischen Chronologie – vom Taylorismus über die partizipationsorientierten Managementkonzepte bis hin zur Vermarktlichung – ist, dass in der Zusammenschau der vielen Beiträge zur Darstellung der Veränderungen bei der Steuerung und Kontrolle der Arbeit nicht ganz klar wird, welche Branchen und Bereiche der Unternehmen von den Umwälzungen konkret betroffen sind. So lag der Schwerpunkt der arbeits- und industriesoziologischen Debatten in Deutschland lange Zeit auf der Industriearbeit, für die tayloristische Steuerungsformen prägend waren (vgl. Marrs 2010: 339). Erst in den 1990er Jahren weckten auch die Arbeitsbedingungen von Hochqualifizierten die Aufmerksamkeit der arbeitssoziologischen For-

71 Darauf, dass dieser Mechanismus auch umgekehrt funktionieren kann, baut der mediale Diskurs um die sogenannte *Generation Y*: Das Damoklesschwert eines bevorstehenden Fachkräftemangels führe zu einem neuen Selbstbewusstsein der (hochqualifizierten) Beschäftigten, die mit diesem Rückenwind selbstbewusst Forderungen nach einer Umgestaltung der Arbeitswelt artikulieren.

schung. Empirisch bezog sich die Forschung dann zum Teil, bspw. bei der *lean production*, ebenfalls auf die IndustriearbeiterInnen, aber auch die Angehörigen des mittleren Managements standen nunmehr vermehrt im Fokus. Fast allen Ansätzen gemeinsam ist jedoch die Diagnose eines Übergangs vom Taylorismus zu einer, bislang um ein neues Schlagwort verlegenen, Arbeitswelt der jeweiligen Gegenwart bzw. Zukunft. Bisweilen bleibt also diffus, in welchen Teilen das vorgefundene »Neue« der beschriebenen Arbeits- und Organisationsformen dem veränderten Untersuchungsgegenstand oder einem tatsächlichen Wandel zuzuschreiben ist.

Fest steht jedoch, dass mit der Wissensarbeit ein Typus von Arbeit an Bedeutung gewonnen hat, der sich mit den traditionell-tayloristischen Steuerungsformen nicht managen lässt. Direkte Steuerung im Sinne detailgenauer Verfahrensvorgaben für die Gestaltung des Arbeitsprozesses ist mit dem Charakter von Wissensarbeit nicht vereinbar. Die »Etablierung von Handlungsroutinen und die Belohnung ihrer Anwendung durch die Verteilung selektiver Anreize«, führen bei der Wissensarbeit, so Wilkesmann (2005: 62), zu einer Reihe von »Dysfunktionalitäten«. So gerät bspw. der kooperative Charakter von Wissensarbeit leicht mit einem an individuellen Leistungen ausgerichteten Anreizsystem in Konflikt. Die Steuerung von Wissensarbeit ist deshalb nur *indirekt* über *soziale Normen* (Definition angemessener Arbeitsleistung und -teilung in einer Gruppe), über *Macht*, das heißt die Definition der Spielregeln (bspw. die Größe des eingestandenen Handlungsspielraums), die Identifikation mit den Unternehmenszielen und der Unternehmens*kultur* (Gefühl der Zugehörigkeit, Elitebewusstsein, soziale Identität etc.), *intrinsische Motivation* (die Arbeit wird »nicht länger unter Kosten verbucht, sondern unter Nutzen«) und *Zielvereinbarungen* möglich (ebd.: 62–63; vgl. auch Schwarzbach 2005: 208 ff.).

Ob der genannten Parallelen von wissenschaftlicher und Wissensarbeit dürfte es nicht verwundern, dass diese Steuerungsmechanismen auch für den wissenschaftlichen Arbeitszusammenhang gelten: Darauf dass, erstens, die Wissenschaft durch einen Komplex an sozial bindenden *Normen und Werten* – namentlich Universalismus, Kommunismus, Uneigennützigkeit und organisierter Skeptizismus – zusammengehalten wird, hat am prominentesten Robert K. Merton (1985: 68–99) hingewiesen. Zweitens hat nicht nur Pierre Bourdieu (1992) aufgedeckt, dass auch das wissenschaftliche Feld nicht frei von *Macht*spielen ist. Die Frauen- und Geschlechterforschung (und in jüngerer Zeit auch die Diversity-Forschung) weisen schon seit längerem darauf hin, dass die Definition der Spielregeln durch eine bestimmte Gruppe (Männer) andere Gruppen (Frauen) in ihren Erfolgschancen beschneiden und sogar vom Spiel ausschließen kann (vgl. etwa Krais 2000). Drittens ist die Identifikation mit der wissenschaftlichen ›*Kultur*‹, der gemeinsamen Suche nach der Wahrheit und die Orientierung an bestimmten Objekten, bspw. Publikationen, Teil der wissenschaftlichen Sozialisation und liegt quer zu den von Merton identifizierten Werten und Normen. Viertens bildet *intrinsische Motivation* den Kern der normativen Verhaltenserwartungen, die seit je an alle gestellt werden, die mit dem Eintritt in die wissenschaftliche Gemeinschaft liebäugeln. Und fünftens finden *Zielvereinbarungen*, als der letzte und wichtigste Steuerungsmechanismus von Wissensarbeit, auch in der Wissenschaft seit geraumer Zeit zunehmend Verbreitung.

Von den fünf genannten Steuerungsformen ist die letztgenannte, der Einsatz von Zielvereinbarungen – neben der Definition von Spielregeln – das »direkteste« Mittel der Steuerung von Arbeit. Normen und Werte, Kulturen und die intrinsische Motivation der Beschäftigten sind wesentlich schwerer zu beeinflussen.[72] Kennzahlenbasierte Ziele dagegen sind konkrete Instrumente der Steuerung, an denen sich die Beschäftigten messen lassen müssen. Idealtypisch unterscheidet sich das sogenannte *management by objectives* von den »herkömmlichen« tayloristischen Steuerungsinstrumenten in zwei wesentlichen Punkten: Es beruht erstens nicht auf hierarchischer Weisung, sondern auf Aushandlungsprozessen zwischen Arbeitgebern und Arbeitnehmern, und orientiert sich zweitens nicht an der detailgenauen Steuerung des Arbeitsprozesses, sondern an den Arbeitsergebnissen (vgl. Wilkesmann 2005: 63; für die Wissenschaft Bogumil u.a. 2013: 29). So weit die Theorie. Tatsächlich sind die Einflussmöglichkeiten der Beschäftigten jedoch äußerst begrenzt. Die Unternehmensleitung gibt zwar nicht mehr das *Verfahren* vor, sondern formuliert allgemeine *Ziele*, aus denen dann spezielle Ziele für die jeweiligen hierarchischen Ebenen und Bereiche abgeleitet werden (vgl. Voswinkel 2005: 302–303). An der hierarchischen Durchsetzung als Modus der Steuerung hat sich im Grunde aber nichts geändert, nur das Mittel der Steuerung ist ein anderes. Hierarchische Kontrolle ist nicht der Antagonist zur erweiterten Autonomie der Beschäftigten in der Arbeit, in Zeiten von Subjektivierung und Vermarktlichung wird nicht weniger, sondern lediglich *anders* kontrolliert: »Wenn Zentralen ohne Rücksicht auf die konkreten Handlungsbedingungen dezentraler Einheiten übergeordnete Ziele festlegen und daraus mechanisch Bereichs-, Team- und Individualziele abgeleitet werden,

72 Was nicht heißt, dass es nicht ständig versucht würde.

handelt es sich nicht, wie oft suggeriert wird, um das Ende, sondern um einen Formwandel hierarchischer Koordination« (Kalkowski/Mickler 2002: 130). Verlagerung von Verantwortung heißt eben nicht, dass die Beschäftigten ein umfassendes Mitspracherecht an der Zielformulierung eingeräumt bekommen, sondern, dass sie sich stärker als zuvor für ihre individuellen Leistungen und ihren Beitrag zur Unternehmensperformanz rechtfertigen müssen.

In der Wissenschaft ist die Ausgangslage bei der Einführung von Zielvereinbarungen eine andere. Hier genießen die »operativ Beschäftigten« eine hohe Autonomie gegenüber ihren formalrechtlichen Arbeitgebern. Zwar sind die Beziehungen zwischen berufenem und nicht-berufenem Personal, zwischen ProfessorInnen und wissenschaftlichem Nachwuchs, in Deutschland durch starke Abhängigkeitsverhältnisse geprägt, die einzelnen WissenschaftlerInnen sind jedoch in den allermeisten Fällen (Ausnahmen bilden zum Beispiel die Ressortforschungseinrichtungen der Ministerien) gegenüber den wissenschaftlichen Einrichtungen und dem Staat nicht weisungsgebunden. Der Arbeitsprozess in der Wissenschaft ist idealiter nicht durch strenge hierarchische Detailkontrolle, sondern durch »Einsamkeit und Freiheit« geprägt. Folglich werden Zielvereinbarungen in der Wissenschaft nicht, wie das oft im Diskurs über die Steuerung der Arbeit in Wirtschaftsunternehmen der Fall ist, mit vergrößerten Handlungsspielräumen, mehr Autonomie und der Aufwertung der Beschäftigten zu Verhandlungspartnern assoziiert, sondern im Gegenteil mit einer Einschränkung von Autonomie, mit verstärkter Fremdsteuerung und einer Ausrichtung an verzerrenden quantitativen Indikatoren. Die Kontrolle der Arbeit über die Aushandlung bzw. Vorgabe von Zielen wird in der Wissenschaft nicht als ein möglicher Ausweg aus der streng hierarchischen Kontrolle diskutiert, sondern als ein Einfallstor für die Ökonomisierung der Wissenschaft.

Nicht zuletzt deshalb wird im Zuge der veränderten Steuerung von Wissenschaft und der verstärkten Anwendung von Zielvereinbarungen viel über die Angleichung von Universitäten (und möglicherweise auch anderen wissenschaftlichen Einrichtungen) an Wirtschaftsunternehmen diskutiert.[73]

73 In der Frage nach der sogenannten »Organisationswerdung der Hochschulen« gibt es zwei Pole: Während einerseits davon ausgegangen wird, dass sich die Hochschulen mehr und mehr zu ›kompletten‹ Organisationen, strukturähnlich zu modernen Dienstleistungsunternehmen, entwickeln (vgl. etwa Brunsson/Sahlin-Andersson 2000; Krücken/Meier 2006), werden andererseits die Besonderheiten von Universitäten und der wissenschaftlichen Arbeit hervorgehoben, die einer solchen Entwicklung im Weg stehen (vgl.

Traditionellerweise waren die Strukturen der deutschen Universitäten durch die hohe Autonomie der ProfessorInnen einerseits und die bürokratische Feinsteuerung durch die jeweils zuständigen Landesministerien andererseits beeinflusst (vgl. Clark 1983: 125 ff.). Dazwischen war die Organisationsebene der Universitäten lange Zeit nicht sonderlich ausgeprägt. Das änderte sich erst im Zuge der Anfang der 1990er Jahre einsetzenden allmählichen Reformen, zuerst der öffentlichen Verwaltung und später auch des Hochschulsektors, entlang der Prinzipien des *New Public Management* (NPM). Auslöser der Governance-Reformen des Hochschulsystems waren vor allem die Krise der öffentlichen Haushalte und eine Legitimationskrise des Staates, die in Deutschland unter anderem aus der allgemeinen Ernüchterung nach der Steuerungseuphorie der 1960er und 1970er Jahre resultierte und in einem veränderten Staatsverständnis mündete: Statt detaillierter Planung sollte der Staat nunmehr nur Rahmenvorgaben setzen und innerhalb dieses Rahmens auf die Selbststeuerung und Selbstorganisation der AkteurInnen vertrauen.

Zwischen Staat und Hochschulen wurde die staatliche Detailsteuerung durch die jeweils zuständigen Landesministerien durch eine Grobsteuerung in Form von vertragsförmigen Vereinbarungen (Kontraktmanagement) und Globalbudgets ersetzt (vgl. König 2009). Dazu mussten die Hochschulen in Deutschland jedoch überhaupt erst als eigenständig handlungsfähiger »Akteur« konstruiert werden (vgl. Meier 2009), der dem Staat als Verhandlungspartner bei Zielvereinbarungen gegenübertreten kann. Um dies zu erreichen, wurden die hierarchischen Beziehungen in den Universitäten gestärkt. In den allermeisten deutschen Bundesländern – Hochschulpolitik ist in Deutschland Ländersache – wurde die universitäre Leitungsebene gegenüber den traditionellen Gremien der akademischen Selbstverwaltung erheblich aufgewertet (vgl. etwa Hüther 2010). Die Hochschulleitungen sollten in die Lage versetzt werden, die mit den zuständigen Ministerien ausgehandelten Zielvereinbarungen organisationsintern durchzusetzen. Dabei kommen auch innerhalb der Hochschulen, zwischen den Hochschulleitungen einerseits und Fakultäten bzw. Fachbereichen andererseits, aber auch zwischen den Fakultäten und den einzelnen ProfessorInnen, Zielvereinbarungen zum Einsatz (vgl. Jaeger 2009: 54–55; Brandt u.a. 2012: 89; Winterhager 2012: 270–271). Im Zuge der Umstellung von der am Dienstalter orientierten C- auf die leistungsbezogene W-Besoldung werden darüber hinaus seit ein paar

etwa Musselin 2007; Hüther/Krücken 2011). Einigkeit besteht aber in der Feststellung, dass eine Angleichung – in welch starker Ausprägung auch immer – stattfindet und dass die Hochschulen sich verändern.

Jahren im Rahmen von Berufungsverhandlungen auch Zielvereinbarungen mit den einzelnen ProfessorInnen ausgehandelt.

Da Zielvereinbarungen auch in der Wissenschaft nicht ohne Kennzahlen funktionieren, sind neue Formen der Leistungsmessung und Rechenschaftslegung eingeführt worden, die alle Ebenen des Wissenschaftssystems betreffen und Einfluss auf die Ressourcenverteilung haben. Innerhalb der wissenschaftlichen Einrichtungen werden Leistungen in Forschung und Lehre sowie bei der Einwerbung von Drittmitteln durch Indikatorenkataloge erfasst und als Grundlage für die leistungsorientierte Mittelvergabe und Besoldung verwendet. Doch auch organisationsübergreifend werden Forschungsleistungen von Wissenschaftlerinnen und Wissenschaftlern mit bibliometrischen Maßen gemessen und vergleichbar gemacht. Das prominenteste Maß ist der sogenannte *h-index* (Hirsch-Index), der sich aus der Anzahl der wissenschaftlichen Veröffentlichungen *h* berechnet, die mindestens *h-mal* zitiert wurden. Ein Hirsch-Index von 6 bedeutet also, dass ein/e Wissenschaftler/in mindestens 6 Veröffentlichungen publiziert hat, die jeweils mindestens 6-mal zitiert wurden. (Hirsch 2005) Einflussreich ist auch der *Impact Factor*[74], der Zeitschriften nach der Anzahl der Zitierungen gewichtet. Multipliziert mit der Anzahl der Aufsätze lässt sich so die Forschungsleistung einzelner WissenschaftlerInnen berechnen. Daneben existiert eine Vielzahl anderer bibliometrischer Maße, Ratings und Rankings, welche die wissenschaftliche Leistungsfähigkeit von einzelnen WissenschaftlerInnen und, darauf aufbauend, auch ganzer Fachbereiche, Fakultäten und Universitäten miteinander vergleichen. In der Betriebswirtschaftslehre ist bspw. das Ranking deutschsprachiger ProfessorInnen im *Handelsblatt* von großer Bedeutung. Allen diesen Instrumenten ist gemeinsam, dass sie versuchen, Forschungsergebnisse durch quantitative Kriterien in eine Rangfolge zu bringen. Der Vorteil solcher Verfahren liegt auf der Hand: schnelle Vergleichbarkeit. Es gibt jedoch auch viel Kritik, vor allem aus der Wissenschaft selbst. Nicht selten werden die neuen Steuerungsinstrumente mit dem Ausverkauf grundlegender, wissenschaftlicher Werte wie Unabhängigkeit, Uneigennützigkeit und Skepti-

74 Der *Impact Factor* der zur Agentur Reuters gehörenden Firma Thomson Science »beruht auf der Annahme, dass Wissenschaftler Werke anderer Wissenschaftler vor allem deshalb zitieren, weil sie auf deren Ergebnissen aufbauen, und dass somit eine Zeitschrift, deren Aufsätze häufiger zitiert werden, einen höher zu bewertenden Beitrag zur Wissenschaft leistet, und sie deshalb eine höhere Qualität beanspruchen kann, als eine Zeitschrift, auf deren Aufsätze Wissenschaftler weniger häufig zugreifen bzw. die sie weniger häufig zitieren« (Kieser 2010: 350).

zismus in Verbindung gebracht. Die Befürchtungen gehen sogar so weit, zu vermuten, dass die intrinsische Motivation der WissenschaftlerInnen durch die Orientierung an extrinsischen Belohnungen verdrängt wird. Indem ihre Leistungen exakt gemessen, miteinander verglichen und Anreize für Leistungssteigerungen in Aussicht gestellt werden, würden WissenschaftlerInnen dazu angehalten, den »Einsatz für Forschung und Lehre einem Kalkül zu unterwerfen« (Kieser 2010: 355). Die Quantifizierung von Forschungsleistungen im Leistungsvergleich, so befürchten Kritiker, führe zu einem Qualitätsverlust in der Forschung: »Ein System, in dem sich alle Akteure an den gleichen Indikatoren orientieren, läuft Gefahr, seine Diversität und Innovativität zu verlieren« (Maasen/Weingart 2006: 42). Trotz der starken Kritik erfreuen sich diese Rankings in der Öffentlichkeit (bspw. als Orientierungshilfe für zukünftige Studierende) und innerhalb des Wissenschaftssystems (etwa bei der Bewertung von KandidatInnen in Rekrutierungsprozessen) immer größerer Beliebtheit.

Das hervorstechendste Merkmal der strukturellen Veränderungen in der Wissenschaft ist sicherlich die Verstärkung des Wettbewerbs.[75] Professorinnen und Professoren sollen durch leistungsbezogene Vergütung zu besseren Leistungen animiert werden, die Grundmittel wissenschaftlicher Einrichtungen werden zugunsten einer wettbewerblichen Verteilung von Forschungsgeldern zurückgefahren, wissenschaftliche Leistungen sollen durch quantitative Indikatoren vergleichbar gemacht werden und die Hochschulen sollen sich im gegenseitigen Wettbewerb profilieren. Auf der Ebene der Hochschulen ist die Differenzierung durch Wettbewerb spätestens mit der Exzellenzinitiative von Bund und Ländern zum neuen politischen Leitbild geworden (vgl. Rogge u.a. 2013). Entgegen der lange Zeit dominierenden Vorstellung einer einheitlichen Qualität unter den deutschen Universitäten sollten sich

75 De Boer, Enders und Schimank (2007: 138–139) haben einen sogenannten Governance-Equalizer zur Analyse nationaler Hochschulsysteme entworfen. Damit sollen sich die jeweiligen Veränderungen anhand von fünf Governance-Modi darstellen lassen: (1) akademische Selbstorganisation, (2) staatliche Regulierung der Hochschulen, (3) hierarchische Selbststeuerung, (4) externe Steuerung und (5) Konkurrenzdruck. Aus dieser Perspektive lassen sich die zentralen Charakteristika des NPM-Leitbilds folgendermaßen zusammenfassen: Ziel ist einerseits eine Verstärkung der externen Steuerung, das heißt der Einbeziehung externer Stakeholder und Steuerung entlang genereller Zielsetzungen, des Konkurrenzdrucks zwischen und innerhalb der Universitäten sowie der hierarchischen Selbststeuerung der Hochschulen und andererseits eine Schwächung der staatlichen Detailsteuerung und der akademischen Selbstorganisation (vgl. etwa Schimank 2009: 125–126).

die Hochschulen zukünftig dem gegenseitigen Wettbewerb stellen und so das deutsche Wissenschaftssystem insgesamt international wettbewerbsfähiger machen (vgl. Teichler 1999: 27).

Statt wie bisher ihre Ausgaben größtenteils über ein durch den Staat zugewiesenes Budget zu decken, sollen die Hochschulen verstärkt um sogenannte Drittmittel konkurrieren. Zur Berechnung des Anteils wettbewerblich vergebenen Mittel an den Einnahmen und Ausgaben der Hochschulen gibt es zwar unterschiedliche Herangehensweisen. Alle verfügbaren Zahlen weisen jedoch in die gleiche Richtung: Der Anteil der Drittmittel an den Gesamtausgaben und -einnahmen steigt seit zwei Jahrzehnten gegenüber den Grundmitteln kontinuierlich an.[76] Da das »Dritte« im Falle der öffentlichen Finanzierung universitärer Forschung aber aus Sicht der Ressourcennehmer oftmals im Grunde das »Zweite« ist, musste das »Dritte« erst konstruiert werden.[77] Dieser Trend wird auch als »Vermarktlichung« beschrieben. Der Staat hat aufgehört, gleichzeitig Anbieter und Nachfrager von öffentlich finanzierten Leistungen zu sein. Stattdessen beschränkt er sich vorrangig auf seine Rolle als Mittelgeber, der Dienstleistungen von einer Reihe von privaten, wohltätigen und öffentlichen Anbietern erwirbt, die im gegenseitigen Wettbewerb stehen (vgl. Le Grand 1991: 1257). Da ein markttypischer Austausch von Angebot und Nachfrage unter diesen Bedingungen aber nicht stattfindet, wird von »Quasi-Märkten« (Le Grand/Bartlett 1993) oder einem reinen »Anbieterwettbewerb« (Benz 2007: 61) gesprochen. Ein besonders prägnantes Beispiel ist die Exzellenzinitiative: Das in der Präambel der »Bund-Länder-Vereinbarung gemäß Artikel 91b des Grundgesetzes (Forschungsförde-

76 Die Berechnungen des ZEW in Brandt et al. (2012: 42) zeigen, dass der Drittmittelanteil an den gesamten FuE-Ausgaben zwischen 1995 und 2009 von 31 auf 46 Prozent gestiegen ist. Den Daten des Statistischen Bundesamtes zufolge liegt der Anteil der Drittmittel im Verhältnis von Drittmitteln und Grundmitteln (ohne Verwaltungseinnahmen) 1995 bei 12 Prozent und 2011 bei 22 Prozent (Fachserie 11 Reihe 4.5 Jahrgang 2011: 17).

77 Gemeinhin wird die »institutionelle Sockelfinanzierung des Staates« als Erstmittel bezeichnet, mit Zweitmittel sind jene »finanziellen Mittel gemeint, die eine Universität oder Forschungseinrichtung aus Zuwendungen (Beihilfen) von staatlichen Mittlerorganisationen wie zum Beispiel der DFG erhält« und Drittmittel sind »öffentliche oder private Mittel, deren inhaltliche Ausrichtung maßgeblich außerhalb der Einrichtung definiert wird« (Schuldt 2007: 18–19). Fraglich ist aber, wo in dieser Definition die Verwaltungseinnahmen der Hochschulen, die sich aus den Beiträgen der Studierenden und den Einnahmen aus wirtschaftlicher Tätigkeit und Vermögen zusammensetzen (Fachserie 11 Reihe 4.5. Jahrgang 2011: 5), auftauchen. In der Hochschulstatistik werden die Zweitmittel zu den Drittmitteln gezählt (ebd.: 6).

rung) über die Exzellenzinitiative des Bundes und der Länder zur Förderung von Wissenschaft und Forschung an deutschen Hochschulen« erklärte Ziel war es, »den Wissenschaftsstandort Deutschland nachhaltig zu stärken, seine internationale Wettbewerbsfähigkeit zu verbessern und Spitzen im Universitäts- und Wissenschaftsbereich sichtbarer zu machen«. Dafür hat der Staat in der ersten Phase von 2006 bis 2011 1,9 Milliarden Euro und in der zweiten Phase von 2012 bis 2017 2,7 Milliarden Euro zur Verfügung gestellt, um die die deutschen Universitäten und WissenschaftlerInnen in verschiedenen Förderlinien konkurrieren sollten. Aus nationalstaatlicher Perspektive gilt hier das gleiche Prinzip wie in Wirtschaftsunternehmen: Wettbewerbsintensivierung durch Vermarktlichung nach innen soll Wettbewerbsfähigkeit nach außen gewährleisten.

Bei der Steuerung von Wissensarbeit im privatwirtschaftlichen Kontext und wissenschaftlicher Arbeit in öffentlichen Einrichtungen lassen sich demzufolge ähnliche Entwicklungen konstatieren, deren Kern die Vermarktlichung bildet – freilich auf unterschiedlichen Ebenen. Während in der Wirtschaft der Marktdruck gewissermaßen in die Unternehmen hineingeholt und als Steuerungsinstrument eingesetzt wird, geht es in der Wissenschaft um die Durchsetzung von Marktmechanismen in einem zuvor nicht-marktlich koordinierten gesellschaftlichen Feld (vgl. Ebner 2014: 99). Zwar mussten sich Wirtschaftsunternehmen schon immer am Markt bewähren. Doch während es früher darum ging, »die konkreten Produktionsabläufe gegenüber den Unwägbarkeiten des Marktes abzuschotten, wird heute der Markt zum Motor der permanenten Reorganisation der Binnenstrukturen gemacht« (Sauer 2010: 26). Vermarktlichung hat sich als neuer organisationsinterner Steuerungsmechanismus durchgesetzt. Operative Dezentralisierung, Steuerung durch Zielvereinbarungen und die damit einhergehende Verlagerung von Verantwortung zur Zielerreichung auf die Beschäftigten sind die vorherrschenden Instrumente der neuen indirekten Steuerung in den Unternehmen. In der Wissenschaft demgegenüber verlieren das Bild der nach außen sozial isolierten wissenschaftlichen Gemeinschaft und das Ideal der in Einsamkeit und Freiheit arbeitenden wissenschaftlichen Persönlichkeit für die Steuerung der Wissenschaft an Bedeutung. In Zeiten gestiegener Effizienzerwartungen an die Wissenschaft suchen Staat und Gesellschaft nach Mitteln und Wegen, größeren Einfluss auf den wissenschaftlichen Arbeitsprozess und die Wissensproduktion zu erlangen. Hier wie dort ist die Vermarktlichung das Mittel der Wahl zur Steuerung und Koordination von Arbeit, das mit einer »konflikthaften Neubestimmung von Regeln, Normen und Wertvorstellungen« (Ebner 2014: 105) einhergeht. Diese Neubestimmung ist in vollem Gange, neue und alte Normen und Werte überlagern sich und führen zu widersprüchlichen Anforderungen an die Beschäftigten.

3.1.3 Organisation der Arbeit: Projektifizierung

In Wirtschaft wie Wissenschaft gewinnt das Projekt als Arbeitszusammenhang in den letzten Jahren zunehmend an Bedeutung. Projekte sind zeitlich befristete Vorhaben, die von mehreren, speziell für diesen Zweck zusammengekommenen Personen in kooperativer Weise verfolgt werden (vgl. Torka 2012: 329). Das heißt, Projekte sind eigenständige, sich selbst steuernde Einheiten mit einem relativ hohen Grad an Autonomie und Entscheidungsbefugnis. Dabei stellt die räumliche Verteilung der Arbeitspartner durch die modernen Informations- und Kommunikationstechnologien im Prinzip kein Hemmnis mehr für eine Zusammenarbeit dar (vgl. Picot/Neuburger 2008). Mit der Projektifizierung sind in den beiden Feldern jedoch unterschiedliche Konsequenzen verbunden.

Für Wirtschaftsunternehmen stellt das Projekt eine Möglichkeit dar, auf den ökonomischen Strukturwandel zu reagieren und den Anforderungen der Wissensarbeit gerecht zu werden. Um die Lösung innovativer Problemstellungen leisten zu können, müssen Unternehmen in der Lage sein, die Expertise von Wissensträgern aus den unterschiedlichsten Fachbereichen nach Bedarf zu »kollektiver Intelligenz« bündeln zu können. Zeitlich befristete Projektarbeit macht dies möglich. In der Organisationsform von Projekten können die Unternehmen temporär die Expertise von Wissensträgern aus unterschiedlichen Fachbereichen der Organisation in immer neuen Konstellationen zusammenbringen. Projekte sind somit das Kernstück der unternehmerischen Dezentralisierungsstrategie (vgl. Schwarzbach 2005: 24). Die modulare bzw. netzwerkförmige Arbeitsform in Projekten erlaubt es den Unternehmen, einzelne Arbeitsprozesse auszulagern, ihre Organisation der jeweiligen Aufgaben- bzw. Problemspezifik entsprechend anzupassen und diese immer wieder neu auszurichten, um schnell und flexibel auf die sich rasch verändernden Markt- und Kundenbedürfnisse eingehen zu können.

Allerdings bedeutet die zunehmende Verbreitung von Projektarbeit nicht, dass die traditionelle Linienhierarchie in der Organisation an Bedeutung verlieren würde. Projekte sind zwar (zumeist) innerhalb der Primärorganisation angesiedelt, gehorchen aber einer eigenen Logik und sind autonom handlungsfähig. Sie stehen deshalb »hinsichtlich Führungs- und Arbeitsorganisation in einem latenten, oft auch manifesten Spannungsverhältnis zu den vergleichsweise starren Strukturen und Regelungen der Linienorganisation« (Kalkowski/Mickler 2002: 123). Ihr oft unklarer Status innerhalb der Organisation verschärft die Spannungen. Dabei prallen verschiedene Kulturen und Modi von Arbeit und Kommunikation aufeinander, die schwer miteinander in Einklang zu bringen sind (ebd.). Bspw. gerät die auf Kooperation und Gleichrangigkeit angelegte Struktur von Projekten nicht selten in Konflikt mit der hierarchischen Unternehmensstruktur. Formell sollten alle Mitarbeitenden in einem Projekt – abgesehen von der Projektleitung – zwar gleichgestellt sein, die unterschiedlichen Positionen der Beteiligten in der Unternehmenshierarchie haben aber einen nicht zu unterschätzenden Einfluss auf die projektinterne Kommunikation. Da die Projektifizierung der Arbeit in den meisten Unternehmen so gut wie keinen Einfluss auf die Entscheidungsstrukturen hat, steht die horizontale Kommunikation im Projekt im Widerspruch zur vertikalen Kommunikation der Linienorganisation (Schwarzbach 2005: 56). Kooperation im Projekt findet dadurch im »Schatten der Hierarchie« (Baecker 1999: 188) statt. Des Weiteren gibt es bisweilen Zielkonflikte zwischen Projekt und Organisation. Die organisatorischen Einheiten, wie zum Beispiel Abteilungen, sind (qua Zielvereinbarungen) auf den eigenen Erfolg gepolt. Projekte wiederum sind oft einheitenübergreifende Gebilde und verfolgen dementsprechende Ziele, die mit denen der Linieneinheiten konfligieren können. Darüber hinaus fehlen Ressourcen, die in Projekten gebunden sind, oft an anderer Stelle und erschweren dort die Zielerreichung. Für die Beschäftigten bedeutet das gleichzeitige Eingebundensein in Arbeitsprozesse in den Projekten und in der Primärorganisation oftmals, dass sie mehrere Vorgesetzte (in den Projekten und in der Linie) haben, die für die Beurteilung ihrer Leistungen zuständig sind. Hinzu kommt die erhöhte Arbeitsbelastung durch die parallele Erledigung des ›Tagesgeschäfts‹ und der Projektaufgaben sowie die Mehrfacheinbindung in verschiedene Projekte gleichzeitig.

Auch in der Wissenschaft hat sich das Projekt als Organisationsform von Forschung durchgesetzt. Dies ist nicht zuletzt das Resultat der zunehmenden Drittmittelfinanzierung: Im Zuge der Organisations- und Strukturreformen in der Wissenschaft wurden die institutionellen Grundmittel wissenschaftlicher Einrichtungen zugunsten einer wettbewerblichen Verteilung von Forschungsgeldern zurückgefahren. 2011 waren 38 Prozent der wissenschaftlichen und künstlerischen MitarbeiterInnen drittmittelfinanziert (vgl.

Statistisches Bundesamt 2013: 31).[78] Anstatt einzelne Personen (und damit auch bestimmte thematische Orientierungen) langfristig an die Wissenschaft zu binden, kann der Staat, vermittelt durch die Entscheidungen der wissenschaftlichen Einrichtungen, der Forschungsförderorganisationen und der Personalverantwortlichen, immer neue Personen zur Bearbeitung bestimmter Fragestellungen zusammenbringen. Entgegen der Humboldtschen Aufmerksamkeit für die Selbstbildung der wissenschaftlich Tätigen liegt der Fokus nunmehr weit stärker auf dem Beitrag der erbrachten Leistungen zum gesellschaftlichen, technologischen und wirtschaftlichen Fortschritt als auf den Personen, die sie erbringen. Der Ausbau der Wissenschaft und der Hunger der Wissensgesellschaft nach immer neuen wissenschaftlichen Innovationen geraten dabei in Konflikt mit dem wissenschaftlichen Qualifizierungssystem und Berufsweg – dazu später mehr.

Selbstredend bleibt die Projektifizierung nicht ohne Folgen für die wissenschaftliche Arbeit. Mit der Projektform als neuer ›Normalform‹ der Forschung gehen spezifische Erwartungen einher, die den wissenschaftlichen Erkenntnisprozesses manchmal mehr und manchmal weniger stark beeinflussen (vgl. Torka 2009: 241; Besio 2009: 146). Unter Verwendung systemtheoretischer Begriffe erachtet Torka (2009: 241) das Projekt daher als »eigenlogische operative Struktur«, die verglichen mit der Idealform eines offenen Forschungsprozesses zu einer »Einschränkung von Handlungsoptionen« führt. Vor allem in Krisensituationen, bspw. bei unvorhergesehenen Entwicklungen im Arbeitsprozess (die der Forschung ja inhärent sein sollten und Innovation katalysieren), strukturiert die Projektförmigkeit die »Richtung, die der zukünftige Forschungsprozess nehmen könnte« (ebd.: 242). Ob alternative Interpretationsmöglichkeiten verfolgt und weitere Daten erhoben werden, ob zusätzliche Literatur gesichtet und verarbeitet wird, ob eine Neuausrichtung der Fragestellung und des Erkenntnisinteresses im Lichte der Empirie vorgenommen wird – alle diese Fragen können nicht ohne Rekurs auf die Logik der Projektform beantwortet werden. Von besonderem Gewicht ist dabei das Hantieren mit Fristen und die Erwartung einer »klaren zeitlichen Strukturierung des Forschungsprozesses« (ebd.: 225). Forschung im Projektkontext ist keine Forschung mit offenem Ende. In Projektanträgen werden meist in einzelne Forschungsphasen unterteilte Zeitpläne festgelegt, die entgegen geläufigen Einwänden, weit mehr sind als reine

---

78 Laut Bundesbericht Wissenschaftlicher Nachwuchs (2013: 184) waren 2010 42,5 Prozent der wissenschaftlichen und künstlerischen MitarbeiterInnen im Angestelltenverhältnis drittmittelfinanziert.

›Antragsprosa‹. Da diese Zeitpläne im weiteren Projektverlauf meist nicht als »erster revidierungsfähiger Entwurf«, sondern als »verbindliches Versprechen« interpretiert werden, spricht Torka (2009: 219) von einer inhärenten »Vertragslogik«. Alle unerwarteten Ereignisse werden somit schnell als Abweichung vom Zeitplan deklariert. Als solche sind sie begründungsbedürftig und setzen das Projektteam unter erhöhten Handlungsdruck, um die Einhaltung des Zeitplans nicht zu gefährden.

Ferner bietet die operative Struktur des Projekts »eine allgemeine Situationsdefinition und daran geknüpfte Angemessenheitsurteile darüber an, was möglich oder unmöglich ist« (Torka 2009: 242). Daran anknüpfend ließe sich das Projekt in der Terminologie Goffmans (1977: 128) auch als »Rahmen« bezeichnen: Ähnlich wie ein Theaterstück ein Rahmen ist, der über die Definition der Situation bestimmt (vgl. ebd.: 613), stellt auch das Projekt spezifische Deutungsmuster bereit. Die Rahmung der Forschung und aller damit zusammenhängenden Beobachtungen, Handlungen, Erfahrungen und sozialen Beziehungen als Projekt hat zur Folge, dass diese in einer bestimmten Weise interpretiert und verarbeitet werden. Taucht in der Forschungspraxis ein sachliches Problem auf, über das im Projektteam beraten wird, liegt eine Anwendung des Projektrahmens dann vor, wenn die zeitliche Ordnung des Projekts und nicht die Sachangemessenheit zum primären Bezugspunkt der Lösungssuche wird. In diesem Fall hat der primäre Rahmen *Projekt* (zeitlich präfixierte Forschung) den Rahmen *Forschung* (zeitlich offener Erkenntnisprozess) verdrängt.[79] Ob nun systemtheoretisch von Erwartungen oder aus interaktionistischer Perspektive von Rahmen gesprochen wird: Fest steht, dass die zunehmende Projektförmigkeit der Forschung einen Einfluss auf den wissenschaftlichen Erkenntnisprozess hat, der primär mit der strukturierenden Wirkung von vorab definierten Zeitplänen zu tun hat.

Wie auch in Zielvereinbarungen manifestiert sich in Projekten das Streben, die Zukunft zu planen und vorhersehbar zu machen. Zielvereinbarungen in Wirtschaftsunternehmen deutet Voswinkel (2005: 303) als »Versuch einer *Planung des Markterfolgs*«. In der Wissenschaft können Projekte im Allgemeinen, anders als in der Wirtschaft, erst dann realisiert werden, wenn ein entsprechender Antrag zuvor positiv begutachtet wurde. Im Kern sind diese

79 Es wäre sogar zu überlegen, ob es sich bei der projektförmig organisierten Forschung um eine »Modulation« (Goffman 1977: 52–97) handelt, um die Kopie des offenen Forschungsprozesses in einem anderen Kontext, nämlich den der zeitlich präfixierten Forschung.

Anträge nichts anderes als Zieldefinitionen. Es werden Arbeitsprogramme geschrieben, Zeitpläne ausgearbeitet und Ziele formuliert, die den weiteren Forschungsprozess strukturieren. Diese Antragsstruktur ist von den Forschungsförderorganisationen vorgegeben. Die WissenschaftlerInnen sind angehalten, sich selbst Ziele zu setzen, bei denen sie sich an ihren Erfahrungen und an Fachstandards orientieren. In Zeiten zunehmender Projektförmigkeit und sinkender Förder- und Bewilligungsquoten (zwischen 2009 und 2012 ist die Förderquote der DFG von 46,7 auf 32,5 Prozent gesunken[80]) ist zu erwarten, dass daraus ein Überbietungswettbewerb resultiert, der den Einfluss der Erwartungsstruktur der Projektform auf die Forschung nur noch weiter erhöht. Die Vorfestlegungen in den Anträgen mögen zwar Unsicherheit reduzieren, indem die Mittelgeber einen besseren Überblick darüber haben, welche Art von Forschung sie finanzieren und was für Ergebnisse erwartet werden können. Innovation und bahnbrechende Erkenntnisse werden damit allerdings eher nicht begünstigt. In den Worten von Kuhn (1976: 104), der »wissenschaftliche Revolutionen« von »normaler Wissenschaft« dadurch unterscheidet, dass erstere ein vorherrschendes Paradigma durch ein neues ersetzen, ließe sich sagen, dass Projekte bestenfalls für die »normale Wissenschaft« geeignet sind (Besio 2009: 370): »Normalwissenschaftliche Forschung ist […] auf die Verdeutlichung der vom Paradigma bereits vertretenen Phänomene und Theorien ausgerichtet« (Kuhn 1976: 38). Explorative Forschung und Theoriearbeit sind mit der Projektlogik nur schwer zu vereinbaren – und das schlicht deshalb, weil sie so schwer zu *projektieren* sind. Die Überprüfung bereits bestehender Theorien an neuen empirischen Daten und deren Übertragung auf andere Phänomene ist dagegen sehr viel besser planbar.

Das bedeutet auch, dass Projekte nur für bestimmte Forschungsphasen geeignet sind, weil vor der Antragsstellung die Forschungsfrage bereits definiert, die geeigneten Theorien bereits reflektiert und die Methoden bereits ausgewählt sein müssen (Besio 2009: 372). Sowohl die explorative Phase vor der Beantragung eines Projekts als auch die weitere Arbeit mit den im Projekt gewonnenen Einsichten und Ergebnissen bleiben ausgeklammert aus der Projektlaufzeit und müssen im Rahmen anderer institutioneller Formen (oder eben außerhalb der Institutionen, bspw. in der Arbeitslosigkeit) verrichtet werden. Im Rahmen von Anschub- und Anschlussfinanzierungen versuchen die wissenschaftlichen Einrichtungen in den letzten Jahren zwar vereinzelt, auf diese Missstände zu reagieren (vgl. zum Beispiel Brandt u.a.

80 Siehe Jahresbericht der DFG 2012, S. 167.

2012: 66). Paradoxerweise erfordert die Einwerbung von solchen Mitteln aber die Ausarbeitung von Anträgen, in denen wiederum Ziele und Fristen gesetzt werden müssen. Das macht deutlich, dass sich der berühmt gewordene Ausspruch des ehemaligen Bundesverfassungsrichters Ernst-Wolfgang Böckenförde (1976: 60), der »*freiheitliche, säkularisierte Staat leb[e] von Voraussetzungen, die er selbst nicht garantieren kann*«, auch auf Projekte übertragen lässt. Projekte sind auf Vorarbeiten angewiesen, für die sie selbst keine Ressourcen bereitstellen (können). Auf die schwerwiegenden Folgen, die daraus für die Karrieren von NachwuchswissenschaftlerInnen erwachsen, wird im nächsten Kapitel noch eingegangen.

Zusammenfassend lässt sich also festhalten, dass in der Wirtschaft die Linienorganisation auf Projekte zur Lösung komplexer Problemstellungen und umgekehrt Projekte in Bezug auf ihre Ausstattung auf die Organisation angewiesen sind. Beide folgen jedoch unterschiedlichen Logiken. Durch die Mehrfacheinbindung in Linienorganisation und Projekt sind die Beschäftigten in ihrem Arbeitsalltag vor die Herausforderung gestellt, nach beiden Regeln gleichzeitig spielen zu können. In der Wissenschaft steht die zunehmende Projektförmigkeit vielfach in Spannung zu den Charakteristika des wissenschaftlichen Erkenntnisprozesses und begünstigt bestimmte Formen und Phasen der Forschung gegenüber anderen. Projekte sind der Versuch, den Erfolg zu planen – und erreichen damit möglicherweise genau das Gegenteil, indem sie das Unvorhergesehene, und das heißt dann auch: Innovation, blockieren.

3.1.4 Fazit

Wirtschaft wie Wissenschaft befinden sich derzeit im Umbruch. Durch den Strukturwandel haben sich die beiden Felder seit der Formulierung der Organisationsideen durch Weber, Taylor, Humboldt und andere einander angeglichen. In der Wissenschaft hat das »betriebliche« Denken Einzug gehalten. Die wissenschaftlichen Einrichtungen sollen sich im gegenseitigen Wettbewerb profilieren und erlangen, zumindest partiell, jene eigenständige Handlungsfähigkeit, die bei Wirtschaftsorganisationen seit je als selbstverständlich gilt. Auf nationaler Ebene hat sich die Überzeugung durchgesetzt, dass die Wettbewerbsfähigkeit der Wissenschaft in wissensbasierten Ökonomien von der Wettbewerbsfähigkeit der Volkswirtschaft kaum mehr zu trennen ist. Die Steigerung der Leistungs-, Wettbewerbs- und Innovationsfähigkeit des Wissenschaftssystems im internationalen Vergleich ist zum vorrangigen wissenschaftspolitischen Ziel geworden. Die Grundlage für den Erfolg von Wissenschaftsorganisationen und ganzen Wissenschaftssystemen sind die Leistungen der einzelnen Wissenschaftlerinnen und Wissenschaftler, die es deshalb im Dienste der übergeordneten, man könnte sagen: betrieblichen Ziele zu optimieren und in Projekten zusammenzuführen gilt. In der Wirtschaft demgegenüber rückt der Mensch als Faktor der Organisation von Arbeit immer weiter in den Vordergrund, bis er, in Zeiten der Wissensgesellschaft, schließlich zum dominanten Faktor der kapitalistischen Wertschöpfung erklärt wird. Plötzlich stehen die Akteure und ihre subjektiven Leistungen und Potentiale im Mittelpunkt der Überlegungen und die betrieblichen, oft projektförmigen Strukturen sollen ihre bestmögliche Entfaltung (natürlich im Sinne der betrieblichen Ziele) gewährleisten.

Gleichwohl lassen sich in beiden Feldern auch gegenläufige Entwicklungen beobachten. Während in der Wirtschaft Arbeit und Karriere zunehmend subjektiviert erfolgen, eine Karriere also voraussetzt, sich ›mit Haut und Haar‹ in die Arbeit einzubringen und darüber hinaus von der/dem Einzelnen, ganz anders als noch zu Taylors Zeiten, ein hohes Maß an Eigeninitiative sowie eine anspruchsvolle Selbstorganisation einfordert, zeichnet sich in der Wissenschaft, die idealiter seit jeher subjektiviert ist, infolge des Strukturwandels ein individueller Autonomieverlust ab, sodass sich hier, zugespitzt formuliert, von Entsubjektivierungstendenzen sprechen ließe. Bezogen auf die Arbeitsorganisation entsprechen diese Entwicklungen einer Destandardisierung[81] von Arbeit in der Wirtschaft und dem Versuch der Standardisierung von Arbeit in der Wissenschaft.

3.2 Wandel der Karrierebedingungen

3.2.1 Die neue Rolle des Subjekts und seine Grenzen – Karrieren in der Wirtschaft

In der projektifizierten Wissensökonomie sind die typischen Merkmale traditioneller Karrieren[82] unscharf geworden. Der quasi-automatische Auf-

81 Die sogenannte Retaylorisierungsthese geht dagegen von einer (wieder) zunehmenden Standardisierung der Arbeit aus (vgl. Springer 1999).

82 Während der Begriff »Karriere« im deutschen Sprachraum im Allgemeinen den beruflichen Erfolg eines Individuums im Sinne eines hierarchischen Aufstiegs bezeichnet, der

stieg – entsprechende Leistung und Qualifikation natürlich vorausgesetzt – innerhalb hierarchischer Strukturen, der sich an einem stetigen Zuwachs an Führungsverantwortung und monetärer Entlohnung bemisst, ist heute nicht mehr selbstverständlich. Das Webersche Senioritätsprinzip ist längst passé. Kontinuität in Form von langjähriger Unternehmenszugehörigkeit und damit einhergehender Vertrautheit mit der »Heimat«-Organisation gehören offenbar nicht mehr zu den vornehmlichen Aufstiegsprämissen, »stattdessen scheinen ein Wechsel von Aufgaben und Standorten zunehmend wichtiger zu werden« (Minssen 2012: 154). Ebenso hat das über lange Zeit gültige Modell der Kaminkarriere[83] an Bedeutung verloren (vgl. Faust 2002) – und damit auch »die normativen Grundlagen dieses Modells« (ebd.: 153), die darin bestanden, dass die Mitarbeitenden dem Unternehmen lebenslange Loyalität erwiesen und dafür im Gegenzug sozusagen eine Karrieregarantie erhielten. Aufgrund der systematischen Verflachung von Hierarchien, das heißt dem Abbau von Führungspositionen, ist der linear-vertikale Aufstieg innerhalb hierarchischer Unternehmensstrukturen, die einst den »Orientierungsrahmen für das berufliche Fortkommen« (Fuchs 1998: 83) bildeten, immer seltener. Stattdessen diversifizieren sich Bedingungen und Wege von Karrieren. Die damit verbundenen Anforderungen werden für die Beschäftigten zunehmend intransparent. In der Folge werden Karrieren immer weniger absehbar, implizieren vielfältige Veränderungen und häufig auch ›Seitwärtsbewegungen‹ (bspw. in Form von Projekten) innerhalb von Organisationen. Die berufliche Entwicklung wird verstärkt zum »project of the self« (Grey 1994), der oder die einzelne Beschäftigte gleicht einem »Arbeitskraftunternehmer« (Voß/Pongratz 1998) und wird als »unternehmerisches Selbst« (Bröckling 2007) adressiert. Das Erfordernis, eine »quasi-unternehmerische Entwicklung und Vermarktlichung der eigenen Arbeitskraft als Ware« (Dülfer 1991: 12) zu betreiben, macht auch vor der eigenen Karriere nicht Halt. Karriereakteure und -akteurinnen müssen mehr und mehr selbst die Steuerung der eigenen Karriere übernehmen, den beruflichen Aufstieg eigenini-

mit finanziellem Zugewinn und gesellschaftlicher Ansehenssteigerung verbunden ist, wird der englische Begriff »career« eher neutral als Berufs- und Laufbahnentwicklung, als eine »sequence of positions occupied by a person during the course of a lifetime« (Super 1980: 283) verstanden (vgl. Abele/Hausmann/Weich 1994: 22; Mayrhofer u.a. 2002: 394). Im Deutschen wird zudem zwischen der *Laufbahn* als dem organisationalen Rahmen der Karriereentwicklung und der *Karriere* als dem individuellen Entwicklungsweg unterschieden.

83 Als Kaminkarriere wird der sukzessive Aufstieg entlang der Unternehmenshierarchie bezeichnet.

tiativ vorantreiben sowie gegebenenfalls die Bedingungen für mögliche berufliche Veränderungen aktiv gestalten. Das Prinzip der Selbstorganisation betrifft folglich nicht nur das *Arbeits*handeln, sondern auch das *Karriere*handeln der Akteure (vgl. Funken/Stoll/Hörlin 2011: 130).

Im Zusammenhang mit dem veränderten Zugriff auf die Arbeitskräfte von Seiten der Unternehmen, der nunmehr die ganze Person umfasst, rücken die persönlichkeitsbezogenen Kompetenzen bzw. die sogenannten *Soft Skills* in den Vordergrund. In Form von Kompetenzmodellen versuchen die Unternehmen, die weit über traditionelle Tätigkeitsprofile hinausgehenden Merkmalsbündel zu objektivieren und zu formalisieren und auf diese Weise Leistungsfähigkeit prognostizier- bzw. definierbar zu machen. Abgeleitet werden die Kompetenzzuschreibungen aus der Performanz der ArbeitnehmerInnen. Daraus resultiert, dass die Mitarbeiterbewertung verstärkt anhand subjektiver (gegebenenfalls für die Beschäftigten nicht nachvollziehbarer) Kriterien erfolgt. Faktoren wie Vertrauens- und Glaubwürdigkeit, Integrität, Authentizität, Konfliktfähigkeit, Kreativität, Selbstreflexion oder die Begabung zu (Eigen-)Motivation und Eigeninitiative sowie kommunikative Fähigkeiten werden zu unabdingbaren Eigenschaften des »Arbeitskraftunternehmers« und zu Grundvoraussetzungen für den beruflichen Aufstieg. Ins Zentrum rückt die Arbeit am individuellen Kompetenzportfolio und ultimativ an der ganzen Persönlichkeit, die es nach einem marktkonformen Ideal zu modellieren gilt, um die eigene *employability* zu sichern; Prisching (2003: 63, kursiv i. O.) spricht von einem »*Zwang zur konform-individualistischen Identitätskonstruktion*«, durch den Eigenheiten nicht mehr als solche anerkannt und ›hingenommen‹ sondern als auszumerzende Defizite gebrandmarkt werden. Um karrierewirksam zu werden, muss das dergestalt auf die Bedürfnisse des Marktes getrimmte Abziehbild der eigenen Identität ebenso proaktiv wie offensiv zur Schau gestellt werden. Karriere wird damit zu einer »Frage der *Selbstdarstellung*« (Funken/Stoll/Hörlin 2011: 133, kursiv i. O.). Das *impression management*, also die »Kompetenzdarstellungskompetenz« (Pfadenhauer 2003) der Beschäftigten gewinnt an Bedeutung. Es liegt in der Verantwortung der AkteurInnen, ihre Karrieremöglichkeiten im Blick zu haben, sich auf die immer rascher verändernden Bedingungen in den Unternehmen einzustellen und ihre Kompetenzen performativ für andere sichtbar zu machen.

Mit der Verlagerung von Verantwortung für die Karriere vom Unternehmen auf das Subjekt geht auch eine »Unabschließbarkeit« (Traue 2010: 54) der individuellen Entwicklung einher. Es fängt an mit Praktika und Traineeships, in denen die AkteurInnen, bei gegebener Qualifikation, vor einer längerfristigen Bindung an das Unternehmen auf ihre Kompetenzen und ihre »Kompetenzentwicklungskompetenz« hin abgeklopft werden. Weiter geht es mit der permanenten Aufforderung zur Selbstoptimierung, die längst fast die gesamte Lebenswelt der Akteure erfasst hat, in Coachings, Seminaren, Erfolgsratgebern und Selbstmanagementbüchern ständig aktualisiert wird und zu einem ubiquitären, gesellschaftlichen Imperativ geworden ist – der Anrufung des »unternehmerischen Selbst« (vgl. Bröckling 2002; Voß/Weiß 2005). Dem bereits angesprochenen Konzept der Kompetenz ist die Anrufung zur ständigen Optimierung bereits inhärent. Denn anders als Qualifikationen, die man einmal erlangt und dann in Form von Zeugnissen, Bescheinigungen und Zertifikaten bei Bedarf immer wieder vorzeigen kann, müssen Kompetenzen erst entfaltet und ständig neu unter Beweis gestellt werden. Kompetenzen tragen ein »virtuelles *Mehr*« (Traue 2010: 54, kursiv i. O.) in sich, das prinzipiell kein Ende kennt.

Die Erwartung auf ein zukünftiges Surplus zeigt sich auch im Begriff der *High Potentials*, jenem Pool an mutmaßlich besonders Begabten, die für eine steile Karriere im Unternehmen prädestiniert scheinen. Potentiale müssen – ebenso wie Talent – entwickelt, abgerufen und in Leistung umgewandelt werden. Die Etikettierung als Potentialträger stellt einen zunächst ungedeckten Kredit dar, der in Form von Leistung zurückgezahlt werden muss, in gewisser Weise ist sie also auch eine Schuld gegenüber dem Unternehmen (und sich selbst), die vermuteten Potentiale zur Geltung zu bringen. Durch das Kompetenzmodell wird die ursprünglich für den Karriere*anfang* reservierte Entwicklung von Potentialen und Talenten auf die ganze Karriere ausgeweitet. Das Karrieresubjekt muss sein individuelles Kompetenzbündel fortwährend neu arrangieren, vertiefen, erweitern und sich immer wieder neu in Szene setzen, in der Hoffnung, damit den zunehmend schwerer zu durchschauenden Ansprüchen des Unternehmens jeden Tag aufs Neue gerecht zu werden. Karriere bedeutet in der projektifizierten Arbeitswelt kein Durchlaufen von festgelegten Bahnen, sondern ein ständiges um Anschlusssuchen, etwa im nächsten Projekt, ein Ausbalancieren zwischen den verschiedenen parallel laufenden Projekten, ein permanentes Neu -Entwerfen und Neu-Ausrichten. An die Stelle des fremdgesteuerten, gleichsam »mechanischen« Aufstiegs (Weber) in rigiden Laufbahnstrukturen tritt die »Subjektivierung von Karriere« (Funken/Stoll/Hörlin 2011: 130).

Auf organisationaler Seite zeigt sich der veränderte Charakter von Karriere in einer Diversifizierung von Laufbahnen. In den Worten von Domsch und Ladwig (2011: 18): »[D]er Trend geht eindeutig hin zu mehr Individualisierung und zu Baukastensystemen, die individuellen Präferenzen und unterschiedlichen (Lebens-)Karrierekonzepten Rechnung tragen«. In modernen Großunternehmen existieren nunmehr – parallel zur klassischen Führungslaufbahn[84] – verschiedene Laufbahnmodelle: Die Bedeutung der schon länger existierenden Fachlaufbahnen steigt und die Projektlaufbahn ist als neue Karriereoption hinzugekommen (vgl. im Folgenden Friedli 2002; Friedli 2007; Domsch/Ladwig 2011).[85]

Die Fach- wird oft auch als Spezialistenlaufbahn bezeichnet und ist der Begriff für einen Aufstiegsweg, der nicht an Personalverantwortung, sondern an Expertise gekoppelt ist. Die Projektlaufbahn ist ein Hybrid aus Führungs- und Fachlaufbahn, da hier einerseits projektrelevante Expertise und andererseits, im Gegensatz zur Fachlaufbahn, eine Führungskomponente in Form der Projektleitung zum Tragen kommt. Auch ihr typischer Verlauf ähnelt auf den ersten Blick der Führungslaufbahn: So wie in der Führungslaufbahn die Personalverantwortung mit steigender Hierarchiestufe zunimmt, steigt in der Projektlaufbahn die Projektverantwortung. Die Projekte werden nach und nach fachlich anspruchsvoller und strategisch wichtiger (vgl. Thom 2007a: 27). Es gibt jedoch eine wichtige Einschränkung: die vertikale Reichweite. Wo die klassische Führungslaufbahn bis in die höchsten Etagen einer Organisationshierarchie führt und sogar die Fachlaufbahn in den Bereich des Top-Managements hineinreichen kann, sind Projektlaufbahnen meist auf das mittlere Management begrenzt (vgl. Friedli 2007: 249–251). Um aufsteigen zu können, müssen die Beschäftigten über kurz oder lang von der Projektlaufbahn in die Führungslaufbahn wechseln[86] und dabei paradoxale Hindernisse überwinden. Die auf Kooperation und Gleich-

84 Die Führungslaufbahn beschreibt den möglichen Aufstiegsweg innerhalb einer klar hierarchisch strukturierten Linienorganisation (Aufbauorganisation). Der Aufstieg erfolgt hier vertikal nach oben, zum Beispiel vom Sachbearbeiter zum Gruppenleiter, über Abteilungs- und Hauptabteilungs- und Bereichsleiter bis zur Geschäftsleitung, das heißt bis ins Top-Management (vgl. Friedli 2002; Domsch/Ladwig 2011).

85 Bei der Firma Bosch bspw. wurde 1972 die Fachlaufbahn und 1997 die Projektlaufbahn eingeführt (vgl. Schlichting 2011: 74).

86 Gleichwohl spielen Projekte laufbahnübergreifend eine zentrale Rolle für die individuelle Karriereentwicklung: Projekte stellen erstens wichtige Sprungbretter für Karrieren dar. Sie sind heute die maßgeblichen Orte der unternehmensinternen Bewährung der MitarbeiterInnen (vgl. Funken/Stoll/Hörlin 2011: 95). Zudem sind sie ein wichtiges Instrument der Personalentwicklung, zum Beispiel durch die Übertragung von Projektleitungsfunktionen (vgl. Thom 2007b: 8). Zweitens resultiert aus dem Nebeneinander von Projekt- und Linienhierarchie eine Mehrfacheinbindung der Mitarbeitenden in die

heit angelegte Logik von Wissensarbeit (in Projekten) muss durch eine Logik der Konkurrenz und Ungleichheit, die auf das eigene Fortkommen abstellt, durchbrochen werden (vgl. Funken/Stoll/Hörlin 2011).

Da die neuen Laufbahnmodelle im Vergleich zur Führungslaufbahn weder einen gleichwertigen sozialen Status noch eine ähnliche monetäre Vergütung mit sich bringen, können die Unternehmen ihren Mitarbeitenden im mittleren Management heute weniger attraktive Entwicklungsmöglichkeiten anbieten als in den Hochzeiten des Fordismus – das zeigen zahlreiche empirische Untersuchungen zur organisationalen Restrukturierung (vgl. etwa Grimshaw u.a. 2002: 91; Littler/Wiesner/Dunford 2003; McCann/Morris/Hassard 2008; Kattenbach u.a. 2014: 55). Nach Jahren des *delayering*, also der Verflachung von Hierarchien inklusive des Entfernens ganzer Hierarchieebenen[87], hat sich der Druck auf das mittlere Management erheblich verstärkt (vgl. auch Sennett 1998). Für Großbritannien stellen McCann, Morris und Hassard (2008: 365) fest, dass die Angehörigen des mittleren Managements zwar Gehaltszuwächse verzeichnen können, im Gegenzug aber einer intensivierten Arbeitsbelastung, größerer individueller Verantwortung, erhöhter Unsicherheit und geringeren Karrierechancen ausgesetzt sind: »The evidence from our cases supports wider empirical studies which demonstrate that delayering contributes significantly to both work intensification and a slowdown of upward mobility for middle managers« (McCann/Morris/Hassard 2008: 366). Ähnliche Befunde haben die gleichen Autoren für die USA und Japan präsentiert (Hassard/Morris/McCann 2012). Die Konkurrenz um die wenigen karriererelevanten Positionen innerhalb der Unternehmen hat dadurch immens zugenommen.

Oft wird die Verflüssigung fester Karriererahmen innerhalb der Unternehmen mit der Erosion von intra- und interorganisationalen Grenzen in Verbindung gebracht. Vor allem in der amerikanischen Karriereforschung hat der Begriff der *boundaryless career* seit Mitte der 1990er Jahre Konjunktur. Aus dieser Sicht ist nicht (mehr) der organisationale Rahmen der bestimmende Faktor für Karrieren, sondern die Individuen werden als proaktive Komponisten ihrer immer öfter transorganisational verlaufenden Karrieren in den

---

Unternehmensstrukturen, in deren Folge immer mehr als nur ein Vorgesetzter für die einzelne Karriere verantwortlich ist.

87 Littler, Wiesner und Dunford (2003: 226) definieren *delayering* wie folgt: »Delayering is usually taken to mean the planned vertical compression of managerial levels of hierarchy, involving the wholesale removal of one or more layers of managerial or supervisory staff from the organization's payroll«.

Blick genommen (vgl. Arthur/Rousseau 2001). Dieses Konzept plagt jedoch die gleichen Schwächen, die viele neuere Ansätze[88] und auch den aktuell in Deutschland geführten Diskurs um die sogenannte *Generation Y* kennzeichnen: Die Gestaltungskraft des Individuums wird massiv überbetont (vgl. Inkson u.a. 2012: 327). Nachdem Organisationen lange Zeit als »Container« für Karrieren und die »organisationale Karriere« als Regelmodell angesehen wurden (vgl. etwa Glaser 1968b)[89], sollen Organisationen nun plötzlich gar keine Rolle für die individuelle Karriereentwicklung mehr spielen. Diesen Ansätzen zufolge ist das Individuum völlig auf sich selbst zurückgeworfen und das impliziert, dem Mainstream des *boundaryless career*-Diskurses folgend, in erster Linie neue Chancen.[90] Allzu oft wird dabei die treibende Rolle der Unternehmen übersehen. Deren struktureller Umbau hat die Verlagerung von Verantwortung auf die Individuen, die sich in fast allen neueren theoretischen Konzepten zur Stellung des Subjekts in der Arbeitswelt – doppelte Subjektivierung, Arbeitskraftunternehmer und *boundaryless careers* – findet, schließlich überhaupt erst richtig in Gang gebracht. Der organisationale Strukturwandel und die Flexibilisierung individueller Karrieren stehen in einem unauflöslichen Wechselverhältnis, in dem mal die eine und mal die andere, in der Regel aber die organisationale Seite die Überhand gewinnt.

Die Emphase des Individuums macht zudem blind für den bunten Strauß an existierenden »career boundaries« wie »career gatekeeper«, geschlechtsspezifische Segregation, geographische Mobilität, nationales Arbeitsrecht, kulturelle Normen usw. (Inkson u.a. 2012: 331–332). Aus dem Fokus geraten auch die »new boundaries and frontiers that mark current careers« (Currie/Tempest/Starkey 2006: 757). Organisationale Grenzen mögen (etwas) durchlässiger geworden sein, verschwunden oder irrelevant geworden sind

88 Inhaltlich ähnliche Konzepte wie die »boundaryless career« verbergen sich hinter den Begriffen der »protean career« (Hall/Mirvis 1996; Hall/Moss 1998; Briscoe/Hall 2006), der »post-corporate career« (Peiperl/Baruch 1997), dem Karrierefeld der chronischen Flexibilität (Mayrhofer u.a. 2002; Iellatchitch/Mayrhofer/Meyer 2003) und der »kaleidoscope career« (Mainiero/Sullivan 2005).

89 Glaser (1968a: 1) definiert die »organizational career« in seinem einführenden Artikel in dem von ihm herausgegebenen, gleichnamigen Sammelwerk mit den Worten: »An organizational career […] is a specific entity offered by an organization to people working in it«.

90 Die Rede von der Karriere als »mobile, self-determined, employer independent, and free of hierarchy« und den »free agents who are able to seamlessly connect with work in multiple contexts« (Harrison 2006: 20) macht schnell klar, dass es sich bei den Subjekten der »boundaryless career«, genauso wie bei der *Generation Y*, in erster Linie um die Gruppe der hochqualifizierten, (transnational) mobilen Beschäftigten handelt.

sie nicht. Und dass eine Form von Grenzen erodiert, bedeutet noch lange nicht, dass nicht neue entstehen können. Es lohnt daher, sich näher mit dem Zustand der alten und der Herausbildung von neuen Grenzen zu beschäftigten, also die Grenzen selbst in den Blick zu nehmen, anstatt sie rundheraus zu leugnen (vgl. Inkson u.a. 2012: 333). Das gilt umso mehr, als die empirische Belastbarkeit der »boundaryless careers« immer wieder in Frage gestellt wird und Hinweise dafür zusammengetragen werden, dass interorganisationale Jobwechsel nicht so signifikant zugenommen haben, wie vielfach unterstellt wird (Morris/Farrell 2007; Kattenbach u.a. 2014).

Zu den markantesten und für unsere Studie relevanten Grenzen zählen die *glass ceilings* und *glass walls*, die Frauen von den Machtzentren innerhalb der Unternehmen fernhalten (vgl. unter vielen Ohlendieck 2003; Busch/Holst 2011). Trotz verstärkter medialer Aufmerksamkeit und einer andauernden Debatte über die Reichweite gesetzlicher Vorgaben sind Frauen in Führungspositionen, gemessen an ihrem Beschäftigtenanteil, immer noch weit unterrepräsentiert. Laut Daten des IAB ist der Anteil von Frauen in der ersten Führungsebene zwischen 2004 bis 2012 um nur zwei Prozent (von 24 auf 26) und in der zweiten Führungsebene um fünf Prozent (von 33 auf 38) angestiegen.[91] Bei Unternehmen mit über 500 Beschäftigten (der Gruppe, die hier im Fokus steht) lässt sich allerdings ein deutlicher Zuwachs verzeichnen – wenn auch auf einem niedrigen Niveau: 2004 waren vier Prozent der Führungspositionen in der ersten Ebene mit Frauen besetzt, 2012 waren es bereits 19 Prozent (siehe Abbildung 1).

Zahlenmäßig hat es in den letzten Jahren demnach zwar sichtbare Verbesserungen gegeben, Betriebsführung ist aber auch »2012 nach wie vor eine Männerdomäne« (Bechmann u.a. 2013: 32). Das gilt insbesondere in kultureller Hinsicht, wie die Forschung wieder und wieder zeigt. Noch immer spüren weibliche Führungskräfte im mittleren Management (dem ja auch die Frauen dieser Studie zugrundeliegenden Stichprobe angehören) eine latente Skepsis oder gar Ablehnung, die ihnen seitens ihres Arbeitsumfelds entgegengebracht wird. Die Frauen thematisieren die große Bedeutung, die der Faktor »Geschlecht« für Beförderungen und Personalentscheidungen nach wie vor hat (vgl. Funken/Stoll/Hörlin 2011). Zahlreiche Studien haben ergeben, dass für die Frauen nachteilige Beziehungsarrangements und das Vorhandensein von Kindern wesentliche Karrierehindernisse darstellen (vgl.

91 In einer anderen Publikation zu den Daten des IAB-Betriebspanels 2012 wird der Frauenanteil auf der ersten Führungsebene mit 27 Prozent und auf der zweiten mit 39 Prozent angegeben (vgl. Bechmann u.a. 2013: 28).

Abbildung 1: Frauenanteil an allen Beschäftigten sowie auf der ersten und auf der zweiten Führungsebene 2004, 2008, 2012, in Prozent (nur Privatwirtschaft)

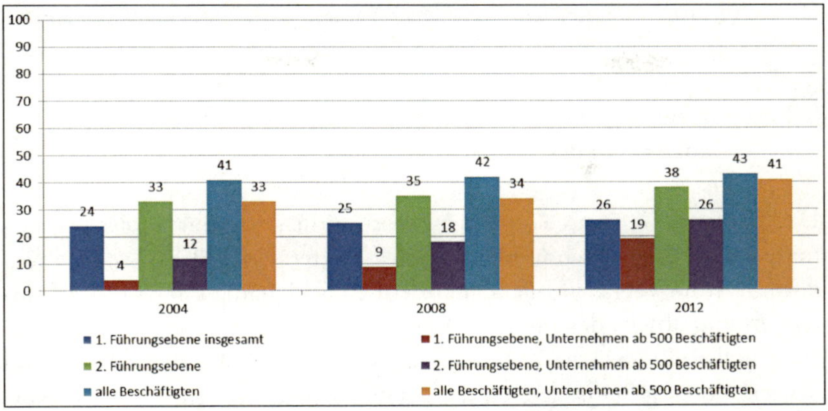

Quellen: Brader/Lewerenz 2006; Kohaut/Möller 2010; Kohaut/Möller 2013

etwa Kleinert u.a. 2007; Wimbauer u.a. 2007; Ochsenfeld 2012). Befragungen weiblicher Führungskräfte zufolge sind aus deren Sicht allerdings nicht die Vereinbarkeitsprobleme selbst das primäre Problem, sondern vielmehr die »Vorurteile und Akzeptanzprobleme, mit denen sie konfrontiert sind« (Krell 2010: 443–444). Zu denken gibt auch, dass ein Großteil der beruflichen Wiedereinsteigerinnen, also der Frauen, die nach einer Phase der Kinderbetreuung bzw. der Elternzeit an ihren Arbeitsplatz zurückkehren, über fehlende Anerkennung im Kollegenkreis, Vorurteile und diskriminierende Behandlung durch Vorgesetzte klagt. Ein Drittel dieser Frauengruppe denkt bereits wieder über den Ausstieg aus dem beruflichen Wiedereinstieg nach (vgl. Wippermann 2011).

Zusammengefasst sind die Arbeitenden in der projektifizierten Wissensökonomie einerseits mit einer gestiegenen Verantwortung für die eigene Karriere konfrontiert. Vormals festgelegte Karrieremuster verlieren an Gültigkeit, Karrieren sind infolgedessen weniger planbar geworden. Andererseits haben die organisationalen Strukturen nach wie vor einen nicht zu unterschätzenden Einfluss auf die individuelle Karriereentwicklung. Der Vorstellung der *boundaryless career* fehlt es an empirischer Evidenz, das gilt für Deutschland noch mehr als etwa für die USA und Großbritannien (vgl. Kattenbach u.a. 2014: 55). Alte Grenzen sind zwar (etwas) durchlässiger geworden, sie sind aber nicht verschwunden und neue sind hinzugekommen. Durch den verstärkten internationalen Wettbewerb und dem damit einhergehenden (oder zumindest dadurch begründeten) organisationalen Umbau ist der Druck auf die Beschäftigten sowohl in Bezug auf die Arbeitsprozesse als auch hinsichtlich der individuellen Karriereentwicklung stark gestiegen.

3.2.2 Verstärkter Wettbewerb und zugespitzte Monodirektionalität – Karrieren in der Wissenschaft

Das deutsche Wissenschaftssystem kennt prinzipiell nur ProfessorInnen und »solche, die es noch werden wollen« (Dörre/Neis 2008: 674). Der Weg dorthin ist im Vergleich zu anderen Berufen hochgradig standardisiert. Unterhalb und abseits der Professur sind die Beschäftigungsbedingungen von Wissenschaftlerinnen und Wissenschaftlern durch hohe Befristungs- und Teilzeitquoten gekennzeichnet, die darauf schließen lassen, »dass das Normalarbeitsverhältnis als empirischer Fakt eindeutig keine dominierende Rolle spielt und eben nicht die Norm, sondern die Ausnahme darstellt« (Klecha/Reimer 2008: 14).

Das oft als Habilitationsmodell bezeichnete deutsche System der akademischen Karriere zeichnet sich nach Reinhard Kreckel (2008: 45ff.; 2012: 9–10) durch vier markante Spezifika aus: Das erste ist die herausgehobene Bedeutung[92] der *Habilitation* als Berufungsvoraussetzung in den allermeisten Fächern (eine Ausnahme bilden zum Beispiel die Ingenieurwissenschaften). Erst das erfolgreiche Durchlaufen aller Qualifikationsstufen, vom Studium über die Promotion bis zur Habilitation, ermöglicht die Berufung auf eine Professur und das selbstständige Forschen und Lehren. Das zweite deutsche Spezifikum ist das *Hausberufungsverbot*. In allen Landeshochschulgesetzen ist festgelegt, dass nur in begründeten Ausnahmefällen die Berufung eines Mitglieds der eigenen Hochschule möglich ist (vgl. Hüther/Krücken 2012: 30). Zum dritten herrscht in Deutschland das *Lehrstuhlprinzip*. Stellen für wissenschaftliche Mitarbeiterinnen und Mitarbeiter, die aus den Grundmitteln der Universitäten bezahlt werden, sind in der Regel an einen Lehrstuhl gebunden und gewissermaßen Teil von deren »Ausstattung«. Damit hängt viertens zusammen, dass alle Stellen unterhalb der Professur im

92 Allerdings nimmt die Bedeutung der Habilitationen seit Jahren ab: Wurden 2002 noch 2.302 Habilitationen abgelegt, waren es 2013 nur noch 1.567 (siehe Pressemitteilung des Statistischen Bundesamts vom 24.06.2014: https://www.destatis.de/DE/PresseService/Presse/Pressemitteilungen/2014/06/PD14_223_213.html, zuletzt geprüft am 08.07.2014).

Allgemeinen als *Qualifikationsstellen* für den sogenannten wissenschaftlichen Nachwuchs aufgefasst werden. Allerdings können aufgrund der begrenzten Anzahl nur die wenigsten Wissenschaftlerinnen und Wissenschaftler, die eine akademische Karriere beginnen, am Ende auf eine Professur berufen werden. Für die vielen nicht-berufenen Habilitierten gibt es im deutschen Wissenschaftssystem aber praktisch keine Stellen. Dafür sorgt auch das Wissenschaftszeitvertragsgesetz (WissZeitVG), das die Beschäftigung auf befristeten Stellen in der Wissenschaft auf maximal zwölf Jahre begrenzt, sofern diese nicht überwiegend aus Drittmitteln finanziert sind.[93]

Neben diesen vier von Kreckel genannten Spezifika des wissenschaftlichen Berufswegs in Deutschland gibt es noch mindestens eine weitere Besonderheit, die obendrein einen großen Unterschied zu Karrieren in der Wirtschaft darstellt: Akademische Karrieren vollziehen sich in Deutschland weitgehend unabhängig von Organisationen (vgl. im Folgenden Hüther/ Krücken 2011). Da an deutschen Universitäten das Lehrstuhlprinzip vorherrscht und die Autonomie der ProfessorInnen gegenüber den Hochschulleitungen trotz der NPM-Reformen – auch und gerade im internationalen Vergleich (vgl. Buchholz u.a. 2009) – nach wie vor sehr hoch ist, liegt die Entscheidungsbefugnis über die Fortdauer der Beschäftigung des wissenschaftlichen Nachwuchses nicht an der Organisationsspitze, sondern bei den einzelnen ProfessorInnen. Sie entscheiden darüber, wen sie wie lange einstellen. Außerdem kann die Organisation aufgrund des faktisch immer noch wirksamen Hausberufungsverbots so gut wie keinen Einfluss auf die Karrierewege der NachwuchswissenschaftlerInnen nehmen. In der Terminologie von Luhmann (1975: 104ff.) verfügen die Universitäten in Deutschland weder über Personalmacht (Beeinflussung der individuellen Karrierewege) noch über Organisationsmacht[94] (Entscheidung über Anfang und Ende der Mitgliedschaft).

Hinzu tritt, dass sich WissenschaftlerInnen bei ihrem Aufstieg bis hin zur Professur an zwei unterschiedlichen Reputationssystemen orientieren müssen: erstens an der *scientific community*, welche die Qualitätskontrolle der Forschung sowie die Zuweisung von Reputation an die einzelnen WissenschaftlerInnen leistet, und zweitens an den wissenschaftlichen Disziplinen als »segmentäres Differenzierungsschema« der Universitäten (Braun-Thürmann 2010: 73–74). Diese beiden sozialen Formationen stehen für zwei un-

93 Ausnahmeregelungen existieren für den Bereich Medizin sowie Personen, die Erziehungszeiten in Anspruch genommen haben (vgl. Jakszat/Schindler/Briedis 2010: 3).

94 Eine Ausnahme bilden die Juniorprofessuren mit *Tenure-Track*-Option (s.u.).

terschiedliche Differenzierungsmodi der Wissenschaft, die sich in der zweiten Hälfte des 20. Jahrhunderts zunehmend auseinanderbewegt haben. Während sich die wissenschaftliche Gemeinschaft an der epistemischen Differenzierung des Forschungssystems nach empirischen Grundlagen und methodischen Zugängen ausrichtet, ist das Hochschulsystem organisatorisch in Disziplinen differenziert. Sind die beiden Systeme nicht aufeinander abgestimmt, entstehen unter Umständen Karrierehemmnisse (vgl. Heintz/Merz/Schumacher 2004: 41–44). Wenn ein in der *scientific community* »heiß« diskutiertes Thema nicht zur disziplinären und subdisziplinären Ordnung der Universitäten passt, kann der berufliche Aufstieg trotz Publikationserfolgen schon deswegen ausbleiben.

Insgesamt zeigt sich in Deutschland eine scharfe Gegenüberstellung von berufenem Personal auf unbefristeten Dauerstellen mit verhältnismäßig guter Entlohnung auf der einen und nicht-berufenem Personal mit befristeten Verträgen, oft in Teilzeit, immer öfter projektgebunden, auf der anderen Seite. Die hohe berufliche Unsicherheit und der gewaltige Anteil von wissenschaftlichem Personal ohne Laufbahnperspektive sind im internationalen Vergleich einzigartig. Auch wenn man den unterschiedlichen statistischen Grundlagen Rechnung trägt, fällt auf, dass »allein Deutschland (und in abgeschwächter Form auch die Schweiz) über ein Universitätssystem verfügt, in dem fest angestellte, eigenständig lehrende und forschende Hochschullehrer beim hauptberuflichen wissenschaftlichen Personal eine große Seltenheit sind« (Kreckel 2010: 16).[95] Immer wieder wird deshalb über eine Reform des wissenschaftlichen Qualifizierungswegs in Deutschland diskutiert. Als Vorbild dient dabei vielfach das sogenannte *Tenure*-Modell der akademischen Karriere, das bspw. in Großbritannien, den Niederlanden und Schweden vorherrscht. Dort wird den Wissenschaftlerinnen und Wissenschaftlern schon früh die Möglichkeit zu eigenständiger Forschung und Lehre eingeräumt. Idealtypisch werden sie nach einer kurzen Probezeit unbefristet als HochschullehrerInnen angestellt (*tenure*) und haben die Aussicht auf den weiteren organisationsinternen Aufstieg oder die Chance zur externen Berufung. Im *Tenure-Track*-Modell der USA erhalten Nachwuchswissenschaft-

95 Andere Autoren sprechen demgegenüber von einem »generellen Trend in Europa« in Richtung einer Prekarisierung der Beschäftigungsverhältnisse unterhalb der Professur (vgl. Zimmer/Krimmer/Stallmann 2007: 185). Dabei wird nicht zwischen Ländern mit Habilitations- und *Tenure*-Modell unterschieden, vielmehr werden die in vielen westlichen Industriestaaten zu beobachtenden Reformen der nationalen Hochschulsysteme entlang der Prinzipien des NPM zum Ausgangspunkt der Überlegungen gemacht.

lerInnen zunächst eine befristete Anstellung (*tenure track*), die nach vier bis sieben Jahren bei (wiederholter) positiver Evaluation ihrer Tätigkeit in eine unbefristete Anstellung überführt werden kann. (Kreckel 2012: 6) In beiden Modellen ist die Eintrittshürde in das System höher als aktuell in Deutschland. Das lässt sich zum Beispiel an der Promotionsintensität, das heißt dem Verhältnis der Anzahl der Promovierten eines Jahrganges zur Anzahl von HochschulabsolventInnen einige Jahre zuvor, ablesen. In Deutschland war dieser Wert 2012 mit 19 Prozent über alle Fächer bzw. 15 Prozent ohne Medizin und Gesundheitswissenschaften besonders hoch (vgl. Konsortium Bundesbericht Wissenschaftlicher Nachwuchs 2013: 187).[96] In den USA lag die Promotionsintensität 2007 bei ca. 5 Prozent (vgl. Bosbach 2009: 70).

Mit der Einführung von Juniorprofessuren im Jahre 2002 wurden einige Elemente des *Tenure-(Track)*-Modells in das deutsche Hochschulsystem eingeführt. Diese Position sollte die Notwendigkeit zur Habilitation als Berufungsvoraussetzung für eine ordentliche Professur substituieren und promovierten NachwuchswissenschaftlerInnen früh die Möglichkeit geben, selbstständig zu forschen und lehren. Ursprünglich war geplant, 6.000 solcher Stellen einzurichten (vgl. BMBF 2000: 7).[97] Durch verfassungsrechtliche Streitigkeiten zwischen Bund und Ländern und den daraus resultierenden Stopp der Anschubfinanzierung durch den Bund ist dieses Ziel jedoch weit verfehlt worden. Im Jahr 2012 gab es nur 1.416 Juniorprofessuren in Deutschland (siehe Abbildung 2). Zwar ist das Hausberufungsverbot in mittlerweile zwölf Bundesländern mindestens soweit gelockert worden, dass für JuniorprofessorInnen ein universitätsinterner Aufstieg möglich ist, doch gaben 2007 nur acht Prozent der JuniorprofessorInnen an, dass ihre Stelle mit einer *Tenure-Track*-Option, also der schon bei Anstellungsbeginn gege-

---

96 Dabei muss allerdings berücksichtigt werden, dass Deutschland eine im Vergleich mit anderen westlichen Industrieländern niedrige Hochschulabsolventenquote aufweist. Aussagekräftig ist deshalb auch die Promotionsquote, das heißt der Anteil der Promovierten einer Altersgruppe. Dieser Wert liegt in Deutschland bei 2,5, in Großbritannien bei 2,1, in den Niederlanden bei 1,6 und in den USA ebenfalls bei 1,6 (vgl. OECD 2011: 70).

97 Mit seinen Empfehlungen vom 11. Juli 2014 hat der Wissenschaftsrat seine unter anderem auf dem Konzeptpapier »Hochschuldienstrecht für das 21. Jahrhundert« des BMBF basierenden Empfehlungen vom 19. Januar 2001 erneuert. Ebenso wie das BMBF im Jahr 2000 die Einführung von 6.000 Juniorprofessuren forderte, entwirft der Wissenschaftsrat ein Zielszenario für 2025, das einen Aufwuchs um 7.500 auf dann circa 30.000 Professuren vorsieht. Der Anteil an *Tenure-Track*-Professuren, die in Folge einer positiven Evaluation eine unbefristete Professur erhalten, soll dann etwa ein Fünftel aller Professuren, also wiederum circa 6.000 betragen (vgl. Wissenschaftsrat 2014: 85).

benen Aussicht auf eine ordentliche Professur, versehen ist (vgl. Federkeil/Buch 2007: 10).[98] Vor diesem Hintergrund plant ein Drittel der JuniorprofessorInnen eine Habilitation zu schreiben, ein weiteres Viertel ist in dieser Frage noch unentschieden (vgl. Gülker 2010: 3–4).

Schon etwas länger gibt es Nachwuchsgruppenleitungspositionen, die, ebenso wie die Juniorprofessur, dem wissenschaftlichen Nachwuchs frühe Eigenständigkeit gewähren sollen. Diese Positionen sind zudem normalerweise von einer Lehrverpflichtung entbunden und in vielen Fällen mit einem ansehnlichen Etat ausgestattet. Zumeist sind diese Gruppen an außeruniversitären Forschungseinrichtungen angesiedelt. Die MPG hat Nachwuchsgruppen bereits 1969 erstmals eingeführt.[99] Seit Mitte der 1990er Jahre haben die anderen großen Forschungsförderorganisationen nachgezogen: 1996 die Volkswagenstiftung, 1999 die DFG mit dem Emmy-Noether-Programm, 2004 die HGF und 2007 die FhG. Dazu kommen Nachwuchsgruppen, die vom BMBF finanziert werden. Insgesamt gab es in Deutschland 2011 etwa 426 selbstständige Nachwuchsgruppen (Max-Planck-Forschungsgruppen etc.) und 357 Emmy-Noether-Gruppen (vgl. Wirth 2013: 1004), davon wesentlich mehr in den Lebens- und Technikwissenschaften als in den Geistes- und Sozialwissenschaften (vgl. Gülker 2011: 35–36; Huber/Böhmer 2012: 72).

Weitreichende strukturelle Veränderungen hat die Etablierung dieser neuen Karrierepositionen nicht zur Folge gehabt. Sie sind nur weitere Zwischenschritte auf dem Weg zur Professur und haben an der harten Barriere zwischen berufenem und unberufenem Personal nichts geändert. Dabei war mit ihrer Einführung unter anderem die politische Absicht verbunden, das deutsche Wissenschaftssystem attraktiver zu machen. Nur wenn die deutsche Wissenschaft in der Lage sei, die leistungsstärksten Absolventen und Absolventinnen anzuziehen, – so der Tenor der politischen Debatte – könne ihre hohe Leistungs- und internationale Wettbewerbsfähigkeit gewährleistet werden. Die aus dieser Sicht zentrale Frage ist, wie die Wissenschaft im Rennen um exzellente Nachwuchskräfte gegen andere Berufsfelder wie

98 Burckhardt (2014: 11) zufolge gaben in einer Befragung der HoF Halle-Wittenberg 2012/13 ein Viertel der JuniorprofessorInnen an, »dass ihre Stelle mit einem Tenure track versehen ist bzw. Aussicht auf eine befristete oder unbefristete Anschlussbeschäftigung besteht«.

99 Innerhalb der MPG wird unterschieden zwischen »abhängigen« Forschungsgruppen, die einem der DirektorInnen unterstellt sind, und »unabhängigen« Forschungsgruppen, die direkt von der Generalverwaltung ernannt werden und vollständig autonom sind.

die Wirtschaft oder auch andere nationale Wissenschaftssysteme erfolgreich sein kann. Während die freie Wirtschaft in vielen Fällen mit diversifizierten Laufbahnmodellen, einer höheren Entlohnung und unbefristeten Anstellungsverhältnissen punkten kann, bieten andere nationale Karrieresysteme wie das US-amerikanische ihrem wissenschaftlichen Personal ein (vermeintlich) höheres Maß an beruflicher Sicherheit. Es besteht deshalb die Angst vor einem *brain drain*, das heißt einer Abwanderung der »besten Köpfe« ins Ausland, die, in umgekehrter Absicht, sogar von dem Wunsch nach einem *brain gain*, also dem Versuch, hervorragende NachwuchswissenschaftlerInnen aus dem Ausland nach Deutschland zu locken, flankiert wird (vgl. Bloch 2008: 489ff.; Huber/Böhmer 2012: 71).

Allerdings steht den zaghaften Versuchen, die Attraktivität der deutschen Wissenschaftslandschaft durch die neuen Karrierepositionen zu steigern, eine massive Verschärfung des Wettbewerbs im Namen der Qualitätssicherung gegenüber. Während immer mehr Personen eine wissenschaftliche Karriere beginnen können, die Basis der Pyramide sich also beständig verbreitert, wird die Zahl der Stellen an ihrer Spitze nahezu konstant gehalten. Von 2003, noch vor Beginn der Diskussion um die Exzellenzinitiative, bis 2012 hat sich die Zahl der wissenschaftlichen und künstlerischen Mitarbeiterinnen und Mitarbeiter an deutschen Universitäten[100] von 120.545 auf 165.459, das heißt um 44.914 Personen erhöht.[101] Die Zahl der ordentlichen Professuren hingegen ist im gleichen Zeitraum nur um 618 von 21.129 auf 21.747 gestiegen.[102] Auf jede neu geschaffene Professur in diesem Zeitraum kommen fast 73 neue Mitarbeiterstellen. Das Verhältnis zwischen ProfessorInnen und dem sogenannten Mittelbau (inkl. JuniorprofessorInnen) hat sich dadurch von 1 zu 5,71 im Jahr 2003 auf 1 zu 7,67 im Jahr 2012 verschlechtert.[103] (siehe Abbildung 2). 1985

100 Aus Gründen der Vergleichbarkeit beziehen sich diese Zahlen nur auf die Universitäten (exklusive der gleichgestellten Hochschulen und der Fachhochschulen). Rechnet man die Pädagogischen, Theologischen und Kunsthochschulen mit ein, hat sich die Zahl der Mittelstellen von 122.567 im Jahre 2003 auf 168.169 im Jahre 2012 und die Zahl der Professuren im gleichen Zeitraum von 23.712 auf 25.973 erhöht. Das entspricht einer Veränderung von 1 zu 5,17 auf 1 zu 6,47.

101 Da sich die Zahlen nicht auf Vollzeitäquivalente beziehen, ist unklar, ob sich nicht auch ein Teil des Aufwuchses aus vermehrten Stellenteilungen erklären lässt.

102 Daten des Statistischen Bundesamts, Fachserie 11 Reihe 4.4, Jahrgänge 2003 und 2012.

103 Die MitarbeiterInnen für Forschung und Entwicklung, die an außeruniversitären Forschungseinrichtungen (AUF) arbeiten und möglicherweise eine Professur anstreben, so gesehen also der Seite des »Mittelbaus« zuzurechnen wären, sind hier nicht berücksichtigt. Insgesamt waren 2011 93.663 Personen für Forschung und Entwicklung an AUF beschäftigt (Daten des Statistischen Bundesamtes, Fachserie 14, Reihe 3.6). Nicht ein-

lag dieser Wert noch bei 1 zu 3,34. Durch die harte Barriere zwischen berufenem und nicht-berufenem Personal in Verbindung mit dem verschärften Konkurrenzdruck wird den NachwuchswissenschaftlerInnen der hohe Grad an Standardisierung der wissenschaftlichen Laufbahn zum Verhängnis.

Doch nicht nur das zahlenmäßige Ungleichgewicht zwischen den ProfessorInnen und dem sogenannten »Mittelbau« hat sich erheblich vergrößert, auch die Zahl der ohnehin wenigen unbefristeten Stellen abseits der Professur wurde in den letzten Jahren massiv gekürzt. Waren 2003 immerhin noch 20,6 Prozent der wissenschaftlichen und künstlerischen MitarbeiterInnen im Angestelltenverhältnis unbefristet tätig, sank dieser Wert bis 2012 auf lediglich 11 Prozent.[104] Derzeit werden unbefristete Stellen für den wissenschaftlichen »Mittelbau« praktisch nicht mehr vergeben.

Auf der Angebotsseite lassen sich die Karriereaussichten des wissenschaftlichen Nachwuchses am deutlichsten am Berufungsmarkt für HochschullehrerInnen ablesen. Da in Deutschland alle Professuren eine Anbindung an Universitäten haben müssen und die ausgeschriebenen Professuren durch den Ausschreibungsdienst des Deutschen Hochschulverbandes lückenlos erfasst werden, lassen sich in der Wissenschaft, anders als in der Wirtschaft, sehr präzise Angaben über die statistischen Berufungschancen der jungen WissenschaftlerInnen machen. Denn diese sind nicht nur abhängig vom Verhältnis zwischen Stellen für den wissenschaftlichen Nachwuchs und Professuren, sondern auch von der Altersstruktur der Professorenschaft. So zeigen die von Wirth (2013) aufbereiteten Daten des Deutschen Hochschulverbandes etwa, dass die »Altersausscheidensquoten« (ebd.: 1003) über alle Fächergruppen hinweg mit Werten im Bereich von 4,0 bis 4,9 Prozent (gemessen an der Gesamtzahl der Professuren) zwischen 2000 und 2008 vergleichsweise hoch waren und im Jahr 2011 mit 2,2 Prozent einen vorläufigen Tiefpunkt erreicht haben.[105] Im Jahr 2005 wurde mit 1.143 aus Altersgründen ausscheidenden ProfessorInnen ein Höchstwert erreicht, 2011 waren es nur 563. Wenn nicht neue Professuren geschaffen werden, wird sich die Quote bis 2020 weiterhin auf diesem niedrigen Niveau bewegen. Wirth (2013: 1003) stellt dazu fest:

---

gerechnet sind außerdem all diejenigen WissenschaftlerInnen, die über Stipendien und andere personengebundene Hilfen finanziert werden oder zum Zeitpunkt der Erhebung keine Anstellung an einer öffentlichen Forschungseinrichtung haben. Verlässliche Angaben darüber, wie hoch der Anteil jener ist, die eine Professur anstreben, lassen sich freilich nicht machen.

104 Daten des Statistischen Bundesamts, Fachserie 11 Reihe 4.4, Jahrgänge 2003 und 2012.

105 Zwischen den Fächergruppen und auch innerhalb der Fächergruppen im Zeitverlauf gibt es starke Schwankungen.

Abbildung 2: Entwicklung von Mittelbaustellen und Professuren an deutschen Universitäten zwischen 1985 und 2012

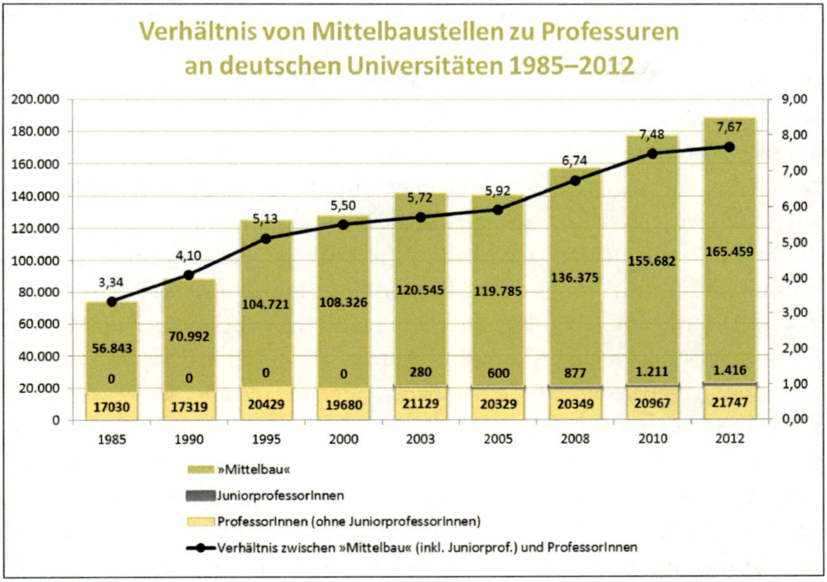

Quellen: Daten des Statistischen Bundesamtes, Fachserie 11 Reihe 4.4, Jahrgänge 1985, 1990, 1995, 2000, 2003, 2005, 2008, 2010, 2012

»In Jahren mit niedriger Altersausscheidensquote reduzieren sich die Chancen, auf eine Professur berufen zu werden, ganz erheblich. Die geringen Erneuerungsquoten führen auch in den Folgejahren zu engen Berufungsmärkten (Staueffekt).« Die Ausschreibungsquoten, das heißt das Verhältnis von Ausschreibungen zur Gesamtzahl der Professuren, haben im Jahr 2009, auch durch die Exzellenzinitiative, ein kurzfristiges Hoch erreicht, dass sich auch in Abbildung 2 widerspiegelt. Insgesamt wurden in diesem Jahr 1.856 Professuren ausgeschrieben, das entspricht einer Quote von 8,4 Prozent. 2003 lag die Quote bei 7,0 (1.522 Ausschreibungen), 2011 bei 6,6 Prozent (1.538).

Die Verschärfung des Wettbewerbs um wissenschaftliche Stellen und die zunehmende Prekarisierung der Arbeits- und Beschäftigungsverhältnisse in der Wissenschaft hängen direkt mit der Projektförmigkeit der Forschung zusammen. Denn je mehr die Beschäftigungsverhältnisse des wissenschaftlichen Personals ausschließlich auf Projekten basieren, desto höher ist die berufsbiographische Unsicherheit. Die Vorteile der Projektarbeit für die Karrieren des wissenschaftlichen Nachwuchs – eine Verbreitung des Stellenpools für Einstiegspositionen in die Wissenschaft und die fokussierte Arbeit an einem

Forschungsthema ohne Lehrbelastung – können auf späteren Karrierestufen sogar zu Nachteilen führen. So erlaubt es die Projektform promovierten WissenschaftlerInnen zwar, sich mit eigenen Vorhaben zu spezialisieren, es ist jedoch davon auszugehen, dass der überwiegende Teil von Projektstellen, die von ProfessorInnen eingeworben werden, mit Nichtpromovierten besetzt wird. Die Chancen für Promovierte, in einem *fremden* Forschungsprojekt angestellt zu werden, sinken dadurch. Vor allem für bereits promovierte WissenschaftlerInnen gilt daher: »Zunehmend ist die einzige Chance zur Fortsetzung einer wissenschaftlichen Karriere die Beantragung eines Projekts« (Torka 2006: 64). Nicht zuletzt nachdem im Jahr 2007 die Sechsjahresfrist nach der Promotion für die Antragstellung bei der DFG aufgehoben wurde, steigt die Zahl der Anträge auf eine »Eigene Stelle« rasant. Der »Bundesbericht Wissenschaftlicher Nachwuchs« (2013: 136) wertet dies als ein Indiz dafür, »dass es zu wenige Möglichkeiten für einen dauerhaften Verbleib in der Wissenschaft gibt«. Der Zusammenhang von Bewährung im Projektkontext mit dem Aufstieg in der Linienhierarchie, der sich in großen Wirtschaftsunternehmen beobachten lässt (vgl. Funken/Stoll/Hörlin 2011), ist für die Wissenschaft nicht gegeben. Vielmehr müssen WissenschaftlerInnen eigenständig versuchen, ihre Qualifikationsarbeiten mit der Arbeit in (oftmals kurzfristig angelegten) Projektzusammenhängen zu vereinbaren, um auf diese Weise den formalen Aufstiegsanforderungen der Wissenschaft zu entsprechen.

Obgleich diese Befunde grundsätzlich für beide Geschlechter Gültigkeit beanspruchen können, zeigen Studien, dass Frauen im deutschen Wissenschaftssystem noch immer spezifischen Benachteiligungen ausgesetzt sind. Zwar hat sich die Chancengerechtigkeit von Frauen und Männern in der Wissenschaft in den letzten 30 Jahren erheblich verbessert (vgl. Matthies/Zimmermann 2010: 194), das »akademische Frauensterben« (Hassauer 1994: 35), auch als »Schereneffekt« (bspw. Abele 2003) bezeichnet, ist aber nach wie vor eklatant. Mit jeder weiteren Stufe auf der akademischen Karriereleiter sinkt sukzessive der Anteil von Frauen (siehe Abbildung 3). Ein erstmals getrennt nach Geschlecht erstellter retrospektiver Qualifikationsverlauf wissenschaftlicher Karrieren von 1986 bis 2005 liefert ein ähnliches Bild (vgl. Lind/Löther 2007).[106] Der Verlauf mit den Daten für das Jahr 2010 weicht nur geringfügig von den Zahlen von 2012 ab (vgl. Rogge 2013: 39).

106 Der Verlauf startet mit den Studienberechtigten und StudienanfängerInnen 1986, vollzieht dann einen idealtypischen Karriereverlauf nach und bezieht zum Beispiel die Promotionen 1995–1997 mit ein und endet mit den Berufungen auf C4- und W3-Professuren 2003–2005.

Abbildung 3: Anteil von Frauen und Männern nach wissenschaftlichen Karrierestufen (an Universitäten) in Prozent, 2012

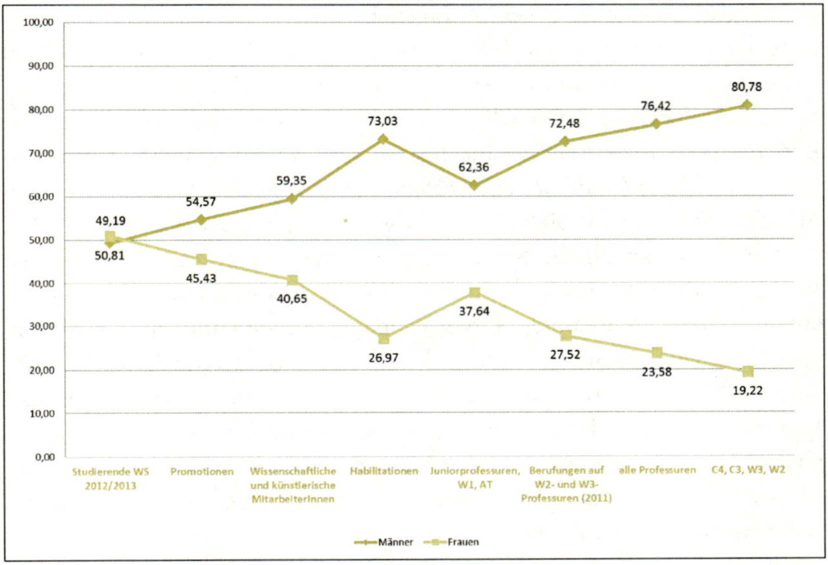

Quellen: Statistisches Bundesamt Fachserie 11 Reihen 4.1, 4.2 und 4.4, jeweils Jahrgang 2012; (Gemeinsame Wissenschaftskonferenz (GWK) 2012); eigene Berechnungen und Darstellung[107]

In den letzten Jahren wurden zahlreiche wissenschaftspolitische Programme und Maßnahmen, wie bspw. das Professorinnen-Programm des BMBF[108] und die »Forschungsorientierten Gleichstellungsstandards« der DFG[109], aufgelegt, die dazu beitragen sollten, den Frauenanteil in der Wissenschaft, insbesondere auf ihren Spitzenpositionen, zu erhöhen. So lässt sich wohl auch der im Vergleich zu den Habilitationen und Professuren relativ hohe Anteil

107 Die Angaben zu Berufungen auf W2- und W3-Professuren beziehen sich auf das Jahr 2011.

108 In der ersten Phase des Professorinnen-Programms von 2008 bis 2012 wurden 260 neue Professuren geschaffen und mit Frauen besetzt. Dafür wurden vom BMBF 150 Millionen Euro zur Verfügung gestellt. Die zweite Phase, die mit dem gleichen Fördervolumen ausgestattet ist, läuft von 2013 bis 2017. (Pressemitteilung des BMBF vom 11.01.2013: http://www.bmbf.de/press/3408.php, letzter Zugriff 05.05.2014)

109 Die »Forschungsorientierten Gleichstellungsstandards« der DFG sind eine Selbstverpflichtung der DFG-Mitglieder mit dem gemeinsamen Ziel, »den Frauenanteil auf allen wissenschaftlichen Karrierestufen deutlich zu erhöhen«. Die Mitgliedseinrichtungen der DFG werden aufgefordert Gleichstellungskonzepte einzureichen, die durch eine Arbeitsgruppe evaluiert werden. (siehe http://www.dfg.de/foerderung/grundlagen_rahmenbedingungen/chancengleichheit/forschungsorientierte_standards/, letzter Zugriff 05.05.2014)

von Frauen unter den JuniorprofessorInnen in Abbildung 3 mit den politischen Implikationen dieser neuen Positionen erklären. Nicht alle Maßnahmen sind aber in gleicher Weise erfolgreich: Wiewohl etwa die Antragsbedingungen der Exzellenzinitiative des Bundes und der Länder die Universitäten zur Entwicklung von Konzepten zur Förderung der Chancengleichheit aufgefordert haben, war die Beteiligung von Frauen an den durch die Exzellenzinitiative geförderten Einrichtungen (Exzellenzcluster und Graduiertenschulen) nicht höher (und teilweise sogar niedriger) als der Anteil von Frauen unter den deutschen ProfessorInnen insgesamt (vgl. Ruschenburg u.a. 2011).

Eine wissenschaftliche Karriere einzuschlagen, birgt zwar seit jeher das Risiko, es am Ende nicht auf eine Professur zu schaffen, keine Beschäftigung auf einer Stelle unterhalb der Professur mehr zu finden und aus dem System ausscheiden zu müssen. Gleichwohl hat die politisch induzierte Verschärfung des Wettbewerbs diese Situation in den letzten Jahren weiter zugespitzt. In Verbindung mit der zunehmenden Internationalisierung wissenschaftlicher Karriereverläufe lässt sich festhalten: Wissenschaftliche Karrieren in Deutschland sind nicht nur unberechenbarer, sondern auch erheblich unwahrscheinlicher geworden.

3.3.3 Feldübergreifendes Fazit

Strukturell sehen sich die ArbeitnehmerInnen in der Wirtschaft mit einer Verknappung von aufstiegsrelevanten Positionen bei einer gleichzeitigen Diversifizierung von Laufbahnmodellen konfrontiert. Ideell ist das »unternehmerische Selbst«, das permanent an seinem Kompetenzportfolio feilt und sich durch Eigeninitiative und Selbstverantwortung auszeichnet, das neue Leitbild der WissensarbeiterInnen von heute. Durch die sukzessive Verlagerung von Verantwortung für das Arbeits- und Karrierehandeln von den Unternehmen auf die Individuen kommt es zu einer Subjektivierung von Arbeit *und* Karriere. Das Gebot der Stunde lautet Selbstorganisation. Nicht mehr der Arbeitsprozess selbst wird von den Unternehmen präzise vorstrukturiert, sondern es werden Zielerreichungsgrade formuliert. Ähnliches gilt für Karrieren. Innerhalb diversifizierter Strukturen verliert der fremdgesteuerte Aufstieg in festen Laufbahnen an Bedeutung, es ist nun Sache der ArbeitnehmerInnen, ihre Karriere eigenständig zu planen und nach der nächsten Gelegenheit Ausschau zu halten, sei es nun das nächste Projekt oder eine vorher nicht existente Stelle innerhalb sich immer rascher verändernder Unternehmensstrukturen.

In der Wissenschaft werden die ohnehin schon chronisch prekären Arbeitsverhältnisse unterhalb und abseits der Professur durch die zunehmende Projektförmigkeit der Forschung und den massiv verschärften Wettbewerb nochmals verstärkt. Mehr noch als früher kennt die wissenschaftliche Karriere, trotz gegenteiliger Reformbemühungen, nur einen Orientierungspunkt: die Professur. Eine unbefristete Anstellung in der Wissenschaft ist derzeit ohne den Professorentitel praktisch nicht zu bekommen. Da diese Stellen für Wissenschaftlerinnen und Wissenschaftler jedoch der einzige Weg waren, langfristig im deutschen Wissenschaftssystem zu verbleiben, ohne eine Professur zu erreichen oder sich von Projekt zu Projekt hangeln zu müssen, sprechen wir von einer Zuspitzung der *Monodirektionalität.*[110] Gleichzeitig ist der Wettbewerb um die Professuren enorm erhöht worden. Immer mehr NachwuchswissenschaftlerInnen konkurrieren um eine fast gleichbleibende Anzahl an Professuren und haben dazu im Grunde keine andere Alternative als gänzlich aus dem wissenschaftlichen Arbeitsumfeld auszutreten.

110 Auch die Hochschulrektorenkonferenz (2014) und der Wissenschaftsrat (2014) haben jüngst eine Zuspitzung auf das Karriereziel der Professur konstatiert.

4 Karrierestrategien von Hochqualifizierten und Führungskräften in Wirtschaft und Wissenschaft

In den vorangegangen Kapiteln wurden die historischen (Vor-)Bilder, die am Anfang der theoretischen Auseinandersetzung mit den Organisations- und Menschenbildern in Wirtschaft und Wissenschaft stehen, herausgearbeitet und dem seitherigen Wandel der Arbeits- und Karrierebedingungen gegenübergestellt. Dabei hat sich gezeigt, dass die Ausgangsbedingungen in Wirtschaft und Wissenschaft zwar unterschiedlicher nicht sein könnten, beide Felder aber in den letzten Jahren zum Teil sehr ähnlich gelagerte Wandlungsprozesse (insbesondere Vermarktlichung und Projektifizierung) durchlaufen haben. Infolge der gestiegenen gesellschaftlichen Erwartungen an die Wissenschaft wird die akademische Selbststeuerung zunehmend durch Elemente der Fremdsteuerung ersetzt. In diesem Zuge verliert die intrinsische Motivation der WissenschaftlerInnen als Steuerungsmechanismus rasant an Bedeutung. Es wird immer mehr auf extrinsische Anreize gesetzt. Leistungsbezogene Vergütung, die Quantifizierung von Forschungsleistungen und zuvörderst die Verstärkung des Wettbewerbs sind die Kronzeugen dieser Entwicklung. In Wirtschaftsunternehmen dagegen wurden die intrinsische Motivation und die Leistungsbereitschaft der Beschäftigten als Objekt der Kontrollbemühungen entdeckt. Selbststeuerung und Zielvereinbarungen sind hier die neuen Mittel der Wahl.

Das Fazit bis hierhin lautet also: Die Wirtschaft ist, grob gesagt, ›wissenschaftlicher‹ und die Wissenschaft ›betrieblicher‹ geworden. Im nun folgenden Kapitel werden die empirischen Befunde unserer Untersuchung vorgestellt, zunächst für das Feld der Wirtschaft und anschließend für die Wissenschaft. Wir haben dabei versucht, Antworten auf die folgenden Fragen zu finden: Was heißen diese Veränderungen für die Beschäftigten, ob und wie nehmen sie diese wahr und welche Konsequenzen ergeben sich daraus für ihre Karriereplanung? Wie sich zeigen wird, verläuft die partielle Annäherung der Leitbilder und der Mechanismen der Steuerung und Koordination von Arbeit, die das ›Neue‹ in den beiden Feldern repräsentiert, keineswegs geradlinig und konfliktfrei, vielmehr kommt es zu komplexen Überlagerungen, Verwerfungen und Unvereinbarkeiten.

In Wirtschaft wie Wissenschaft ist die Mehrheit der Beschäftigten mit einem Nebeneinander von alten und neuen Strukturen und Leitbildern konfrontiert, was in vielen Fällen zu widersprüchlichen Karriereanforderungen führt – wenngleich auf je verschiedene, feldspezifische Weise. Daraus erklärt sich auch der in mancher Hinsicht voneinander abweichende Aufbau der beiden Teilkapitel. Während für unsere Befragten in der Wirtschaft jeweils andere Facetten des Wandels im Zentrum ihrer Aufmerksamkeit stehen, überstrahlt im wissenschaftlichen Feld die Verschärfung des Wettbewerbs in den monodirektionalen Strukturen des deutschen Wissenschaftssystems alle anderen Aspekte des Wandels. Liegt also, anders formuliert, die Differenz zwischen den drei identifizierten Typen in der Wirtschaft darin, dass die Befragten an ihrem Arbeitsplatz unterschiedliche Erfahrungen mit ihren Vorgesetzten, den organisationalen Strukturen und den Leitbildern, die an sie herangetragen werden, machen bzw. diese unterschiedlich wahrnehmen, ist der Fluchtpunkt der Typenbildung in der Wissenschaft in allen Fällen der zugespitzte Konkurrenzdruck, auf den die drei Typen in Abhängigkeit von ihren beruflichen und privaten Unterstützungsstrukturen je unterschiedlich reagieren.

4.1 Karriere im Wirtschaftskonzern

Es ist keine neue Einsicht, dass sich Phasen des sozialen Umbruchs ganz besonders dafür eignen, die Funktionsweisen sozialer Ordnung zu untersuchen. Ebenso bekannt wie unübersehbar ist, dass der Transformationsprozess, der die Gegenwartsgesellschaft fest im Griff hat, sich besonders markant im Bereich der Erwerbsarbeit zeigt. Dabei sind prekärer werdende Arbeitsverhältnisse keine Erscheinung an der Peripherie, sondern ein Phänomen, das in zunehmendem Maß auch Teil der Erfahrungswelt breiterer sozialer Schichten wird (vgl. Castel 2000). Längst betrifft der Wandel der Arbeitswelt in all seinen Facetten auch die Gruppe der Hochqualifizierten. Es ist die Rede von einer »Zeitenwende im Büro« (Boes/Kämpf 2010), die sich in ständigen Umstrukturierungen sowie dem Outsourcing und Abbau von Stellen äußert.

Im Fokus der vorliegenden Studie stand die Frage, wie sich dieser Wandel, der sich auch als Übergang hin zu einer projektifizierten und virtualisierten Wissensökonomie beschreiben lässt (vgl. Funken/Stoll/Hörlin 2011), auf die Motivlage von jungen Hochqualifizierten und Führungskräften in Großunternehmen auswirkt. Wie erlebt die nachrückende Führungskräftegeneration, die heute 30 bis 40-Jährigen, die Arbeit in den oben (siehe Kapitel 3) beschriebenen Strukturen? Welchen Einfluss haben Faktoren wie die Projektifizierung, die zunehmende Wettbewerbsverschärfung und der steigende Vermarktlichungsdruck auf ihre Arbeitszufriedenheit und -motivation? Nehmen Frauen und Männer den Wandel unterschiedlich wahr? Und wie wirken sich die neuen Karrierebedingungen, die durch verknappte Aufstiegsmöglichkeiten, eine auf Dauer gestellte Bewährung und die Subjektivierung von Karriere (vgl. ebd.) geprägt sind, auf die Lebensentwürfe und Karrierestrategien dieses Personenkreises aus? Antworten auf diese Fragen zu finden, schien uns nicht zuletzt deswegen höchst relevant, da davon auszugehen ist, dass die Akteure und Akteurinnen selbst ihre berufliche Situation eingehend analysieren und daraus gegebenenfalls Handlungskonsequenzen ziehen. Fordern die neuen Tätigkeits- und Karriereprofile eine selbstreflektierte Auseinandersetzung mit den persönlichen Vorstellungen und Zielsetzungen doch geradezu ein.

Allerdings stehen hochqualifizierte Beschäftigte und Führungskräfte aus Großunternehmen der sich restrukturierenden *Old Economy*, wie Kotthoff und Wagner (2008: 16) ganz richtig bemerken, nicht im Zentrum der soziologischen Aufmerksamkeit. Ein Erkenntnisgewinn erscheint daher dringend notwendig. Gleichwohl gibt es einige Untersuchungen zum Thema, an die die vorliegende Studie anschließen möchte. Ein zentraler, immer wiederkehrender Bezugspunkt für die empirische Führungskräfteforschung ist die Studie von Baethge, Denkinger und Kadritzke (1995). Einer der Kernbefunde der Autoren ist die Diagnose eines »Führungskräftedilemmas«, das in dem Auseinanderklaffen von den subjektiven Ansprüchen und Vorstellungen einerseits und den organisationalen Anforderungen andererseits besteht. Besonders markant zeigt sich diese Diskrepanz in dem »Widerspruch zwischen Verantwortungspostulat und struktureller Entmündigung« (ebd.: 152), auf den die befragten Führungskräfte stoßen und der unter ihnen große Unzufriedenheit hervorruft. Allerdings liegt der Erhebungszeitraum der Studie Anfang der 1990er – und damit zeitlich vor den einschneidenden Strukturveränderungen. Zudem sind die Berufstätigen, die wir befragt haben, bereits im Geiste der neuen Subjektivierungsanrufungen sozialisiert worden.

Bei den nachfolgenden Studien stehen dagegen die Auswirkungen der organisationalen Transformation im Fokus der Untersuchung. Im Falle der Studie von Faust et al. (2000) sind die Prozesse der Deregulierung und Entbürokratisierung bereits im vollen Gange und haben den Beschäftigten nun zu einem gewissen Grad an Mündigkeit verholfen. Bei ihnen machen sich jetzt vor allem die ›Kehrseiten‹ der Transformation bemerkbar, nämlich eine steigende Belastung sowie eine zunehmende Karriere- und Statusunsicherheit.

In ihrer Sichtung der empirischen Befunde der Managementforschung stellen Gergs und Schmidt (2002) für das Feld der Großunternehmen eine Adaption an das anglo-amerikanische Managementmodell (Kurzfristorientierung, geringe Verweildauer, Dominanz horizontaler Karrieremobilität) fest. Eine Orientierung, die – so die Annahme der Autoren – durch das Hinzukommen neuer Führungskräftegenerationen zusätzlich befördert werde (Gergs/Schmidt 2002: 17). Der Follow-up-Studie von Kotthoff und Wagner (2008) zufolge ist das Modell des sozialen Austauschs in den von ihnen untersuchten Großunternehmen auch nach den Strukturumbrüchen in Kraft. Die Betriebe investieren in ihre Führungskräfte und versuchen diese durch eine langfristige Beschäftigungsperspektive an sich zu binden. Dennoch »geben sie keine beamten-ähnliche Beschäftigungsgarantie mehr«, sodass die Arbeitsplatzsicherheit im Vergleich zu früher »deutlich geringer« ausfällt; die Bindung zum Unternehmen wird zur »Lebensabschnittsbindung« (ebd.: 291).

Im Fokus der genannten Studien steht vor allem das Austauschverhältnis zwischen Betrieb und (hoch-)qualifizierten Beschäftigten bzw. Führungskräften und weniger die individuellen Motivlagen bzw. Karriereentwürfe und -strategien. Außerdem liegen die Erhebungszeiträume der hier aufgeführten Untersuchungen – mit Ausnahme der zweiten Untersuchung von Kotthoff und Wagner – größtenteils in den ausgehenden 1990er Jahren und damit in einer Zeitphase, in der der organisationale Strukturwandel erst seinen Anfang nahm. Seitdem liegt über ein Jahrzehnt zurück und die Reorganisationsprozesse sind weiter fortgeschritten. Der Erhebungszeitraum von Kotthoff und Wagner (2008) ist 2006, das heißt bereits in den Nuller-Jahren. Genau wie wir befragen auch sie Angehörige des mittleren Managements. Allerdings ist der Großteil ihres Samples deutlich älter als unsere Stichprobe – was vor allem daran liegt, dass sie 2006 dieselben Personen befragt haben wie bereits in den 1990er Jahren. Erkenntnisse über die Motivlage der jüngeren Beschäftigtengeneration zu erlangen ist aber schon allein deswegen wichtig, da es sich bei ihnen um die EntscheidungsträgerInnen von morgen handelt.

4.1.1 Neue Leitbilder

Eine wichtige, wenn nicht gar die zentrale Beschreibungsfigur für Arbeit im Post-Taylorismus ist der Subjektivierungsbegriff.[111] Je nachdem aus welchem Blickwinkel das Phänomen vornehmlich betrachtet wird, werden die damit verbundenen Folgen für die Individuen in der Forschung unterschiedlich bewertet. Es existieren, grob gesprochen, zwei Betrachtungsweisen. Die erste versteht Subjektivierung vorrangig in Abgrenzung zum hierarchisch-bürokratischen Herrschaftsapparat als eine Maßnahme der Arbeitshumanisierung. Demnach entspringt der Einbezug der persönlichen Eigenheiten und Wesensmerkmale dem unternehmerischen Bemühen, Arbeit so zu gestalten, dass den elementaren Bedürfnissen der Mitarbeitenden wie dem Drang nach gestalterischer Freiheit, identifikatorischen Möglichkeiten, Sinnhaftigkeit, Aufgabenvielfalt entsprochen werden kann (vgl. Senghaas-Knobloch 2008: 40). Die zweite betrachtet Subjektivierung ebenfalls als Gegenentwurf zur bürokratisch-tayloristischen Arbeitsorganisation. Dies jedoch im Sinne einer neuen Rationalisierungsstrategie. Die individuelle Subjektivität wird aus dieser Sicht zum »Rohstoff« (Moosbrugger 2012: 32), der gemäß ökonomischer Vorgaben zugerichtet, verwertet und ausgebeutet wird.

An die neue kapitalistische Rationalisierungsstrategie sind entsprechende Leitbilder gekoppelt, an denen sich die Arbeitssubjekte orientieren (müssen). Die gleichermaßen willentlich wie zwangsläufig erfolgende Orientierung hat mit der identitätsstiftenden Funktion, die Arbeit in der Spätmoderne häufig erfüllt, zu tun. In der Forschung wird diese Zuschreibung unter dem Begriff der normativen Subjektivierung von Arbeit diskutiert (vgl. Baethge 1991a). Erfasst wird damit eine Entwicklung, die sich vor dem Hintergrund der seit den 1970er Jahren vonstattengehenden (und häufig als Wertewandel gedeuteten) kulturellen Veränderungsprozesse vollzieht und die Baethge (1991a: 7) folgendermaßen beschreibt: »Man will innerlich an der Arbeit beteiligt sein, sich als Person einbringen können und über sie eine Bestätigung eigener Kompetenzen erfahren. Man will sich in der Arbeit nicht wie ein jedermann, sondern als Subjekt mit besonderen Fähigkeiten, Neigungen und Begabungen verhalten können und die Tätigkeit in der Dimension persönlicher Entfaltung und Selbstverwirklichung interpretieren können.«[112] Sicher-

111 Vgl. für einen Überblick Kleemann/Voß 2010.

112 Das hier konstatierte Einstellungsmuster dürfte im Verlauf der vergangenen 20 Jahre wohl kaum etwas an seiner Brisanz eingebüßt haben. Angesichts eines mehr und mehr deregulierten Wirtschaftssystems, in der die (affektive) Identifikation mit der Arbeit

lich muss das von den Erwerbstätigen zunehmend zum Ausdruck gebrachte Bedürfnis, die eigene Subjektivität in der Arbeit entfalten zu können, auch im Lichte der Entfremdungserfahrung durch das tayloristische Produktionsregime gesehen werden, dessen Praxis, zugespitzt formuliert, auf Entindividualisierung und Entmenschlichung hinauslief. Die Kritik, die sich an der Ausblendung der subjektiven Bedürfnisse und Eigenschaften stört, erscheint in der heutigen Arbeitswelt entwaffnet.

Diese Vermutung stellt sich in Anbetracht eines spätkapitalistischen Verwertungsschemas ein, das die persönlichen Anteile der Mitarbeitenden in den Produktionsprozess integriert oder besser gesagt: für diesen anzapft. Denn fundamental verändert hat sich mit dem Übergang von der Industrie- zur Wissensgesellschaft zugleich der Wertschöpfungsmodus – und damit auch die unternehmerische Bedarfslage. Infolge der um sich greifenden strukturellen Ausdünnung und Deregulierung müssen die betrieblichen Arbeitsprozesse nun in starkem Maß von den Beschäftigten reguliert und strukturiert werden. Gerade Projektarbeit soll und muss – so die dahinterliegende Logik – selbstorganisiert durchgeführt werden (vgl. Funken/Stoll/Hörlin 2011). Das heißt, die autonome Handlungsfähigkeit der Beschäftigten ist ein integraler Bestandteil des unternehmerischen Anspruchssystems. Es gilt nicht mehr, Anweisungen ›am laufenden Band‹ auszuführen. Stattdessen müssen innovative Lösungen mit Blick auf den sich ständig verändernden Markt kreativ erdacht sowie autonom erarbeitet und umgesetzt werden.[113] Das neue Tätigkeitsprofil bringt daher für die Beschäftigten ein neues Anforderungsprofil mit sich. Verlangt sind auf einmal deren subjektive, an die eigene Person gekoppelte Eigenanteile (Kreativität, Autonomiebegabung, hohes Engagement, Flexibilität etc.), die für die organisationale Wertschöpfung ganz wesentlich an Funktionalität gewinnen. Die Unternehmen tragen, mit anderen Worten, ganz andere Erwartungen an die Mitarbeitenden heran.

Subjektivierung erschließt sich folglich aus einer doppelten Perspektive (vgl. Kleemann/Matuschek/Voß 2002). Sie bezeichnet nicht nur eine veränderte individuelle Anspruchshaltung und das daran gekoppelte Versprechen

als bedeutsames neues Steuerungsinstrument fungiert, dürfte es im Gegenteil aktueller denn je sein.

113 Die sich auf den ersten Blick mit dem neuen Paradigma der Selbstorganisation eröffnenden individuellen Freiheitsgewinne zahlen sich für die Beschäftigten im Endeffekt jedoch nicht aus, da es sich um eine weitgehend »fremdorganisierte Selbstorganisation« handelt (vgl. Pongratz/Voß 1997).

der Manager, die Arbeitssphäre zu humanisieren, sondern vor allen Dingen auch eine neue Rationalisierungsstrategie, die die individuelle Subjektivität, die früher praktisch ausgeklammert bzw. Gegenstand einer »Stilllegung« (Kleemann/Voß 2010: 434) war, nun instrumentalisiert. Auf den ersten Blick legitimiert die kulturelle Transformation diese Nutzbarmachung. Sie eröffnet den Unternehmen die Möglichkeit, die dringend benötigten subjektiven Anteile gezielt an- bzw. abzurufen. Insofern verbirgt sich hinter den neuen Arbeitsformen sogar eine umfassendere Rationalisierungsstrategie als noch im bürokratisch-tayloristischen Modell.

Gemäß dem Weberschen Diktum, wonach der Kapitalismus sich die Art von Subjekten, die er benötigt, selbst heranzieht und entsprechend seiner Bedürfnisse modelliert (Weber 1986 [1920]: 45), erfolgt nunmehr eine »vollkommen neue Adressierung der Arbeitssubjekte«, die von nun an »institutionell nicht länger als abhängig Beschäftigte, sondern als kreative ›Unternehmer‹ ihrer selbst angesprochen werden« (Honneth 2010: 74). Individuelle Ansprüche werden damit in kollektiv verbindliche Leitbilder umgemünzt, die in der Wissensökonomie prinzipiell für alle (hoch-)qualifizierten Erwerbstätigen, aber natürlich insbesondere für Führungskräfte gelten.[114] Vor allem ihnen kommt, in Entsprechung des neuen organisationalen Steuerungsmodus der Vermarktlichung, eine neue Rolle zu: Sie sind es, die gewissermaßen an vorderster Front, den »internen Unternehmer« spielen sollen, der als »Moderator der Selbstorganisation« genauso wie als »charismatischer Führer [...] den [organisationalen] Wandel in Gang setzt und vorantreibt« (Faust 2002: 82). Dass die hier befragten Führungskräfte das Leitbild der »›unternehmerischen‹ Führungskraft« (ebd.), das auf gesellschaftlicher Ebene im »unternehmerischen Selbst« (Bröckling 2007) aufgeht, internalisiert haben, zeigen deren Narrative mit aller Deutlichkeit.

Auf der arbeitsorganisatorischen Ebene findet die neue Zugriffsstrategie ihre Entsprechung in einem massiven strukturellen Umbau, der – zumindest in der Theorie – Unternehmen von Grund auf verändern soll. Bürokratisch-tayloristisch geprägte Strukturen eignen sich in der Wissensökonomie nur noch bedingt. Dies aus verschiedenen Gründen. Zum einen erweist sich eine Detailsteuerung, wie sie Taylor vorsah, für viele Bereiche als nicht mehr praktikabel, da eine kleinteilige Vorstrukturierung von einzelnen Arbeitsschritten und -abläufen für innovative Prozesse nur noch schwerlich

114 Faust (2002: 82) stellt in seiner Untersuchung zu veränderten Karrieremustern fest, dass sich in Entsprechung zu den organisationalen Reorganisationsprozessen in Gestalt des »internen Unternehmers« ein verändertes Managementleitbild herausbildet.

möglich ist und die daran gekoppelten starren Kontroll- und Steuerungsformen für die dynamische Umgebung post-tayloristischer Ökonomien zu rigide sind. Kernbestandteil der Transformation ist folglich eine strukturelle Verflüssigung bzw. eine Auflösung regulierender Arbeitsstrukturen, die in der Forschung unter der Formel »Entgrenzung von Arbeit« diskutiert wird (vgl. Kleemann/Voß 2010: 432).[115] Im Ergebnis führt dies auch zu einer arbeitsorganisatorischen Dezentralisierung, das heißt zu einer zunehmenden Übertragung von Verantwortlichkeiten auf die Mitarbeitenden, wovon sich Unternehmen mehr Flexibilität und Innovativität versprechen (vgl. ebd.: 433). Zum zweiten muss, um die mit der Subjektentfaltung einhergehenden dringend benötigten personalen und emotionalen Ressourcen abgreifen zu können, den Beschäftigten zwangsläufig mehr Freiraum eingeräumt werden. Neue Strukturen werden demnach schon alleine deswegen erforderlich, um den Mitarbeitenden die Möglichkeit zu eröffnen, ihre Subjektqualitäten auch einbringen zu können (vgl. Marrs 2010: 340; Minssen 2012: 82).

Wichtig werden die neuen Freiräume allerdings schon allein deswegen, weil hinter dem Strukturwandel auch das Versprechen steht, eine Antwort auf die Entfremdungskritik zu finden, die sich gegen die entmündigenden ›inhumanen‹ Arbeitsbedingungen des bürokratisch-tayloristischen Apparats richtet und die die Möglichkeit einer autonomen und authentischen Einbringung am Arbeitsplatz fordert. Insofern haben sich die Kapitalismusreformer auch die Humanisierung der Arbeitsbedingungen auf die Fahnen geschrieben. Dies freilich nicht aus rein altruistischen Gründen. Vielmehr gehen die Reformatoren von der Annahme aus, »dass die subjektive Leitungsbereitschaft, insbesondere Kreativität, Flexibilität und Innovation, von einem ›pfleglichen Umgang‹ der Unternehmen mit den Beschäftigten abhängig ist« (Marrs 2010: 340). In Anbetracht des sozio-kulturellen Wandels und den damit zusammenhängenden veränderten Werthaltungen sind rigide Kontrollformen á la Taylor, die Überwachung symbolisieren und daher »demotivierende Effekte« (ebd.) nach sich ziehen, folglich nicht mehr zeitgemäß. Vielmehr müssen *positive* Anreize gesetzt werden. Schlüsselanreize für das Selbstverständnis spätmoderner Arbeitssubjekte sind Autonomie (im Sinne eines eigenständigen und eigenverantwortlichen Arbeitens) und, darüber vermittelt, Selbstentfaltung.

115 Die Forschung thematisiert in Bezug auf die neuen Formen der Arbeitsorganisation die darin angelegten Ausbeutungs- wie Emanzipationspotentiale gleichermaßen.

4.1.2 Ausgangsfrage und Sample

Bringt der organisationale Strukturwandel also eine »Befreiung« oder eine »neue Knechtschaft« (Kocyba 2005: 80) mit sich? Obschon eine solche Polarisierung, wie Kocyba selbst anmerkt, die Komplexität des Wandels freilich nur verkürzt erfassen vermag, so drängt sich doch die Frage auf, wie die heutigen Berufstätigen die Umbruchsituation erleben, wie sie darauf reagieren und welche Konsequenzen sie daraus für ihre berufliche Zukunft ziehen.[116] Wir wollten in einer empirischen Untersuchung den Erfahrungen der jüngeren Beschäftigtengeneration selbst Gehör schenken und dabei vor allem auch Erkenntnisse über deren Umgang mit dem Strukturwandel und ihre Karrierestrategien gewinnen. Diesem Erkenntnisinteresse sind wir auf der Grundlage von 31 persönlichen Tiefeninterviews nachgegangen. Wir haben 18 Frauen und 13 Männer im Alter von Anfang 30 bis Anfang 40 Jahren befragt, die zum Zeitpunkt der Befragung in Großkonzernen unterschiedlicher Branchen[117] tätig waren und die uns von Multiplikatoren vermittelt wurden. Wir wollten wissen, welche Erfahrungen sie gemacht haben und wie sich diese auf die weitere Berufs- und Karriereplanung ausgewirkt haben. Allen Befragten gemeinsam war, dass sie zum Zeitpunkt der Durchführung der Interviews eine Führungsposition bekleideten bzw. als AnwärterInnen auf solche galten und sich in aufstiegsorientierten Positionen befanden.

Was die individuellen Erfahrungen und vor allem auch die Karriereentwürfe und -strategien angeht, lassen sich allerdings eklatante Unterschiede zwischen den Führungskräften feststellen. Im Vergleich zur Wissenschaft ist unter den Führungskräften in der Wirtschaft ein breiteres Spektrum an individuellen Karriereorientierungen und -perspektiven festzustellen, was unter anderem damit zu tun haben mag, dass – anders als im Feld der Wissenschaft, das in Sachen Karriere nach wie vor nur die Aufwärtsbewegung zulässt, – das Feld der Wirtschaft der strukturellen Reorganisation von Arbeit in Form einer Diversifizierung von Karrierewegen und -modellen Rechnung zu tragen versucht. Entsprechend disparat sind die individuellen Berufs- und Karriereentwürfe, in denen sich mal restriktions- (die »Kritischen«), mal belastungs- (die »EntschleunigerInnen«), mal chancenzentrierte (die »Flüchti-

116 Zu empirischen Befunden zur Subjektivierung von Arbeit (vgl. u.a. Arbeitsgruppe SubArO 2005; Pongratz/Voß 2004; Haubl/Voß 2011).

117 Die von uns befragten Führungskräfte arbeiteten in folgenden Branchen: Automobil, Automobilzulieferer, Energie, Finanzen, Informationstechnologie, Lebensmittel, Luft- und Raumfahrt, Medien, Pharma, Telekommunikation.

gen«) Blickwinkel samt entsprechender Bewältigungsstrategien wiederfinden (siehe Tabelle 1).

Tabelle 1: Übersicht der drei verschiedenen Typen in der Wirtschaft

	Karriereplanung	
Karriereorientierung	**aktiv**	**nicht aktiv**
ja	Die »Kritischen«	Die »Flüchtigen«
nein		Die »EntschleunigerInnen«

4.1.3 Karrieretypen

4.1.3.1 Die »Kritischen«

»Ich habe die Hoffnung, wenn man selber ein bisschen höher kommt, dann kann man auch etwas verändern.« (36, w)[118]

Post-tayloristische Entmündigung

Die »Kritischen« sind äußerst ehrgeizig und haben konkrete Karriereziele in Form bestimmter Positionen, die sie erreichen möchten. Die bisherigen Karriereverläufe zeichnen sich durch große Eigeninitiative und Zielstrebigkeit aus. Karriere stellt sich für diesen Typus mehrheitlich als etwas dar, was Schritt für Schritt geplant und angegangen wird. In vielen Fällen wurde auf die aktuelle Position proaktiv hingearbeitet und sich gegebenenfalls bei der Besetzung karriererelevanter Positionen selbst ins Spiel gebracht.

»Also ich habe alle malträtiert, die ich kannte. Ihn, seinen Chef. Ich habe immer gesagt: ›Ich will diesen Job, ich kann diesen Job. Das ist mein Job. Da steht mein Name dran. Was braucht es?‹« (35, w)

Diese Führungskräfte sind äußert ambitioniert und engagiert und beabsichtigen, ihre Karriere systematisch weiterzuverfolgen. Das bedeutet in ihrem Fall: Sie wollen aufsteigen, sie wollen in der Hierarchie weiter ›nach oben‹. Nur eine sehr kleine Minderheit formuliert das Ziel, eine Führungsposition an der Konzernspitze besetzen zu wollen. In der Regel wird eine hierarchie-

118 Zur Wahrung der Anonymität unserer InterviewpartnerInnen werden die Zitate lediglich durch die Angabe des Alters und des Geschlechts (w = weiblich, m = männlich) gekennzeichnet.

höhere Position im mittleren Management angestrebt. Auffällig ist, dass anteilig mehr Frauen als Männer den Aufstieg in der Hierarchie explizit als Karriereziel angeben bzw. planen. Die jungen weiblichen Führungskräfte unseres Samples konterkarieren damit die unterstellte – und zur Erklärung der Unterrepräsentanz von Frauen in Führungspositionen häufig herangezogene – fehlende weibliche Karriereorientierung. Stattdessen kommunizieren die jungen Führungsfrauen diese offensiv und vermeiden es offenbar tunlichst, anders als ihre männlichen Kollegen (vgl. Die »Flüchtigen«), ihren weiteren Aufstieg den Dynamiken ihres Umfelds zu überlassen. Obschon sich also hinsichtlich der zu verfolgenden Karrierestrategie eindeutige Geschlechterdifferenzen ergeben, gilt für diesen Typ geschlechterübergreifend, dass die Aufstiegsorientierung implizit mit der Vorstellung einer größeren Handlungs- sowie vor allem Gestaltungsfreiheit in Verbindung gebracht wird.

»Ich bin ja nun seit vielen Jahren [hier im Unternehmen] und ich kenne halt auch viele Führungskräfte bei uns. Und immer, wenn ich das [den Veränderungswunsch] zu denen sage, gucken die mich an und sagen: [...] ›Davon träumst du. Selbst auf meinem Level, also noch ein Level darüber, wir sind so gebunden, [...] wir können nichts verändern‹. Aber das glaube ich halt nicht. Und das ist das, wo ich so meine positive Energie, glaube ich, raushole.« (36, w)

Getragen wird die Aufstiegsorientierung somit von dem Wunsch bzw. Anspruch, das eigene Arbeitsumfeld aktiv (mit) zu gestalten. Markant ist dabei, dass die Führungskräfte die für sie in vielerlei Hinsicht überholten Konzernpraktiken nicht reproduzieren, sondern einen Wandel initiieren wollen. Sie möchten etwas »*reißen*« (33, m) bzw. »*bewegen*« (36, m), das heißt auf die organisationalen Veränderungsprozesse Einfluss nehmen, eigene Ideen einbringen, ihren Wünschen Gehör verschaffen, kurzum: dem Unternehmen eine neue Form verleihen, die ihren eigenen Vorstellungen entgegenkommt. Bislang haben die Frauen und Männer allerdings die desillusionierende Erfahrung machen müssen, dass ihr diesbezügliches Engagement und ihre Initiative »*nicht gewollt*« (36, w) sind, ja dass ihnen generell ein starres »*Korsett*« (36, m) angelegt wird. Das aktive Element des »Arbeitskraftunternehmers« (Voß/Pongratz 1998) ist bei den »Kritischen« folglich sehr stark ausgeprägt – allerdings interpretieren die jungen Führungskräfte die Unternehmensziele durchaus widerständig oder zumindest eigensinnig, nämlich anders als ihre Vorgänger:

»Also, wir hatten eine [...] Runde, das war meine erste [...], wo ich reingekommen bin, jung, dynamisch und immer nach vorne und alles läuft und wir kriegen das schon hin, und da saßen fünf [...] Leiter, die da schon zwanzig Jahre in dieser [...] Runde sitzen. Und die haben sich zusammengetan und haben mich mundtot gemacht. [...] Also die haben mit Absicht gesagt: ›Der [...] geht uns hier auf den Sender, das ist uns alles jetzt hier zu stressig, der will plötzlich alles neu machen und anders und er hat eigentlich nur die kleinste Einheit‹: Und das war dann so weit, dass mir das auch von denen sehr deutlich gespiegelt wurde. So nach dem Motto: ›Halte dich mal zurück! Ne? Wir wollen das hier nicht.‹ Das nenne ich verkrustet!« (36, m)

In ihrem Drang, Veränderungsprozesse anzustoßen und mitzutragen, fühlen sich unsere Befragten ausgebremst. Zudem werden sie – und vor allem das stößt bei ihnen auf großes Befremden – von ihren Vorgesetzten an der kurzen Leine gehalten. Die Verwunderung, mit der sie dies konstatieren und die Selbstverständlichkeit, mit der sie genau das Gegenteil (nämlich mehr Autonomie und Gestaltungsfreiheit in Bezug auf ihre Tätigkeit) einfordern, deuten darauf hin, dass sie sich an Leitbildern orientieren, die nicht mit denen des Konzernumfelds konform gehen. Es liegt also eine Diskrepanz vor zwischen den Vorstellungen, die die junge Führungskräftegeneration mit ihrer Tätigkeit verbindet, und den Bedingungen ihres Arbeitsalltags, die mit diesen Vorstellungen unvereinbar sind. Dieser Umstand mündet bei den Führungskräften in Frustration.[119]

Wie folgendes Interviewzitat verdeutlicht, haben die »Kritischen« sich das neue Anspruchssystem, das von den Arbeitenden fordert, sich als Person ›mit Haut und Haar‹ in ihre Tätigkeit einzubringen (vgl. den Abschnitt »Neue Leitbilder«), in Gänze angeeignet. Eine rein instrumentelle Herangehensweise an Arbeit ist diesen Führungskräften fremd.

»Und durch die Leidenschaft, die ich da mit in diesen Job einbringe und weil ich das, was ich da täglich mache abgöttisch liebe, ist es halt so, dass das für mich wirklich auch eine persönliche Sache ist und es ist so, als wenn ein Verkäufer [mit seinem] Lieblingsprodukt reist und sagt: ›Das ist toll! Das muss man haben‹. [...] Und [...] ich kann dann immer so Menschen auch zum Teil nicht

119 Die empirische Führungskräfteforschung nennt Freiräume hinsichtlich der Realisierung eigener Ideen, aber auch hinsichtlich der Arbeitszeitgestaltung als entscheidende Kriterien für die Zufriedenheit und Motivation hochqualifizierter Arbeitskräfte (vgl. Kotthoff/Wagner 2008: 188).

verstehen, die dann sagen: ›Ja, ich komme hier hin, von irgendwas muss ich ja meine Brötchen bezahlen, und dann geh ich wieder.‹« (37, w)

Ihrerseits haben die Führungskräfte folglich die neuen Anforderungen adaptiert. Ihr organisationales Umfeld erleben sie hingegen als einen Ort, der in altbekannten Mustern verharrt. So wird das Areal der Großkonzerne in den Erzählungen der InterviewpartnerInnen als eine Arena beschrieben, die sich maßgeblich dadurch auszeichnet, dass »*ganz viel reingeredet*«, dass »*ganz viel kontrolliert*« und »*ganz viel fremdbestimmt*« wird, als eine Arena, in der prinzipiell »*wenig Spielraum*« vorhanden ist, »*das selbst zu gestalten, das selbst zu entscheiden*« (36, w). Offenbar hat die Dezentralisierung in den hier zur Rede stehenden Großunternehmen nicht wie in den von Faust untersuchten Unternehmen zu einer »Verringerung von bürokratischer Bevormundung und hierarchischer Gängelung« (Faust 2002: 83) geführt. So zumindest die Kritik der Führungskräfte, die diesbezüglich die »*von oben*« vorgegebenen Praktiken monieren. Adressiert wird damit einerseits die unmittelbare Vorgesetztenumgebung. Zum überwiegenden Teil richtet sich die Kritik jedoch gegen die unternehmensübergreifend institutionalisierte Praxis. So wird die Wahrnehmung, dass die eigene Handlungsfähigkeit sehr limitiert ist, vor allem mit den nach wie vor stark hierarchisch strukturierten Entscheidungsprozessen in Verbindung gebracht. Deren Berechtigung und Sinnhaftigkeit wird von den jungen Führungskräften stark in Frage gestellt und eine Reproduktion derselben verweigert.

»Wenn ich eine Idee habe – ich möchte sie umsetzen. Und ich möchte dann nicht Anträge auf Anträge für irgendwelche Gremien und Ausschüsse schreiben, sondern ich möchte mich mit meinem Team zusammensetzen und möchte sagen: ›Glaubt Ihr, dass es funktioniert? […] Hände hoch von denen, die denken es funktioniert, konstruktive Gegenargumente, gerne gehört‹. Aber es betrifft meinen Bereich und sonst niemanden. Wenn ich dort etwas ändern will, dann muss ich nicht erst sonst wen fragen.« (37, w)

»Deutlich flachere Entscheidungswege, die Menge an Gremien die wir hier haben, um auch die kleinsten Entscheidungen zu treffen, das ist auch echt nicht normal, also, gut, vielleicht ist es normal, aber nicht gut, also deutlich kürzere Entscheidungswege.« (39, w)

Die »*vielen Schnittstellen im Projekt*«, die sich »*wie Gummi*« ziehenden und noch dazu »*wahnsinnig politischen*« (37, w) Prozesse werden als überaus kontraproduktiv und im Grunde unvereinbar mit den Anforderungen eines »*schnelllebigen*« (37, w), nach flexiblen und raschen Problemlösungen dürstenden Weltmarkts beurteilt. Nicht zuletzt aufgrund dieser Unstimmigkeit – zwischen den zähen und langwierigen organisationalen Abstimmungsprozessen und der wettbewerbsinduzierten Notwendigkeit einer raschen Problemlösung – erachten die Befragten dieses Typs eine Entbürokratisierung der innerbetrieblichen Verfahrensweisen als unbedingt erforderlich.

»Die Zeit, in der wir leben, ist sehr, sehr schnelllebig [...] und täglich kommt es zu irgendwelchen Änderungen, zu irgendwelchen Neuerungen und [...] durch diese ganzen Verwaltungsakte steuert man dermaßen dem entgegen, dass es eigentlich für alle nicht wirklich [...] zum Vorteil ist.« (37, w)

Aus Sicht der Führungskräfte erweisen sich die in ihrem Konzernumfeld gängigen organisatorischen und kommunikativen Praktiken für eine wissensbasierte Produktionsweise als dysfunktional. Die Vorgehensweisen erscheinen in ihren Augen also weder dem wissensökonomischen Produktionsparadigma angemessen noch entsprechen sie den subjektiven Vorstellungen. Doch nicht nur in dieser Hinsicht erinnern die Schilderungen der Führungskräfte an Regeln und Verfahrensweisen, die – schenkt man den offiziellen Verlautbarungen Glauben – längst der Vergangenheit angehören sollten. Überdies evozieren die Erzählungen das programmatische Kernstück des *Scientific Management*, die Trennung von Planungs- und Ausführungsebene, die es nicht nur von einem ›soften‹ arbeitshumanisierenden Standpunkt aus, sondern gerade auch unter ›harten‹ (wissens-)ökonomischen Gesichtspunkten zu überwinden galt. So lässt sich der – bis dato strikt funktional gegliederte – Großbetrieb im Prinzip von der Maxime der Prozessorientierung leiten. Für kreative Prozesse und Problemlösungen erweist sich das System kleinteiliger Differenzierung als nicht mehr praktikabel. Statt rigider Arbeits*teilung* wird nun Arbeits*integration* zum proklamierten unternehmerischen Erfolgsmodell (vgl. Bolte/Porschen 2006: 19 f.). Dezentral organisierte Teams sollen selbstorganisiert und in Eigenregie das Unternehmen, seine Produkte und Dienstleistungen innovieren. Damit einher geht die Überzeugung, »dass der restringierende Zugriff auf Arbeitskraft wichtige Produktivitätspotentiale verschenke«, was zu einem »ganzheitlicheren Zugriff auf Arbeitskraft durch erweiterte Aufgabenzuschnitte« (Minssen 2012: 80) führt.[120] Ganz anders liest sich dagegen die Beschreibung einer Interviewpartnerin:

»Das, was da gemacht wird, in dem Job, finde ich total gut [...] und toll und auch sinnvoll. Aber es ist in einem sehr starren Korsett. Also wir haben nicht viel Möglichkeiten [...], selbst Ideen mit einzubringen oder wenn man tatsächlich auch [...] wirklich Sachen sieht, wo man sagt: ›Mensch da müsste man strukturell was ändern.‹ [...] dann heißt es nur: ›Es ist nicht eure Aufgabe.‹ [...] Es ist einfach auch nicht gewollt.« (36, w)

Es macht den Anschein, als ob die Praxis im Großkonzern des 21. Jahrhunderts nicht allzu weit entfernt ist von der des längst überwunden geglaubten bürokratisch-tayloristischen Betriebs: So ist die Kritik dieser Führungskraft praktisch deckungsgleich mit der, die seinerzeit Weber an dem bürokratischen Apparat äußerte.[121] Allerdings reicht die post-tayloristische Entmündigung bis in höhere Hierarchieebenen, welche einst für die ›Kopfarbeit‹ des Betriebs zuständig waren, hinein. Waren es bei Taylor die Industriearbeiter, deren Erfahrungswissen man diskreditierte und unterschlug, interessiert in der gegenwärtigen Konzernwelt offenbar noch nicht einmal das (Erfahrungs-) Wissen der (hoch-)qualifizierten Mitarbeitenden bzw. Führungskräfte.

In Teilen der Konzernwelt scheint zudem nach wie vor das zu gelten, was Luhmann (2006: 320) mit Blick auf die strikte Regelung und Abgrenzung von Zuständigkeiten im klassisch-bürokratischen Betrieb als »Einmischungsverbot« bezeichnete: »die Aufgaben anderer Stellen brauchten und sollten den mit einer zugewiesenen Arbeit Beschäftigten nicht interessieren.« Das, wozu die Großkonzerne ihre Hochqualifizierten und Führungskräfte anleiten, sind also gerade nicht Eigenschaften wie Engagement und Aktivität, die eigentlich als zentrale »Größen« (Boltanski/Chiapello 2010: 23) der projektifizierten Netzwelt firmieren. Vielmehr könnten sie dazu verleitet werden, eine der Kardinalssünden der »Aktivgesellschaft« (Lessenich) zu begehen, nämlich in Passivität zu verfallen, die – so könnte man in Anlehnung an Morgan (1997: 47) sagen – in solch starren Gebilden praktisch in-

120 »Lebendige Arbeit galt nicht mehr als ein Störfaktor der Produktion, deren Unberechenbarkeit durch Technisierung in Schach zu halten ist, sondern auch aus der Perspektive der Kapitalverwertung stieg die Wertschätzung der qualitativen Potentiale von Arbeit« (Minssen 2012: 80).

121 Zur Charakterisierung der Bürokratie bediente sich Weber ebenfalls der Korsett-Metapher, um damit die bürokratische »Tendenz zur Erstarrung und Verselbständigung« zu kennzeichnen (Preisendörfer 2011: 102).

stitutionalisiert wird. Jedwede (denkerische, kreative etc.) Eigenständigkeit wird den Führungskräften damit systematisch abgewöhnt bzw. ausgetrieben. Im Endeffekt bedeutet das, dass eben jene subjektiven Eigenanteile der Mitarbeitenden, die der neue kapitalistische Geist so vehement einfordert, in letzter Konsequenz im Großkonzern von heute nur partiell oder auch gar »*nicht gewollt*« (36, w) sind.

(Un-)Eingestandene Autonomiebefähigung

Kernbestandteil des wissensökonomischen Anforderungskatalogs ist die »strukturierende Subjektivität« (Kleemann/Matuschek/Voß 2002: 85). Verlangt wird, mit anderen Worten, die Fähigkeit, den Arbeitsprozess in (zeitlicher) Eigenregie zu planen, zu koordinieren und durchzuführen. In Bezug auf die zeitliche Eigenstrukturierung hat sich in der Praxis der Euphemismus der Vertrauensarbeitszeit eingebürgert. Im Grunde verdeckt der Begriff jedoch bloß einen weiteren »Baustein in dem Gesamtmosaik von Steuerungs- und Verwertungsstrategien, die einen qualitativ neuen Druck auf die Arbeitskraftformung ausüben« (Böhm/Herrmann/Trinczek 2004: 140).[122] Verbirgt sich hinter dem neuen Steuerungsparadigma der Aufgaben- und Ergebnisorientierung doch letztlich nichts anderes als der betriebliche Zugriff auf den privaten Bereich der Mitarbeitenden, in deren Hände die Verantwortung der Zielerreichung gelegt wird. Ihnen allein obliegt es, ihre Arbeitszeit den Anforderungen entsprechend zu gestalten und auszurichten, auch wenn das für sie unter Umständen eine deutliche Mehrbelastung (zum Beispiel in Form von Wochenendarbeit) bedeutet.

Was damit implizit anerkannt oder genauer gesagt: instrumentalisiert wird, ist die Autonomiebefähigung der Beschäftigten. Indes wird die Befähigung nicht durchweg anerkannt, es herrscht folglich eine Unausgewogenheit zwischen Zumutung und Anerkennung. So wird der ›totale‹ Zugriff auf die Arbeitskraft der Beschäftigten in arbeitsintensiven Projektphasen zwar wie selbstverständlich beansprucht bzw. abgerufen. Ihnen wird also zugetraut, die Projektabwicklung, gegebenenfalls durch die Inanspruchnahme der eigenen privaten zeitlichen Ressourcen, selbstständig zu organisieren. Die Anerkennung der Autonomiebefähigung wird jedoch an anderer Stelle verwehrt.

122 In der Forschung sind die Auswirkungen von Vertrauensarbeitszeit umstritten. Betont werden sowohl der ausbeuterische Aspekt als auch die Autonomiepotenziale (vgl. u.a. Böhm/Herrmann/Trinczek 2004).

»Also ich kann gut damit leben, dass es für Projektphasen mehr ist, […] ich sehe es nur so, dass man mittlerweile schief angeguckt wird, wenn man nach so einer Projektphase, wo man viel gearbeitet hat, das wieder auf ein normales Maß zurückschraubt. Und wenn man um fünf geht und der Chef zu einem sagt: ›Ich wusste gar nicht, dass du einen halben Tag Urlaub beantragt hast.‹ Dann denke ich […] das war früher mal lustig, mittlerweile finde ich das nicht mehr lustig!« (43, w)

Wie aus der Beschreibung unserer Interviewpartnerin hervorgeht, ist die Akzeptanz der flexibilisierten Zeitgestaltung seitens der unmittelbaren Vorgesetztenumgebung zentral.[123] Wie sich zeigt, profitieren die Führungskräfte dieses Typus allerdings nicht von einer »autonomieförderliche[n] Zeitkultur«, die es im organisationalen Kontext ja erst reflexiv und diskursiv herzustellen gilt (Böhm/Herrmann/Trinczek 2004: 157). Der Zusammenhang zwischen individueller Zeitsouveränität und Arbeitsmotivation ist aus der Forschung bekannt (vgl. Kotthoff/Wagner 2008: 187). Allerdings lässt sich der diesbezüglich festgestellte Mentalitätswechsel (vgl. ebd.: 181) unseren Befunden zufolge nicht pauschalisieren. Zumindest erlebt dieser Führungskräfte-Typus den Faktor Anwesenheit sehr wohl noch als Leistungsindikator. Das bedeutet, dass neue Regularien (Ergebnisorientierung) mit alten Regularien (Kontrolle der zeitlichen Anwesenheit) einhergehen[124] – und im Falle dieser Führungskräfte kollidieren! In der heutigen Unternehmenswirklichkeit herrscht eine Gleichzeitigkeit von einerseits stark standardisierten, andererseits hochgradig entstandardisierten Formen betrieblicher Arbeitszeitorganisation. Die Führungskräfte müssen flexibel und jederzeit verfügbar sein, sind aber zugleich an ›alte‹ Kernarbeitszeiten gebunden. Interessant ist in diesem Zusammenhang, dass insbesondere auch die Männer dieser Alterskohorte Kritik an einer präsentistischen Kultur üben, die in ihren Augen nicht mehr zeitgemäß ist. Das deutet darauf hin, dass die »Gleichsetzung von langer Arbeitszeit mit Produktivität, Verbindlichkeit und Loyalität dem Unternehmen gegenüber« (Nickel 2007: 37) – eine Verbindungslinie, die

123 Vgl. zur Relevanz des/der direkten Vorgesetzten für die Mitarbeiterzufriedenheit auch den Gallup Engagement Index 2013: http://www.gallup.com/strategicconsulting/168164/pm-gallup-engagement-index-2013.aspx (zuletzt abgerufen am 10.04.2014).

124 Laut Böhle und Bolte gestalten sich betriebliche Reorganisationsprozesse in der Praxis oft als eine Mischung aus ›Altem‹ und ›Neuem‹. Und so ist diese eigentümliche Koexistenz neuer und alter Steuerungs- und Kontrollformen wohl als Fortwirken der »alten Traditionen« zu werten, die »als ›heimliches Erbe‹ des Taylorismus weiterwirken« (Böhle/Bolte 2002: 47).

traditionell vorwiegend von männlichen Managern gezogen wurde – in der jüngeren Generation an Glaubwürdigkeit verliert, was als weiteres Indiz zu deuten ist, dass sich die Motivlagen von Männern und Frauen dieser Generation aneinander angleichen.

»Man muss halt immer präsent sein, immer da sein. Wenn man solche Sprüche hört [...] dieses man geht um 16:00 Uhr oder um 18:00 Uhr nach Hause: ›Halbtagsjob, sagen Sie mal, wann fangen Sie an, ne?‹ Oder man kommt morgens um neun: ›Ja, was machst du denn jetzt erst hier, ich habe schon das erste Hemd gewechselt ne?‹ [...] Also für mich war es am Anfang ein Problem. Ich habe immer damit verbunden, ach du musst mehr arbeiten, aber mehr arbeiten heißt für mich nicht produktiver sein, ganz im Gegenteil, nur da rumsitzen des Rumsitzens wegen, braucht man auch nicht!« (36, m)

»Dann kommt man tendenziell ein bisschen später, damit, wenn der Chef hier abends rumrennt, er einen hier um 18 Uhr noch vorfindet, weil, das wird wahrgenommen.« (33, m)

Betrachtet man Beziehungen in der Erwerbssphäre als »sozialen Tausch«, dann kommen Unternehmen den Ansprüchen der Mitarbeitenden nach und erwarten dafür deren Engagement, Leistungsbereitschaft etc.[125] Ein, wenn nicht *der* zentrale Anreiz für die spätmodernen Berufstätigen ist (Zeit-)Autonomie, die im Falle dieser Führungskräfte nur punktuell zugestanden wird, weswegen von einer Unausgewogenheit im Tauschverhältnis zwischen Unternehmen und Individuum auszugehen ist. Doch gerade die Gruppe der Hochqualifizierten betont, wie wichtig die Ausgewogenheit zwischen eigenen und unternehmerischen Interessen für die eigene Arbeitsmotivation ist (vgl. Kotthoff/Wagner 2008: 176). Und so ist die Abnahme der Leistungsbereitschaft – nicht zuletzt aus kontrolltheoretischer Perspektive – die einzig logische Konsequenz bei den Führungskräften dieser Gruppe, die »*dann [...] natürlich auch nicht mehr bereit [sind], so viele Opfer zu bringen*« (33, m).

125 Obgleich Beziehungen des sozialen Tausches in Zeiten chronischer Unsicherheit sehr fraglich gewordene Faktoren wie Stabilität und Dauerhaftigkeit voraussetzen und in der Forschung längst der Übergang von sozialen zu ökonomischen Tauschverhältnissen diskutiert wird (vgl. Marrs 2010: 346), so ist das Modell des sozialen Tauschs nach wie vor leitend für die Orientierung von Führungskräften in einigen Großunternehmen (vgl. Kotthoff/Wagner 2008: 290).

Widersprüchliche Botschaften

»Heutzutage gehorcht man, indem man eine Aufgabe in Angriff nimmt [...] anstatt einen Befehl auszuführen. Hier liegt der große Unterschied zwischen mechanischem oder diszipliniertem Gehorsam und autonomem Gehorsam.« (Ehrenberg 2010: 59) Folgt man der Auffassung von Alain Ehrenberg, so hat sich die Bedeutung dessen, was es heißt, zu handeln, unter spätkapitalistischen Bedingungen fundamental verändert: Die Äußerungen unserer InterviewpartnerInnen spiegeln diese Entwicklung eins zu eins wider. Sie hängen einem (Handlungs-)Ideal an, das sich nicht wie im disziplinargesellschaftlichen Modell über Unterwerfung, Systemkonformität und Regelbefolgung definiert, sondern welches ihnen die kreative, aber vor allem selbstständige sowie eigenmotivierte und -verantwortliche Entfaltung der eigenen Potenziale befehligt. Dieses Ideal entspricht den offiziellen aktivgesellschaftlichen Leitbildern. Etwas aus eigener Initiative anzugehen bzw. entschlossen anzupacken sind sozial erwünschte Eigenschaften, die den Erfolgstypus »Arbeitskraftunternehmer« ausmachen. Die Prediger der spätkapitalistischen Erfolgskultur animieren allerdings nicht nur zu einer aktivistischen Lebensführung, sondern rufen überdies zu individueller Eigenständigkeit auf, die zur Voraussetzung für die Funktionsfähigkeit einer Gesellschaft wird, die alles auf die Deregulierungskarte setzt und in der – wie Ehrenberg schreibt – Autonomie Disziplin als soziales Regulativ ablöst: »Von jedem Einzelnen wird erwartet, dass er oder sie in allen Lebensbereichen selbst entscheidet und handelt – im Blick auf die eigene Arbeit, die eigene Ausbildung, die eigene Gesundheit, die eigene Krankheit und so weiter. Natürlich ist die Disziplin nicht verschwunden. Doch hat es eine Veränderung in den Wertvorstellungen gegeben: Der Wert der Disziplin rangiert nun unter dem der Autonomie, der für die höhere Effizienz, das größere Prestige und für mehr Respekt steht.« (ebd.: 55f.)

In weiten Teilen der Konzernwelt findet diese Transformation jedoch keine einheitliche institutionelle Entsprechung. Und so erfüllt sich der Wunsch, die eigenen Fähigkeiten und Begabungen in der Arbeit autonom zu entäußern, der ja perfiderweise zugleich das offizielle Markenzeichen des spätkapitalistischen Anspruchssystems ist (vgl. u.a. Ehrenberg 2010: 54f.), für die hier erörterte Gruppe nicht. Allzu häufig fühlen sich diese Führungskräfte reglementiert, kämpfen mit restriktiven Vorgaben und äußerst eng abgesteckten Rahmenbedingungen. Die (nicht zuletzt auch von Managementratgebern) proklamierten Leitbilder stimmen folglich nicht mit den Bedingungen bzw. Anforderungen ihres Arbeitsalltags überein, in dem es häufig um die bloße Ausführung von Anordnungen geht, in dem sie, in den Worten eines unserer Interviewpartner, zum bloßen »*Erfüllungsgehilfen*« *(33, m)* degradiert werden.

Verlangt wird das Gegenteil davon, was offiziell propagiert wird. Für die Führungskräfte ergibt sich daraus eine nahezu schizophrene Situation. Dabei hängt ihre Frustration einerseits mit der Kluft zusammen, die sich zwischen den, in ihrem Arbeitsumfeld nach wie vor erwarteten, alten (tayloristischen oder disziplinargesellschaftlichen) Handlungsschemata und dem sich daran stoßenden persönlichen Selbstverständnis dieser Führungskräftegeneration auftut. Sie, die im Geiste partizipativer Managementkonzepte sozialisiert wurden, auf Selbstorganisation, Autonomie und Mitbestimmung getrimmt und auf das post-tayloristische Steuerungsparadigma (Selbst- statt Fremdsteuerung) geeicht sind, erleben diese Kollision als (patriarchalische) Bevormundung. Längst ist das offiziell verordnete Aktivitätsethos so fest mit der eigenen Identität verwoben, dass es sich nicht en passant abstreifen ließe.

Problematisch ist die Kollision von ›alt‹ und ›neu‹ auch deswegen, weil, viel wichtiger, die gesellschaftliche und organisationale Anerkennung im »Zeichen der derzeitigen Höchstbewertung der Autonomie des Einzelnen« (Ehrenberg 2010: 55) nicht mehr wie einst mit dem Nachweis von Disziplin und Pflichterfüllung verbunden ist. Stattdessen muss die eigene Arbeitstätigkeit für den/die Einzelne(n) innerlich als »Berufung« erlebt und äußerlich glaubhaft zur Schau gestellt werden (Honneth 2010: 75). Die Arbeitenden stehen schier – dies legen zahlreiche Äußerungen nahe – unter dem gesellschaftlich normierten »Zwang zur kreativen Selbstverwirklichung« (Menke/Rebentisch 2010: 7). Doch ausgerechnet in der Sphäre, die für die gesellschaftliche Anerkennung zentral ist, nämlich der Arbeitswelt, können sie diese Fremdforderung, die von den Arbeitenden längst verinnerlicht und somit Bestandteil der eigenen Identität geworden ist, nicht ausleben. Für die »Kritischen« kommt diese Erfahrung einer Entmündigung gleich.

Im Notfall: Exit!

Der Widerspruch zwischen den gesellschaftlich propagierten Leitbildern und den Anforderungen bzw. Bedingungen, mit denen sich die Führungskräfte in ihrem Arbeitsalltag im Großkonzern realiter konfrontiert sehen, resultiert folglich aus der Kollision von neuen und »*alten Mustern*« (36, m). Genauer gesagt besteht die Überlagerung aus einer Konstellation, in der die individuellen Ansprüche und Vorstellungen, die sich an den neoliberalen Leitbildern orientieren, auf Konzernpraktiken stoßen, die mit einem gehörigen Maß an Widerständigkeit in (aus Sicht der Führungskräfte) überholten Schemata verharren. In Anbetracht der veränderten Umweltbedingungen verkörpern die »Kritischen« jedoch weit mehr als nur eine Neuauflage des »Führungskräftedilemmas« (Baethge/Denkinger/Kadritzke 1995). Denn es handelt sich eben nicht mehr nur um ein »Problem eskalierender Unvereinbarkeit zwischen dem Zuschnitt der subjektiven Orientierungen und den betrieblichen Verhaltensstandards und Organisationsformen« (ebd.: 23). Vielmehr haben sich, wie bereits ausgeführt, die individuellen Ideale längst in gesellschaftliche Imperative transformiert, deren Erfüllung allerdings durch die organisationale Robustheit konterkariert wird.[126] Das sich daraus neu ergebende Dilemma führt bei den Befragten dieses Typs zu Unzufriedenheit.

»Also ich kann nicht damit leben, dass ich nur nach Terminen und Abschlüssen gefragt werde, anstatt dass mal einer sagt: ›Sage mal, wie geht es dir eigentlich und was veränderst du gerade […], wo willst du denn […] hin?‹ Also ich hatte überhaupt keinen Gestaltungsspielraum und das hat sich Gott sei Dank seit einem Jahr massiv geändert! Sonst wäre ich auch irgendwann abgesprungen.« (36, m)

»Man möchte dann als ambitionierter Arbeitnehmer natürlich Änderungen herbeiführen. Und wenn das eben nicht so einfach oder ohne Weiteres klappt, dann macht das einen schon ein bisschen unzufrieden.« (33, m)

Um Fehleinschätzungen zuvorzukommen: Trotz der Unzufriedenheit sind sich die jungen Führungskräfte über die Vorzüge, die sie genießen (unbefristete Anstellung, langfristige Beschäftigungsperspektive, Aus- und Weiterbildungsmöglichkeiten etc.), im Klaren und wissen diese zu schätzen. Die hohe inhaltliche Identifikation mit ihrer Tätigkeit und nicht zuletzt das Bewusstsein, sich in Anbetracht eines prekären und sich mehr und mehr verschärfenden Arbeitsmarkts in einer vergleichsweise privilegierten Position zu befinden, überlagern ihren Verdruss größtenteils. Dennoch mündet die erlebte Widersprüchlichkeit »zwischen geforderten und realisierbaren Motiven« (Moldaschl 2001: 146)[127] aus arbeitssoziologischer Perspektive in einer Belastungserfahrung (vgl. Böhle 2010).[128] Hinzu kommt: »Wer persönliche

126 Vgl. dagegen die These Hartmanns (2005), wonach nicht die Trägheit, sondern die spätkapitalistische Dynamik die Möglichkeit zur Selbstverwirklichung aushebelt.

127 Moldaschl (2001: 153) spricht in Bezug auf diese Widersprüchlichkeit von einem »leistungspolitischen ›double bind‹«.

128 Belastungsmomente für Beschäftigte erwachsen vor allem – zu diesem Schluss kommen auch Kotthoff und Wagner (2008) – aus einer Doppelbindung an unterschiedliche Kon-

Sinnkriterien an die Arbeit anlegt, wer also die Arbeit auf sich und nicht sich auf die Arbeit bezieht […], der scheut sich nicht lange, sein Verhalten in der Arbeit zu überprüfen und zu revidieren, wenn seine Ansprüche nicht erfüllt werden« (Baethge 1993: 248). Obschon sich die hier prophezeite Rigorosität in unserer Stichprobe (noch) nicht in gleicher Weise abzeichnet, so lässt die erlebte Entmündigung die jungen Führungskräfte notfalls auch den Ausstieg aus dem Großkonzern ins Auge fassen. Die Widersprüchlichkeiten könnten demnach in naher Zukunft durchaus Handlungswirksamkeit entfalten.

»Also wenn jetzt wirklich dieses ganze Neue, was wir gemacht haben und dieses mehr Verantwortung in den einzelnen Ebenen und flachere Hierarchien […], wenn sich das zurückdreht – und die Gefahr ist immer da […] weil, sobald Leute unter Stress kommen, fallen sie in alte Muster zurück […] und das ist auch bei unseren Führungskräften sehr stark zu merken. […] Wenn das alles zurückgeschraubt wird, dann ist es nicht mehr mein Unternehmen und dann ist es auch nicht mehr meine Art.« (36, m)

Hinzu kommt, dass die »Kritischen« den Verlust an langfristiger Karrieresicherheit, der aus den weitreichenden Umstrukturierungen der letzten Jahre resultiert und der nicht zuletzt das Management und hier insbesondere das mittlere Management betrifft (vgl. McCann/Morris/Hassard 2008; Lengersdorf/Meuser 2010: 97), deutlich spüren. Die hier vertretenen Führungskräfte sind sich bewusst, dass es mittlerweile »*relativ wenige Zwischenstufen*« gibt, »*um die Leute glücklich zu machen*« (33, m). Sie wissen, dass weitere Entwicklungsmöglichkeiten mehr als ungewiss sind bzw. der weitere Aufstieg unberechenbar ist.

»Und vielen ist das enorm wichtig irgendwie, ne? Status und nächste Karrierestufe und wenn man da immer nur die Möhre vor der Nase hingehalten bekommt und nie erreichen kann, dann bauen die Leute irgendwann ab.« (33, m)

»Aber je höher man kommt, je schwieriger ist es dann halt auch […] Weil es weniger Stellen gibt. […] Das heißt, wenn sich mal etwas verändert oder verändern muss oder irgendwo fällt eine Stelle weg, dann gibt es auch nicht so viel, […] wo man dann leicht mal unterkommt ab einem gewissen Level.« (36, w)

Die Saat für den Ausstiegsgedanken liefert also auch eine organisationale Umwelt, die sich für die eigenen Karriereambitionen als nicht flexibel ge-

troll- bzw. Steuerungsregime (zum Belastungsbegriff der Arbeitssoziologie vgl. Böhle 2010).

nung erweist und daher der eigenen Entwicklung und Persönlichkeitsentfaltung im Wege steht. Größtenteils wird der Wechsel in ein kleineres Unternehmen als angestrebtes Ziel genannt. In der Vorstellungswelt dieser Gruppe fungieren kleinere Strukturen offenbar als positive Projektionsfläche. Nicht nur stehen diese für eine flexiblere und beschleunigte Karriereentwicklung in Form kürzerer Entwicklungsschritte sowie eine Ausweitung der ›Aufstiegshöhe‹. Die Führungskräfte assoziieren mit kleineren Unternehmen eben jenen ganzheitlichen, erweiterten Aufgabenzuschnitt, der ihnen Autonomie und Selbstentfaltung ermöglicht, in den Konzernen aber verwehrt wird.

»Sogar eher als in großen Strukturen, weil da die Aufgabenverantwortung natürlicherweise viel größer ist und vielfältiger, was dann wieder meinem Geschmack, viele unterschiedliche Dinge, entsprechen würde. Und diesen, ich muss ewig warten, ich muss mich da durchboxen. Dann ist eher so ein Schritt zurück in Anführungsstrichen in ein kleineres Unternehmen, zumindest inhaltlich, definitiv die für mich nicht uninteressantere Alternative.« (34, w)

Die Absicht, zukünftig für ein kleineres Unternehmen zu arbeiten, entspringt demnach dem Wunsch nach mehr gestalterischer Einflussnahme und Verantwortungsvielfalt. Kleinere Strukturen stehen in dieser Vorstellungswelt gewissermaßen als Kontrastfolie zum Konzernumfeld. Denn obgleich der permanente arbeitsorganisationale Umbau in den letzten Jahren zu dessen Markenzeichen geworden ist, wird das Konzern-»*Pflaster*« (37, w) als zäh, veränderungsresistent und »*demotivierend*« *(36, w)* erlebt.

»Man ist doch so sehr in diesen Strukturen gefangen. […] Also ich finde es schon demotivierend, immer wieder mit den gleichen Sachen zu kämpfen. […] wenn wir uns vor fünf Jahren unterhalten hätten, […] hätte ich wahrscheinlich genau das gleiche gesagt und ich befürchte fast, in fünf Jahren sage ich vielleicht wieder das gleiche, das sich das einfach noch nicht geändert hat, weil das einfach ein großer Konzern ist […]. Bis da sich mal etwas ändert, das ist halt schwer.« (36, w)

Das Kriterium der persönlichen Karriereentwicklung, das mit der eigenen Entfaltung in eins gesetzt wird, liefert nicht zuletzt möglicherweise die Erklärung für die auf den ersten Blick paradox anmutende Tatsache, dass ausgerechnet dieser Typus, der die Gruppe der dezidiert Aufstiegsorientierten bildet, die Ausstiegspläne immer mitdenkt. Die enge Kopplung von Aufstieg und Ausstieg entpuppt sich auf den zweiten Blick allerdings als schlüssige Reaktion auf die vorgefundenen Widersprüche, auf die diese Führungskräfte stoßen und die nach ihrem Empfinden zu ihren Lasten gehen. Es ist daher kaum erstaunlich, dass sich dies in der Zukunftsplanung dieser Gruppe bemerkbar macht. Dabei wollen diese überaus ambitionierten Führungskräfte ihren Karrierewunsch keinesfalls ad acta legen. Sie wollen lediglich einem System den Rücken zuwenden, in dem sie ihrer Wahrnehmung nach entmündigt werden und das ihnen verwehrt, ihre Kompetenzen und Fähigkeiten voll einzubringen. Hinter den Ausstiegsszenarios – die im einen Fall bereits konkrete Züge tragen, im anderen Fall sich noch im Stadium eines Gedankenspiels befinden – verbirgt sich folglich nicht nur ein Versuch der Handlungsermächtigung, sondern auch der Wunsch, den eigenen Authentizitätsansprüchen – das heißt auf Dauer *»in den Spiegel schauen«* zu können und sich nicht *»verbiegen«* bzw. *»verstellen«* zu müssen – gerecht zu werden. Insofern betrifft die Karrierestrategie dieser Führungskräfte den Kern ihrer eigenen Identität.

4.1.3.2 Die »Flüchtigen«

»Weg von dem Gedanken, Karriere muss immer geradeaus führen.« (34, w)

Permanente Selbstveränderung

So paradox es auch klingen mag: Mit dem im Rahmen der Wissensökonomie um die Subjektseite der Beschäftigten erweiterten, gewissermaßen ausbeuterischen Zugriff erfährt die Bedeutung von Arbeit eine Aufwertung. Denn dadurch, dass die Berufstätigen ihre Tätigkeit mit ihrer Person verbinden können, eröffnen sich für sie im Prinzip die gewünschten identifikatorischen Möglichkeiten. Die für die wissensökonomische Wertschöpfung passend gemachten Managementkonzepte verändern die organisationalen Erwartungen und Ansprüche, die an die Beschäftigten gestellt werden, es verändert sich jedoch auch das Anspruchssystem der Berufstätigen an ihre Arbeitstätigkeit. Arbeit trägt nicht mehr die Züge einer Pflichterfüllung, sondern ist mit einem »erweiterten und radikalisierten Selbstanspruch« verbunden (Kocyba 2005: 81). Und so ist die eigene berufliche Tätigkeit, ähnlich wie bei den »Kritischen«, auch im Falle der »Flüchtigen« in hohem Maß subjektkonstitutiv:

»Weil die Arbeit, die ich bis dato getan habe, mir tatsächlich so viel gegeben hat, das hat auch sowas mit Eigenwert zu tun und so Selbstzufriedenheit, dass ich mir nicht vorstellen kann, dass ich das woanders finde.« (33, w)

Die große identitätsstiftende Wirkung von Arbeit[129] zeigt sich auch in dem Persönlichkeits- und Handlungsideal, das mittels der individuellen Selbstbeschreibungen zum Ausdruck gelangt. Die eigene Selbstentfaltung hat für diese Führungskräfte – die, wie sich noch zeigen wird, aufgrund ihrer variablen nomadenhaften Gestalt par excellence das Bauman‹sche »Flüchtige« verkörpern[130] – nämlich ganz fundamental mit permanenter (Selbst-)Veränderung zu tun, die ihr vornehmliches Ventil in der Arbeitssphäre sucht und auch findet. Die »Flüchtigen« scheinen somit demjenigen spätmodernen Subjekttypus anzugehören, für den die Arbeit *der* maßgebliche Ort ist, um mit der eigenen Identität »im Geiste der Selbstfindung« zu experimentieren – mit anderen Worten: um sich selbst zu verwirklichen (vgl. im Folgenden Honneth 2010).

Das Ideal der Selbstverwirklichung ist in den Augen vieler längst zur ideologischen Begleitmusik mutiert, welche strategisch eingesetzt wird, um die organisationale Deregulierung zu untermauern.[131] Denn wenn Arbeit zur Berufung wird, können »völlig veränderte Erwartungen an die Beschäftigten gestellt werden«. Was bislang strukturell reguliert war, kann nun den Arbeitenden aufgebürdet werden. Und in Zeiten zunehmender Unberechenbarkeit verkörpern nicht mehr Kontinuität und Stabilität positive Werte, sondern Flexibilität und permanente Veränderungsbereitschaft. Die von den Arbeitenden selbst geäußerten Bedürfnisse, die in die Formel der »normativen Subjektivierung« eingegangen sind, treten nun als Fremdansprüche in Erscheinung. Aus dem Ideal wird der Zwang, »sich als biographisch flexible, veränderungsbereite Subjekte präsentieren zu müssen« – denn das ist die Voraussetzung für beruflichen und gesellschaftlichen Erfolg. Dies spricht nicht

129 »Offenkundig ist Arbeit im gegenwärtigen Kapitalismus in einem Ausmaß subjektrelevant geworden, also bedeutsam für die Produktion von Identitäten und persönlichen Krisen, dass sie (in ihrer subjektivierenden Dimension) der Sexualität, den familiären Primärbeziehungen und der Lebensphase frühe Kindheit längst den Rang abgelaufen hat« (Graefe 2011: 146).

130 Dazu passt, dass diese Führungskräfte im Vergleich zu den anderen beiden Typen der Stichprobe für ihre Karriere eine relativ hohe Mobilitätsbereitschaft signalisieren.

131 »Mit den institutionellen Wandlungen, die den westlichen Kapitalismus in den letzten zwanzig Jahren erfasst haben, hat sich das lebenspraktisch angestrebte Ideal der Selbstverwirklichung zur Ideologie und Produktivkraft eines deregulierten Wirtschaftssystems entwickelt: die Ansprüche, die die Subjekte zuvor herausgebildet hatten, als sie ihr Leben als einen experimentellen Prozess der Selbstfindung zu interpretieren begannen, kehren nun in diffuser Weise als äußere Forderungen an sie zurück, so dass sie verdeckt oder offen zu einem steten Offenhalten ihrer biographischen Entscheidungen und Ziele angehalten werden.« (Honneth 2010: 76)

nur förmlich aus den *Erzählungen* dieses Typus.[132] Es zeigt sich auch in den *Karriereentwürfen* dieser Führungskräfte, deren Kernstrategie das unbedingte »Offenhalten ihrer biographischen Entscheidungen und Ziele« ist. Die »Flüchtigen« haben dieses Handlungsideal vollständig absorbiert und modellieren die eigene Subjektivität entsprechend.

Reaktionen auf die Strukturdynamik – zwischen Selbstgewissheit und Belastungserfahrung

Aber der Reihe nach. Zuallererst sticht die hohe Karrieremotivation der »Flüchtigen« hervor. In diesem Punkt ähneln sie folglich den »Kritischen«. Allerdings bestehen zu diesen auch erhebliche Unterschiede und zwar sowohl hinsichtlich der Vorstellung, was Karriere überhaupt ausmacht, als auch hinsichtlich der zu verfolgenden Strategie. In den Selbstbeschreibungen dieser Führungskräfte ist Karriere nichts, was sie in der Vergangenheit geplant hätten oder für die Zukunft weiter planerisch anzugehen beabsichtigen. Diese Haltung darf jedoch nicht mit einer »Form des ›Sich-Treiben-Lassens‹« oder mit einem »Lebensstil der Passivität« verwechselt werden: »Das so entstehende ›situative Selbst‹ mag kontextabhängig gewaltige Anstrengungen auf sich nehmen, um seine Ziele zu erreichen und/oder soziale Ansprüche zu erfüllen, aber es verzichtet darauf, sich langfristig bindende, kontextübergreifende ›Lebensziele‹ zu setzen« (Rosa 2010: 213).

»Klar, geht auch, aber [...] dass man jetzt kontinuierlich darauf hinarbeitet, weil ich sage, ich muss, keine Ahnung, bis 45 das und das Ziel erreichen [...]. Aber da bin ich vielleicht auch anders als andere.« (42, m)

»Also wir wissen nicht, wie der Sommer nächstes Jahr wird. Insofern in so langen Dimensionen plane ich gar nicht.« (38, m)

Die Frauen und Männer dieser Gruppe stecken sich keine konkreten Karriereziele in Form bestimmter Positionen, auf die sie aktiv und gezielt hinarbeiten.

132 In der projektifizierten Wissensökonomie tritt der Selbstverwirklichungsanspruch in universalem Gewand auf: Nicht nur Manager und leitende Angestellte sollen und müssen sich ›mit Haut und Haar‹ ihrer Arbeitstätigkeit hingeben und mitsamt ihrer ganzen Person in dieser aufgehen. Das Selbstentfaltungsdiktat richtet sich nunmehr ausnahmslos an alle Beschäftigten: Die Wertigkeit der Projektmenschen wird »immer häufiger an ihrem Selbstverwirklichungspotenzial gemessen« (Boltanski/Chiapello 2003: 462) – und bestimmt obendrein über deren Inklusion und Exklusion: Ohne den eigenen Anspruch auf Selbstverwirklichung sind die spätmodernen Arbeitssubjekte praktisch chancenlos am Arbeitsmarkt (vgl. Kocyba 2005: 83f.).

Fallweise mag für diese Herangehensweise ein offenes Lebensmodell den Ausschlag geben. Der überwiegende Teil der Aussagen lässt jedoch darauf schließen, dass nicht individuelle Faktoren für diese Entscheidung ursächlich sind, sondern vielmehr Gründe, die außerhalb der Individuen liegen: Die Führungskräfte reagieren auf ein Arbeitsumfeld, das sich infolge von Projektifizierung und Umstrukturierungen durch seine Dynamik und Kontingenz auszeichnet.

»Die Veränderung [ist] so rasant, dass es alle zwei bis drei Jahre irgendwo eine neue Chance gibt […] was zu machen. Also alleine auch mit diesem Gebilde, was momentan noch so da steht, ja? […] man kann […] fast wirklich die Uhr nach stellen oder einfach, ja, ein bisschen offen sein für andere Themen und dann bekommt man eigentlich immer irgendwo wieder Möglichkeiten was neues zu machen oder […] in den Bereichen, wo man ist, was neues mit hinzuzubekommen, wieder neue Ideen zu entwickeln und so. Das ist eigentlich gegeben. Vielleicht verändere ich mich in zehn Jahren komplett, dass ich was ganz anderes mache.« (40, m)

»Ich habe nie mir Gedanken darüber gemacht, was mache ich in drei Jahren oder in fünf Jahren oder so, weil […] das geht gar nicht mehr. […] da tun sich so viele Möglichkeiten und Optionen auf – ja zum Beispiel durch irgendwelche Netzwerke hast du plötzlich jemand kennengelernt und der ruft Sie an und sagt: ›Mensch, ich habe einen tollen Job für dich, willst du den nicht?‹ – […] Also ich kann es nicht mehr planen und ich gebe mich auch nicht der Idee hin, das jetzt planen zu müssen. Weil das macht mir nur Stress, dass ich dann mich unter Druck setze und denke: ›Ah, du hast es nicht geschafft.‹ […] Dem will ich mich nicht aussetzen.« (33, w)

Der weitere Verlauf der eigenen Karriere ist für die »Flüchtigen« – das geht aus den hier wiedergegebenen Interviewpassagen hervor – etwas Unvorhersehbares. Diese Führungskräfte, die sich wie selbstverständlich in fluiden Formationen bewegen, betonen die große Bedeutung des Zufallsprinzips (zum Beispiel in Form plötzlicher Offerten durch Netzwerkkontakte). Und obschon um Optimismus bemüht, klingen durchaus auch Belastungserlebnisse, die aus der Unvorhersehbarkeit resultieren, aus den Äußerungen hindurch. Wie insbesondere der letzten Schilderung zu entnehmen ist, lässt sich der Planungsverzicht nicht ausschließlich durch die individuelle Mentalität erklären. Vielmehr handelt es sich in Anbetracht der strukturellen Dynamik bzw. Verflüssigung und der Entstandardisierung von Karrierewegen wohl um eine individuelle Auffang- oder auch Kompensationsstrategie. In dieser »kompromißlos labyrinthischen Welt«, in der das »Ziel, den Kurs zu halten, kaum zu erreichen« (Bauman 2003: 163f.) ist, stellt sich die ausbleibende Festlegung für diese Führungskräfte als die einzig mögliche Herangehensweise dar. Wir haben es mit einer Anpassung an ein Arbeitsumfeld zu tun, das von den Arbeitssubjekten verlangt, sich nur noch »moderate Ziele« zu setzen. So gesehen ist die mangelnde Planung nicht nur eine Taktik, die adaptiert wird, um die eigene Anschlussfähigkeit und Wettbewerbsfähigkeit zu gewährleisten, sondern auch eine individuelle Maßnahme, um das potentielle Ausmaß der eigenen Frustration von vornherein einzudämmen.

Was dennoch auffällt: Die »Flüchtigen« – die, das sei an dieser Stelle gleichfalls erwähnt, innerhalb der Stichprobe eine Minderheitenposition konstituieren – thematisieren weniger die Zumutungen der gewandelten Arbeitswelten als die daraus erwachsenen Chancen. Freilich erwachsen solcherlei Semantiken auch aus den Selbstdarstellungszwängen einer autonomiebetonten Gesellschaft, die nach dem Motto verfährt: »Was einem widerfährt, muss als Wahl, als Entscheidung dargestellt werden« (Kocyba 2000: 132). Obschon in Bezug auf den zur Schau gestellten Optimismus also ein gehöriges Maß an Skepsis angebracht ist, so kommt man doch nicht umhin, den Gegensatz zu den anderen beiden Führungskräftetypen zu registrieren. Zwar thematisieren diese Führungskräfte sehr wohl den »Dauerzustand« (Bauman 2003: 162) der Unsicherheit. In ihren Selbstbeschreibungen geben sie sich diesbezüglich allerdings sehr selbstbewusst:

»Wenn ich jetzt jemand wäre, […] der sagt: ›Ich brauche […] ein stabiles Umfeld, […] ich gehe da jetzt rein und weiß auch, wie es in fünf Jahren aussieht‹, dann, glaube ich, wäre es schwieriger Karriere zu machen. Weil es einfach auch unsicherer ist. Also wenn Sie heute eine Rolle übernehmen, auch karrieretechnisch, wenn ich irgendwo anders eine Führungsrolle übernehme, ich weiß nicht, ob es die in zwei Jahren noch gibt. Ich weiß nicht, ob das Setting in zwei Jahren dann noch so ist. Aber das stört mich nicht.« (34, m)

Insofern als sich am Exempel der »Flüchtigen« die »kapitalistisch geformte Subjektivität« (Kocyba 2005: 82) der Jetztzeit nahezu in Reinform offenbart, könnte ihr Beispiel zu der Annahme verleiten, dass es sich bei ihnen um die Gewinnertypen par excellence des »leichten« Kapitalismus (Thrift 1997) handelt. Während nämlich die anderen beiden Typen die an sie herangetragenen Forderungen auch kritisch thematisieren und (zumindest innerlich) gegen diese opponieren, herrscht demgegenüber bei den »Flüchtigen« eine vergleichsweise unkritische Haltung, die so weit geht, dass negative Begriffe wie Stress bewusst nicht verwendet werden. Sei es, dass es sich bei der vorfindlichen euphemistischen Semantik um eine Technik der »Selbstenthusiasmierung« (Neckel 2008: 127) handelt, sei es, dass damit die »emotionale Selbstkontrolle« (Illouz 2011) unter Beweis gestellt wird, die in der vergleichsweise jungen Berufsbiographie dieses Typus bereits gefruchtet hat. Diese Führungskräfte kommen jedenfalls der Inkarnation des neoliberalistischen Wertekanons sehr nahe.

Die Frage, die sich in Anbetracht der hier zur Schau gestellten ›Laxheit‹ stellt, bezieht sich vor allem auf die Ursache für den vergleichsweise entspannten Umgang, der sich ja auch darin zeigt, dass diese Führungskräfte den weiteren Aufstieg nicht um jeden Preis forcieren. Eine Hypothese könnte lauten, dass die relevanten Anreize der »Flüchtigen« – Gestaltungs- bzw. Handlungsspielraum wie im Falle der »Kritischen« – in ihrer derzeitigen Position weitestgehend erfüllt werden. Wenn man davon ausgeht, dass Arbeitsstrukturen nicht unternehmensweit ›festgeschrieben‹ sind, sondern aus Aushandlungsprozessen, zum Beispiel im engeren Arbeitsumfeld, resultieren (vgl. Crozier/Friedberg 1993 [1979]; Küpper/Ortmann 1992), dann wird die zentrale Rolle von Einzelakteuren in Gestalt des oder der direkten Vorgesetzten für die Erfüllung der Autonomiebedürfnisse der Mitarbeitenden, und damit auch für deren Arbeitsmotivation und Zufriedenheit, deutlich. Die über die individuellen Spielräume entscheidenden organisationalen Steuerungs- und Kontrollformen stellen nämlich aus dieser Perspektive ein Produkt aus »Kräfteverhältnisse[n] und Feilschbeziehungen« (Crozier/Friedberg 1993 [1979]: 65) dar. Ins Auge fällt, dass die »Flüchtigen« die unmittelbare Vorgesetztenumgebung als die hier maßgebliche Instanz benennen.

»Also, dass die ehemalige Personalleiterin, die jetzt wieder meine Chefin hier ist, die ist jetzt Direktorin, dass sie mir da die Möglichkeit gegeben hat, das war unglaublich.« (33, w)

»Habe ich halt versucht, also was die Situation mit meinem Chef angeht, mir halt möglichst viel Spielraum zu schaffen. Das heißt, Entscheidungen selber zu treffen und ihn nicht zu fragen. Und, das hat er dann auch hingenommen [...]. Das heißt, ich hatte schon immer einen eigentlich so einen großen Spielraum, wie ich heute hatte.« (41, m)

Die »Flüchtigen« machen sich – so könnte man spekulieren – die im Zuge des organisationalen Wandels entstehende Komplexität und die sich zeigenden Widersprüche, mit einem Wort: die »Unsicherheitszonen« (Crozier/Friedberg 1993 [1979]) der neuen Arbeitswelt zunutze und weiten ihren Freiraum aus.

Strategie der Kurzfristigkeit

Die Haltung dieses Typus korrespondiert unmittelbar mit der neuen Unvorhersehbarkeit. Denn die daran gekoppelte Karrierestrategie konstituiert sich maßgeblich durch ihre Aufgeschlossenheit in Bezug auf den weiteren Werdegang bzw. Karriereverlauf. Sie besteht, mit anderen Worten, darin, sich selbst alles offen zu halten. Die Akteurinnen und Akteure werden zu »Wellenreitern«[133], die die sich ergebenden karriererelevanten Gelegenheiten ergreifen und sich gegebenenfalls durchaus offensiv ins Spiel bringen. Diesem situativen Ansatz entspricht auch das Karriereverständnis der »Flüchtigen«. Für sie ist Karriere etwas, das kurzfristige Strategien verlangt. Geplant werden immer nur die »unmittelbar nächsten Züge« (Bauman 2003: 162). Hier erscheint Karriere – ganz anders als bei den »Kritischen«, in deren Erzählungen ganz stark die Linearität des Lebenslaufs sowie die eigene Einflussnahme auf die individuelle berufliche Entwicklung Hervorhebung findet – eher ein »Ergebnis einer glücklich ergriffenen Chance als das Resultat eines sorgfältigen Entwurfs« (ebd.: 164).

»Karriere habe ich ja so nicht geplant, sondern hab mir möglichst viele Optionen offen gehalten und wenn sich Möglichkeiten ergeben haben, habe ich mich da halt selber eingebracht [...] Ja, ich habe mir ständig eben neue Themen angeeignet und die dann besetzt und bin dann eigentlich immer erst im zweiten Schritt dann dafür auch verantwortlich gemacht worden.« (41, m)

»Also so vorausschauend mag ich es nicht. Ich gucke eigentlich eher, greife dann zu Opportunities, also zu Gelegenheiten, die sich ergeben. Und dann ergibt sich daraus meist etwas.« (34, m)

Allerdings bringen sich diese Führungskräfte, wenn es denn darauf ankommt, durchaus offensiv ins Spiel und machen sich dabei die neue Dynamik zunutze. Unterdessen weicht ihr Karriereverständnis von der strikten Aufstiegsorientierung der »Kritischen« ab. Zwar ist die Motivlage der »Flüchtigen« in vielerlei Hinsicht deckungsgleich mit der der »Kritischen«. Beiden geht es um Gestaltungsmacht. Die »Flüchtigen« sind ebenfalls sehr karrierebewusst und wollen sich beruflich weiterentwickeln. Persönliche Entwicklung und berufliches Fortkommen sind bei diesen Führungskräften jedoch nicht gleichbedeutend mit vertikalem Aufstieg. Der Weg in der Hierarchie

133 Die »Flüchtigen« erscheinen als Prototyp des Wellenreiters bzw. des Surfers, der »erfolgreich von Berg zu Berg« springt, »während die Gesamtrichtung unbestimmbar wird« (Rosa 2010: 212 f.).

nach oben hat nicht zwingend Priorität. Stattdessen greifen die »Flüchtigen« ›ungeniert‹ zu den sich bietenden neuen Karrieremodellen und -möglichkeiten (Quereinstieg, Seitwärtsbewegung, Durchlässigkeit zwischen Bereichen, Positionen, Branchen etc.). Und im Zweifel ist ihnen die einzelne Aufgabe wichtiger als das Abschreiten eines Karriereweges bzw. einer Laufbahn. Ihr Interesse ist eher inhalts- als karrierebezogen – insofern entsprechen sie nicht dem gängigen Führungskräfteprototypen (vgl. Faust 2002: 70).

»Also ich habe mal durchaus überlegt, mich auf die Stelle meines alten Chefs zu bewerben, die wurde ja auch ausgeschrieben und das wäre noch mal deutlich besser bezahlt gewesen, das wäre auch […] noch ein großer Schritt in der Karriereleiter nach oben gewesen. Und ich habe es dann nicht gemacht, weil mich der Job, den er hatte, dann nicht so gereizt hat. Also mir geht es dann schon darum, dass das halt auch ein reizvoller und spannender Job ist.« (41, m)

Analog zum spätmodernen Arbeitsprofil, das die Führungskräfte der Stichprobe (unabhängig von der Typenzugehörigkeit) in Form einer »*Wellenbewegung*« beschreiben und das für sie einen beständigen »*Wechsel zwischen Oberfläche und Tiefe*« bedeutet, impliziert Karriere für diese Gruppe keine monodirektional lineare, das heißt fortwährend ›nach oben‹ ausgerichtete Entwicklung, sondern eine Sequenz von Aufwärts-, Seitwärts- und – falls erforderlich – auch Abwärtsbewegungen. Die Offenheit, die für das Karriereverständnis dieser Gruppe generell charakteristisch ist, bezieht sich damit auch auf die Bewegungsrichtung der Karriere.

»Tatsächlich auch weg von dem Gedanken, Karriere muss immer […] geradeaus führen sozusagen oder immer in einem Fachbereich – es gibt so viele unterschiedliche Bereiche, die man im jetzigen Status gar nicht im Kopf hat, dass man wirklich sich da freimacht von dieser Idee, ich plane meine Karriere so step by step, das geht gar nicht mehr.« (33, w)

»Ich meine, man muss sich ja nicht immer nach oben entwickeln, sondern man kann sich ja auch in die Breite entwickeln, was natürlich auch eine Entwicklungsstufe sein kann.« (34, w)

Unterwerfung und Eigensinn

Das bedeutet: In puncto Handlungsspielraum scheint bei den »Flüchtigen« der unternehmerische Zugriff auf die Subjektanteile der Arbeitenden und die individuellen Bedürfnisse – die beiden Seiten der »doppelten Subjektivierung«, die ja eine der zentralen Beschreibungsfiguren von Arbeit in der Wissensökonomie darstellt – auf den ersten Blick eine vergleichsweise harmonische Verbindung einzugehen. Unternehmerische und individuelle Interessen sind merkwürdig deckungsgleich. Das zeigt sich auch mit Blick auf eine andere Interessenslage, bei der ebenso eine auffällige Kongruenz besteht. Denn obschon im Falle karrierebezogener Entscheidungen nicht primär die vertikale Richtung der Bewegung den Ausschlag gibt, so ist doch Bewegung an sich essentiell. Diese Frauen und Männer sind »*unruhig*« (33, w). Bei ihnen ist die fortwährende Suche nach Veränderung und neuen Herausforderungen im Verhältnis zur gesamten Stichprobe am stärksten ausgeprägt. Unternehmensinterne Positions- bzw. Funktionswechsel erfolgen in regelmäßigen und relativ kurzen Abständen und werden gezielt forciert.

»Was für mich schon klar ist, ist, dass ich mich irgendwann wieder verändern werde.« (34, m)

»Also ich selber habe gemerkt, [...] so nach drei Jahren werde ich unruhig, dass ich denke, [...] ich brauch wieder was Neues.« (33, w)

Genau wie im Falle von autonomer Handlungsbefähigung handelt es sich bei dem hier geäußerten Veränderungsdrang um eine Subjekteigenschaft, die im Katalog post-tayloristischer Karrierekompetenzen auf vorderster Seite erscheint. Ist doch die »Idee permanenter Veränderung«, wie Rosa (2010: 213) schreibt, ein integraler Bestandteil der Ideologie der spätmodernen Arbeitswelt. Diese lässt »nicht nur jedes Jahr (oder gar jeden Tag) eine neue Welt entstehen [...], sondern [erfordert] auch Subjekte [...], die jedes Jahr (oder gar jeden Tag) ein anderer sind« (Rosa 2010: 213). Die »Flüchtigen«, deren Erzählungen stellenweise wie das Abziehbild der kursierenden Managementliteratur anmuten, haben das Postulat der fortwährenden Veränderungsbereitschaft zum Bestandteil ihrer Identität gemacht. Immer zum Absprung bereit, sind diese Führungskräfte »so leicht und flüchtig wie das System, das sie hervorgebracht und ihnen Macht verliehen hat« (Bauman 2003: 180). Indem sie die Fremdforderung in ihr Selbstbild integrieren bzw. in ihr eigenes Anspruchssystem übernehmen, unterwerfen sie sich folglich den Subjektvorstellungen der Unternehmen, die von den zugvogelartigen Daseinsformen ja maßgeblich profitieren.

Andererseits legen die »Flüchtigen« den Maßstab der Veränderbarkeit nicht bloß bei sich selbst an, sondern gleichfalls in Bezug auf ihre Arbeitsumgebung, die sie gleich einer Modelliermasse zu transformieren beanspruchen. So befinden sich diese Führungskräfte häufig in Funktionen, die bislang in der Unternehmensstruktur bzw. -hierarchie nicht vorgesehen waren. Genauer gesagt besetzen sie Positionen, die sie sich in der Regel selbst geschaffen haben.

»Also die Jobs, die ich immer gemacht habe, das waren keine Jobs, die es vorher gegeben hat. [...] Also es war alles immer neu, das habe ich mir alles immer sozusagen selbst erarbeitet und strukturiert und organisiert.« (33, w)

»Also die Idee der Funktion ist neu, die ist neu geschaffen, diese Stelle und die habe ich mir quasi selber geschaffen oder entworfen und ist dann in dem Bereich so eingerichtet worden, im Vorstandsbereich.« (41, m)

Hervor sticht: Die Angehörigen dieser Gruppe haben einen bemerkenswert selbstbewussten Umgang mit den organisationalen Strukturen, die sie in Abhängigkeit ihrer jeweiligen Lebensphase an ihre biographischen Bedarfe anzupassen vermocht haben. Sie nehmen das Credo der Flexibilisierung von Arbeit und vor allem auch von Karriere(wegen) wörtlich und wie selbstverständlich für sich in Anspruch. Was als ein Merkmal dieses Typus generell zu verzeichnen ist, trifft auf dessen jüngere VertreterInnen in besonders markanter Weise zu: Sie leben in dem Bewusstsein, die Zügel für die Ausgestaltung ihres Lebens fest in der Hand zu halten. Das heißt, sie fühlen sich ihrer organisationalen Umgebung nicht ausgeliefert, sondern sind davon überzeugt, die Dinge selbst steuern zu können.[134]

»Bin also bewusst einen Schritt zurückgegangen, weil ich Vater geworden bin [...] und mehr Zeit haben wollte für meine Familie. Und der Job, den ich jetzt mache [...], mir einfach das auch erlaubt.« (34, m)

Derselbe Interviewpartner betont nochmals:

»Also ich weiß, es gibt auch Freunde, Kollegen, die Karriere machen, zum Beispiel der [...] hat vier Kinder und ist fast nur unterwegs, wo ich mir sage, das möchte ich nicht. Das schreckt mich aber nicht ab, Karriere zu machen, weil ich sage mir, ich kann es ja selbst steuern.« (34, m)

In dem Handeln der »Flüchtigen«, dem spielerischen Umgang und dem eigensinnigen Experimentieren mit den ›neuen‹ Strukturen, zeigt sich, dass das

134 Die Wahrnehmung subjektiver Autonomie misst sich im Falle der Flüchtigen dem eigenen Selbstverständnis nach also nicht an der »Verwirklichung eines biographischen Projektes«, sondern wohl an der selbst zugeschriebenen »Fähigkeit, die stetigen ›performativen‹ Neuausrichtungen und Anpassungen in einem hoch kontingenten Umfeld zu kontrollieren und zu beherrschen« (Rosa 2010: 212 f.).

Postulat der Selbstverwirklichung, das ja im Kern einen Aufruf zur (Selbst-) Modellierung beinhaltet, nicht nur ein Unterwerfungsverhältnis impliziert, sondern für die Arbeitssubjekte durchaus auch eine emanzipatorische Kraft in sich birgt – sofern freilich die organisationalen Strukturen (und auch die Vorgesetzten) dies zulassen und nicht im Zustand tayloristischer Rigidität verharren.

Eine junge, maskuline Karrierestrategie

In der jüngsten Forschung wird das hier skizzierte Handlungsmuster, das auf den ersten Blick wie eine Laisser-faire-Attitüde anmutet, als ein »unter den Bedingungen von Entgrenzung und wachsenden Unübersichtlichkeiten« entstehendes neues Modell »hegemonialer Männlichkeit« (Meuser 2012: 260)[135] diskutiert. Das Handlungsrepertoire, das sich in unserer Stichprobe am Typus des »Flüchtigen« darstellt, ist dieser Lesart zufolge ein für männliche Manager typisches Muster, das sich dadurch auszeichnet, dass »es den offenen Charakter des Sozialen [...] als Chance zur Gestaltung sieht« bzw. – auf unsere Stichprobe gewendet – »den Wandel zu gestalten versucht« (ebd.).

Unabhängig davon, dass es sich bei besagter Strategie des Offenhaltens sicherlich auch um eine stichprobenspezifische – das heißt dem relativ jungen Alter der Führungskräfte geschuldete – Herangehensweise handelt, geben in der Tat auch die hier vorliegenden Befunde Anlass zu der Annahme, dass der Planungsverzicht, der eine Mischung aus Risikobereitschaft und Nonchalance signalisiert, wenn auch keine rein männliche, so doch eine überwiegend männliche Karrierestrategie verkörpert. Die Gründe für die weibliche Planungsaffinität (der überwiegende Teil der Frauen unserer Gesamtstichprobe, eine weitere Karriereorientierung vorausgesetzt, plant das weitere Vorgehen) dürften einerseits auf der Hand liegen, das heißt mit familienplanerischen Aspekten zusammenhängen. Winker und Carstensen (2007: 282) sprechen in diesem Zusammenhang von der Pflicht zur »Selbst-Sozialisierung«, die die »ArbeitskraftmanagerIn« komplementär zur Dimension der Selbst-Ökonomisierung des Arbeitskraftunternehmers zu leisten hat: »Familienplanungen und die Frage nach dem ›richtigen‹ Zeitpunkt für Kinder unterliegen ebenfalls einem strategischen Kalkül, das von Individuen Entscheidungen erfordert, für die sie dann auch die Verantwortung zu tragen haben.« (ebd.) Mit Blick auf die vom Arbeitskraftunternehmer zu bewältigende Auf-

135 Meuser (2012: 260f.) rekurriert hier auf den Hegemoniebegriff von Laclau und Mouffe (2006).

gabe der Selbst-Ökonomisierung sehen Voß und Weiß (2005: 83) hier das zentrale Karrierehindernis oder, wie sie es ausdrücken, die »entscheidende Falle« für ambitionierte Arbeitskraftunternehmerinnen erwachsen. Denn eine marktkonforme Modellierung und Zurichtung der eigenen Persönlichkeit erfordert heutzutage ein Höchstmaß an Ungebundenheit, Flexibilität und Mobilität. Für die große Mehrheit der weiblichen Berufstätigen sind diese Ansprüche aufgrund der Frauen zugewiesenen gesellschaftlichen Rolle allerdings nach wie vor nicht in gleichem Maße erfüllbar wie für ihre männlichen Kollegen.

Die Erkenntnis, dass Frauen nicht das gleiche Maß an karrierebezogener Spontanität an den Tag legen können wie Männer, ist an sich nicht neu. Sie gewinnt aber in Anbetracht der neuen Subjektanrufungen sowie angesichts der Unvorhersehbarkeiten, die die strukturellen Umbrüche mitsichbringen und die nach neuen karrierestrategischen Ausrichtungen verlangen, neue Brisanz. Die Tatsache, dass die Frauen unter den »Flüchtigen« deutlich in der Minderheit sind, spricht für sich. Und die wenigen Frauen, die diesem Typus angehören, befinden sich in einer vergleichsweise exzeptionellen Lage. Entweder sie sind (noch) nicht in der Phase der Familiengründung oder aber sie leben das zur traditionellen Rollenverteilung umgekehrte Modell (die Frau arbeitet Vollzeit, ihr Partner übernimmt einen Großteil der Betreuungsaufgaben und würde bei Bedarf Teilzeit arbeiten).

Voß und Weiß (2005: 80) erklären die bei den Frauen ihrer Untersuchung zu Tage tretende »dezidiert leistungs- und karriereorientierte« Haltung, die keinen laxen unüberlegten Umgang mit dem Thema Karriere erlaubt, ebenfalls mit dem strategischem »Familienkalkül«. Gleichzeitig heben sie hervor, dass ein bedachtes, wohl überlegtes Vorgehen der weiblichen Angestellten nicht nur mit Blick auf deren private Lebensplanung vorherrscht. Diese zeichnen sich auch durch eine auffällige »berufliche Reflektiertheit« aus: »Sie zeigen ein ausgesprochen professionelles Handeln und Denken, das sich etwa in der Formulierung dezidierter inhaltlicher Arbeitsansprüche, der nüchternen Analyse von beruflichen Hindernissen, der selbstbewussten Bekundung von konkreten Gestaltungsüberlegungen usw. äußert.« (ebd.) Die bei dem Karrieremuster der »Flüchtigen« vorfindliche weibliche Unterrepräsentanz ausschließlich aus der Perspektive der Reproduktionsarbeit zu betrachten, greift aus unserer Sicht daher zu kurz. Wohl eher liefern der organisationale Minderheitenstatus und die damit verknüpfte Außenseiterposition von Frauen in Führungspositionen in Großkonzernen sowie die vorherrschenden Geschlechtertypisierungen selbst hierfür Erklärungsfaktoren. So wird die Unterrepräsentanz von Frauen in Führungspositionen häufig mit einer mangelnden weiblichen Karriereorientierung und Flexibilität begründet. Angesichts dieser stereotypen Zuschreibung werden karriereorientierte Frauen – so lautet die Vermutung – es wohl tunlichst vermeiden, ihren Aufstiegswillen hinter einer vorgetragenen Pose des Karriere-auf-sich-zukommen-lassens zu verbergen (anstatt diesen dezidiert zum Ausdruck zu bringen). Das umso mehr, als sie doch gerade durch ein überbordendes Angebot an Ratgeberliteratur lernen mussten, ihre *visibility* in Szene zu setzen. Zumal Frauen den Aufstieg in einer homosozialen Umgebung, in der sie bisweilen noch immer als Fremdkörper wahrgenommen werden und in der sie tendenziell eher mit Ausschluss denn mit Inklusion zu rechnen haben, wohl kaum – wie es in den Äußerungen ihrer »flüchtigen« Kollegen anklingt – dem Zufall überlassen werden.

4.1.3.3 Die »EntschleunigerInnen«

»Ich möchte die Position halten, auf der ich bin. Was durchaus eine Ambition sein kann.« (39, w)

Abzug der Subjektanteile

Auch die »EntschleunigerInnen« messen sich an den neuen Leitbildern. Im Vergleich zu den anderen beiden Typen gehen diese Führungskräfte zu dem in Bezug auf Arbeit gültigen *role model* der »normativen Subjektivierung« (Baethge 1991a) jedoch weitestgehend auf Distanz. Zumindest legen die Bedeutungszuweisungen, mit denen Arbeit für diese Führungskräfte in Verbindung steht, diesen Schluss nahe. Arbeit und Beruf messen sie einen anderen Stellenwert bei: Diese sind eben nicht die »*Nummer 1*«, sondern eher »*Mittel zum Zweck*« (36, m) und sorgen primär dafür, ein »*Auskommen [zu] haben*« (33, m); die von den anderen beiden Führungskräftetypen mittels ihrer beruflichen Tätigkeit betriebene Selbstverwirklichung findet bei diesem Typus in der Freizeit statt (40, m). Dem dominierenden Zeitgeist, der eine Verschmelzung von Beruf und Person anempfiehlt, geben diese Führungskräfte vor zu widerstehen. Bei ihnen dominiert ein deutlich pragmatischerer Gedanke bzw. eine instrumentellere Herangehensweise an den Bereich der Arbeit, was sich auch in Form der starken Abgrenzungstendenzen dieses Typus äußert:

»Ich mag das, dass man hierher geht und arbeitet und eine Mittagspause hat und Kollegen und dann abends nach Hause geht und irgendwie geistig auch eine Schublade da zu machen kann.« (39, w)

Bisweilen äußert sich die Abgrenzung gar mittels einer »Berufung auf die klassische Lohnarbeiterrolle«, die nahezu den Gestus einer »Arbeitsverweigerung« trägt (Kocyba 2005: 84).

»Es gibt ein Arbeitszeitgesetz, es gibt meine Arbeitszeit, es gibt eine vertraglich vereinbarte Arbeitszeit, in der spiele ich. Fertig.« (37, m)

Der sich hier abzeichnende Schwund der ideellen Aufladung von Arbeit gibt die Bilanz der ersten beruflichen Etappe wieder. Bei der Sichtweise, die die instrumentelle Funktion von Arbeit betont, handelt es sich mit anderen Worten um eine Haltung, die sich diese Führungskräfte in Reaktion auf den Strukturwandel angeeignet haben. Insbesondere reagieren diese auf den zunehmenden Übergriff der beruflichen auf die private Sphäre – eine Entwicklung, die in der Forschung unter dem Label der »Entgrenzung« von Arbeit diskutiert wird (vgl. Voß 1998; Kratzer 2003; Kratzer u.a. 2004). Bezeichnet wird damit die ökonomisch forcierte Aufhebung des Antagonismus von Beruf und Privatheit, von Funktionsrolle und Person, von beruflichem und privatem Selbst (vgl. etwa Eichler 2005). Durch die Indienstnahme der ureigenen außerdienstlichen Anteile der Beschäftigten seitens der Betriebe profitieren diese von einem zusätzlichen Fundus an Eigenschaften, der ihnen bislang vorenthalten war. Für die Unternehmen handelt es sich daher um eine Erschließung neuer (vor allen Dingen zeitlicher) Ressourcen. Für die Akteure bedeutet diese Erfahrung eine immens große sowohl psychische wie physische Belastung:

»Man ist dann abends bei der Arbeit, man ist am Wochenende bei der Arbeit. Man ist immer permanent irgendwie also mit den Gedanken bei der Arbeit, immer bei der Arbeit, kommt immer wieder. Und das ist halt, ja, das ist stressig, also, auf jeden Fall. Man merkt das auch körperlich.« (33, m)

Insbesondere die Projektifizierung des organisationalen Gehäuses bringt für die Beschäftigten eine Doppel- und Mehrfacheinbindung in die Unternehmensstrukturen mit sich und führt zu einer deutlich spürbaren Leistungsverdichtung bzw. Mehrbelastung, da die Projektarbeit parallel zum »*Tagesgeschäft*« der Linienorganisation von den Beschäftigten selbst koordiniert werden muss. Dies geschieht nur allzu häufig mit zeitlich wie personell äußerst begrenzten Ressourcen.

»Dann kriegt man eben eine irre Anzahl von Projekten, die ihren Fertigstellungsgrad in diesem Jahr zu erfolgen haben und die […] Resonanz vom Gruppenleiter, wo man sagt, also ich habe hier bloß 30 Leute, ich bräuchte für diese

Arbeit 50, wird völlig ignoriert. Also dieser Einspruch wird dann völlig ignoriert, wo man sagt, ist uns egal, die 50 Projekte müssen fertig werden, wie du das schaffst, ist uns egal.« (37, m)

»Ich habe Wochenenden geopfert, ich habe hier auch [...] schon 36 Stunden am Stück durchgearbeitet, ohne schlafen zu gehen und zu Hause gewesen zu sein. Und das war dann irgendwann zu viel. Da kommt man dann irgendwann wirklich an seine Grenzen. Da war auch ein Projekt halt jetzt bei diesen 36 Stunden dafür verantwortlich, war ein Abgabetermin, der dann gehalten werden musste. Und das kann man halt auf Dauer nicht durchhalten.« (33, m)

Die »EntschleunigerInnen« reagieren allerdings nicht nur auf entgrenzte und beschleunigte Arbeitsverhältnisse, sondern generell auf all das, was mit der Subjektivierung von Arbeit in Verbindung steht. Kritisiert wird, dass die Deregulierung bei gleichzeitiger Aufgabenverdichtung ausschließlich auf dem Rücken der Arbeitenden – die sich an dem Leitbild der strukturierenden Subjektivität (vgl. Kleemann/Matuschek/Voß 2002), das heißt der Selbstorganisation, messen lassen müssen – ausgetragen wird. Diese Führungskräfte sind allerdings nicht mehr bereit, noch mehr ihrer Subjektanteile auf dem Firmenaltar zu opfern und bilden daher gewissermaßen das ›subversive‹ Potential der Stichprobe. Ihre »subjektive Widerständigkeit« scheint nämlich – und genau darin unterscheiden sie sich von den anderen beiden Führungskräftetypen – »gerade darin zu liegen, sich der Arbeit nicht so stark anzuverwandeln, dass man mit ihr identisch wird« (Neckel/Wagner 2013: 14).

»Ich bin schnell im Kopf, ich kann schnell arbeiten, ich habe gute Mitarbeiter, sodass ich also da durchaus ein Stück weit mitgehen kann, aber nicht bis zur Selbstaufgabe.« (39, w)

»Obwohl ich glaube, dass ich noch Potential habe, gibt es einen Preis, den ich nicht bereit bin zu zahlen und das heißt vollkommene Hingabe an die Firma. Habe ich lange genug gemacht.« (41, m)

Kritik am Projektemacher-Aktionismus

Verstärkt wird das Distanzierungsverhältnis dieser Gruppe noch durch einen anderen, den Wandlungsprozess maßgeblich kennzeichnenden Aspekt: die immense Beschleunigung sämtlicher Arbeitsprozesse. In den Augen dieser Führungskräfte hat die Dynamisierung, die unter anderem auch auf den veränderten, das heißt mediatisierten Kommunikationsmöglichkeiten beruht, längst auch die ideelle Sphäre erfasst und bewirkt einen Wandel des organisationalen ›Geistes‹, dem die Angehörigen dieses Typus mit sehr großen Vorbehalten begegnen. Kritisiert wird ein Arbeitsethos, das zur »geistigen Oberflächlichkeit« (Sennett 2011: 95)[136] neigt, das durch Aktionismus geprägt ist und Geschwindigkeit – »*ein Projekt jagt das nächste*« (33, m) – zum Selbstzweck erhebt. Diese Entwicklung wird von den »EntschleunigerInnen« als nicht zielführend und daher als hochgradig unbefriedigend erfahren.

»Schnelligkeit und Entscheidungsfreudigkeit sind bei uns ganz hohe Werte, die teilweise dazu führen, dass wir uns hier selbst überholen. Also da geht es dann eigentlich gar nicht mehr so sehr um Sinnhaftigkeit oder Nachhaltigkeit von dem, was wir tun oder auch um Verständlichkeit für die Mitarbeiter et cetera, sondern es geht darum: Noch ein Projekt und noch ein Projekt und das machen wir jetzt auch noch und dann haben wir noch das und das und das und das ist irgendwie cool, ja.« (39, w)

»Denn ganz viel kommt da heiße Luft und alle erzählen und machen Projekte, aber sind die eigentlich zielgerichtet gewesen? Haben die eigentlich zu irgendwas geführt?« (39, w)

Hinzu kommt, dass die Beschleunigung das professionelle Selbstverständnis dieser Führungskräfte konterkariert. Das Fundament desselbigen bildet nämlich ihre geradezu »handwerkliche Einstellung« (Sennett 2011: 102) in Form eines überdurchschnittlich großen fachlichen Interesses und einer hohen inhaltlichen Orientierung bei ihrer Tätigkeit. Im Vergleich zum Rest der Stichprobe zeigt dieser Typus insofern die geringste Karriereorientierung als Einfluss, Status oder Titel von eher nachgeordneter Bedeutung sind. Dementsprechend haben diese Frauen und Männer ihre Karriere nicht gezielt geplant, sondern wurden »*nach oben gespült*« (39, w), das heißt, aufgrund der erbrachten sehr guten Leistung bzw. der hohen fachlichen Qualifikation gewissermaßen entdeckt und befördert bzw. als AnwärterIn auf eine Führungsposition eingestuft. Der Qualitätsanspruch, den dieser Typus an die eigene Arbeit heranträgt, muss im Rahmen von Projektarbeit, die in der Regel unter großem Zeitdruck zu erfolgen hat, zwangsläufig scheitern: Denn: »Wer sich auf die Vielfalt der Bedeutungen einlässt und tiefer einzudringen versucht,

136 »Organisationen, in denen die Inhalte sich ständig ändern, erfordern mobile Problemlösungsfähigkeiten. Das Bestreben, sich sehr intensiv mit einem Problem zu beschäftigen, wäre dysfunktional, da Projekte ebenso abrupt enden, wie sie beginnen.« (Sennett 2011: 100)

läuft Gefahr, zu viel Zeit zu verlieren« (ebd.: 95). Dies führt bei den »EntschleunigerInnen« nicht nur zu großer Unzufriedenheit, sondern entfremdet sie auch ein Stück weit von ihrer Tätigkeit, da ihnen Arbeitsweisen und -methoden aufoktroyiert werden (vgl. Boltanski/Chiapello 2003: 463), die ihrer Arbeitsmentalität im Grunde nicht entsprechen und ihnen dadurch zudem die versprochene Autonomie vorenthalten bzw. wieder entziehen (vgl. Rosa 2011: 232).

»Zu Anfang hat mich das wirklich fertig gemacht, weil ich eigentlich einen sehr [...] hohen Anspruch an mich selbst habe und einen relativ hohen Qualitätsanspruch an meine Arbeit habe. Wenn ich irgendwas abliefere, dann möchte ich davon 100 Prozent überzeugt sein und auch wissen, dass man es nicht besser machen kann und dass es auch ein anderer nicht besser hinkriegt. Und aufgrund dieses Zeitdrucks hat man nicht mehr die Zeit, alles in der Qualität zu bearbeiten, wie man es gerne möchte. [...] Und das hat mich nicht glücklich gemacht.« (33, m)

»Aber das ist dann halt so, dass wir so viele Projekte bearbeiten, dass man [...] ja, dass es eigentlich zu viel ist. Weil man muss ja eine gewisse Leistung bringen in einem Projekt, man schreibt Mails, man lädt ein, man macht Kontrollen, man macht Geschäftsgespräche, man prüft die Qualität und wenn Sie das ganze mal elf multiplizieren, weil Sie elf Projekte haben, dann stellen Sie fest, ich kann mich noch nicht mal um ein Projekt mit einem Geschäftstag darum kümmern, was mache ich denn jetzt? Fertig werden müssen sie alle. Also lädt man weniger, kontrolliert weniger, schreibt weniger Mails. Mit der Gefahr, dass Sie irgendetwas vergessen oder irgendetwas nicht gemacht wird oder sogar ein Projekt länger läuft, weil einfach die Termine nicht gehalten werden können. Also die Qualität der Projektarbeit [...] leidet.« (37, m)

Die »EntschleunigerInnen« reagieren auf eine Arbeitswelt, in der ein Oberflächenkult als Kehrseite der Flexibilisierung Einzug hält und in der eben nicht der »Handwerker«, sondern der »flexible Mensch« den für die Arbeitssubjekte gültigen Leittypus konstituiert (vgl. Sennett 1998; 2008). Genauso wie die von Sennett befragten Beschäftigten leiden diese Führungskräfte darunter, dass sie (aus ihrer Sicht) nur einen »›mittelmäßigen Job‹« – den Bauman (2003: 164) vermutlich als »›Pfusch‹« bezeichnen würde – machen können (Sennett 2011: 101). Gerade für die hier zur Debatte stehenden großen Unternehmen ist die Oberflächlichkeit aber überaus funktional (vgl. ebd.: 102). Ob Sennetts Fazit – »Wer sich allzu intensiv mit den Dingen auseinander setzte, wurde dafür nicht belohnt.« (ebd.) – mittelfristig ebenfalls auf unsere Stichprobe zutrifft, kann an dieser Stelle nicht beurteilt werden. Gemeinsam ist den von ihm und von uns Befragten jedenfalls – angesichts der in ihren Augen wenig profunden inhaltlichen Auseinandersetzung – die Frustration.

Aufstiegsverweigerung

Die »EntschleunigerInnen«, die mehrheitlich eine Position im operativen Bereich einnehmen, befinden sich nach der Phase der beruflichen Etablierung und des ersten Aufstiegs in einer Karrierephase, in der sie ihre Eignung für eine Tätigkeit im höheren Management unter Beweis stellen müssen. Die Aussicht, sich in schwindelerregendem Tempo im »*Hamsterrad*« – so die Aussage einer Interviewpartnerin (37, w) – fortlaufend weiterzudrehen, verkörpert für sie jedoch keine lohnenswerte Perspektive. Daher äußern diese Frauen und Männer aus freien Stücken den Wunsch, auf der erreichten Karriereebene bzw. -position bleiben zu wollen – und dies obgleich ihnen durchaus weitere Optionen offen stünden, ja sie im Einzelfall sogar als KandidatIn für den weiteren Aufstieg ›gehandelt‹ werden. Das bedeutet: Obschon ihnen die Eignung zur statushöheren Führungskraft seitens des Unternehmens bescheinigt wird und der Aufstieg teilweise regelrecht gewünscht ist, sind sie an einem Ausbau ihrer Machtstellung nicht interessiert.

»Ich habe jetzt im Moment gar nicht die Ambition irgendwie zu sagen, ich brauche jetzt hier zehn Leute, die ich von rechts nach links scheuchen kann.« (33, m)

»Möchte ich Karriere machen? Also, ja, ich könnte sozusagen noch deutlich weiter hoch, aber das ist für mich nicht mehr reizvoll.« (39, w)

Hinter der Aufstiegsverweigerung steckt der Versuch, sich der unternehmerischen Beschlagnahmung ihrer ganzen Person zu widersetzen. Ein Teil von ihnen hat daher in der Vergangenheit bereits Karriererückschritte (im Sinne einer Seit- bzw. Abwärtsbewegung oder auch ausgeschlagener statushöherer Positionen bzw. Förderprogramme) unternommen, ein anderer Teil kann sich diese zukünftig vorstellen.

»Sprich, dann irgendwie Arbeitszeiten regelmäßig bis nach Mitternacht, [...] darauf hab ich keine Lust mehr, und das finde ich eher abschreckend, [...] also da denke ich mir noch jedes Mal, gut, dass ich dann irgendwie da den Sprung irgendwie geschafft habe, weil das sind so abschreckende Beispiele.« (36, m)

»Ich arbeite jetzt […] in der Woche bestimmt schon […] irgendetwas jenseits der 50 Stunden und da ist einfach irgendwann eine natürliche Grenze. Also was ganz klar für mich ist, nicht Karriere um jeden Preis.« (37, w)

Allerdings laufen die »EntschleunigerInnen« damit Gefahr, sich in Anbetracht der »neue[n] Selbstdarstellungszwänge« (Kocyba 2000: 132) mit ihrer Haltung in eine dilemmatische Situation hineinzumanövrieren: Denn eine »›Job‹-Mentalität gilt inzwischen als Synonym für die ›innere Kündigung‹ des Arbeitnehmers. Arbeit muss in wachsendem Maße als ›Berufung‹ erlebt oder zumindest kommuniziert werden« (ebd.). Wollen die »EntschleunigerInnen« verhindern, auf das berufliche Abstellgleis abgeschoben zu werden, müssen sie ihr instrumentelles Verhältnis zur Arbeit daher tunlichst verschleiern. Offen zu kommunizieren, dass Beruf und Karriere ihre Subjektrelevanz verloren haben, ist äußerst kritisch: »Längst gilt es, die eigene Arbeit als Ausdruck intrinsischer Interessen hervorzuheben und zu zeigen, dass man nicht arbeitet, weil man es muss, sondern weil man es will« (Neckel/Wagner 2013: 14). Die Führungskräfte sind sich selbst darüber im Klaren, dass das bloße Halten einer Position auf Dauer nicht mit der organisationalen Reputationslogik vereinbar ist. Deswegen denken sie bereits jetzt darüber nach, wie dieses Dilemma aufzulösen ist. Im Einzelfall scheint als einzige Möglichkeit der Ausstieg aus dem Unternehmen in Frage zu kommen.

»In solchen Unternehmen ist das nicht vorgesehen! Bleiben. […] Up or out, es ist zwar nicht so hart, aber ich kann mich nicht ewig sozusagen nur seitwärts bewegen, wie so ein Krebs! Und das ist jetzt so das erste Mal, wo ich das Gefühl habe: Jetzt so richtig weiß ich gerade nicht weiter! Ich bin zwar erst seit drei Monaten auf diesem Job hier, aber ich ahne schon, dass möglicherweise meine Zeit in so einem Unternehmen vielleicht auch einfach sich dem Ende nähert!« (39, w)

»Hey, bist du bereit den Preis zu zahlen? Nämlich weniger Anerkennung, weniger Prestige, möglicherweise Leute, die du niemals triffst, aber die in deinem Hinterkopf reden und sagen, ›mein Gott, wie konnte der das machen‹.« (41, m)

Ignorierte Subjekte

Der Ausstieg scheint deswegen die einzige Option, da die Führungskräfte davon ausgehen, dass das Unternehmen nicht um die eigene Motivlage weiß bzw. der Einführung und Diversifizierung unterschiedlicher Laufbahnen zum Trotz nicht mit einem adäquaten Angebot an Karrierewegen,

Entwicklungsmöglichkeiten und gleichwertigen Reputationssystemen auf die gewandelten Karrierebedingungen reagiert. Obgleich es vor allem Großunternehmen sind, die mit innovativen Karrieremodellen wie zum Beispiel der Einführung individueller Laufbahnprogramme[137] sowie neuen Karrierewegen wie der Horizontalkarriere[138] Pionierarbeit leisten (Flüter-Hoffmann 2010: 427), ist der Bedarf der hochqualifizierten MitarbeiterInnen damit noch längst nicht gedeckt. Zumindest die »EntschleunigerInnen« fühlen sich vom Unternehmen nicht mit ihrer subjektiven Bedürfnisstruktur wahrgenommen.

»Ich kann nicht ewig sitzen bleiben, auch wenn ich vielleicht zufrieden damit wäre. Ich glaube, Unternehmen erkennen ganz oft nicht, dass Leute zufrieden sind mit dem, was sie haben. Unternehmen, die verstehen das nicht, die wissen gar nicht, wie sie mit solchen Leuten umgehen können. Aber es gibt gar nicht so wenig davon.« (39, w)

Ein Indikator, der auf die diesbezügliche unternehmerische Ignoranz hindeutet, ist, dass zentrale Instrumente der Personalentwicklung in den Konzernen den Führungskräftenarrativen zufolge gar nicht zum Einsatz kommen. Kritisiert wird vor allem, dass Mitarbeitergespräche nicht stattfinden. Das bedeutet: Obschon die Erfassung der individuellen Motivlagen und Potenziale »lebenszyklusorientiert« (Flüter-Hoffmann 2010: 419) erfolgen sollte, um die Voraussetzung für eine langfristige Mitarbeiterbindung zu schaffen und obschon die subjektiven Wesensmerkmale in Form organisationaler Bewertungsschemata wie bspw. Kompetenzmodellen neuerdings von den Konzernen dokumentiert und verdatet werden (vgl. Funken/Stoll/Hörlin 2011), setzen sich die Betriebe nicht mit den personalen Kompetenzen und Antriebsstrukturen ihrer Mitarbeitenden ernsthaft auseinander. Dies gilt offenbar selbst im Falle derer, die von den Unternehmen in die engere Auswahl genommen wurden, sprich: die Kandidatinnen und Kandidaten, die man langfristig an sich binden will.

»Was ich nicht positiv empfunden habe, war, also die ganze Zeit, die ich [hier] bin, habe ich noch nicht ein einziges Personalgespräch geführt. Also so ein Personalentwicklungsgespräch oder dass ich mal gefragt wurde, ›Was möchten Sie

137 Bei einer europaweiten Umfrage gaben 53 Prozent der Entscheidungsträger aus Personalabteilungen von mittleren und großen Unternehmen an, zur Bindung ihrer MitarbeiterInnen individuelle Laufbahnprogramme anzubieten (vgl. Adecco Institute 2009).

138 Die Horizontalkarriere besteht aus drei Komponenten: Rotation, Qualifizierung und vertikale Entwicklung (vgl. Flüter-Hoffmann 2010: 426).

eigentlich?‹ […] Ich finde, dass sich das Unternehmen da auch Informationen verschenkt. Dass […] vielleicht das Unternehmen Dinge plant mit mir als Person, die ich vielleicht gar nicht plane.« (37, w)

Auffallend ist die Kluft zwischen Theorie und Praxis. Die personalpolitischen Empfehlungen der Forschung kommen darin überein, dass die Identifikation der Bedürfnisse unterschiedlicher Beschäftigtengruppen einen zentralen Bestandteil einer zeitgemäßen Personalstrategie konstituiert, um als Arbeitgeber langfristig attraktiv zu bleiben (vgl. Armutat/Geighardt-Knollmann/Sedlacek 2009). Das von den unseren Befragten gezeichnete Bild der betrieblichen Praxis könnte allerdings nicht weiter von dieser Empfehlung entfernt sein. So wird in der Konzernrealität der für die ›Pflege‹ und Entwicklung der Mitarbeitenden zuständigen Abteilung wie überhaupt der Personalentwicklung insgesamt offenbar eine äußert periphere Bedeutung beigemessen. Im Extremfall wird dieser Bereich sogar digitalisiert und outgesourct:

»Mich ärgert zum Beispiel auch, dass es […] kein richtiges Personalmanagement gibt. Es gibt ein Management, die managen das Personal. Ja. Aber es gibt keine Personalentwicklung und auch keine Systeme dafür, es gibt auch fast keine echten Menschen mehr, es gibt ein Internetportal, da kann ich mich dann dran wenden und dann gibt es da eine Nummer von einem Callcenter und jedes Mal, wenn ich anrufe, kriege ich eine andere Person an den Apparat. Ich habe keinen HR-Ansprechpartner mehr!« (39, w)

Dabei wird der Trend zur Subjektivierung, der sich eben nicht nur auf den Bereich der Arbeit, sondern auch auf den Bereich der Karriere bezieht (vgl. Funken/Stoll/Hörlin 2011), – alles muss eigeninitiativ angegangen werden, organisationale Unterstützungsleistungen sind nicht vorgesehen – (im Übrigen typenübergreifend) als organisationales Defizit betrachtet.

»Was es hier eben nicht gibt, was ich schade finde ist […], dass gemeinsam mit einem Mitarbeiter oder für einen Mitarbeiter so ein Werdegang im Prinzip erstellt wird, […]. Also einen Personalentwicklungsplan, so was gibt es hier eigentlich nicht, beruht eigentlich auch sehr viel auf Eigeninitiative, eigenes Netzwerk, was man sich hier aufbaut, dass man im Prinzip sich weiterentwickelt« (36, m)

Die »EntschleunigerInnen« sehen die Unternehmen in Sachen Förderung eindeutig in der Pflicht und äußern diesbezüglich relativ unorthodoxe Vorstellungen. Gerade angesichts der Auflösung langfristiger Bindungen zwischen Unternehmen und MitarbeiterInnen – konkret: der zunehmenden

Befristung von Stellen (von der die Angehörigen der dieser Studie zugrundeliegenden Stichprobe allerdings allesamt nicht betroffen sind) – müssten Unternehmen aus Sicht dieser Führungskräfte für die zukünftige *employability* der Mitarbeitenden, das heißt die Weiterqualifizierung zum Zwecke der Anschlussfähigkeit an zukünftige Tätigkeiten, Sorge tragen. Dagegen kommt realiter nur ein sehr eingeschränkter und vor allem jüngerer Kreis der Mitarbeitenden in den Genuss von Personalentwicklungsmaßnahmen. In der Regel sind diese auch in der Unternehmenswelt zu Beginn des 21. Jahrhunderts für Beschäftigte ab 40 bis 45 Jahren nicht mehr vorgesehen (Flüter-Hoffmann 2010: 419). Eine Praxis, die in einer Wissensökonomie, in der den Mitarbeitenden das Credo vom lebenslangen Lernen als *die* Grundvoraussetzung zur Sicherung der eigenen Beschäftigungsfähigkeit schlechthin eingebläut wird, zunehmend fraglich erscheint.

»Also wie kann man den Leuten tatsächlich eine Perspektive auch machen, ohne dass man ihnen [...] sagen kann ›In zwei Jahren sitzt du dann auf dem und dem Stuhl.‹, Das funktioniert ja in den wenigsten Fällen. [...] und dabei eben halt Leuten, die was wollen, schon zu sagen, ›Ja wir können ja nicht konkret sagen, du bist es jetzt, aber wir zeigen dir eben halt einen Entwicklungsweg auf, bei dem wir dich unterstützen, und der dich selbst, wenn wir halt irgendwann mal feststellen, mit uns beiden funktioniert es nicht mehr, was ja durchaus passiert, der dich aber selber einfach vorwärts bringt‹.« (37, w)

Die ausgebremste »Arbeitskraftmanagerin«

Die Erfahrung von Oberflächenkult, von Dynamisierung, Leistungsverdichtung und Entgrenzung schlägt in Form einer Strategie der Karriereentschleunigung geschlechterübergreifend zu Buche. Das heißt die männlichen genauso wie die weiblichen Führungskräfte dieses Typus revidieren ihre zum Zeitpunkt des beruflichen Einstiegs überwiegend vorhandene Aufstiegs- oder gar Karriereorientierung bzw. denken mittelfristig über einen Ausstieg aus dem »*Hamsterrad*« nach. Im Falle der meisten weiblichen Führungskräfte dieses Typus ist für die Entschleunigungsstrategie allerdings noch ein weiteres Wandlungsphänomen ausschlaggebend, das vor allem von Frauen mit Fürsorgetätigkeiten (in unserem Sample Mütter) wahrgenommen wird. Was diese weiblichen Führungskräfte von den Männern dieses Typs, aber auch von den Frauen der anderen beiden Typen mit Karriereorientierung größtenteils unterscheidet, ist die Erfahrung, als Person mit (Kinder-)Betreuungsaufgaben in einer Führungsposition in Teilzeit unerwünscht zu sein.

Für die Männer der Stichprobe mit Kind stellt sich das Problem der Vereinbarkeit nicht in gleicher Weise, da sie alle in Vollzeit arbeiten und größtenteils die Partnerinnen die Betreuungsaufgaben übernehmen. Das bedeutet, dass sich die hier untersuchte Alterskohorte durch eine weitgehend (re-)traditionalisierte Aufgabenverteilung (vgl. Beck-Gernsheim 2006) charakterisieren lässt: Die Männer haben mehrheitlich ein sehr traditionelles Rollenverständnis (*»Ernährer«*), was sich auch darin niederschlägt, dass die neu eingeführte Elternzeit eher zögerlich beansprucht wird – wenn überhaupt, nimmt ›Mann‹ die zwei bezahlten Vätermonate. Die Frauen von Typ 1 und Typ 2 mit Kind, von denen etwas mehr Frauen in Teilzeit als in Vollzeit arbeiten, haben bezüglich der Vereinbarkeit von Familie und Beruf bislang keine karriererelevanten Nachteile erfahren, was zu der Annahme führt, dass unter den Entscheidungsträgern der deutschen Konzernwelt große Unterschiede in der Handhabung der Vereinbarkeit von Familie und Beruf bestehen. Diese Vermutung stellt sich in Anbetracht dessen ein, dass sich seitens der Frauengruppen keine eindeutigen Differenzen bezüglich der zu Laufbahnbeginn signalisierten Karriereorientierung zeigen. Bei der Entscheidung zur Entschleunigung könnte es sich daher entweder um eine Reaktion auf negative Erfahrungen (also nicht unbedingt um eine von vornherein vorhandene Grundeinstellung) handeln. Denkbar wäre aber auch, dass die mit der Entschleunigungsstrategie signalisierte Karriere- oder zumindest Aufstiegsunwilligkeit, die mit dem unternehmerischen Leistungsmythos bzw. der organisationalen Reputationslogik nicht zusammenpasst, dazu führt, dass diesen Frauen – im Gegensatz zu den ›karrierewilligen‹ weiblichen Führungskräften von Typ 1 und Typ 2 – die Vereinbarkeit nicht zugestanden wird.

Das Wandlungsphänomen, auf das die Erzählungen der »Entschleunigerinnen« Bezug nehmen und auf das sie, wie oben angedeutet, kritisch reagieren, betrifft die Gleichzeitigkeit ›alter‹ und ›neuer‹ Steuerungsformen. Angeklungen war diese Koexistenz zum Teil bereits in den Narrativen der »Kritischen«. Im Falle der hier zur Rede stehenden weiblichen Führungskräfte spitzen sich die aus dieser Konstellation resultierenden Konsequenzen jedoch weiter zu. Frauen in (hoch-)qualifizierten Positionen haben die oben ausgeführten Subjektivierungs-Leitbilder verinnerlicht und erfüllen viele der damit verbundenen Ansprüche, darf man der einschlägigen Literatur Glauben schenken (vgl. Voß/Weiß 2005), in idealtypischerer Form als ihre männlichen Kollegen. So lassen empirische Befunde darauf schließen, dass der Arbeitskraftunternehmer »deutlich weiblich konnotiert« (ebd.: 79) ist. Auffällig ist vor allem die weibliche Fähigkeit und Motivation zur Selbst-Kontrolle (ebd.: 82). Zudem verfügten Frauen über eine »bezeichnende Strukturierungsbereitschaft« (ebd.). »D.h. dass sie bereit und in der Lage sind, nicht nur im Rahmen vorgegebener Strukturen perfekt zu funktionieren, sondern diese gegebenenfalls auch aktiv selbst immer wieder neu zu organisieren, notfalls auch gegen Widerstände – und genau das ist es letztlich, was den Arbeitskraftunternehmer in dieser Dimension von seinem Vorgänger trennt.« (ebd.) Erklären lässt sich die spezifisch weibliche Disposition anhand gesellschaftlicher Strukturzwänge. Aufgrund ihrer »doppelten Vergesellschaftung« (Becker-Schmidt 2010) haben Frauen sich Fähigkeiten und Kompetenzen – zum Beispiel die Integration von unterschiedlichen Lebenssphären angehörenden und im Grunde unvereinbaren Anforderungen – angeeignet, die sie für die neue Arbeitswelt geradezu prädestinieren (vgl. Frey/Hüning/Nickel 2004). Die flexible und selbstorganisierte Handhabung und Kombination von beruflichen und familiären Tätigkeiten (das heißt die Fähigkeit bzw. die Bereitschaft zu »Elastizitätsmustern«) ist eine der grundlegenden Fähigkeiten der »ArbeitskraftmanagerIn« (Winker/Carstensen 2007: 283).

Gewinnen ›weibliche‹ Fähigkeiten nun in der Arbeitswelt an Relevanz, könnte das für Frauen auf den ersten Blick einen Vorteil bedeuten. Doch wie sich in unserer Untersuchung zeigt, kommt den »Entschleunigerinnen« ihre sozialisatorische ›Poleposition‹ nicht zugute. Wie viele Frauen, die nach einer betreuungsbedingten Berufsunterbrechung auf ihren Arbeitsplatz zurückkehren und dort die Erfahrung machen, als »Erwerbstätige zweiter Güte« (Wippermann 2011: 39) behandelt zu werden, gehören die altbekannten geschlechtsspezifisch stereotypisierenden Zuschreibungen offenbar auch zur Erfahrungswelt der Frauengeneration 35plus.[139] Im Einzelnen kreisen die Erzählungen um Erlebnisse, die – angesichts des geäußerten Wunsches, nach der Rückkehr aus der Elternzeit die Führungsposition mit reduziertem Stundenkontingent weiter zu bekleiden – von »*blankem Erstaunen*« über »*totale Ablehnung*« bis hin zu »*massiver*« Druckausübung reichen. Der Eindruck, dass die anlässlich der öffentlichen Debatte über die Unterrepräsentanz von Frauen in Führungspositionen erbrachten offiziellen Verlautbarungen und Freiwilligkeitserklärungen nicht mehr als leere Worthülsen sind, wird dadurch abermals verstärkt. Offenbar »entspricht die auf der ›Vorderbühne‹ inszenierte bzw. proklamierte Kultur« auch im Jahr 2012 in weiten Teilen der Konzernwelt »nicht dem, was sich auf der ›Hinterbühne‹ tatsächlich ab-

139 In diesem Zusammenhang gibt insbesondere das statistische Datum, dass fast die Hälfte aller Frauen (40 Prozent) nach einer Berufsunterbrechung den Arbeitgeber wechselt bzw. sich selbstständig macht, zu denken (vgl. dazu Wippermann 2011: 39).

spielt.« (Krell 2010: 425) Jedenfalls lassen die hier abgebildeten Narrationen auf ein nach wie vor hermetisch-konservatives Umfeld schließen, das hartnäckig und unbelehrbar am veralteten industriegesellschaftlichen und implizit männlichen Managermodell festhält und gegenüber einer flexiblen und innovativen Handhabung von Arbeitszeitmodellen resistent zu sein scheint.

»Ich glaube, ein dreiviertel Jahr, bevor ich wiederkam, habe ich also wirklich den intensiveren Kontakt dann wieder aufgenommen und da traf ich auf einmal auf blankes Erstaunen, wie ich denn auf die Idee kommen könnte, hier überhaupt in Teilzeit arbeiten zu wollen. [...] In der Führungsposition, sodass ich also vor dem Fakt stand: Also einerseits hat man es mir schon längst bewilligt und auf der anderen Seite jetzt aber diese totale Ablehnung. Und das hat mich schon auch getroffen! Weil ich dann so dachte: Na, Mensch, also erstens wissen die nicht was sie machen, ja, und auf der anderen Seite, ich hatte mir überlegt, wie es funktionieren kann! Ich bin ja nicht nur hingekommen und habe gesagt: ›Kuckuck ich komme in 30 Stunden wieder‹, sondern ich hatte ja ein Konzept mit Vertretungslösungen et cetera und das fand ich dann schon schräg, dass man da überhaupt gar nicht drüber nachdenken wollte. Das hat sich dann entwickelt über die Zeit [...] Aber das war schon ein Bruch für mich, ja.« (39, w)

»Na ja, die haben mich dann wirklich massivst [...] angegangen. Ja, ich müsste mich jetzt auch entscheiden. Ich habe gesagt, ›Ich muss mich gar nicht entscheiden. Ich habe dem Unternehmen mitgeteilt, dass ich schwanger bin und dass ich vorhabe, nach einem Jahr wiederzukommen‹. [...] Ja, das ginge jetzt nicht. Und sie würden mir eine Alternativstelle anbieten und ›einen Tod, Frau [Name], müssen sie sterben. Entweder Karriere oder Familie‹. Da muss ich sagen, war ich natürlich auch erst mal bedient.« (39, w)

Das bedeutet: Männliche Führungskräfte können insofern einen Freiheitsgewinn für sich verbuchen, als ihnen die Fähigkeit zugetraut wird, ihre vielfältigen (beruflichen und privaten) Rollen miteinander kombinieren zu können. Das entspricht auch den Befunden, die man aus der empirischen Führungskräfteforschung kennt.[140]

140 »Männer im mittleren Management punkten heute bei ihren Kollegen, Mitarbeiterinnen und Mitarbeitern, wenn sie während der Arbeitszeit – natürlich nur in dringenden Fällen – für ihre Familie da sind: das Kind zum Arzt fahren, vom Kindergarten abholen etc. – und natürlich nur unter der Maßgabe, dass sie keinen fixen Feierabend haben und auch einal länger im Büro bleiben. Das signifikante Signal ist, dass Männer im mittleren Maagement ihre Familie nicht mehr – wie noch vor zwanzig Jahren und heute in

Ihren Kolleginnen in Teilzeit wird dieses Vermögen jedoch offenbar nicht zugetraut. Zumindest einem Teil der weiblichen Führungskräften dieses Typus wird anscheinend immer noch unterstellt, die Doppelbelastung nicht handhaben zu können. Dies bestätigen auch andere Befragungen unter weiblichen Führungskräften, in deren Wahrnehmung durch die Vereinbarkeitsfrage tatsächlich keine »objektiv gegebene Barrieren« gegeben sind, sondern diese »auch interessengeleitet als Hindernisse konstruiert« (Krell 2010: 426) werden. Die Gruppe der hier zur Debatte stehenden jungen hochqualifizierten Frauen macht jedenfalls die für sie überaus ernüchternde Erfahrung, dass trotz der organisationsstrukturellen Umbrüche nach wie vor nach dem Prinzip »think manager, think male« (Schein/Davidson 1993) verfahren wird und dass das Profil der Führungskraft allein auf ›maskuline‹ Eigenschaften – hier im Sinne einer Beschäftigung in Vollzeit – zugeschnitten ist und die organisationale Umgebung als Gatekeeper fungiert, der den Zutritt für ›Fremdkörper‹ verwehrt.[141]

»In der ersten Führungsebene [...] war ich bis vor einem Monat die einzige Frau [...]. Insofern bin ich eh schon so ein bisschen ein bunter Hund gewesen. [...] So auf Gruppenleiterebene ist das schon mal vorgekommen, allerdings mit den gleichen Ressentiments behaftet, wie ich das jetzt dann auch erlebt habe. [...] Es stört den Ablauf, ja? Um das einfach mal deutlich zu sagen. Es stört den Ablauf.« (39, w)

Indem sie den Wunsch äußern, eine verantwortungsvolle Position mit einem reduzierten Stundenkontingent kombinieren zu können, fordern diese Frauen den ›maskulinen‹ Führungsprototypen heraus.[142] Die Frauen sind davon überzeugt, dass die Ausübung einer Führungsposition *part time* organisatorisch prinzipiell machbar ist.

---

sehr konservativen Unternehmen – strikt aus ihrem beruflichen Alltag heraushalten und ausblenden müssen.« (Wippermann 2010: 63)

141 Vgl. hierfür auch die Studien von accenture aus den Jahren 2002 und 2007, in denen das mangelnde Angebot an flexiblen Arbeitszeitmodellen bzw. die fehlende Option Karriere und Familie zu vereinbaren von Frauen als entscheidendes Karrierehindernis betrachtet wird. Anscheinend hat sich dbzgl. in deutschen Unternehmen in den letzten Jahren keine fundamentale Veränderung ergeben.

142 Teile der Führungsforschung gehen davon aus, dass die Besetzung von Führungspositionen maßgeblich durch Zuschreibungsprozesse erfolgt. Aus dieser Perspektive sind die Eigenschaften der idealen Führungspersönlichkeit sozial konstruiert: »Basierend auf so genannten Führungsprototypen, d.h. Merkmalen, die aufgrund von Normen und Erfahrungen als repräsentativ oder typisch für ein Führungsperson gelten, wird eine Person als Führungskraft wahrgenommen und anerkannt« (Krell 2010: 453).

»Es geht inhaltlich gesehen mit weniger Stunden einen sinnvollen Job zu machen, der mir Spaß macht. Aber ich glaube, dass die Firma da noch nicht so weit ist.« (36, w)

»Also ich sehe eigentlich die größte Herausforderung, dass […] ein Umdenken stattfindet in Bezug […] auf Führungspositionen und Teilzeit. Also dass so etwas schon durchaus möglich ist. Das ist halt nur eine Frage dessen, wie es organisiert wird.« (39, w)

Die Frauen reklamieren diesbezüglich endlich ein *»Umdenken«* und sehen in Zukunft die Notwendigkeit, Führung von der Vorstellung des *Fulltime-Managers* abzukoppeln. Generell fordern sie, dass die häufig nur *»auf dem Papier«* existierenden flexiblen Arbeitszeitmodelle im Unternehmensalltag zur gelebten Praxis werden. Sie selbst haben das Leitbild der Selbstorganisation verinnerlicht. Doch sie erleben eine Umgebung, in der dieses Leitbild zwar offiziell proklamiert wird, den Mitarbeitenden eine souveräne Entscheidung darüber, *wie* sie ihre Arbeit organisieren, faktisch aber nicht zugestanden wird. Damit stoßen die Frauen an den Kern des Dilemmas, in dem die Beschäftigten der spätmodernen Wissensökonomie insgesamt stecken und das aus einer hybriden Konstellation aus ›neuen‹ und ›alten‹ Steuerungsformen resultiert. Die Steuerung erfolgt in der ›neuen‹ Arbeitswelt, mit anderen Worten, zwar durchaus *auch* über Zielvorgaben. Gleichzeitig herrschen jedoch nach wie vor äußerst starre, vor allem zeitliche, Rahmenbedingungen.[143]

Das Verhältnis zwischen Betrieb und Individuum, das mit der Subjektivierung von Arbeit im Prinzip ein neues Fundament erhält, ist durch eine Unausgewogenheit gekennzeichnet. Einerseits wird die unternehmerisch beanspruchte Autonomiebefähigung der Beschäftigten nicht optional, sondern obligatorisch zur Disposition gestellt. Das bedeutet: Im Rahmen entgrenzter Arbeitswelten sind die Berufstätigen gezwungen, ihr Tätigkeitsgebiet selbstorganisiert zu gestalten, wozu im Wesentlichen auch die Fähigkeit gehört, sowohl räumlich als auch zeitlich eigenstrukturiert zu arbeiten. Und nicht nur das. Die Durchrationalisierung des gesamten Lebenszusammenhangs – das heißt also die produktive Verknüpfung unterschiedlicher Lebensbereiche – macht überhaupt erst das idealtypische Arbeitssubjekt aus (Stichwort »Arbeitskraftunternehmer«). Doch in der sich hier abzeichnenden Konzernrealität wird den Mitarbeitenden die Befähigung zur Autonomie partiell ab-

143 Zwar haben Personalverantwortliche die Bedeutung von Vertrauensarbeitszeit in der Theorie wohl durchaus erkannt (vgl. Kienbaum 2007). Doch herrscht offenbar eine Kluft zwischen theoretischem Anspruch und unternehmerischer Praxis.

gesprochen. Dies impliziert nicht nur (Karriere-)Nachteile für die (in unserem Sample weiblichen) Führungskräfte mit Betreuungsaufgaben, sondern offenbart auch ein eklatantes Ungleichgewicht: Das Unternehmen macht sich im Bedarfsfall die zeitliche Flexibilität der Mitarbeitenden zunutze. Ihnen wird bei der Gestaltung ihres Workflows nicht einmal in der Phase der Familiengründung zeitliche Flexibilität gleichberechtigt eingeräumt. Stattdessen ist von einem Klima der »*Kontrolle*« (40, w) und der »*Rechtfertigung*« (37, w)[144] die Rede.

»Das ist sicherlich ein Punkt, wo ich glaube, dass Unternehmen echt noch lernen müssen, das wirklich zum festen Bestandteil von Kultur zu machen innerhalb des Unternehmens. Es ist aber gefühlt immer noch so ein gewisses Rechtfertigungsthema. Also man hat ja auch keine Lust, andauernd zu erklären, ›ich habe jetzt ein Kind und deswegen gehe ich jetzt hier, was weiß ich, um 4 oder um halb 5 aus dem Haus‹.« (37, w)

»Wir haben etliche Mütter in Teilzeit, die zum Beispiel gesagt haben, sie würden mehr Stunden arbeiten, wenn es möglich wäre, dass sie um 15 Uhr gehen, nach Hause gehen, ihre Kinder machen und dann von 20 Uhr bis 22 Uhr noch was machen, wenn die Kinder im Bett sind. […] Ist aber von unserem Arbeitszeitvertrag mit dem Betrieb, […] nicht vorgesehen. […] So. Und genau diese Diskussion […] wird gerade in Personalkreisen in diesen Leitungssitzungen nochmal diskutiert und dann kommen alle diese Sachen hoch. ›Ja, aber keine junge Mutter wird wieder um 20 Uhr arbeiten am PC.‹ Und dann sagt die andere: ›Ja, aber weißt du, wie motiviert die werden, wenn sie das Gefühl hätten, sie können selber gestalten […]‹. Und jemand anderes sagt: ›Ja, aber dann hast du keine Kontrolle darüber, ob sie richtig gearbeitet hat‹.« (40, w)

In der vorliegenden Untersuchung wird die durch die Gleichzeitigkeit verschiedener Steuerungsformen entstehende Schieflage nicht nur, aber vor allem von Frauen wahrgenommen und thematisiert. Das hängt sicherlich damit zusammen, dass in unserer jungen, aber offenbar noch in sehr traditionellen Lebensmodellen verhafteten, Gesamtstichprobe die Fürsorgetätigkeiten vorwiegend von Frauen übernommen werden. Die weibliche Wahrnehmung bildet aber nur die Speerspitze einer in Ausweitung begriffenen Entwicklung. Denn zum einen betreffen Fragen der Vereinbarkeit bzw.

144 75 Prozent der Arbeitenden nennen die Möglichkeit berufliche und private Verpflichtungen vereinbaren zu können als wichtigste Bedingung, um bis zur Rente beim derzeitigen Arbeitgeber zu arbeiten (vgl. Prager/Schleiter 2006).

der Work-Life-Balance nicht nur Frauen, sondern auch all jene Männer, die ihre Vaterrolle stärker als bislang wahrnehmen wollen (vgl. Oechsle 2010). In Anbetracht des demografischen Wandels und der damit zunehmenden Pflege älterer Angehöriger wird sich zum anderen auch die Frage, wie die Beziehung zwischen Arbeit und Leben in ein für beide Seiten, Unternehmen wie Arbeitende, ausgewogenes Lot zu bringen ist, nochmals verschärft stellen.

Frauen und Männer: Ablehnung der »Spiele des Wettbewerbs«

Schließlich ist für einen Teil der weiblichen Führungskräfte, gewissermaßen ein Subtypus der »Entschleunigerinnen«, noch ein anderer Punkt dafür ausschlaggebend, von der Perspektive eines weiteren Aufstiegs in der Firmenhierarchie Abstand zu nehmen, nämlich die kritische Reflexion der »Spiele des Wettbewerbs« in einem »den Männern vorbehaltenen Raum« (Bourdieu 1997: 203).

»Das interessante an dieser Stelle ist, dass meine Chefin – die ist schon recht lange da – das ist klar, dass sie weiter, woanders hingehen wird und dann habe ich die Chance sozusagen, dieses Team [...] zu übernehmen. Das hat es für mich auch irgendwie einfacher gemacht zu sagen: ›Okay, gut, ich mache jetzt diese Stelle hier‹. Mittlerweile denke ich so: Ich sehe, dass sie sich den ganzen Tag nur mit dem Topmanagement und der Politik, die hier herrscht, auseinandersetzt und mittlerweile bin ich mir sehr sicher, ich möchte unter gar keinen Umständen diesen Job machen.« (39, w)

Die Ablehnung von Mikropolitik seitens weiblicher Nachwuchsführungskräfte ist freilich keine gänzlich neue Erkenntnis (vgl. Mucha/Rastetter 2012). Jedoch können die Ergebnisse vor dem Hintergrund des strukturellen wie soziokulturellen Wandels zu neuen Interpretationen und Bewertungen anleiten. Interessant ist vor allem: Auch die Männer dieses Handlungsmusters lehnen *»politische Spiele zur Sicherung des Status quo«* mehrheitlich ab bzw. verkörpern nach eigenen Aussagen keine *»Darstellertypen«*. Allerdings ist die Ablehnung mikropolitischer Strategien im Falle der Männer (wie im Übrigen auch im Falle eines Teils der Frauen) nicht das entscheidende Kriterium, das sie von einem weiteren Aufstieg absehen lässt, sondern die befürchtete Vereinnahmung.[145] Anders bei den Frauen dieses Typs,

145 Eine offensive Strategie konkurrenzbetonter Selbstdarstellung wurde auch von den Angehörigen anderer Typen der hier befragten Führungskräfte – und zwar von Männern wie Frauen – in den Interviews kritisch kommentiert. Allerdings ist die Kritik nur im

von denen der Aufstieg in der Hierarchie mit einem männlich dominierten politischen Spielfeld assoziiert wird, in dem man sich selbst als Fremdkörper wahrnimmt. Zwar spricht ein Teil der männlichen Führungskräfte Frauen generell die Kompetenz bzw. »die notwendige Einsicht in das Anforderungsprofil, nämlich Unternehmenspolitiker nach innen und außen zu sein« (Wippermann 2010: 51) ab. Doch gegen eine solche Pauschalisierung spricht die Einbettung von Techniken der Mikropolitik in konkrete äußere Rahmenbedingungen. Frauen in Führungspositionen befinden sich darin nach wie vor in der Minderheit. Bei organisationalen Strukturen handelt es sich nicht um eine geschlechtsneutrale, sondern um eine vergeschlechtlichte Ordnung, um eine »gendered organization« (Acker 1990). Die Frauen dieses Typus nehmen dies präzise wahr und äußern selbstbewusst den Wunsch nach einem *»deutlich«* diversifizierten Topmanagement. Die Ablehnung der Frauen bezieht sich folglich nicht auf Mikropolitik als solche, sondern auf bestimmte, von primär männlichen Vorstellungen definierte, mikropolitische Arenen und Verfahren. Es ist anzunehmen, dass sich diese Haltung im Falle einer zunehmenden Durchsetzung von *mixed teams* und einer steigenden Anzahl an Frauen in Führungspositionen in Organisationen ändert.

4.1.4 Unterschiedliche Sichtweisen auf ein scheinbar gleiches Feld – die zentralen Befunde auf einen Blick

Die leitende Frage unserer Untersuchung war, welche Erfahrungen die heute Dreißig- bis Vierzigjährigen in der Arbeitswelt von heute machen, wie sie den organisationalen Wandel erleben und welche Konsequenzen sie daraus für ihre Zukunft ziehen. Fassen wir die zentralen Befunde zusammen: Für die stark aufstiegsorientierten »Kritischen« erfüllt sich das Versprechen, in ihrem Arbeitsumfeld die eigenen Potentiale autonom entfalten zu können, nicht. Die Ursache hierfür liegt in dem Verharrungsvermögen traditioneller organisationaler Praktiken (zum Beispiel in Form der nach wie vor stark hierarchischen Kommunikationsformen). In der Gestalt dieser Führungskräfte spitzt sich, so könnte man sagen, das »Führungskräftedilemma« (Baethge/Denkinger/Kadritzke 1995) nochmals zu. Denn das Dilemma der »Kritischen« resultiert nicht nur – so unsere These – aus einer Diskrepanz zwischen den eigenen

Falle eines Teils der weiblichen Führungskräfte dieses Typus handlungswirksam und führt zu einem Verzicht auf den weiteren Aufstieg.

Erwartungen und Vorstellungen und den unternehmerischen Anforderungsprofilen und Organisationsformen. Vielmehr haben sich die individuellen Erwartungen längst in gesellschaftliche bzw. organisationale Erwartungen und Vorgaben, an denen sich die Arbeitssubjekte zwangsläufig orientieren (müssen), verkehrt (vgl. Honneth 2010; Kocyba 2000; Kocyba 2005: 79; Ehrenberg 2010: 54; Boltanski/Chiapello 2003: 462). Die Erfüllung dieser Anforderungen oder besser gesagt: der Leitbilder, wird jedoch durch eine organisationale Wandlungsresistenz konterkariert, woraus sich für die jungen Führungskräfte eine nahezu schizophrene Lage ergibt. Das, was offiziell propagiert wird und woran die gesellschaftliche Anerkennung gekoppelt ist, lässt das Konzernumfeld nicht zu. Als (fast einzige) Möglichkeit, diese dilemmatische Situation aufzulösen, ziehen die »Kritischen« die Exit-Strategie in kleinere, als positive Kontrastfolie fungierende, Unternehmen in Betracht. Anders als die »Kritischen« verfügen die »Flüchtigen« in ihrem Konzernumfeld über einen relativen Grad an Autonomie und Freiraum. Dies dürfte wohl auch der Grund sein, weswegen der Aufstieg in der Hierarchie für diese gleichfalls sehr ambitionierten Führungskräfte kein zwingendes Karriereziel ist. Die Widersprüche, unter denen die »Kritischen« leiden, existieren demnach nicht für alle der hier befragten Führungskräfte gleichermaßen. Interessant ist vor allem, dass es im Falle der »Flüchtigen« offenbar größtenteils deren Vorgesetzten sind, die die Widersprüche – gegebenenfalls in Folge von Aushandlungsprozessen (vgl. Crozier/Friedberg 1993 [1979]) – aufheben.

In aller Deutlichkeit zeigt sich anhand der Karriereentwürfe der »Flüchtigen« die Verkehrung von Selbst- in Fremdansprüche. Das neue Persönlichkeitsideal, das aus der Subjektivierung von Arbeit hervorgeht, ist das sich in seiner Arbeit verwirklichende Subjekt. Selbstverwirklichung im Sinne eines auf Dauer gestellten Experimentierens mit der eigenen Biographie und Identität wird bei diesen Führungskräften – das zeichnet sich an ihren Narrativen ab – »als ein Anspruch an die Formung der eigenen Subjektivität erlebt« (Honneth 2010: 72 ff.). Das Selbstverwirklichungsideal, das die »Flüchtigen« in Gänze absorbiert haben, äußert sich in deren Karrierestrategie der permanenten (Selbst-)Veränderung. Zugleich experimentieren diese Führungskräfte eigensinnig mit den organisationalen Arbeitsstrukturen und Karrieremodellen. Insofern entfaltet das Selbstverwirklichungsideal in ihrem Fall ebenso eine emanzipatorische Kraft. Im Falle der »EntschleunigerInnen« ist die Erfahrung prägend, ›mit Haut und Haar‹ vereinnahmt zu werden, was die Reaktion auslöst, die Reißleine ziehen zu müssen. Das Fazit dieser Führungskräfte lautet: Karriere nicht um jeden Preis! Diese Gruppe hat für sich die Entscheidung getroffen, von einem weiteren Aufstieg abzusehen. Der Entschluss stellt einen Versuch dar, sich dem übermäßigen organisationalen Zugriff auf ihre Privatheit zu widersetzen. In diesem Sinne verkörpern diese Führungskräfte die Widerständler des Samples. Sie gehen zu den Subjektivierungsansprüchen so weit wie möglich auf Distanz, d.h. sie ziehen ihre Subjektanteile partiell aus der Arbeit ab, grenzen sich emotional stärker ab und widerstehen der »Erwartung, »eins zu werden mit der eigenen Arbeit« (Neckel/Wagner 2013: 14). Selbstverwirklichung findet bei ihnen verstärkt im privaten Bereich statt.

Unterschiede zwischen den Geschlechtern zeigen sich auf den ersten Blick vor allem hinsichtlich der Karrierestrategie. Mehr Frauen als Männer planen den Aufstieg dezidiert. Andererseits sagen etwas mehr Frauen als Männer von sich, nicht weiter aufsteigen zu wollen. Das heißt, die Frauen machen sowohl in der Gruppe der explizit Aufstiegsorientierten als auch in der Gruppe, die sich vom Aufstiegsgedanken verabschiedet, den größeren Anteil aus. Die hier vorfindlichen empirischen Befunde belegen eindrücklich, dass die Ursachen des Abschieds vom Aufstieg bei dieser hochqualifizierten und karrierewilligen Frauengeneration weniger in einer geschlechtsspezifischen Karriereorientierung als in veränderungsträgen bzw. -resistenten Konzernpraktiken zu suchen sind. So verdeutlichen die schwerpunktmäßig weiblichen Erzählungen das eklatante Missverhältnis zwischen einer Arbeitswelt, die maßgeblich auf den Modus der Flexibilisierung umstellt und die keine Hemmungen hat, uneingeschränkt die sowohl räumliche als auch zeitliche Flexibilität der Arbeitssubjekte zu beanspruchen, und einer Arbeitswelt, die ihrerseits nicht einmal temporär bereit ist, den Mitarbeitenden die gleiche Flexibilität zur Ausgestaltung ihrer lebensphasenbezogenen Arbeitszeitmodelle einzuräumen. So mussten insbesondere die »Entschleunigerinnen« dafür kämpfen, nach der Elternzeit ihre Führungsposition (temporär) in Teilzeit weiter ausüben zu dürfen. Die Phase der Familiengründung wurde bei diesen Frauen damit fast zum Stolperstein für die eingeschlagenen Karrierewege. Dies ist freilich kein Novum. Allerdings machen die hier reproduzierten weiblichen Narrative in aller Drastik deutlich, wie es im Jahr 2012 um den Status quo in Sachen Gleichstellung in den Großkonzernen bestellt ist bzw. wie ernst deren Absichtserklärungen, den Frauenanteil in Führungspositionen zu erhöhen, im Zweifelsfall tatsächlich zu nehmen sind.

Die hybride aus unterschiedlichen ›alten‹ und ›neuen‹ Steuerungsmodi (Anwesenheitskontrolle vs. Ergebniskontrolle) resultierende Konstellation produziert aus Sicht der weiblichen Führungskräfte eine unzumutbare

Schieflage. Der schwindende weibliche Aufstiegswille resultiert aus dem damit produzierten Widerspruch: Die Frauen gehen innerlich auf Distanz zu einem Arbeitsumfeld und dessen Reputationssystem, das von den Arbeitenden Anpassungsfähigkeit fordert, sich selbst aber nach wie vor an den – aus heutiger Sicht veraltet anmutenden – industriekapitalistischen (maskulinen) Arbeitszeitmodellen und Steuerungsformen etc. orientiert. Insbesondere die »Entschleunigerinnen« kritisieren diesbezüglich ein Ungleichgewicht zwischen organisational eingeforderter (den Unternehmensinteressen dienlicher) Autonomiebegabung einerseits und organisational nicht anerkannter Autonomiebefähigung (für den Fall, dass es um die Interessen und Belange der Beschäftigten geht) andererseits.

Die weibliche Wahrnehmung bildet dabei unseres Erachtens einen umfassenderen, im Prinzip beide Geschlechter betreffenden, Trend ab. So monieren auch die »Kritischen«, und zwar Männer wie Frauen, dass die Gleichzeitigkeit von einerseits stark standardisierten, andererseits hochgradig entstandardisierten Formen betrieblicher Arbeitszeitorganisation hauptsächlich zu ihren Lasten geht. Dazu gehört, dass zunehmend mehr Männer den in vielen Konzernen nach wie vor kultivierten Präsentismus kritisieren, was auf eine Annäherung in der Motivlage der Geschlechter hindeutet.

4.1.5 Betonung von Leistung und fachlicher Qualifikation

Typen- und geschlechterübergreifend auffällig ist darüber hinaus die kritische Haltung gegenüber jener Art von Distinktionsstrategien, die allein darauf bauen, der eigenen Person in Interaktionen aufgrund sozialer Faktoren Geltung zu verschaffen, die einer fachlich-sachlich fundierten Leistung allerdings entbehren. Wo die Profilierung auf der Grundlage der von anderen erbrachten Leistung nicht explizit beanstandet wird, findet die »Entkoppelung von Leistung und Erfolg« (Neckel 2008: 17) in Form starker rhetorischer Figuren ihre negative Würdigung. In den Interviews ist die Rede von »*Schaumschlägern*«, welche »*nicht ordentlich liefern* [würden]« (33, m), bzw. von »*Luftpumpen, die rhetorisch schön verpacken, aber nichts bewegen*« (33, m), von »*Schwätzern*«, die keinen »*Wert*« bzw. »*Effekt*« für das Unternehmen schaffen würden (33, w) und von »*Heißluftproduzierern*« (39, w).

Neben der sich hier abzeichnenden Kritik an leistungsunabhängiger Distinktion fällt auf, dass Männer wie Frauen die Karrieretechnik der Selbstdarstellung, die verstärkt als organisationale Anforderung wahrgenommen wird, fragwürdig thematisieren. Lobende Erwähnung findet nämlich eine unternehmerische »*Philosophie*«, der zufolge man nicht »*schauspielerisch talentiert*« sein müsse, um Karriere zu machen (42, m). Eine Kultur des »*Rampenlichts*« (36, m) stößt hingegen auf Ablehnung. In Analogie hierzu verkörpern Führungskräfte, die eine »*Show abziehen*« (38, m), gängige Negativbilder.

Für die Missbilligung einer rein performativen, auf »die gelungene Darstellungsweise von Körper und habitueller ›Typik‹« (Neckel 2008: 88) ankommende Bewährung und für eine starke Wertschätzung des Leistungsprinzips, die hinter die Kulissen der Ergebniserbringung blickt und deren Urheber anerkennt, sprechen drei weitere Indikatoren. Erstens die seitens zahlreicher InterviewpartnerInnen positive Hervorhebung von fachlicher Qualifikation und nachweisbarer Leistungen als vorbildhafte Eigenschaft von bzw. Anforderung an Führungskräfte(n). Aus diesem Grund stößt ein zu schneller Aufstieg bzw. ein zu rascher Positionswechsel bisweilen auf Ablehnung, da dieser dem Wunsch nach dem Ausbau der eigenen fachlichen Expertise nicht gerecht werde. Ein in der Empirie überwiegend vorherrschendes Bild in Bezug auf das Verhältnis zwischen Betrieb und Akteur ist zweitens die Figur des »*geben und nehmen*«, was nicht nur darauf hindeutet, dass sich Führungskräfte in großen Unternehmen nach wie vor am Ideal des »sozialen Austauschs« orientieren (vgl. Kapitel 3.1.2), sondern auch genau das Verhältnis der Reziprozität huldigt, welches für das Leistungsprinzip kennzeichnend ist: »Anstrengungen sollen belohnt werden und die Belohnungen untereinander das Maß der jeweiligen Verdienste repräsentieren.« (vgl. Neckel 2008: 11) Was drittens ins Auge sticht, ist die starke Betonung von Teamarbeit im Zusammenhang mit der eigenen Leistungserbringung. Die Akteure und Akteurinnen sind sich, mit anderen Worten, nicht nur darüber im Klaren, dass erfolgreiche Wissensarbeit einem kollektiven Rahmen geschuldet ist. Sie tragen dem auch Rechnung und heben weniger die eigenen als den Verdienst im Verbund hervor.

»Mein Antrieb ist was [zu] hinterlassen. Also wirklich was schaffen. Ja, aber wie sich so in meiner Karriere herausgestellt hat, eigentlich immer mit anderen. Ja, mir ist wichtig, dass ich gut dabei stehe, aber ich bin nicht der Entscheidende in dem Ganzen. Auch wenn Trainee-Programme häufig darauf ausgerichtet sind, ja, das man sich produziert.« (41, m)

»Also die gesamte Abteilung […] ist ein sehr, sehr professionelles Team sehr offen, sehr […] kommunikativ, also es gibt nicht diese Wissenshoheit oder irgendwie so diese Dinge, also es ist ein sehr, sehr reger Austausch und das eigentlich zwischen allen Konzernfunktionen.« (34, w)

Umgekehrt wird ein unternehmerisches Umfeld, das es an Kooperation und Teamgeist mangeln lässt und das stattdessen das Mittel der Konkurrenz »heiligt« und zu »Feindseligkeit« (Neckel 2008: 9) animiert, stark kritisiert.

»Was ich hier erlebe [ist] sehr Ellenbogen getrieben, wenig Zusammenhalt, sehr viel, [...] ja man könnte schon fast sagen, lügen und betrügen, damit man sich selber besser ins Rampenlicht stellt. [...] Also sehr erschreckend, habe ich die letzten Jahre einen massiven Verfall erlebt, [...] Und da erlebe ich halt im Moment auf meiner Ebene kein Miteinander, sondern ein Gegeneinander, ein massives Gegeneinander! Also sehr, sehr stark dieses: Ich will Karriere machen, ich will Karriere machen, Ellenbogen raus und los! Ich bin mir selbst der nächste!« (36, m)

Möglicherweise ist die sich hier zeigende kritische Reflexion der »performativen Ökonomie« (Neckel 2008: 13) als Vorbote eines gesamtgesellschaftlichen Trends zu werten, das heißt als Ausdruck erster Ermüdungserscheinungen, die sich in Anbetracht der allerorten geforderten Darstellungszwänge einstellen und die in den Narrationen der hier befragten Männer und Frauen der jüngeren Beschäftigtengeneration erste Konturen erhalten.

4.2 Karriere in der Wissenschaft

4.2.1 Wissenschaftliche Karrieren in Deutschland

Das deutsche Wissenschaftssystem hat turbulente Jahre hinter sich. Seien es nun die weitreichenden Veränderungen der Governance der Wissenschaft, die zunehmend wettbewerbliche Finanzierung der Forschung, wissenschaftspolitische Initiativen wie die Exzellenzinitiative und die Bologna-Reform, die Umstellung von der C- auf die W-Besoldung, die Einführung der Juniorprofessur, die gewandelte Stellung der Wissenschaft zu ihren Umwelten – all diese und noch weitere Entwicklungen zeugen von einem massiven Strukturwandel, der die deutsche Wissenschaft seit 15 bis 20 Jahren in immer neuen Schüben und mit wachsender Intensität in Atem gehalten hat. Mit der Diagnose einer wachsenden Bedeutung von Wissen für die wirtschaftliche Entwicklung gerät die Leistungs- und Wettbewerbsfähigkeit der deutschen Wissenschaft im internationalen Vergleich verstärkt ins Blickfeld der politischen Steuerungsakteure. Das betrifft auch den sogenannten wissenschaftlichen Nachwuchs, der in Deutschland mittlerweile den ganz überwiegenden Teil der Forschung und Lehre an den Hochschulen übernimmt (vgl. Kreckel 2012: 2). Die (vor allem zu Beginn des Jahrhunderts intensiv geführten) Diskussionen um *brain drain* und *brain gain*, der vom BMBF geförderte »Bundesbericht Wissenschaftlicher Nachwuchs« und zahlreiche andere Förderlinien und Initiativen der Bundes- und Landesministerien zeugen von einer gestiegenen politischen Aufmerksamkeit für die Situation der NachwuchswissenschaftlerInnen. Je nach diskursiver Perspektive gelten die jungen Wissenschaftlerinnen und Wissenschaftler mal als wichtige Akteure der Wissensproduktion und -vermittlung, die einen bedeutenden Beitrag zur Innovationsfähigkeit der deutschen Wissenschaft leisten, und mal als Ausbildungspool, aus dem der wachsende Bedarf der Wissensgesellschaften nach hochqualifizierten Arbeitskräften gestillt werden kann.

Es kann daher nicht verwundern, dass die Zahl der Studien über den wissenschaftlichen Nachwuchs in den letzten Jahren beständig zugenommen hat. Irritieren mag höchstens, dass der einhellige Befund dieser meist durch die jeweils zuständigen Ministerien finanzierten Studien, der wissenschaftliche Nachwuchs sei zwar hochgradig zufrieden mit der wissenschaftlichen Arbeitsweise und den Arbeitsinhalten, gleichzeitig aber ebenso hochgradig *un*zufrieden mit den Aufstiegsmöglichkeiten, der Arbeitsplatzsicherheit und der Planbarkeit der Karriere (vgl. etwa Jaksztat/Schindler/Briedis 2010: 15–20; Jongmanns 2011: 81–84), noch nicht politisch handlungswirksam geworden ist. Die Durchsicht der Literatur der letzten zehn Jahre zur Situation des wissenschaftlichen Nachwuchses zeigt, dass zwei Arten von Studien dominieren: einerseits quantitativ angelegte Untersuchungen und andererseits theoretische Erörterungen der möglichen Karrierewege im deutschen Wissenschaftssystem (die allesamt die Professur zum Ziel haben) im Angesicht des strukturellen Wandels. Die größten aktuellen quantitativen Studien basieren auf dem »ProFile«-Datensatz des Instituts für Forschungsinformation und Qualitätssicherung (iFQ), dem WinBus-Online-Panel des Deutschen Zentrums für Hochschul- und Wissenschaftsforschung (DZHW, früher HIS) und der Befragung des europäischen Doktorandennetzwerks EURODOC (als Nachfolge der 2004 vom deutschen Doktorandennetzwerk THESIS durchgeführten Befragung).[146] Weitere quantitative Studien wur-

146 Die entsprechenden Ergebnisse wurden unter anderem in folgenden Publikationen veröffentlicht: ProFile: Hauss u.a. 2012; WinBus: Jaksztat/Schindler/Briedis 2010; Jaksztat/Briedis/Preßler 2012; THESIS: THESIS Interdisziplinäres Netzwerk für Promovierende und Promovierte e. V. 2004; EURODOC: Ateş u.a. 2011.

den durchgeführt zur Situation der JuniorprofessorInnen (Federkeil/Buch 2007), der NachwuchsgruppenleiterInnen (Böhmer/Hornbostel/Meuser 2008; Böhmer/Hornbostel 2009), der (ehemaligen) Stipendiaten (Enders/Mugabushaka 2004) und Kollegiaten (Enders/Kottmann 2009) der DFG, NachwuchswissenschaftlerInnen in DFG-geförderten Projekten (Güdler u.a. 2009), von Postdocs in einzelnen Fächern (vgl. etwa Wirth u.a. 2008; Harde/Streblow 2008; Nagl/Rüssmann 2011; Fitzenberger/Leuschner 2012) und NachwuchswissenschaftlerInnen ausgewählter Universitäten (Grühn u.a. 2009; Findeisen 2011; Wagner-Baier/Funke/Mummendey 2011). Analysen der Arbeitsbedingungen und des Karrierewegs im deutschen Wissenschaftssystem sind oftmals international vergleichend angelegt (vgl. etwa Janson/Schomburg/Teichler 2007; Bosbach 2009; Buchholz u.a. 2009; Musselin 2010) oder beschäftigen sich deskriptiv mit deren Wandel (Borgwardt 2010; Gülker 2010; Kreckel 2008; 2011).

Verglichen mit der beeindruckenden Zahl an quantitativen Befragungen gibt es nur wenige qualitative Studien zur Motivlage des wissenschaftlichen Nachwuchses. Ein Beispiel ist die Untersuchung von Stephan Klecha und Melanie Reimer (2008), die sich mit den Lebens- und Arbeitsbedingungen von jungen WissenschaftlerInnen auseinandergesetzt haben. Entgegen der pessimistischen Ausgangsthese, »dass ein nicht unwesentlicher Anteil an Wissenschaftlern verunsichert ist und es wegen der unklaren Karrierechancen auch bleibt« (Klecha/Krumbein 2008: 10) haben die AutorInnen auf der Basis von 18 Interviews mit promovierten und nicht-promovierten WissenschaftlerInnen auf befristeten Stellen fünf verschiedene Umgangsweisen mit unsicherer Beschäftigung identifizieren können (Klecha/Reimer 2008: 53–70): (1) den »*Prekaritätsmanager*«, dessen anfängliche Faszination für den wissenschaftlichen Beruf mittlerweile in Frustration umgeschlagen ist, der aber, weil er seine Chancen, außerhalb der Wissenschaft eine Anstellung zu finden, äußerst schlecht einschätzt, keine beruflichen Alternativen forciert und sich gewissermaßen in der Prekarität ›eingerichtet‹ hat – dies auch mit Hilfe eines Partners mit fester Anstellung; (2) den durchweg männlichen, sehr selbstbewussten »*karriereorientierten Idealisten*«, der eine wissenschaftliche Karriere anstrebt und dafür bereit ist, sich voll und ganz in den Dienst seines Doktorvaters zu stellen, um von dessen Renommee und Netzwerken profitieren zu können, privat aber solange unabhängig bleiben will, bis er beruflich reüssiert und sich dafür eine Deadline gesetzt hat; (3) die »*fragile Mitte*«, die einerseits eine starke intrinsische Motivation aufweist, eigenständiger agiert als die »karriereorientierten Idealisten« und gut in der *scientific community* vernetzt ist, andererseits aber von den Beschäftigungsperspektiven in der Wissenschaft abgeschreckt ist und den Ausstieg aus der Wissenschaft deshalb immer mitdenkt; (4) den »*Gelegenheitswissenschaftler*«, der eher zufällig als geplant seinen Weg in die Wissenschaft gefunden hat, sein Promotionsprojekt dann aber durchaus entschlossen angeht und dieses auch bei ungünstiger Finanzierungslage zu Ende bringen will, in der wissenschaftlichen Gemeinschaft aber nur wenig Anknüpfungspunkte gefunden hat und sich, nicht zuletzt aufgrund der schlechten Zukunftsperspektiven, zum baldigen Ausstieg aus der Wissenschaft entschlossen hat; (5) den »Übergangswissenschaftler«, dem im Gegensatz zum vierten Typen von Anfang an klar war, dass er keine wissenschaftliche Laufbahn einschlagen will, der aber die Möglichkeit zur Promotion trotzdem wahrgenommen hat, freilich ohne dabei die Anschlussmöglichkeiten des Themas für den außerwissenschaftlichen Arbeitsmarkt aus den Augen zu verlieren.[147] Bemerkenswert ist, dass es offenbar bei den »*Gelegenheitswissenschaflern*« im Laufe des Promotionsprozesses eher zu *warming-up*-Prozessen kommt, nach anfänglicher Skepsis eine wissenschaftliche Laufbahn dann also doch attraktiv erscheint, während sich bei der »*fragilen Mitte*« und insbesondere beim »*Prekaritätsmanager*« als Folge der schlechten Karriereaussichten eher *cooling-out*-Prozesse beobachten lassen (vgl. ebd.: 70).[148]

Aus geschlechtertheoretischer Perspektive hat sich Heike Kahlert (2012) mit den Karriereorientierungen und -plänen des wissenschaftlichen Nachwuchses (in den Fächern Chemie und Politikwissenschaft) beschäftigt. Sie hat 60 Personen (15 Männer und 15 Frauen pro Fach) interviewt, die sich zum Zeitpunkt der Befragung im Übergang von der Promotions- in die Postdoc-Phase befanden, und konnte dabei drei Typen identifizieren: (1) Die Angehörigen des Typus »*Wissenschaft als Beruf*« (die Männer stellen in diesem Typ die

147 Klecha und Reimer haben NachwuchswissenschaftlerInnen aus drei verschiedenen Disziplinen befragt, aus der Politikwissenschaft, der Germanistik und den Wirtschaftswissenschaften, den »*Gelegenheitswissenschaftler*« haben sie in den beiden ersteren Disziplinen, den »Übergangswissenschaftler« nur in den Wirtschaftswissenschaften gefunden. Es ist daher zu vermuten, dass die Besonderheiten dieser beiden Typen auch mit Spezifika der jeweiligen Fächer zusammenhängen.

148 Das Konzept des *cooling-out* geht auf Goffman (1952) zurück und wurde von Clark (1960; 1980) auf Selektionsprozesse in amerikanischen Community Colleges übertragen. Jüngere Studien verweisen darauf, dass es im Laufe des Collegebesuchs auch zu *warming-up*-Prozessen in Bezug auf die Bildungsaspiration kommen kann (vgl. Alexander/Bozick/Entwisle 2008; Bahr 2008). In der deutschen Diskussion wird das Konzept seit einigen Jahren mit der Unterrepräsentanz von Frauen in der Wissenschaft in Verbindung gebracht (vgl. Kahlert 2011 und als Überblick Matthies/Zimmermann 2010: 197–198).

Mehrheit) möchten nach Abschluss der Promotion weiterhin wissenschaftlich tätig sein, sind gut in *scientific community* integriert und wurden dabei intensiv von Betreuerinnen und Betreuern unterstützt und gefördert. (2) Der zweite Typus »*Außerwissenschaftliche Tätigkeit*« versammelt jene Fälle, die sich zum Ausstieg aus der Wissenschaft entschlossen haben. Kahlert führt dafür vor allem inhaltliche Gründe an, Forschung mache den Befragten einfach »nicht genug Spaß« (ebd.: 74). Daneben sei diesen Personen aber auch Sicherheit und Beständigkeit wichtiger als den Angehörigen des ersten Typus. (3) Für den dritten Typus ist die »*Offenheit*« seiner beruflichen Zukunftsplanung kennzeichnend, wenn auch aus sehr unterschiedlichen Gründen und mit unterschiedlichen Konsequenzen. In dieser Gruppe finden sich mehr Frauen als Männer. Kahlert hebt hervor, dass die Kritik am deutschen Wissenschaftssystem beim Typus »*Wissenschaft als Beruf*« und einem Subtypus der »*Offenheit*«, den sie die »*Mehrgleisigen*« nennt, am geringsten ausgeprägt ist. Leider macht sie für die Typen zwei und drei – anders als bei Typ eins – keine expliziten Angaben über deren Einbindung in die *scientific community* und die Förderung durch wissenschaftliche MentorInnen. Vielmehr stellt sie andere Faktoren, wie den Wunsch nach beruflicher Sicherheit, familiäre Verpflichtungen, Mobilitätsanforderungen, finanzielle Einschränkungen (gegenüber einer Tätigkeit in der freien Wirtschaft), mangelnde intrinsische Motivation und eine unzureichende Identifikation mit der Wissenschaft in den Vordergrund. Damit verweist sie die Gründe für die unterschiedlichen Orientierungen tendenziell in den individuell-persönlichen Bereich, auch wenn sie betont, dass diese Orientierungen »durch die institutionellen und organisationalen Bedingungen des Wissenschaftsbetriebs geprägt« (Kahlert 2012: 84) sind, und am Ende ihres Beitrags resümiert, ihre Ergebnisse würden darauf hindeuten, »dass die Anforderungen der wissenschaftlichen Laufbahnen im deutschen Hochschulsystem […] passfähiger zum männlichen als zum weiblichen Lebenslaufregime sind« (ebd.: 85).

In diesem Zusammenhang ist die Studie zu Postdocs in der Kommunikations- und Medienwissenschaft von Wirth, Stämpfli, Böcking und Matthes (2008) erwähnenswert, die in ihrem *quantitativen* Sample drei Cluster bilden, die sich vor allem hinsichtlich ihrer Betreuungssituation unterscheiden[149]: (1) Die »*Isolierten*« sind wenig im Fach vernetzt und erhalten ebenso

149 Ein weiteres Beispiel einer Clusteranalyse findet sich in der Studie von Fitzenberger und Leuschner (2012), die zwischen den »*motivated optimists*«, den »*confident academics*« und den »*frustrated academics*« unterscheiden, aber keine Aussagen über deren Einbindung in die *scientific community* treffen können.

wenig Unterstützung von ihren BetreuerInnen. (2) Die »*Heißsporne*« publizieren viel, halten viele Vorträge, sind gut vernetzt und fühlen sich sehr gut betreut. (3) Die »*Traditionalisten*« zeigen eine weniger rege Publikationstätigkeit als Typ zwei, was die AutorInnen darauf zurückführen, dass diese Personen dazu weniger von ihren BetreuerInnen aufgefordert werden, sie fühlen sich aber dennoch insgesamt gut betreut und erhalten Unterstützung bei ihrer weiteren Qualifikation. Obgleich es in Bezug auf das Geschlecht keine großen Unterschiede zwischen den drei Typen gibt, stellen Wirth et al. fest, dass signifikant weniger Frauen (etwa ein Drittel) als Männer (knapp zwei Drittel) eine Professur anstreben. Die AutorInnen erklären das mit der »mangelnde[n] Integration der Frauen im Fach« (ebd.: 109). Auch die private Situation der WissenschaftlerInnen spielt jedoch eine Rolle: Während die Traditionalisten in einer festen Partnerschaft mit ebenfalls berufstätigen PartnerInnen leben und oft schon Kinder haben, sind die Isolierten seltener mit berufstätigen PartnerInnen zusammen und müssen häufig zu ihrem Arbeitsplatz pendeln. Die »*Heißsporne*« dagegen sind am wenigsten privat eingebunden und haben meist keine Kinder. Die Unterschiede in der Karriereplanung lassen sich demnach, Wirth et al. (2008: 112) zufolge, aus »den privaten und beruflichen Strukturen« gleichermaßen erklären.

4.2.2 Ausgangsfrage und Sample

Nur wenige der aufgeführten Studien sind aktuell genug, um die Verschärfung des Wettbewerbs in jüngster Zeit berücksichtigen zu können – und keine tut es explizit. An dieser Stelle setzt die vorliegende Studie an: Wir wollten wissen, wie die Angehörigen des wissenschaftlichen Nachwuchses auf den Strukturwandel der letzten Jahre (siehe Kapitel 3) reagieren und welchen Einfluss die beruflichen und privaten Strukturen auf die Karriereambitionen und Zukunftsvorstellungen der jungen WissenschaftlerInnen haben. Um der Motivlage der jungen WissenschaftlerInnen nachspüren zu können, haben wir 20 Personen im Alter von 30 bis 40 Jahren in ein- bis zweistündigen persönlichen Tiefeninterviews zu ihren bisherigen Erfahrungen und ihrer weiteren Karriereplanung befragt.[150] Es sind die Angehörigen dieser Alterskohorte, die von der verschärften Wettbewerbssituation am stärksten betroffen sind.

150 Die Interviews wurden mithilfe des Programms atlas.ti inhaltsanalytisch (vgl. Mayring 2010) ausgewertet (siehe Anhang).

Aufgrund ihrer Zufriedenheit mit der wissenschaftlichen Arbeitsweise und den Arbeitsinhalten haben sie sich nach dem Meilenstein[151] Promotion dafür entschieden, in der Wissenschaft zu bleiben und sich (vorerst noch) auf den »Hasard« einer wissenschaftlichen Karriere einzulassen. Welche Zukunftspläne diese Personen verfolgen, von welchen Überlegungen sie sich dabei leiten lassen und ob es Unterschiede zwischen den Geschlechtern gibt – das waren unsere zentralen Fragen.

Da es nicht unser Anliegen war, Aussagen über einzelne Disziplinen und Fachrichtungen zu treffen, haben wir eine möglichst große Heterogenität der disziplinären bzw. epistemischen Zugehörigkeit angestrebt. Interviewt wurden jeweils ein Mann und eine Frau aus zehn verschiedenen Fachbereichen, die nach den folgenden Kriterien selektiert wurden. Zum einen haben wir uns an der DFG-Fachsystematik orientiert. Aus jeder der vier großen Gruppen wurde mindestens ein Fach ausgewählt: aus den Geistes- und Sozialwissenschaften Geschichtswissenschaft, Germanistik, Politikwissenschaft und VWL, aus den Lebenswissenschaften Biologie und Veterinärmedizin, aus den Naturwissenschaften Chemie, Physik und Meteorologie, aus den Ingenieurwissenschaften das Bauingenieurwesen. Des Weiteren hat die Verteilung der Geschlechter über die verschiedenen Statusgruppen eine Rolle gespielt: Während bspw. in den Sprach- und Kulturwissenschaften der Frauenanteil 2011 sowohl unter den Studierenden (70,2 Prozent) als auch unter den ProfessorInnen[152] (33,7) vergleichsweise hoch ist, ist der Anteil von weiblichen Studierenden (20,7) und ProfessorInnen (9) in den Ingenieurwissenschaften besonders niedrig. Die Veterinärmedizin ist deshalb interessant, weil dies das Fach mit dem höchsten Anteil von weiblichen Studierenden ist (84), Frauen unter den ProfessorInnen mit 18 Prozent jedoch unterdurchschnittlich vertreten sind. In der Gruppe der Rechts-, Wirtschafts- und Sozialwissenschaften sind die Werte durchschnittlich: 51 Prozent Frauen unter den Studierenden, 22 Prozent unter den ProfessorInnen. In den Naturwissenschaften sind Frauen unter den Studierenden (36,6) und unter den ProfessorInnen (13)

151 Verschiedene Studien belegen, dass der Abschluss der Promotion tatsächlich ein Meilenstein für die weitere berufliche Entwicklung ist. Sowohl eineinhalb Jahre (Kooperationsprojekt Absolventenstudien) als auch zehn Jahre (HIS-HF-Absolventenpanel) nach der Promotion liegt der Anteil der Promovierten, die an einer Hochschule oder einer außeruniversitären Forschungseinrichtung tätig sind, bei etwa einem Viertel (Konsortium Bundesbericht Wissenschaftlicher Nachwuchs 2013: 286, 290).

152 ProfessorInnen insgesamt: Besoldungsgruppen C2, C3, C4, W2 und W3 sowie JuniorprofessorInnen und GastprofessorInnen.

gleichermaßen unterrepräsentiert.[153] Bei der Auswahl der Fälle war außerdem die geographische Verteilung von Bedeutung: Es wurden Wissenschaftlerinnen und Wissenschaftler aus sieben verschiedenen Bundesländern befragt. Ein weiteres Auswahlkriterium war die institutionelle Zugehörigkeit: 13 Personen waren an einer Universität beschäftigt, fünf an einer außeruniversitären Forschungseinrichtung, zwei waren an beiden Institutionstypen affiliiert. Da ein besonderer Fokus auf dem Wandel des akademischen Karrierewegs in Deutschland lag, sind die InhaberInnen der neuen Karrierepositionen in unserem Sample im Vergleich zur Grundgesamtheit überrepräsentiert. Wir haben mit drei JuniorprofessorInnen, acht NachwuchsgruppenleiterInnen (zwei davon hatten gleichzeitig eine Juniorprofessur inne) und neun wissenschaftlichen MitarbeiterInnen gesprochen.

4.2.3 Der Wandel der Arbeits- und Karrierebedingungen aus der Sicht der befragten NachwuchswissenschaftlerInnen

Aus den Interviews wird deutlich, dass den NachwuchswissenschaftlerInnen die zugespitzte Konkurrenzsituation sehr wohl bewusst ist. Bezüglich der Einschätzung der generellen Stellensituation herrscht Resignation oder Pessimismus vor – und zwar bei allen Befragten. Der einhellige Befund unserer InterviewpartnerInnen lautet:

»Der Druck und das Leistungsniveau haben sich unglaublich erhöht.« (35, w)

»Da ist schon meine Wahrnehmung, dass das Nadelöhr oder der Bottleneck tatsächlich immer enger wird.« (37, m)

»Nun werden ältere Kollegen sagen: ›Das war schon immer so‹. Und das kann auch sein. Aber ich wage schon die steile These, dass das in den letzten Jahren auch mit der Exzellenzinitiative massiv zugenommen hat.« (37, m)

Es wundert nicht, dass daraus für die Mehrheit der NachwuchswissenschaftlerInnen mitunter starke Belastungserfahrungen und Existenzängste folgen. Die mangelnde Planbarkeit der weiteren beruflichen und privaten Entwicklung ist ein Thema, dass alle Befragten umtreibt. Um die eigenen Chancen unter den Bedingungen des erhöhten Wettbewerbsdrucks zu verbessern, zei-

153 Eigene Berechnungen auf der Grundlage der Daten des Statistischen Bundesamtes Fachserie 11, Reihen 4.1 und 4.4 für das Jahr 2011.

gen sie einen, laut eigener Einschätzung, auf Dauer nicht durchzuhaltenden Arbeitseinsatz. Dass die Konkurrenz aber noch mehr arbeiten und noch weniger Urlaub machen könnte, ist ein beständiges Damoklesschwert.

»Ich kenne nur Leute, die 60 Stunden die Woche mindestens arbeiten und die einfach unter Stress leiden und keinen Urlaub mehr machen. [...] Ich habe dieses Jahr zwei Wochen Urlaub gemacht und das geht irgendwie nicht mehr. Das ist glaube ich kein Workaholic-Phänomen, sondern es hat sich einfach der Druck so enorm erhöht hier, weil die Chancen so gering sind, später eine Stelle zu kriegen, dass sich das eben so verstärkt.« (35, w)

»Also ich habe aus Rücksicht dem Institut gegenüber keine Mutter-Kind-Kur gemacht. Ich habe auf Urlaube verzichtet [...] Ich habe Schlafstörungen, wenn wirklich wieder hier so eine Druckkulisse ist, dass man das alles nicht bewältigen kann.« (38, w)

Den verschärften Wettbewerb von immer mehr Menschen um eine gleichbleibende Anzahl an Professuren in einem geschlossenen System ohne alternative Laufbahnmodelle sehen die befragten Wissenschaftler und Wissenschaftlerinnen als eine direkte Folge der wissenschaftspolitischen Entscheidungen der letzten Jahre. Die verstärkte Förderung des wissenschaftlichen Nachwuchses in Form von Promotionsprogrammen, Graduiertenkollegs und Stipendien hat zwar zu deutlich verbesserten Bedingungen für den Beginn einer wissenschaftlichen Karriere beigetragen. Ebenso wurden durch die Einführung von Juniorprofessuren und Nachwuchsgruppen sowie im Rahmen der Exzellenzinitiative die Stellen für promovierte NachwuchswissenschaftlerInnen aufgestockt. Da aber die Zahl der permanenten Planstellen, insbesondere der Professuren, nicht in gleichem Maße erhöht wurde, ist der Konkurrenzdruck enorm gestiegen.

»Es ist nicht so schwer im Moment, an eine Promotionsförderung zu kommen in Deutschland. Auch Postdoc-Stellen scheint es mir relativ viele zu geben, also über die Exzellenzinitiativen und alles, was dort drum rum gelagert wird. Aber es gibt einfach keinen substanziellen Zuwachs an festen Stellen.« (37, m)

»Das wird jetzt demnächst anfangen, dass es da ein Problem gibt von den ganzen Nachwuchswissenschaftlern, die alle in meinem Alter sind, die ihre eigene Gruppe gekriegt haben, Assistenzprofessuren, Nachwuchsgruppen gekriegt haben und jetzt nach einer Stelle suchen und die Anzahl der permanenten Stellen ist konstant geblieben. Das ist sicherlich ein Problem, was nicht durchdacht wurde, als diese ganzen Juniorprofessuren eingeführt worden sind.« (40, m)

Zwar blickt die Mehrheit der GruppenleiterInnen und JuniorprofessorInnen im Sample ihrer Zukunft verhältnismäßig »hoffnungsvoll« entgegen (siehe unten), ein latentes Unsicherheitsgefühl können aber selbst sie nicht abstreifen – nicht zuletzt, weil mit diesen Positionen in keinem Fall eine *Tenure-Track*-Option verbunden ist.[154] Der Graben, der übersprungen werden muss, um eine Professur und damit den nunmehr fast einzig ›sicheren Ort‹ in der Wissenschaft zu erreichen, erscheint den InhaberInnen der neuen Karrierepositionen vielleicht weniger breit, er ist aber immer noch da. Dass ihnen das Risiko, den Sprung nicht zu schaffen, sehr wohl bewusst ist, zeigt sich unter anderem daran, dass Personen, die trotz bester Voraussetzungen und hervorragender fachlicher Eignung keine Professur erreicht haben, ein wiederkehrendes Schreckensbild in den Interviews sind. Gegenüber den wissenschaftlichen MitarbeiterInnen haben diese beiden Beschäftigtengruppen zwar eine bessere Ausgangslage für die Berufung auf eine ordentliche Professur, die größte Hürde steht ihnen laut eigener Aussage aber noch bevor. Auf der wissenschaftlichen Karriereleiter sind sie bereits relativ weit oben angekommen. Infolgedessen ist aber auch der Druck größer geworden. Denn ein Verbleib auf der aktuellen Karrierestufe ist, anders als in Wirtschaftsunternehmen, im deutschen Habilitationsmodell schlicht nicht möglich. Im Falle eines Rückschritts auf eine Position als wissenschaftliche/r MitarbeiterIn haben sie jedoch einen massiven Reputationsverlust zu erwarten, der das Ende ihrer Aufstiegsambitionen und ihrer wissenschaftlichen Karriere bedeuten könnte. Deswegen führt für sie kein Weg daran vorbei, vor Ablauf der Förderdauer von fünf bis sechs Jahren eine ordentliche Professur zu erlangen. Ihre herausgehobene Position wird für sie somit zu einem »*point of no return*« (36, w).

»Mit dem letzten Sprung so eine Gruppenleiterstelle eingenommen zu haben, hat man sich natürlich auch ein bisschen den Weg zurück verbaut.« (36, w)

»Man beobachtet halt den Markt und es gibt so zwei Stellenausschreibungen pro Jahr, die ungefähr passen. Und so ein Verfahren dauert ja auch gerne mal ein, zwei Jahre bis die Leute dann tatsächlich berufen sind. Und drei Jahre habe ich noch. Also man kann sich ja nicht erst im letzten Jahr bewerben, wenn man einen nahtlosen Übergang haben will. Und ich weiß nicht, was dann eigentlich wäre, wenn das nicht nahtlos klappt. Also in welcher Situation ich dann wäre.« (36, w)

154 Für Nachwuchsgruppen ist ein *Tenure-Track* ohnehin nur bei der Helmholtz-Gemeinschaft (HGF) vorgesehen.

Schließlich wissen sie nur zu gut, dass aufgrund der Stellenlage bei Weitem nicht alle JuniorprofessorInnen und GruppenleiterInnen eine Professur erreichen können. Es ist zwar belegt, dass die Gruppenleitungspositionen ein gutes Sprungbrett auf eine Professur sind: So berichtet die Max-Planck-Gesellschaft (MPG) auf ihrer Homepage[155], dass mehr als zwei Drittel aller ForschungsgruppenleiterInnen »den Schritt auf eine W2- oder W3-Stelle oder auf eine vergleichbare Position an einer Universität oder Forschungseinrichtung geschafft« haben. Auch der Vergleich von geförderten und abgelehnten BewerberInnen des Emmy-Noether-Programms (ENP) der DFG und des Nachwuchsgruppenprogramms der VolkswagenStiftung (VWS) zeigt, dass zum Zeitpunkt der Befragung 48,1 Prozent der Geförderten des ENP und 28,6 Prozent der Geförderten der VWS auf eine Lebenszeitprofessur berufen wurden, aber nur 9,8 bzw. 16,2 Prozent der abgelehnten BewerberInnen (Enders/Mugabushaka 2004: 66–67). Umgekehrt heißt das aber auch: Selbst unter den NachwuchsgruppenleiterInnen schaffen es bei der MPG ein Drittel nicht auf eine W2- oder W3-Professur, im ENP über die Hälfte und bei der VWS mehr als 70 Prozent (in den letzten beiden Fällen jeweils bis zum Zeitpunkt der Befragung). Als überlegen erachten die GruppenleiterInnen und JuniorprofessorInnen in unserem Sample daher das *Tenure-(Track)*-Modell, von dem sie sich eine höhere berufliche Sicherheit und bessere Planbarkeit versprechen. In diesem Modell ist der weitere Aufstieg von leistungsbezogenen Evaluationen abhängig und erfordert weder eine neue Bewerbungsrunde noch einen Universitätswechsel. Während sich also die GruppenleiterInnen und JuniorprofessorInnen vor allem einen Übergang vom Habilitations- zum *Tenure*-Modell der akademischen Karriere wünschen, steht bei den wissenschaftlichen MitarbeiterInnen der Wunsch nach entfristeten Arbeitsverträgen auch unterhalb der Professur im Vordergrund.

»Eigentlich mehr oder weniger das einzige, was mich so richtig belastet, das ist halt wirklich diese zeitliche Begrenzung.« (34, w)

Auch im Gespräch mit älteren Professorinnen und Professoren verfestigt sich bei unseren InterviewpartnerInnen der Eindruck, dass die Verschärfung des Wettbewerbs im deutschen Wissenschaftssystem eine neue Qualität erreicht hat. Das liegt nicht zuletzt an der immer stärker werdenden Orientierung an quantitativen Indikatoren:

155 http://www.mpg.de/max_planck_forschungsgruppen (letzter Zugriff: 12.06.2014).

»Es hat zugenommen. Also auch nach der Wahrnehmung der älteren Professoren. Es gibt bestimmte Verhaltensweisen, die denen in ihrer Karriere noch nicht untergekommen sind und in den letzten Jahren plötzlich auftauchen. Also zum Beispiel, dass man sich gegenseitig Doktoranden abwirbt, war früher absolutes Tabu, hat keiner gemacht, warum auch? Man wurde ja nicht danach bezahlt und das Renommee hat sich auch nicht nach der Anzahl der Doktoranden bemessen.« (38, w)

Ob ProfessorIn, JuniorprofessorIn, NachwuchsgruppenleiterIn oder wissenschaftliche/r MitarbeiterIn: Alle sind sich offenbar einig, dass der intensivierte Konkurrenzdruck im monodirektional strukturierten deutschen Wissenschaftssystem insbesondere negative Auswirkungen zeitigt. Angesichts des politischen Ziels, das deutsche Wissenschaftssystem international und im Vergleich zu anderen Berufsfeldern attraktiver zu machen, ist die Einhelligkeit dieser Diagnose frappierend. Statt die Situation zu verbessern und die berufliche Unsicherheit zu reduzieren, wurden die Zukunftsaussichten des wissenschaftlichen Nachwuchses erheblich verschlechtert. Die Nachwuchswissenschaftlerinnen und -wissenschaftler bringt das an ihre Belastungsgrenzen. Kurz gesagt: Der verschärfte Wettbewerb ruiniert die Attraktivität des deutschen Wissenschaftsstandorts.[156]

»Das Wissenschaftssystem ist nicht wirklich eines, das dazu einlädt, die berufliche Zukunft darin zu planen. Wir haben alle sehr prekäre Situationen, man kann gleichzeitig eigentlich keine Familie gründen, es sei denn, man ist mehr oder weniger verrückt. Also ich finde die Bedingungen, unter denen wir arbeiten, sehr schlecht.« (35, w)

»Ich finde, eine wissenschaftliche Karriere ist durch die derzeitige Situation, die an den Universitäten herrscht, nicht sehr einladend. Das ruht aber zu 90 Prozent auf der Stellensituation.« (31, w)

Erschwerend kommt hinzu, dass aus der Perspektive der befragten NachwuchswissenschaftlerInnen nicht nur die Attraktivität des wissenschaftlichen Berufswegs, sondern auch die Qualität der Forschung leidet. Das erscheint zunächst paradox, denn aus politischer Sicht ist der verschärfte Wettbe-

---

156 Einige Hochschulen wie die TU München haben das erkannt und versuchen, gesegnet mit Exzellenzgeldern, »Unsicherheitsmanagement als Wettbewerbsvorteil« (Bukow/Sondermann 2010: 61) zu nutzen, indem sie vielversprechenden NachwuchswissenschaftlerInnen die Übernahme auf eine dauerhafte Professur in Aussicht stellen (vgl. Böhmer/Hornbostel 2009: 78).

werb ja eine Maßnahme zur Qualitätssicherung in der Forschung: Die besten Wissenschaftlerinnen und Wissenschaftler sollen sich im gegenseitigen Wettbewerb durchsetzen. Unberücksichtigt bleibt freilich, dass der Wettbewerb durch realistische Ziele motiviert sein muss und nicht als Einbahnstraße empfunden werden darf. Der politischen Prämisse – je stärker der Wettbewerb, desto besser die Leistungen – widersprechen unsere Befragten aus diesem Grunde dezidiert.

»Es ist ein Irrglaube, dass […] der Druck auf Menschen und die ständige Wettbewerbssituation zu besseren Resultaten führt, das ist nämlich nicht so, es führt zu höherem Aktionismus, aber nicht zu besseren Resultaten.« (37, m)

»Die langfristige Perspektivlosigkeit oder das Fehlen einer konkreten Perspektive ist einer der Haupthindernisse dafür, dass wir in Deutschland bessere Forschung machen.« (38, m)

Ganz im Gegenteil sind sie der Meinung, dass durch den zugespitzten Wettbewerb falsche Anreize gesetzt werden, die der Natur wissenschaftlichen Arbeitens fundamental zuwiderlaufen. Neuen Formen der Leistungsmessung begegnen die meisten der befragten NachwuchswissenschaftlerInnen daher mit einer ambivalenten Haltung. Dabei kritisieren sie nicht einen vermessenen gesellschaftlichen Übergriff auf die Autonomie der Wissenschaft, sondern die innerwissenschaftlichen Folgen der Kennzahlenorientierung. Die überwiegende Mehrheit hinterfragt nicht, *»dass man der Gesellschaft irgendetwas zurückgeben muss für das Geld, das sie einem gibt«* (38, m). Sie ist aber der Meinung, dass ihre Arbeit *»ganz schwer in Form zu pressen«* sei und dass *»die Jobanforderungen, die extrem fluide sind, einem rigiden Indikatorenkatalog gegenüberstehen«* (37, m). Wissenschaftliche Arbeiten seien, wie Innovationsprozesse im Allgemeinen, einfach nicht planbar.

»Für die Doktoranden wird schon ein gewisser Druck aufgebaut, die müssen eben nach drei Jahren fertig sein, inklusive schreiben. Das heißt, man muss erfolgreich sein, aber ich finde man kann es nicht planen in der Wissenschaft.« (40, m)

Beim Einsatz quantitativer Leistungsvergleiche befürchten viele, dass *»man nur noch auf die Zahl guckt«* (36, m). Zudem laufe ein System, dass vorrangig über Druck funktioniert und in dem vermehrt zahlenbasierte Indikatoren zur Qualitätsmessung zum Einsatz kommen, Gefahr, die intrinsische Motivation seines wissenschaftlichen Personals durch die Orientierung an extrinsischen Belohnungen (allen voran die unbefristeten Professuren) zu unterlaufen. Die intrinsische Motivation der Arbeitenden wird jedoch als Voraussetzung für kreatives Arbeiten und für innovative Forschung angesehen (vgl. etwa Osterloh/Frey 2008: 20).

»Ich finde aber, dass diese intrinsische Motivation zunehmend überdeckt wird von den Arbeitsverhältnissen, in denen wir arbeiten, und nicht mehr so stark wirken kann.« (35, w)

Durch den Wettbewerb, der sich unter anderem in der zunehmenden Projektförmigkeit der Forschung manifestiert, entstehe, so die NachwuchswissenschaftlerInnen, ein Zwang zum Erfolg, der sich nicht an der Logik des wissenschaftlichen Erkenntnisprozesses, sondern an Projektlaufzeiten und bibliometrischen Maßen ausrichte. Wer erfolgreich sein wolle, müsse am Ende eines jeden Projekts vorzeigbare Ergebnisse präsentieren können, hochkarätig publizieren und in den je relevanten Ranglisten hervorragend abschneiden. Das Resultat sehen sie in einem sinnlosen Aktionismus, der den Handlungsspielraum für die tiefgehende, intellektuelle Auseinandersetzung, den Kern wissenschaftlichen Arbeitens, immer weiter einschränkt.

»Es ist eben diese komische, seltsame, angepriesene Flexibilität, die für mich aber manchmal auch zu so einer Oberflächlichkeit führt. […] Ich kann nicht schon alles vorher wissen und wissen was rauskommt.« (38, w)

»Die größte Veränderung, die ich sehe, ist, dass wir einfach auch zu Aktionisten werden, die jeden Käse mitmachen. Schnell mal irgendwas zusammenschludern, schnell hier noch, schnell da noch. Und wir haben dabei vergessen, dass wir uns einfach auch auf die Dinge, die wir erforschen und das, was wir im Kern tun sollen, dass wir uns dafür einfach Zeit nehmen müssen, Zeit, Zeit, Zeit.« (37, m)

Risikoreiche Forschung sei mit einer solchermaßen kurzfristig orientierten »Erfolgskultur« (Neckel 2008) nicht vereinbar. Wer sich fortwährend Sorgen um die eigene Existenz und den nächsten Vertrag machen muss, könne es sich nicht leisten, Forschungsvorhaben anzugehen, deren Ausgang ungewiss scheint. Aus dieser Sicht erweist sich der zugespitzte Konkurrenzdruck als Innovationsbremse. Der verschärfte Wettbewerb schadet, aus Sicht der befragten NachwuchswissenschaftlerInnen, demnach nicht nur der Attraktivität, sondern auch der Innovationsfähigkeit des deutschen Wissenschaftsstandorts.

»Es wäre schön, manchmal so ein bisschen riskante Forschung machen zu können, dass man weiß, selbst, wenn so eine riskante Forschung schiefgeht, dass man danach nicht auf der Straße steht.« (38, m)

4.2.4 Die Einschätzung des individuellen Karriereerfolgs in der Wissenschaft

In der Summe zeichnen diese Ausführungen ein entmutigendes Bild der Karrierechancen für Nachwuchswissenschaftlerinnen und -wissenschaftler in Deutschland. Der einmütige Pessimismus bei der Einschätzung der *generellen* Stellensituation ist bestürzend. Dennoch zeigen sich empirisch drei unterschiedliche Typen, die sich hinsichtlich der Einschätzung der *eigenen* Karrierechancen und ihrer Aufstiegsorientierung stark unterscheiden (siehe Tabelle 2): Typ 1 (Die »Hoffnungsvollen«) hat einen verhältnismäßig entspannten Umgang mit der beruflichen Unsicherheit gefunden und ist intrinsisch aufstiegsorientiert. Typ 2 (Die »Fatalisten«) sieht sich den Strukturen des Wissenschaftssystems ausgeliefert und zeigt eine erzwungene Aufstiegsorientierung. Typ 3 (Die »SpielverweigererInnen«) entzieht sich den Spielregeln des Feldes und »verweigert« eine dezidierte Aufstiegsorientierung.

Tabelle 2: Übersicht der drei verschiedenen Typen in der Wissenschaft

	Einschätzung der eigenen Karrierechancen	
Aufstiegsorientierung	**optimistisch**	**pessimistisch**
ja	Die »Hoffnungsvollen«	Die »Fatalisten«
nein		Die »SpielverweigererInnen«

Wie aber kommt es, dass einige der NachwuchswissenschaftlerInnen ihrer beruflichen Zukunft eher entspannt entgegensehen, während sich andere den als übermächtig empfundenen Strukturen geradezu ausgeliefert fühlen? Warum verbleiben so viele von ihnen überhaupt in der Wissenschaft, wenn doch die allgemeine Karrieresituation als dermaßen schlecht eingeschätzt wird? Mit diesen Fragen geraten jene Faktoren in den Blick, die einen Einfluss auf die subjektive Einschätzung des individuellen Karriereerfolgs auszuüben vermögen und erklären können, wie es zu den diesbezüglichen Unterschieden zwischen den drei Typen kommt. Wie im Folgenden anhand einer verdichteten Beschreibung der einzelnen Typen gezeigt werden soll, spielen offenbar nicht nur die wissenschaftlichen Leistungen eine Rolle – die hier aus methodischen und anderen Gründen ohnehin nicht untersucht werden können –, sondern auch (und möglicherweise vor allem) non-meritokratische Faktoren.

Der herrschenden Leistungsideologie entsprechend, sollte in erster Linie die wissenschaftliche Exzellenz darüber entscheiden, ob ein/e Nachwuchswissenschaftlerln eine Professur erreicht oder nicht. Die drei zentralen Bereiche, um dies zu beurteilen, sind Forschung, Lehre und die Einwerbung von Drittmitteln (vgl. Gross/Junghauer-Gans/Kriwy 2008: 10). Insbesondere Forschungsleistungen sind jedoch nicht objektiv messbar – wenngleich die Einführung von neuen Leistungsmessungsinstrumenten diesen Eindruck erwecken mag – und nur schwerlich miteinander zu vergleichen. Das gilt nicht nur über Disziplingrenzen hinweg, sondern auch innerhalb einzelner Disziplinen. Kieser (2010: 350) zufolge ist die Beantwortung der Frage, ob die Entdeckung des Penicillins oder die Studie von Max Weber über den Geist des Kapitalismus höher einzustufen ist, »schlicht unsinnig«, weil es nicht möglich ist, diese beiden wissenschaftlichen Leistungen in eine Rangfolge zu bringen. Auch dem *Impact Factor*, dem vermeintlich objektivsten der zur Verfügung stehenden Indikatoren, bescheinigt Kieser (2010: 352), ebenso wie Münch (2010), eklatante Schwächen: Zum Beispiel würden fast ausschließlich englischsprachige und insbesondere US-amerikanische Zeitschriften berücksichtigt, Monographien und Beiträge in Sammelbänden hingegen gar nicht, nur Zitierungen der letzten zwei Jahre miteingerechnet und Spezialgebiete benachteiligt.

Hinzu kommt, dass herausragende Leistungen, so sie denn festzustellen sind, kein Garant für das Gelingen wissenschaftlicher Karrieren sind.[157] Schon Weber zieht dies in seiner klassischen Schrift »Wissenschaft als Beruf« in Zweifel. Jeden jungen Gelehrten müsse man beim Eintritt in die Wissenschaft fragen: »Glauben Sie, dass Sie es aushalten, daß Jahr und Jahr Mittelmäßigkeit nach Mittelmäßigkeit über Sie hinaussteigt, ohne innerlich zu verbittern und zu verderben?« (Weber 1995 [1919]: 11) Wie in Kapitel 2.2 gezeigt werden konnte, suchte Weber (1995 [1919]: 8) die Erklärung für solcherlei ›Ungerechtigkeiten‹ aber weder in sozialstrukturellen Regelmäßigkeiten der (Nicht-)Förderung noch in dem Einfluss askriptiver, nicht-meritokratischer Merkmale auf den Verlauf wissenschaftlicher Karrieren, son-

157 Diese These verfolgen nicht zuletzt Bourdieu und Passeron (1971), indem sie die im Bildungssystem herrschende Leistungs- und Begabungsideologie als Instrument zur Verschleierung der Reproduktion der sozialen Klassenverhältnisse entlarven.

dern in den »Gesetzen menschlichen Zusammenwirkens«, also in einer Art nicht abzuschaltender Hintergrundkontingenz. Erst die Frauen- und Geschlechterforschung (sowie später die Elitenforschung) haben das Augenmerk auf die Bedeutung askriptiver Faktoren gelenkt: Aufgrund ihres geringen Formalisierungsgrades und der hohen Bedeutung von Interaktionen sei die Wissenschaft besonders anfällig für geschlechtsspezifische Diskriminierung, stellen Matthies und Zimmermann (2010: 199) fest. Die empirisch-konstruktivistisch inspirierte feministische Wissenschaftsforschung konnte zudem zeigen, dass wissenschaftliche Persönlichkeiten (und wissenschaftliche Exzellenz) sozial konstruiert sind und durch (weitgehend unbewusste) Zuschreibungen hergestellt werden (vgl. v.a. Engler 2001; Beaufaÿs 2003). Trotz der zunehmenden Formalisierungen und Standardisierungen gibt es auch in Berufungsverfahren noch immer Raum für die bewusste oder unbewusste Benachteiligung von Frauen (vgl. zum Beispiel Färber/Spangenberg 2008; Dömling/Schröder 2011).[158]

Diese Befunde offenbaren nicht nur die fortbestehende Diskriminierung von Frauen, sondern auch und vor allem die Wirkmächtigkeit sozialer Faktoren im Rekrutierungsprozess. Für Stellen unterhalb der Professur gilt das noch stärker: Die Personalmacht über die einzelnen WissenschaftlerInnen an deutschen Hochschulen besitzen – nach wie vor den Organisationsreformen der letzten Jahre – die einzelnen LehrstuhlinhaberInnen (vgl. Hüther/Krücken 2011). Während für die Besetzung von Professuren von einem externen Arbeitsmarkt gesprochen werden kann, erfolgt die Besetzung von wissenschaftlichen Mitarbeiter-Stellen über einen »internen Arbeitsmarkt [...], der starke Züge von Patronage aufweist« (ebd.: 314).[159] Promotionsstellen werden häufig intern in informellen Auswahlverfahren vergeben. Die Bande zwischen PromovendIn und BetreuerIn werden dabei oftmals schon im Studium geknüpft: Die überwiegende Mehrheit der Promovierenden kannte ihre/n PromotionsbetreuerIn bereits vor der Promotionsphase persönlich (vgl. Lenger 2009: 118–122). Das zeigt die starke Bedeutung von sozialem

158 Hartmann (2002: 132–133) weist allerdings darauf hin, dass die Berufung auf eine Professur, verglichen mit der Besetzung von Spitzenpositionen in der Wirtschaft, »nicht nur erheblich stärker formalisiert, sondern auch in deutlich höherem Maße demokratischen Einflüssen unterworfen« ist. Letzteres führt er auf die an den Berufungsverfahren beteiligten Gremien zurück.

159 Nur 13,6 Prozent der NachwuchswissenschaftlerInnen, die in DFG-geförderten Projekten arbeiten, sind auf ihre Stelle über eine externe Stellenanzeige aufmerksam geworden, bei 67,7 Prozent kam der Hinweis auf die Stelle direkt von Projektbeteiligten (vgl. Güdler u.a. 2009: 24).

Kapital, insbesondere von FördererInnen, für die Karrieren des wissenschaftlichen Nachwuchses. Denn wissenschaftliche Förderer nehmen Einfluss auf die Stellensituation, mithin die individuelle Ressourcenausstattung[160] der einzelnen WissenschaftlerInnen und damit auf den zentralen Baustein für die Erbringung exzellenter wissenschaftlicher Leistungen. Darüber hinaus generieren FördererInnen Aufmerksamkeit für die erbrachten wissenschaftlichen Leistungen ihrer Schützlinge: durch Einladungen zu Tagungen, persönliche Empfehlungen, Zitierungen etc.[161] Die professionellen Netzwerke, in die die einzelnen Wissenschaftlerinnen und Wissenschaftler eingebunden sind, haben demnach einen großen Einfluss auf ihre Produktivität und ihre beruflichen Erfolgschancen.

Darüber hinaus haben Faktoren, die eher dem privaten Bereich zuzuordnen sind, einen positiven Einfluss auf Produktivität und die Karrierewege von WissenschaftlerInnen. Das sind vor allem die materielle Basis und die Paar- bzw. Familienkonstellation. Bekanntermaßen sind akademisch gebildete Frauen häufiger mit einem ebenfalls hochqualifizierten Partner zusammen als akademisch gebildete Männer (vgl. Rusconi/Solga 2007). Wissenschaftlerinnen leben zudem öfter in einer Doppelverdienerpartnerschaft und haben häufiger einen Partner, der einer Vollzeiterwerbstätigkeit nachgeht, als ihre männlichen Kollegen (vgl. Hess/Rusconi/Solga 2011).[162] Dieser Trend verschärft sich zusätzlich, wenn Partnerschaften mit Kind in den Blick genommen werden. Hier sind die Partner(innen) von Nachwuchswissenschaftlern in der Regel nicht (29 Prozent) oder Teilzeit erwerbstätig (47 Prozent),

---

160 Studien zur Benachteiligung von Frauen in Prozessen der Leitungsbewertung haben ergeben, dass nicht rein das Geschlecht der AutorInnen ausschlaggebend für die Publikationswahrscheinlichkeit von Manuskripten und die Vergabe von Forschungsfördermitteln zu sein scheint, sondern vielmehr die individuelle Ressourcenausstattung, die jedoch mit dem Geschlecht korreliert, da Frauen eher auf Positionen mit limitierten Ressourcen für Forschung sitzen (vgl. Wing u.a. 2010; Ceci/Williams 2011: 3158).

161 Jaksztat et al. (2010: 15–19) haben den Einfluss einzelner Aspekte auf die allgemeine berufliche Zufriedenheit untersucht und dabei aufzeigen können, dass neben den Tätigkeitsinhalten, die den mit Abstand höchsten Wert erzielten, die Planbarkeit der Karriere und die berufliche Position sowie die Förderung durch BetreuerInnen und das Arbeitsklima, das eng mit der Förderung zusammenhängen dürfte, den positivsten Einfluss hatten. Umgekehrt sind die NachwuchswissenschaftlerInnen hinsichtlich der Bedingungen der Arbeit mit der Förderung durch BetreuerInnen am unzufriedensten (nur 43 Prozent an Universitäten und 49 Prozent an außeruniversitären Forschungseinrichtungen geben auf einer 5-stufigen Skala von 1 = »Sehr unzufrieden« bis 5 = »Sehr zufrieden« die Werte 4 und 5 an).

162 Vgl. auch die Ergebnisse des Projekts »Frauen in der Spitzenforschung« unter der Leitung von Anita Engels an der Universität Hamburg.

die Partner(innen) von Nachwuchswissenschaftlerinnen hingegen sind überwiegend (79 Prozent) Vollzeit erwerbstätig. Konsequentermaßen schätzen Männer die Vereinbarkeit von Familie und Beruf besser ein als Frauen (vgl. Jaksztat/Schindler/Briedis 2010: 39).

Berufliche und private Unterstützungsstrukturen, das heißt die Förderung durch wissenschaftliche Mentoren und Mentorinnen sowie eine unterstützende Paar- und Familienkonstellation, Faktoren, die wir »Stabilisatoren« nennen, haben einen zentralen Einfluss auf die Wahrnehmung der individuellen Zukunftsperspektiven und helfen, die Spannung zwischen der zugespitzten Konkurrenzsituation in den monodirektionalen Strukturen des deutschen Wissenschaftssystem und dem unverändert gültigen Idealbild des von innerer Berufung beseelten Wissenschaftlers zu überbrücken – das ist die These, die im Folgenden untermauert werden soll. Die Aushöhlung der strukturellen Stabilisatoren (durch den verschärften Wettbewerb und den Wegfall von unbefristeten Stellen abseits der Professur) kann offenbar nur durch personelle ›stabile Größen‹ aufgefangen werden. Insbesondere im Feld der Wissenschaft, in dem Arbeit quasi untrennbar mit der eigenen Identität verknüpft ist und in dem Erfolg und Scheitern zur Seinsfrage erhoben werden, ist die persönliche ›Rückendeckung‹ durch solche »Stabilisatoren« von nicht zu unterschätzender Bedeutung, um den Glauben an den eigenen Erfolg im Wettbewerb aufrechterhalten zu können.

4.2.4.1 Die »Hoffnungsvollen«

> *»Meine Voraussetzungen sind so, dass ich da nicht Angst haben muss, wo ich bleibe, also das wäre ja schlimm, wenn ich das jetzt quasi in dieser Situation hier sagen würde, ich meine, was sollen die anderen sagen, die noch mehr kämpfen müssen.«* (36, m)

Die »Hoffnungsvollen« pflegen einen »*pseudo-entspannten*« (37, m) Umgang mit der prinzipiell hohen Unsicherheit einer wissenschaftlichen Karriere. Sicherlich liegt das auch an den unabhängigen Gruppenleitungspositionen und Juniorprofessuren, die fast alle Fälle dieses Typs einnehmen. Der verschärfte Konkurrenzdruck ist ihnen bewusst und sie hadern damit, doch sehen sie ihrer beruflichen Zukunft durchaus hoffnungsvoll entgegen und begreifen sich als aktive Gestalter ihres eigenen Lebens.

»Ich glaube, mit dieser Forschungsgruppe bin ich eigentlich auch in einer guten Position weiterzukommen.« (35, w)

»Wenn man jetzt irgendwie so drei, vier Jahre da mitspielt, dann merkt man, okay, kochen alle mit Wasser und man spielt eigentlich gut mit und dann wird das schon irgendwie gehen. Meine Unsicherheit ist halt eher, wann geht es wohin, als dass ich jetzt die Unsicherheit habe, dass es überhaupt nicht klappt.« (36, m)

Ein Kernmerkmal der »Hoffnungsvollen« ist, dass sie dezidiert aufstiegsorientiert sind. Die Professur beschreiben diese Fälle als ihre *»Idealvorstellung vom Broterwerb«* (36, m), wobei für sie die erweiterten Gestaltungsmöglichkeiten und der hohe Grad an Autonomie den Ausschlag geben. Daneben wollen sie im monodirektionalen deutschen Wissenschaftssystem, in dem fast alle Stellen unterhalb der Professur mit dem Etikett Qualifikationsstelle versehen sind, endlich *»als erwachsen wahrgenommen«* (37, m) werden.

»In der deutschen Universitätslandschaft, mit ganz wenigen Ausnahmen, werden Sie einfach nur für voll genommen, wenn Sie auf einer Professur sind. […] Irgendwann will man einfach kein Nachwuchs mehr sein.« (37, m)

Fast alle Fälle dieses Typs haben ihre Karriereplanung aktiv betrieben und sich sehr früh für eine Karriere in der Wissenschaft entschieden. Schon im Studium wurde bei den »Hoffnungsvollen« die Begeisterung für wissenschaftliche Forschung geweckt und sie haben erste Kontakte in der Wissenschaftswelt knüpfen können. Die verschiedenen Etappen ihres beruflichen Werdegangs stellen sie mehrheitlich als bewusste Entscheidungen dar.

»Es war schon immer klar, dass ich in der Wissenschaft arbeiten möchte, dass ich da bleiben möchte und das ist nun mal so der klassische Werdegang, dem man dann halt nachgeht. Dass man so eine Nachwuchsgruppe hat, da hab ich schon daraufhin gearbeitet.« (36, w)

»Als ich angefangen habe zu studieren, ich wollte im biomedizinischen Bereich Forschung machen, das war schon relativ früh klar.« (32, m)

Im Rückblick ergeben sich aus der Summe dieser Entscheidungen idealtypische Karriereverläufe. Die gestiegenen, nationalen und internationalen Mobilitätsanforderungen in der Wissenschaft wissen sie scheinbar spielend zu bedienen und zur Steigerung ihrer personalen Reputation zu nutzen. Alle »Hoffnungsvollen« haben an mindestens zwei unterschiedlichen Stationen, fast alle für längere Zeit im Ausland geforscht. Eine »gewisse Internationalität«, der internationale Informationsaustausch und die Partizipation an internationalen Netzwerken, gelten in den meisten Fachgebieten seit je als Selbstverständlichkeit (Enders/Bornmann 2002: 60–61), in den letzten Jahren hat die Internationalisierung wissenschaftlicher Karrieren jedoch erheblich zugenommen (vgl. Konsortium Bundesbericht Wissenschaftlicher Nachwuchs 2013: 354) und ist zu einem wichtigen Karrierefaktor geworden.[163] So kann es nicht überraschen, dass in diesem Typ Gruppenleitungspositionen und längere Auslandsaufenthalte zusammenfallen. Schließlich sind ein mehrmonatiger Auslandsaufenthalt und internationale Forschungserfahrung in vielen Fällen, etwa bei den Emmy-Noether-Nachwuchsgruppen der DFG, die Voraussetzung dafür, sich überhaupt auf diese Positionen bewerben zu können.[164]

»Ich habe jetzt mein Soll an Auslandsaufenthalten erfüllt, um irgendwie da so wahrgenommen zu werden als jemand, der nicht immer am gleichen Ort war. […] Da habe ich genug auf meinem Lebenslauf, wenn es um das geht. Aber […] ich habe schon auch wieder Ideen für irgendwie mal kurz dorthin und auch noch das oder so, das kann ich mir gut vorstellen.« (36, m)

Wissenschaftliche Arbeit ist für die Fälle dieses Typs »*erfüllend*« (37, m) und »*existenziell*« (36, w), sie ist etwas, das sie »*abgöttisch lieben*« (37, m) und über das sie sich »*definiere[n]*« (36, m). Sie erlaubt es, der eigenen »*Neugierde zu folgen*« (35, w), sich intensiv mit »*spannenden*« (34, w) Sachverhalten auseinanderzusetzen und gleichsam in wissenschaftlichen »*Ersatzwelten*« (38, w)

163 Ein Paradox liegt darin, dass Forschungsaufenthalte im Ausland einerseits im Wissenschaftssystem eine immer größere Rolle spielen und mit Reputation hoch belohnt werden, andererseits wird die Abwanderung von ForscherInnen ins Ausland aus einer nationalstaatlich-wissenschaftspolitischen Perspektive problematisiert und mit dem Begriff *brain drain* beschrieben. Um die Attraktivität des deutschen Wissenschaftsstandorts zu erhöhen und deutsche ForscherInnen aus dem Ausland zurückzuholen, wurde eine Reihe von Förderprogrammen aufgelegt. Nicht zuletzt die Exzellenzinitiative hatte unter anderem zum Ziel, nunmehr im Ausland forschende, deutsche WissenschaftlerInnen zurück nach Deutschland zu lotsen. Es darf an dieser Stelle jedoch vermutet werden, dass der Anreiz, (zumindest temporär) ins Ausland zu gehen, durch solche Programme nur noch größer wird. Nicht nur kommen vielleicht ForscherInnen aus dem Ausland zurück, weil die Programme so attraktiv sind, sondern gehen einige überhaupt erst ins Ausland, um die Voraussetzungen für eine Bewerbung auf diese Programme zu erfüllen.

164 Im gesamten Sample fällt auf, dass die Motivation für Auslandsaufenthalte in vielen Fällen keine forscherische ist, sondern eine karrierestrategische. Der Zweck als karriereförderlicher Lebenslaufschmuck überstrahlt den wissenschaftlichen Zweck bei Weitem.

zu leben. Auf die Bedeutung von Arbeit und die Ansprüche an die Arbeit angesprochen fällt den »Hoffnungsvollen«, genauso wie (fast) allen anderen Befragten, aber vor allem eines ein: der Spaß an der Arbeit. Wo Weber, Humboldt und andere von innerer Berufung und dem Dienst an der Sache sprechen würden, da taucht in unseren Interviews der Spaß am wissenschaftlichen Arbeiten auf. Die zynische Schlussfolgerung könnte nun sein, dass die Wissenschaft in der »Erlebnisgesellschaft« (Schulze 1993) zu einem schnöden Spaßfaktor degeneriert ist. Das ist aber mitnichten der Fall. Die Schilderungen der WissenschaftlerInnen machen deutlich, dass es sich bei ihrem Spaß um nichts anderes handelt, als um die »Leidenschaft«, die Weber (1995 [1919]: 12) von den angehenden Wissenschaftlern fordert und die seiner Meinung nach das »›Erlebnis‹ der Wissenschaft« ausmacht. Der Spaß an der wissenschaftlichen Arbeit ist der Kern ihrer intrinsischen Motivation.

»Wenn man die Wissenschaft an sich nimmt, dann ist für mich einfach reizvoll, Dinge zu verstehen, also das ist so diese menschliche Neugier, dass man die befriedigen kann, und da finde ich es wirklich faszinierend, dass man in der heutigen Gesellschaft, dass es dann möglich ist, eine Arbeit zu verfolgen, die wirklich für mich der Traumberuf ist, weil ich dafür bezahlt werde, Dinge herauszufinden und das bringt unglaublich Spaß.« (38, m)

»Was mir Spaß macht daran, ist auf der einen Seite dieser Aspekt der Detektivarbeit und dieses wirklich an einem Erkenntnisgewinn zu arbeiten und andererseits es halt zusammen zu tun in einem Team.« (36, m)

In dieser Weise sind die »Hoffnungsvollen«, aber auch die anderen befragten WissenschaftlerInnen, von jenem inneren Antrieb beseelt, der seit je als Voraussetzung für die erfolgreiche Ausübung des wissenschaftlichen Berufs gilt. Es ist vor allem ihre Leidenschaft für die wissenschaftliche Arbeit, der berufliche Alternativen wenig attraktiv erscheinen lässt. Sie wollen deshalb alles daran setzen, weiterhin wissenschaftlich tätig sein zu können.

»Ich könnte mir im Moment nicht vorstellen, dass es noch mal Ähnliches gibt, was mir genau so viel Spaß machen würde.« (36, w)

Gleichzeitig charakterisieren die »Hoffnungsvollen« die Wissenschaft aber auch als einen »winner-take-all«-Markt (vgl. Frank/Cook 1995), auf dem einige wenige am Ende alle Gewinne einheimsen und alle anderen leer ausgehen und auf dem nur bestehen kann, wer sich voll und ganz den geltenden Spielregeln unterwirft. Für diesen Wettbewerb sehen sie sich aber vergleichsweise gut gerüstet: Die »hoffnungsvollen« WissenschaftlerInnen in unserem

Sample zeichnen sich en gros durch eine außerordentlich hohe Wettbewerbsorientierung und ein ebenso hohes Selbstbewusstsein aus. Allenfalls beiläufig werden die hohe Arbeitsbelastung und daraus folgende Konflikte problematisiert. Wer in der Wissenschaft reüssieren wolle, müsse diese Bedingungen akzeptieren. Wissenschaft wird somit, entgegen der akademischen Tradition, nüchtern zum »*Karrierejob*« (36, m) deklariert. Das Resultat der politisch forcierten Vermarktlichung der Wissenschaft, der gestiegenen Effizienzerwartungen und der massiven Verschärfung des Wettbewerbs ist, dass unsere Befragten die Wissenschaft nunmehr als eine Arena wahrnehmen, in der die Stressresistenz und das Aushalten des Konkurrenzdrucks mehr zählen als die Hingabe an die Sache oder die Suche nach der Wahrheit – das ist der ›neue‹ äußere Beruf der Wissenschaft.

»*Es ist ein Karrierejob. Das muss man schon klar sehen. Wo es große Konkurrenz gibt und wo es nach oben immer enger wird. Und das führt schon zu Stresssituationen, jetzt auch bei mir also sehr ähnlich. Man muss das jetzt nicht übertreiben, aber das ist schon so, vor allem, weil es eben diese fixen Stellen nicht gibt. Entweder setzt man sich voll dem Wettbewerb aus oder es geht nicht. Und die Entscheidung muss man bewusst fällen, die habe ich bewusst gefällt und das ist auch gut so, aber eben für die Leute, die das nicht unbedingt so haben wollen, wird es dann schwierig.*« (36, m)

»*Also natürlich ist es ein Selektionsprozess, wenn da ein oder zwei aus 100 oder ein bis zwei Prozent eine Chance auf eine Professur haben, dann ist ein Leistungsdruck da und es ist pyramidenmäßig, vor allem auch in Deutschland, weil es eben nur wenige von diesen permanenten Professuren gibt, und dann ist natürlich der Stressfaktor auch hoch. […] Da sind meistens viele gute Leute da, aber ein paar halten den Stress nicht aus und ein paar fallen hier und da raus und am Schluss bleibt halt der eine über.*« (32, m)

Entscheidend für ihren selbstbewusst-»hoffnungsvollen« Blick in die eigene Zukunft scheint bei allen realen Ausprägungen dieses Typs – an dieser Stelle kommen die angesprochenen, personellen »Stabilisatoren« ins Spiel –, dass sie bei ihrem beruflichen Fortkommen stark gefördert wurden. Es dominieren Berichte von auffallend positiven Beziehungen zu den jeweiligen Promotionsbetreuerinnen und -betreuern und dem positiven Einfluss weiterer MentorInnen, die sie oftmals bereits im Studium[165] gefördert haben die viel-

165 Das passt zu dem Befund von Lenger (2009: 118–122), dass viele Promovierende ihre BetreuerInnen bereits vor der Promotionsphase persönlich kannten.

fach auch einen großen Anteil am weiteren Karriereverlauf hatten, sei es in Form von Empfehlungen oder konkreter Netzwerkarbeit. Immer wieder haben sie von der Hilfe dieser Personen profitieren können und wurden so in ihren Karriereambitionen nachhaltig gestärkt. Die fundamentale Bedeutung von positiven Förderbeziehungen für wissenschaftliche Karrieren ist für diese Fälle eine unhinterfragte Selbstverständlichkeit.

»Wir hatten schon vereinbart, dass ich bei ihm promoviere, als noch gar nicht klar war, dass er eine Professur bekommen würde. Das hat dann geklappt. [...] Seit 2003, glaube ich, hat er die Professur, drei oder vier Jahre. Ich bin in [vorherige Station] geblieben, weil er auch sagte, da ist das wissenschaftliche Umfeld für mich jetzt besser [...]. Und ich soll aber nachkommen nach [aktuelle Station], sobald er hier irgendeine Gelegenheit hat, mir eine Stelle zu verschaffen. Und das war dann eben praktischerweise 2006 der Fall.« (38, w)

»Mein Doktorvater war Habilitand von meinem jetzigen Chef. [...] Der Erstkontakt, der kam damals durch solche Netzwerke zustande, die – glaube ich – extrem wichtig sind und da war mein Doktorvater und ist immer noch jemand, der meiner Karriere zuträglich ist. Also der besorgt dann auch mal so auf den ersten Blick lästige Jobs in irgendwelchen Gremien, die dann aber einfach wichtig sind, um eigene Netzwerke aufzubauen.« (36, m)

Überdies zeigt sich der positive Einfluss von Fördererinnen und Förderern in der Haltung der »Hoffnungsvollen« gegenüber den neuen Beurteilungskriterien. Wie fast alle der befragten WissenschaftlerInnen sehen auch sie die Gefahr einer alleinigen Konzentration auf Zahlen. Aus der Kritik folgt jedoch – anders als bei den »Fatalisten« (s.u.) – keine grundsätzliche Verunsicherung. Die »Hoffnungsvollen« können sich von den veränderten Anforderungen gut abgrenzen. Dieser selbstbestimmte Umgang gründet auf Ratschlägen der jeweiligen MentorInnen, die als Leitlinien für das eigene Handeln übernommen wurden.

»Ich habe mehr oder weniger die Publikationsstandards gelernt von Frau [Diplombetreuerin] und dann von meinem Betreuer während der Doktorarbeit, sodass man ein Gefühl dafür kriegt, wann kann man etwas veröffentlichen, worauf arbeitet man hin.« (35, w)

Neben der beruflichen Förderung hat eine unterstützende Paar- und Familienkonstellation einen nicht zu unterschätzenden Einfluss auf die Beurteilung der eigenen Zukunftsaussichten. Hinsichtlich der Frage, welche Beziehungskonstellationen[166] von den einzelnen WissenschaftlerInnen als unterstützend erlebt werden, zeigt sich allerdings ein deutlicher Geschlechterunterschied: Während die »hoffnungsvollen« Frauen in ihren Paarbeziehungen weitgehende Gleichberechtigung erfahren, können sich Männer häufiger darauf verlassen, dass ihre Frauen ihnen den Rücken freihalten.[167] Hinzu kommt, dass die jeweiligen Partner(innen) der »hoffnungsvollen« Frauen allesamt ebenfalls in der Wissenschaft tätig sind oder waren. Das bestätigt die Feststellung von Allmendinger, Fuchs und v. Stebut (2001: 27), dass sich jüngere WissenschaftlerInnen bei der Partnerwahl an einer »Passung zwischen Partner und Beruf« orientieren.

»Mein Mann ist auch Physiker, also von daher versteht er ein bisschen, was ich mache. Von dem hab ich immer super Unterstützung bekommen und das war immer okay, auch mit den Fernbeziehungssachen.« (36, w)

»Auch ein Grund, warum wir nach Hamburg gekommen sind, war, […] dass wir auch wirklich Möglichkeiten hatten, beide gute Stellen hier zu kriegen.« (35, w)

Trotz der grundsätzlich gleichberechtigten Ausgestaltung ihrer Partnerschaften haben die Frauen allerdings einen altersbedingten Nachteil gegenüber ihren Männern. In allen Fällen sind ihre Männer einige Jahre älter als sie und haben bereits eine feste Stelle oder offenbar gute Chancen, in der nächsten Zeit eine solche zu erreichen. Durch deren Alters- und Karrierevorsprung mussten sich die Frauen immer wieder den Karriereverläufen ihrer Partner anpassen.

»Er hat ja jetzt hier eine feste Professur. […] Als er sich beworben hat, gab es schon grundlegende Absprachen. Also er hat sich jetzt nicht in Posemuckel bewerben dürfen, weil da die Wahrscheinlichkeit, dass ich dort auch einen Job kriege, einfach gering ist.« (35, w)

---

166 Rusconi (2013: 89) konnte in einer Befragung von 767 WissenschaftlerInnen an 18 deutschen Hochschulen aufzeigen, dass Befragte in Alleinverdienerhaushalten »eine adäquate Berufsposition mit der gleichen Wahrscheinlichkeit wie ihre Kollegen und Kolleginnen, die Teil eines Doppelverdienerpaares sind«, erreichen. In unserem Sample finden sich jedoch keine Frauen, die zugleich »hoffnungsvoll« und ohne Partner(in) sind.

167 Diese Geschlechterdifferenz bestätigen auch andere Studien immer wieder (für Postdocs in Deutschland etwa Böhmer und Hornbostel 2009: 106). Hess und Pfahl (2011: 142) konstatieren: »Der berufliche Erfolg von Wissenschaftlerinnen ist damit gegenwärtig eng an das Vorhandensein unterstützender Partner geknüpft und nicht durch institutionelle Regelungen von Seiten der Wissenschaft gesichert«.

Das aus der Forschung bekannte Doppelgesicht von Doppelverdienerkonstellationen, in denen beide Partner eine hohe Berufsorientierung aufweisen und regelmäßig Vollzeit erwerbstätig sind (vgl. zum Beispiel Hess/Rusconi/Solga 2011: 86–89), zeigt sich auch in unserem Sample. Einerseits ermöglichen sie beiden Partnern eine Verwirklichung im Beruf und schaffen gegenseitiges Verständnis für die beruflichen Anforderungen. Zudem vermag die Berufstätigkeit des Partners und das damit einhergehende Einkommen helfen, eigene Phasen der Einkommenslosigkeit im Notfall zu überbrücken: Männer wie Frauen dieses Typs, die in Doppelverdienerpaaren leben, haben fast alle eine/n PartnerIn mit einer unbefristeten Stelle und heben dies selbst als entlastend hervor:

»Und ich habe so ein bisschen den Vorteil, dass wir halt von der Familie her die Sicherheit haben, dass meine Freundin eine feste Stelle hat, und das, was sie da verdient, würde quasi im Zweifel ausreichen, um unsere Familie zu ernähren und ich einfach für mich davon ausgehe, dass ich immer irgendwas irgendwo finde.« (38, m)

Andererseits schildern die Fälle die für eine solche Paarkonstellation notwendigen Abstimmungsprozesse als mitunter sehr strapaziös. Gerade bei wissenschaftlichen Arbeitsprozessen, die zeitlich nicht terminierbar sind und für die der sogenannte Feierabend nicht existiert, steigt der Koordinationsaufwand noch zusätzlich, zumal der verschärfte Wettbewerb eine erhöhte (Arbeits-)Belastung nach sich zieht. Dies gilt freilich generell für beide Geschlechter, in besonderer Weise aber für die Mütter dieses Typs:

»Ich glaube, ich kriege das ganz gut hin, aber ich persönlich bleibe dabei auf der Strecke. Also der Teil vom Life, der ich bin, der bleibt auf der Strecke. Also ich mache eigentlich quasi nichts für mich, sondern ich mache entweder was für die Familie oder für die Arbeit, aber ich mache keinen Sport mehr, ich gehe nicht mehr ins Kino, ich treffe mich nicht mehr mit Freunden oder sonst was.« (35, w)

Zwar leben auch einige der Männer in Doppelverdienerkonstellationen, aber selbst bei denjenigen Männern, deren Frauen ebenfalls Vollzeit arbeiten gehen, verfolgen die Frauen keine gleichwertige Karriere. Es handelt sich also, anders als bei den Frauen, zwar um Doppel*verdiener*paare, das heißt Paare, bei denen beide Partner eine hohe Berufsorientierung aufweisen und regelmäßig Vollzeit erwerbstätig sind, jedoch nicht um Doppel*karriere*paare, bei denen hinzu kommt, dass beide Partner eine starke Karriereorientierung haben. Der überwiegende Teil der Männer lebt ohnehin in klassischer Rollenverteilung. Sie haben Frauen, die den Großteil der häuslichen und familiären Pflichten übernehmen und beruflich zurückstecken – und das, obwohl sie zum Teil eine ähnliche Karriere wie ihre Männer begonnen haben. Eine andere partnerschaftliche Konstellation ist nach Meinung dieser Männer langfristig gar nicht mit einer wissenschaftlichen Karriere vereinbar, zwei Karrieren in einer Partnerschaft seien schlichtweg nicht umzusetzen. Die gewählte Rollenverteilung wird so zum Sachzwang deklariert.

»Zwei Mal 80-Stunden, zwei Mal Professur geht halt in der Familie nicht, und da muss man sich entscheiden, wo die Prioritäten sind.« (32, m)

»Natürlich sehe ich auch, dass sie ihre berufliche Karriere sozusagen der Familie, ja, geopfert hat und mir damit ermöglicht, meine wahrzunehmen. [...] Das, was ich hier mache, und das, was ich vorhabe, kann ich nicht in Teilzeit machen oder sozusagen in einer Art und Weise, dass ich mich noch mehr in die Kinderbetreuung einbringe, das ist leider so.« (36, m)

Insbesondere die »hoffnungsvollen« Väter haben meist Partnerinnen, die in Teilzeit arbeiten und nach der Geburt der Kinder für längere Zeit aus dem Beruf ausgestiegen sind. Sie selbst haben höchstens die zwei »Vätermonate« zeitgleich mit der Partnerin in Anspruch genommen, währenddessen aber weiterhin viel gearbeitet, was zuweilen zu Konflikten geführt hat.

»Ich habe zwei Monate Elternzeit genommen. Also diese zwei Monate, die man nehmen muss, um sozusagen die zwei Monate extra zu bekommen und da gab es in der Tat Konflikte, weil ich die Elternzeit auch, da habe ich relativ viel, wahrscheinlich auch zu viel, Arbeit mit nach Hause getragen, also da habe ich von Zuhause quasi einfach weiter gemacht, als wenn ich hier wäre, und das hat nicht wirklich gut funktioniert.« (36, m)

Bis hierhin lässt sich also festhalten: Insgesamt begünstigend für einen »hoffnungsvollen« Umgang mit der zugespitzten Konkurrenzsituation ist auf den ersten Blick die gute Ausgangslage der Gruppenleitungspositionen und Juniorprofessuren. Sie ist aber bei Weitem nicht hinreichend, wie vor allem der Vergleich mit dem nächsten Typ, den »Fatalisten« zeigen wird. Vielmehr müssen die wissenschaftlichen Nachwuchskräfte eine ganze Palette von Merkmalen erfüllen. Einzig wer stark gefördert wurde (und wird), einen idealtypischen Karriereverlauf inklusive längerer Auslandsaufenthalte und innerdeutscher Universitätswechsel aufweisen kann, Unterstützung aus dem privaten Bereich bekommt, sich früh für die Wissenschaft entschieden hat, seitdem aktiv auf eine Professur hinarbeitet und obendrein bereits von den neuen Karrierewegen profitieren konnte, scheint sich einen »hoffnungsvollen« Blick in die eigene Zukunft leisten zu können. Nur in Einzelfällen kann bspw. eine besonders starke Förderung einen fehlenden Auslandsaufenthalt aufwiegen. Nicht zu ersetzen sind allerdings die personellen »Stabilisatoren«. In einer Situation drastischer struktureller Destabilisierung kommt ihnen eine geradezu unermessliche Bedeutung für die Karrieren des wissenschaftlichen Nachwuchses zu. Vieles deutet daraufhin, dass es diese stabilisierenden Faktoren sind, die die Spannung zwischen der intrinsischen Motivation für den wissenschaftlichen Beruf einerseits und der nüchternen Charakterisierung der Wissenschaft als »*Karrierejob*« andererseits zu moderieren vermögen – gerade im Vergleich mit den anderen Typen. Mit ihrer Hilfe sind die »Hoffnungsvollen« in der Lage, die eskalierten Unwägbarkeiten des »äußeren Berufs« auszuhalten und ihrem »inneren Berufe zur Wissenschaft« (Weber 1995 [1919]: 11) weitgehend ungestört nachzugehen. Für Frauen erwächst daraus – trotz der gleichstellungspolitischen Initiativen der letzten Jahre – nach wie vor ein eklatanter Nachteil: Die Männer stellen unter den »Hoffnungsvollen« die Mehrheit.

4.2.4.2 Die »Fatalisten«

> *»Aber ist sehr müßig, darüber zu spekulieren, wie man die Welt retten möchte, wenn man eben dann gar nicht mehr die Möglichkeit bekommt.«* (36, w)

Nicht alle WissenschaftlerInnen, die eine Vollzeitstelle mit langjähriger Vertragslaufzeit, eine Gruppenleitungsposition oder eine Juniorprofessur bekleiden, blicken ihrer beruflichen Zukunft gleichermaßen zuversichtlich entgegen. Im Gegenteil fühlen sich einige den Strukturen und Anforderungen des Wissenschaftssystems regelrecht ausgeliefert und erleben diese als so übermächtig, dass ihnen eine aktive Gestaltung der eigenen Karriere nur schwer möglich erscheint. Wie sich zeigen wird, fehlen diesen Personen die notwendigen Ressourcen, um ihren eigenen Karriereweg optimistisch und tatkräftig anzugehen. Diese Personen in unserem Sample haben wir die »Fatalisten« genannt.

»Das Wissenschaftszeitvertragsgesetz ist natürlich ein Killer und diese enge Zuspitzung nach den zwei Mal sechs Jahren, dass man dann eben nur Professor werden kann und ansonsten ist man raus aus dem System, das finde ich persönlich schlecht.« (35, w)

»Im Moment ist das bei mir alles reduziert so ein bisschen darauf, dass ich eine Professur bekommen möchte. Weil, wenn das nicht erreicht wird, dann ist ja alles nichts. Da geht man ja quasi direkt auf Hartz IV über.« (36, w)

Gemäß der hier ausgegebenen Losung »Professur oder Hartz IV« ist die Aufstiegsorientierung dieses Typs durch die fatalistische Wahrnehmung der monodirektionalen Strukturen extrinsisch erzeugt, ja geradezu erzwungen. Anders als für die »Hoffnungsvollen« ist eine Professur für diese Fälle nicht unbedingt die Krönung ihrer wissenschaftlichen Berufslaufbahn, sondern Mittel zum Zweck, um langfristig wissenschaftlich tätig sein zu können. Der Kampf um den Verbleib in der Wissenschaft ist für die VertreterInnen dieses Typs aus diesem Grunde gleichbedeutend mit dem Kampf um die Professur.

»Also eine feste Stelle ohne Professorentitel, wo man einfach zum Forschen und zum Lehren kommt und auch noch Freizeit hat, da wäre ich völlig zufrieden damit. Also ich muss nicht unbedingt total hoch hinaus.« (35, w)

Einen anderen Beruf zu ergreifen, können sie sich nur im Notfall, das heißt dem eigenen, unwiderruflichen Scheitern, vorstellen, denn ihre Begeisterung für die wissenschaftliche Arbeit ist nicht geringer als die der »Hoffnungsvollen«. Dabei stehen auch für diese Fälle die intellektuelle Herausforderung, die Freude am Erkenntnisgewinn, die Auseinandersetzung mit interessanten und spannenden Sachverhalten und der Spaß an der Arbeit im Vordergrund.

»Das Entdecken oder Herausfinden […], das finde ich hochspannend. […] Ich kann mir keinen interessanteren Bereich vorstellen.« (35, w)

Ohne Aussicht auf einen Ausweg geraten sie dabei in einen Teufelskreis, in dem der Verbleib in der Wissenschaft einerseits durch ihre arbeitsinhaltlich begründete Leidenschaft motiviert ist, andererseits aber auch durch das (oftmals eher diffuse) Gefühl, außerhalb der Wissenschaft ohnehin nicht (mehr) »*gewollt*« zu werden, alternativlos erscheint. Da es innerhalb des monodirektional strukturierten deutschen Wissenschaftssystems zur Professur keine alternativen Laufbahnmodelle mit Langfristperspektive gibt, sehen sie keine andere Möglichkeit, als eine solche anzustreben und sich damit ›ihrem Schicksal zu ergeben‹. Ein Immer-Wieder-um-Anschluss-Suchen im nächsten Projekt und auf der nächsten befristeten Stelle mit kurzfristigem Vertrag erscheint ihnen nicht nur unattraktiv, sondern auch langfristig unrealistisch. Wenn aber weder Ausstieg noch »Prekaritätsmanagement« (Klecha/Reimer 2008: 53) als Handlungsoptionen infrage kommen, bleibt den »Fatalisten« nichts anderes übrig, als die hohe berufliche Unsicherheit auf den wissenschaftlichen Nachwuchspositionen in Kauf zu nehmen und den Aufstieg zu probieren. Vor diesem Hintergrund interpretieren diese Fälle ihren Fatalismus selbst als realistische Einschätzung der Lage: Wer in der Wissenschaft bleiben möchte, so sehen sie es, muss sich mit diesen Bedingungen abfinden, eine andere Möglichkeit gibt es nicht. Damit wird die Wissenschaft auch für die »Fatalisten« zum »*Karrierejob*«, in dem die rigiden Rahmenbedingungen die reine Forschungsliebe unterlaufen.

»*Wenn man einmal gemerkt hat, dass man gerne Wissenschaftler sein möchte und sich darauf dann auch dafür weiter qualifiziert hat, indem man promoviert hat […], es ist gibt dann nicht so richtig mehr einen Ausweg, finde ich. Also es ist eben was, was man mit Leidenschaft betreibt und jetzt muss man eben sehen, wie man da klarkommt.*« (35, w)

Desillusioniert durch diese Diagnose erscheint es ihnen fast unmöglich, sich gegen die permanente Unsicherheit und den extrem hohen Druck, den sie verspüren, abzugrenzen. Es ist diese Gruppe, die unter der verschärften Wettbewerbssituation am stärksten leidet. Einerseits tun sie alles dafür, eine Professur zu erreichen. Andererseits glauben sie, ob der schlechten Karriereaussichten, noch nicht mal selbst an ihren Erfolg. Die Folge ist eine völlige zeitliche Entgrenzung der Arbeit, die sie als überaus belastend wahrnehmen.

»*Das mache ich daran fest, dass mein Freund darauf besteht, dass ich mindestens einmal die Woche vor neun Uhr abends nach Hause komme. Und dass es nicht immer gelingt.*« (36, w)

»*Ich sollte es vielleicht ein bisschen ändern, andererseits habe ich noch keinen permanenten Job, […] ich habe immer das Gefühl, wenn ich kürzer trete, das ist vielleicht nicht so gut für meine Karriere.*« (40, m)

Andere Bereiche des Lebens werden von der Arbeit gewissermaßen kolonialisiert und verlieren ihren eigenständigen Wert. Sportliche Aktivitäten zum Beispiel dienen einzig dem »*Ausgleich*« (36, w) und werden zu einem Teil der »*Arbeitsroutine*« (35, w).

»*Die Strategie, um mit dem Stress umzugehen, ist dann häufig, mehr Sport zu machen, aber das ist nicht mehr so sehr Hobby, sondern Mittel um produktionsfähig zu bleiben.*« (35, w)

Es zeigt sich zudem, dass die Aufstiegsorientierung durch verwehrte Anerkennung in Fatalismus umschlagen kann, wenn die eigenen Chancen mit steigendem Alter zunehmend schlechter eingeschätzt werden. Ein Blick in die Literatur bestätigt den Einfluss des Alters für den individuellen Karriereerfolg: Enders und Bornmann (2001: 198) konnten aufzeigen, dass ein hohes Promotionsalter einen negativen Effekt auf die weitere wissenschaftliche Laufbahn hat. Ein ähnlicher Effekt ist auch für das Habilitationsalter bzw. das Erstberufungsalter anzunehmen. In Expertengesprächen mit VertreterInnen der Fächer Soziologie, Mathematik, Maschinenbau und Jura wurde zudem die »magische Grenze von 40 Jahren genannt sowie die Skepsis gegenüber Habilitierten, die diese implizite Altersgrenze überschritten haben« (Gross/Junghauer-Gans/Kriwy 2008: 20). Je näher diese Grenze kommt, desto greifbarer wird die reelle Möglichkeit des eigenen Scheiterns und desto stärker spüren diese Personen den Wettbewerbsdruck. Um diesem standhalten zu können, mangelt es den »Fatalisten«, im krassen Gegensatz zu den »Hoffnungsvollen«, offenbar an Selbstbewusstsein. Sie thematisieren eigene Defizite oder falsche Entscheidungen und führen diese als Begründungen für ihre pessimistischen Zukunftsaussichten an.

»Ich glaube, ich bin auch nicht so brillant, dass ich mir die Jobs aussuchen kann, wo ich hingehe. Das heißt, wo ich ein Angebot kriege, denke ich mal, werde ich hingehen, muss ich hingehen, so viele werden da nicht eintreffen.« (40, m)

Um trotz allem die Chancen auf eine Professur zu wahren, ziehen die »Fatalisten« in Einzelfällen einen »Umweg« über das Ausland in Betracht, um so die eigene Attraktivität für den deutschen Markt zu steigern und ihre Berufungschancen aufrechtzuerhalten.

»In Deutschland habe ich eigentlich so langsam den Eindruck, dass es da vermutlich nichts wird und dementsprechend, jetzt für Deutschland speziell, sehe ich halt keine großen Aussichten, aber fürs nähere Ausland, wo es häufiger permanente Stellen gibt, da ist es sicherlich sehr wahrscheinlich, dass ich da was kriege würde. […] Aus irgendeinem Grund ist es bei manchen Universitäten immer noch eine Auszeichnung, wenn man vorher irgendwo anders im Ausland eine feste Stelle hatte und dann als Professor dahin berufen wird, zurück nach Deutschland.« (40, m)

Die GruppenleiterInnen und JuniorprofessorInnen unter den »Fatalisten« haben nach der Promotion für längere Zeit an einer Universität im Ausland geforscht und so ihre Mobilitätsbereitschaft bereits unter Beweis gestellt. Anders als die »Hoffnungsvollen« thematisieren sie aber auch die damit verbundenen Schwierigkeiten:

»Also schwierig war sicher die Rückkehr. […] Man hat ein Stipendium für zwei Jahre und da muss man irgendwie gucken, dass man wieder zurückkommt. […] Das ist natürlich schon eine Unsicherheit. Also es war dann besonders blöd, weil man ja nicht wusste, wo man hinkommt. Man kann die Kontakte nicht knüpfen. Man fliegt nicht mal eben so rüber. Also das kostet ja auch was. Das war schon unangenehm.« (36, w)

Begründen lässt sich dies vermutlich mit der schlechteren Einbindung in karriereförderliche Netzwerke. Denn im Vergleich zu den »Hoffnungsvollen« wurden die »Fatalisten« deutlich weniger gefördert. Extensive Schilderungen des positiven Einflusses von wissenschaftlichen Mentoren bzw. Mentorinnen, die sich bei den »Hoffnungsvollen« finden, tauchen hier nicht auf. Im Gegenteil: Einige der Fälle beschreiben ihre BetreuerInnen sogar als hinderlich, etwa beim Streit über die Ausrichtung der Dissertation oder bei der Bewerbung um Auslandsaufenthalte. Da ein Wechsel der Betreuungsperson aber so gut wie unmöglich ist und die BetreuerInnen zugleich meist auch ArbeitgeberInnen sind, haben diese Fälle die emotionale Belastung durch die schwierige Betreuungssituation als schier ausweglos erlebt. Die hohe Bedeutung von akademischen Lehrern und Lehrerinnen und die damit verbundenen Abhängigkeitsverhältnisse erachten die »Fatalisten«, im krassen Gegensatz zu den »Hoffnungsvollen«, folgerichtig als sehr negativ.

»Das Betreuungsverhältnis, die extreme Abhängigkeit vom Betreuer ist schon emotional extrem belastend.« (35, w)

»Der Auslandaufenthalt […] war auch eine Auseinandersetzung. Also das wollte er nicht. […] Das war relativ früh. Ein halbes Jahr, nachdem ich die Stelle angetreten habe, habe ich gesagt, ich möchte das machen. Und er hat erst mal ziemlich abgeblockt. Und ja, es hat letztlich anderthalb Jahre gedauert, ehe es dazu kam.« (38, m)

Unter diesen Bedingungen erleben die Angehörigen dieses Typs die neuen Formen der Leistungsmessung und die veränderten Leistungsanforderungen als widersprüchlich und belastend. Während, wie bereits erwähnt, die »Hoffnungsvollen« berichten, ihre Publikationsstrategien mit ihren Betreuern oder Betreuerinnen abgesprochen zu haben, mangelt es den »Fatalisten« an Orientierungshilfen. Trotz ablehnender Haltung passen sie daher zum Beispiel ihre Publikationsstrategie den wahrgenommenen Veränderungen des Reputationssystems an oder sind sich unsicher, welche Strategie ihnen die besten Karrierechancen verschafft.

»Es führt zum Beispiel dazu, also es heißt ja, dass Sammelbandveröffentlichungen nichts mehr bringen, dass ich das in Zukunft sein lassen werde, und dass ich versuchen werde, mich da anzupassen, ohne das wirklich gut zu finden, und vor allem auf Englisch zu veröffentlichen, was ein bisschen albern ist, wenn man [ein deutsches Spezifikum] als Thema hat.« (35, w)

»Ich bin ein bisschen hin und her gerissen. [...] Also es war ja beliebt sozusagen unter Habilitanden, die Scheibchen-Taktik zu fahren. Also erst mal möglichst viel raushauen, um sich da auch einen Namen zu machen. Das ist nach wie vor wichtig für die Länge der Liste. Aber von der DFG ja nicht mehr gewürdigt. Also die DFG will zum Beispiel lieber ein High-Impact-Paper sehen. Das ist jetzt schwierig für mich zu sagen. Also, man muss auf jeden Fall demonstrieren, dass man quasi jedes Jahr und permanent produktiv ist.« (36, w)

Unsicherheit sehen die »Fatalisten« fernerhin in der Internationalisierung der Wissenschaft, die sie trotz eigenem Auslandsaufenthalt nicht als Chance, sondern als zusätzliche Verschärfung des Wettbewerbs erleben. Der Pool der möglichen Konkurrenten wird dadurch in ihren Augen nur noch größer. Dabei wirkt es bisweilen so, als hätten sie die politische Rhetorik, international wettbewerbsfähig sein zu müssen, gewissermaßen inhaliert und ungefiltert auf die eigene Situation übertragen.

»Also man tritt ja nicht gegen Deutschland an, sondern man tritt ja gegen alle an. [...] Also dann lieber noch drei Jahre Gas geben und gucken, dass man eben den Job bekommt.« (36, w)

Nicht nur im Beruf, sondern auch im Privaten fehlen den »Fatalisten« die unterstützenden, personellen »Stabilisatoren« der »Hoffnungsvollen«. Wenn sie nicht Single sind, leben die »Fatalisten« in Doppelkarrierepaarkonstellationen. Die jeweiligen Partnerinnen und Partner befinden sich ebenfalls in unsicherer beruflicher Position, zum Teil sind sie auch in der Wissenschaft tätig. Bei diesen Paaren existiert zwar ein gegenseitiges Verständnis für die wissenschaftsspezifischen Anforderungen, die im Paaralltag notwendigen Abstimmungsprozesse schildern sie aber als überaus belastend. Das betrifft zum Beispiel das Erfordernis, zwischen Arbeits- und Wohnort pendeln oder mit dem Partner eine Wochenendbeziehung führen zu müssen.

»Ich denke, weil ich da eher pragmatisch bin, dass das auf Dauer so bleiben wird, dass wir an unterschiedlichen Orten sind und dass man dann irgendwie eine Lösung finden muss, und das wäre ja gut, wenn es so wäre, weil wir wollen ja beide in der Wissenschaft bleiben.« (35, w)

»Also meine Frau ist eben auch in der Wissenschaft tätig, die kennt das. [...] Auf gleichem Niveau ist die Ansage. Wir versuchen, das zu vereinbaren.« (38, m)

Zusammenfassend zeigt sich an diesem Typus, dem Frauen und Männer zu gleichen Anteilen angehören, nur zu deutlich, dass im Nebeneinander von alten und neuen Strukturen und Anforderungen die alten Regeln ungebrochene Gültigkeit besitzen. Die Grundstruktur des deutschen Wissenschaftssystems hat sich durch die tröpfchenweise Einführung neuer Karrierepositionen nicht verändert. Die »Fatalisten« konnten zwar teilweise von den neuen Möglichkeiten profitieren und können ebenso wie die »Hoffnungsvollen« mit vordergründig idealen Karriereverläufen aufwarten. Da es ihnen aber an beruflichen und privaten »Stabilisatoren« und – nicht zuletzt dadurch – auch an einer positiven Selbsteinschätzung fehlt, wagen sie es nicht, ihrer beruflichen Zukunft ebenso zuversichtlich wie die »Hoffnungsvollen« entgegenzusehen. Stattdessen fühlen sie sich den übermächtigen Strukturen des Wissenschaftssystems ausgeliefert, denen sie zwar durch einen Ausstieg aus der Wissenschaft entkommen könnten, aber – da sind sich die »Fatalisten« einig – wer weiß denn schon, *»ob es anderswo besser ist«* (38, m)? Berufliche Alternativen, zumal attraktive, sehen sie nicht. Zudem haben sie das Gefühl, außerhalb der Wissenschaft ohnehin *»nicht gewollt«* (35, w) zu sein. Den Kampf um die Professur erachten sie daher als alternativlos. Die Spannung zwischen ihrer intrinsischen Motivation für die wissenschaftliche Arbeit und der zugespitzten Konkurrenzsituation im monodirektionalen deutschen Wissenschaftssystem vermögen sie nicht aufzulösen und in geordnete Bahnen zu lenken. Ihre Antwort auf diese Situation ist ein enormer Arbeitsaufwand, der sie physisch und psychisch stark belastet. Eine Grenze können sie dabei für sich nicht ziehen, denn die Angst schwingt immer mit, dass die anderen noch viel mehr arbeiten und sich so eine bessere Position im »Rattenrennen« (Akerlof 1976) um die Professur verschaffen. Dass ihnen der hohe Einsatz am Ende die ersehnte berufliche Sicherheit bringen wird, daran können sie nicht mal selbst so richtig glauben.

4.2.4.3 Die »SpielverweigererInnen«

»Es ist, glaube ich, wirklich so, dass alle, die das ambitioniert und idealistisch betreiben, irgendwann auf der Strecke bleiben.« (31, w)

Im Gegensatz zu den »Fatalisten«, die sich gezwungenermaßen am wissenschaftlichen Spiel beteiligen, »verweigert« sich dieser Typ den Spielregeln des

Feldes. Auf die für das wissenschaftliche Feld typischen, »agonalen, ritualisierten Kämpfe« (Krais 2000: 48) und die »Spiele des Wettbewerbs« (Bourdieu 1997: 203) will er sich nicht einlassen und zeigt sich weder aufstiegs- noch wettbewerbsorientiert. Derzeit arbeiten alle »SpielverweigererInnen« als befristet beschäftigte wissenschaftliche MitarbeiterInnen ohne Führungsfunktion. Im Grunde möchten sie – und das vor allem unterscheidet sie von den anderen Typen – an ihrer beruflichen Situation nichts verändern, von der mangelnden Planbarkeit einmal abgesehen. Ihre Idealvorstellung ist ein der Forschung gewidmetes Leben auf einer unbefristeten wissenschaftlichen MitarbeiterInnen-Stelle.

»Das habe ich schon mal Spaßes halber zu meinem Chef gesagt. Ich sagte: ›Wenn du mir jetzt einen Vertrag gibst, bis ich 60 bin, unterschreibe ich‹.« (32, m)

Für einige der »SpielverweigererInnen« ist dies ein durchaus realistisches Ziel, da sie bereits eine unbefristete Stelle einnehmen oder offenbar begründete Hoffnung auf die Entfristung ihrer Stelle haben können. Die Fälle dieses Subtyps sind ausnahmslos Frauen, die auf ›karrierefernen‹ Teilzeitstellen sitzen und am Lehrstuhl bzw. für die jeweilige Einrichtung vorwiegend serviceorientierte und Verwaltungsaufgaben wahrnehmen. Das heißt nicht, dass sich diese Fälle völlig aus der *scientific community* zurückgezogen hätten. Im Gegenteil: Das Fachkollegium ist nach wie vor eine wichtige Referenz für ihre wissenschaftliche Arbeit. Eine Weiterqualifikation in Richtung Habilitation ist durch den Zuschnitt der Stellen, auf denen diese Personen sitzen, und die Ablehnung der wissenschaftlichen Reputationsspiele aber offensichtlich in weite Ferne gerückt. Gänzlich aufgeben mögen sie dieses Ziel dennoch nicht. Das liegt sicherlich daran, dass eine ostentative Abkehr von jeglichen Plänen zur weiteren Qualifikation in einem Alter, in dem die nächsten Karrierestufen noch erreichbar scheinen, mit den Erwartungen der sozialen Umwelt der WissenschaftlerInnen nur schwer zu vereinbaren ist. In Zeiten radikaler Zuspitzung zwischen wissenschaftlichem Nachwuchs auf der einen Seite und ProfessorInnen auf der anderen gerät die Rolle des unbefristet beschäftigten Wissenschaftlers, der keine Professur anstrebt, mehr denn je unter Druck. Das Negativbild der wissenschaftlichen Räte aus den 1970er und 1980er Jahren, die sich mitunter mehr durch politische Agitation in der Universität und weniger durch wissenschaftliche Exzellenz ausgezeichnet haben (sollen), geht dabei, unabhängig von seinem Wahrheitsgehalt, eine unheilige Allianz mit der verschärften Wettbewerbssituation ein. Mehr denn je müssen

Wissenschaftlerinnen und Wissenschaftler, für die eine Berufung auf eine Professur gemessen am Alter theoretisch noch möglich ist, ihrer Rolle als Nachwuchs gerecht werden und als solcher danach trachten, endlich in den Kreis der vollwertigen Gemeinschaftsmitglieder aufgenommen zu werden. Statistisch gesehen wird das jedoch immer unwahrscheinlicher.

»Nach der Promotion hab ich gedacht, na wenn ich das geschafft habe, dann schaff ich das andere auch noch. Aber es ist ja auch so, dass man erst mal, wenn man die Promotion fertig hat, froh ist, wenn man mal was anderes machen kann. Mittlerweile sind die Aufgaben so vielfältig geworden, dass ich gar nicht wüsste, wo die Zeit herkommen soll, ich würd es jetzt aber für die Zukunft nicht ausschließen.« (38, w)

Jene, die keine (Aussicht auf eine) unbefristete Stelle haben, sind auf drittmittelfinanzierten Stellen tätig und in Relation zum Durchschnittsalter der Stichprobe verhältnismäßig jung. Sie bilden den zweiten Subtyp der »SpielverweigerInnen«. Nach dem Wegweiser Promotion ergab sich für diese Fälle die Gelegenheit, für eine befristete Zeit im wissenschaftlichen Bereich zu bleiben. Eigentlich würden sie auch künftig gerne wissenschaftlich arbeiten. Die Beschäftigungsperspektiven in der Wissenschaft erleben sie jedoch als so miserabel, dass ihnen ein langfristiger Verbleib in diesem Bereich nicht möglich erscheint. Dabei versuchen sie einen Mittelweg zu wählen: Sie möchten zwar solange wie möglich in der Wissenschaft tätig sein, eine Professur kommt aber aufgrund der damit einhergehenden sozialen Anforderungen nicht infrage. Kurz- bis mittelfristig planen sie deshalb den erzwungenen Ausstieg aus der Wissenschaft ein. Aus »Übergangs-« und »*Gelegenheitswissenschaftlern*« sind damit infolge von »warming-up«-Prozessen (vgl. Alexander/Bozick/Entwisle 2008) in der Promotionsphase Mitglieder der »*fragilen Mitte*« geworden, die zwar einerseits eine starke intrinsische Motivation für die wissenschaftliche Arbeit in sich tragen, andererseits aber die schlechten beruflichen Zukunftsaussichten in der Wissenschaft »als Bedrohung für die weitere biografische Planung« (Klecha/Reimer 2008: 63) empfinden und lieber der Wissenschaft den Rücken kehren, bevor sie zu »*Prekaritätsmanagern*« werden (vgl. die Typologie in Klecha/Reimer 2008). Für diesen Fall haben sie sogar durchaus konkrete Alternativen im Kopf.

»Ich hoffe auch, dass ich dann noch erst mal an der Uni bleiben kann und wenn nicht, besteht doch immer noch die Option, das zu tun, was ich studiert habe, nämlich in die Praxis zu gehen.« (34, w)

»Was ich eher glaube, was passieren wird, wobei ich mir noch nicht sicher bin, ist, dass ich, wenn jetzt mein Vertrag ausläuft, mir wohl oder übel irgendwas bei einer Versicherung oder so suchen werde, um halt mal ein bisschen rauszukommen und dann ohne Habil an der FH versuche unterzukommen. Und wenn das nicht klappt, gibt es den Plan C, dass ich eine Umschulung mache als Lehrer für das Wirtschaftsgymnasium.« (32, m)

Beide Subtypen der »SpielverweigererInnen« haben keine aktive Karriereplanung betrieben und betonen, dass ihr Einstieg in die Wissenschaft sich eher *»ergeben«* (38, w) hat. Als dann aber nach oder gegen Ende ihres Studiums ein Angebot für eine wissenschaftliche MitarbeiterInnen-Stelle im Raum stand, haben die »SpielverweigererInnen«, zunächst mangels anderer greifbarer Optionen, zugesagt. Im Laufe der Zeit haben sie großen Gefallen an der wissenschaftlichen Arbeitsweise gefunden und sich zu Spezialisten ihres Fachs entwickelt.

»Das hat sich ergeben. Eigentlich war geplant, dass ich in das Ingenieurbüro meines Vaters einsteige, aber dann kamen zwei Sachen zusammen. Ich bin gefragt worden und das Ingenieurbüro meines Vaters lief dann doch nicht mehr so gut, dass es vielleicht für zwei gereicht hätte.« (38, w)

»Es war überhaupt nicht geplant, dass ich eine Doktorarbeit schreibe. […] Dann habe ich halt überlegt: Ja, gut, was machst du jetzt eigentlich? Willst du zu einer Bank oder irgendwas? Und dann habe ich halt diesen Aushang da gesehen. Och, probiere ich es da einfach mal. Ja, und dann bin ich halt hier gelandet.« (32, m)

Arbeitsinhaltlich sind die »SpielverweigerInnen« sehr an praktischen Themen interessiert und sorgen sich um den Sinn ihrer Tätigkeit. Im Unterschied zu den anderen Typen sind gerade sie es, für die eine gesellschaftliche Anschlussfähigkeit ihrer Arbeit besonders im Vordergrund steht.

»Hoffentlich führt das, was man macht, irgendwann zu einer praktischen Anwendung in Form von Impfstoffen […], das ist halt so das große Ziel.« (34, w)

»Ein wandelndes Lexikon bin ich nicht, also ich will das eigentlich immer mit dem Praktischen auch gerne verbinden.« (38, w)

Anerkennung in Form von Publikationserfolgen stellt für diesen Typen kein erstrebenswertes Ziel dar. Im Gegenteil verwehren sich die »Spielverweigerer« aktiv dem *»Veröffentlichungsdruck«* (36, w). Entsprechend betrachten sie das wissenschaftliche Spiel um Status und Reputation mit Argwohn. Für

WissenschaftlerInnen, die sich nicht für die Beteiligung am Spiel, sondern nur für die Forschung (und Lehre) selbst interessieren, ist ihrer Meinung nach kein Platz im deutschen Wissenschaftssystem. In dieser Hinsicht teilen sie also ebenfalls die Diagnose, dass der wissenschaftliche Beruf zum »*Karrierejob*« wird. Dessen Bedingungen wollen die »SpielverweigererInnen« freilich nicht akzeptieren.

»Ich würde an der Uni bleiben, mein Vertrag kann ja auch noch mal verlängert werden, ich bin ja noch nicht an diese zwölf Jahre ran. Um aber nach diesen zwölf Jahren an der Uni zu bleiben, müsste man ja dann wieder Unikarriere und Professur anstreben und da sehe ich mich nicht! Also wird wohl dann irgendwann Schluss sein für mich an der Uni.« (34, w)

Die Begründungen für die Verweigerung zeichnen das Bild von intrinsisch motivierten »Tüftlern«, die von einem hohen Sachinteresse geprägt sind. Nicht der berufliche Aufstieg steht im Zentrum ihrer Aufmerksamkeit, sondern die intensive Beschäftigung mit für sie interessanten und herausfordernden Themen. Diesen »*Spaß*« an der wissenschaftlichen Arbeit, der auch die anderen beiden Typen auszeichnet, sehen die »SpielverweigererInnen« durch die zugespitzte Konkurrenzsituation allerdings akut bedroht. Ebenso wie die »Fatalisten« bestätigen die Fälle dieses Typs damit die Befunde zahlreicher quantitativer Studien, die zeigen, dass die Zufriedenheit mit der wissenschaftlichen Arbeitsweise und den Arbeitsinhalten regelmäßig hohe Prozentwerte erzielt, die mangelnde Planbarkeit der Beschäftigung und die fehlenden Aufstiegsmöglichkeit jedoch hohe Unzufriedenheit hervorrufen (vgl. etwa Jaksztat/Schindler/Briedis 2010: 16).[168]

»Das Herumgespiele, Herumprogrammieren, Ausprobieren, läuft es, läuft es nicht? Wo ist der Fehler, wenn es nicht läuft? Das macht dann Spaß.« (32, m)

»Ich glaube, dass es ganz vielen so geht, dass denen die Forschung Spaß macht und die Arbeit mit den Studenten Spaß macht und alles Spaß macht, außer diese unbefriedigende Stellensituation.« (31, w)

Da ihre Arbeit für die »SpielverweigererInnen« ein hohes Identifikationspotenzial besitzt, entsprechen sie dem Erfordernis entgrenzt zu arbeiten, ha-

168In der Studie von Jaksztat, Schindler und Briedis (2010: 16) haben 76 Prozent der Befragten an Universitäten angegeben, mit den Tätigkeitsinhalten zufrieden oder sehr zufrieden zu sein, für die Aufstiegsmöglichkeiten liegt dieser Wert bei lediglich 20 Prozent, für die Planbarkeit der Karriere sogar nur bei 15 Prozent.

dern jedoch damit. Das führt zu der paradoxen Situation, dass die Flexibilität und die Vorzüge des entgrenzten Arbeitens einerseits hervorgehoben werden, diese Arbeitsweise andererseits aber als starke Belastung erlebt wird. Ihre *Work-Life-Balance* empfinden die »SpielverweigererInnen« dementsprechend auch als unausgeglichen und verbesserungswürdig. Dies gilt in besonderer Weise für alle Frauen dieses Typs.

»Es gibt immer Monate, wo vieles zusammen kommt. Für mich sind es immer die Monate, wenn ein Buch grad fertig werden muss. Also das ist Wahnsinn, [...] da bin ich am Wochenende hier, dann geh ich abends wieder rein.« (38, w)

»Also ich sage mal, es gab Zeiten, wo es nicht ging, also wo es auch nicht okay war, also einfach, wo man Nächte und Wochenenden durchgearbeitet hat.« (38, w)

Wie die »Fatalisten« thematisieren auch die »SpielverweigererInnen« individuelle Defizite. Die Selbstsicherheit hinsichtlich der eigenen Leistungsfähigkeit, von der die »Hoffnungsvollen« geprägt sind, fehlt ihnen. So sei zum Beispiel, im Vergleich zu anderen WissenschaftlerInnen im gleichen Alter, die Länge der eigenen Publikationsliste *»nicht ausreichend«* (31, w). Häufiges Thema ist auch eine ungenügende Passung zwischen dem Anforderungsprofil der Spitzenpositionen in der Wissenschaft und den eigenen Fähigkeiten. Offen ist, ob es sich dabei um eine Entlastungsstrategie handelt, die hilft, den eigentlich ungewollten Ausstieg aus dem monodirektionalen System vor sich selbst zu rechtfertigen. Denn wenn es, der herrschenden Leistungsideologie zufolge, nur die Besten auf eine Professur schaffen, die »Spielverweigerer« sich selbst aber nicht zu diesem Kreis zählen, mag die Entscheidung, es gar nicht erst zu versuchen, leichter zu verarbeiten zu sein, als wenn beständig der Zweifel nagt, ob sie nicht doch eine Professur hätten erreichen können.[169]

»Ich bin nicht der Typ, der Verträge aushandelt, der Drittmittel einwirbt, diesen ganzen Smalltalk, der mit Institutsleitungen verbunden ist, das ist alles so was, worauf ich gerne verzichte. Da bin ich nicht der Mensch zu.« (34, w)

169 Eine sozialpsychologische Erklärung dafür könnte sein, dass durch die Veränderung der Einstellung bezüglich des eigenen Verhaltens kognitive Dissonanzen reduziert werden (vgl. exemplarisch Steele 1988; ursprünglich Festinger 1957). Die Dissonanz wäre hier: »Nur die Besten erreichen eine Professur und ich gehöre zu den Besten, habe mich aber dazu entschieden, aus der Wissenschaft auszusteigen.«

Personen, die sie darin hätten bestärken können, diesen Weg zu gehen, tauchen in den Interviews mit den »SpielverweigererInnen« nicht auf. Gefördert wurden sie in den meisten Fällen nur wenig. Entweder ist der ursprüngliche Förderer aus Altersgründen aus der Wissenschaft ausgeschieden oder es waren von Anfang an keine wissenschaftlichen Fördererinnen und Förderer vorhanden, zumindest keine, die sie ermutigt hätten, eine weitere wissenschaftliche Karriere einzuschlagen. Stattdessen betonen sie, bei ihrer beruflichen Zukunftsplanung vorwiegend auf sich alleine gestellt gewesen zu sein. In einem beruflichen Feld wie der Wissenschaft, das von einem Wettbewerb mit inzwischen absurden Ausmaßen geprägt ist und Erfolg und Scheitern radikaler als jedes andere (abgesehen von der Kunst und der Politik) der eigenen Verantwortung zuschreibt, hat das unverkennbar fatale Folgen für die Einschätzung der eigenen Karriereaussichten.

»Also das ist eigentlich hier eher so, dass man sich selbst fördert, sozusagen. […] Diese klassische Doktorvaterthematik, die kenne ich jetzt nicht. Das ist schon mehr alles aus Eigeninitiative sozusagen geschehen.« (31, w)

Auch im privaten Umfeld der »Spielverweigerer« ist es um personelle ›Stabilisatoren‹ nicht besser bestellt. In ihren Beziehungen sind die »SpielverweigererInnen« die Besserverdienenden und leben mit Partnerinnen und Partnern in ebenfalls unsicherer beruflicher Position zusammen. Anders als die »Hoffnungsvollen« in Doppelverdienerkonstellationen haben die »SpielverweigererInnen« nicht die finanzielle Sicherheit durch einen gutverdienenden Partner. Die Vermutung liegt nahe, dass auch dies ein Grund sein kann für den paradoxen Umgang mit Entgrenzung und den Erfahrungen starker Arbeitsbelastung. Bei den Müttern unter den »SpielverweigerInnen« kommt erschwerend hinzu, dass sie die Hauptlast der Kinderbetreuung zu tragen haben.

»Unter der Woche arbeitet er nicht in [Heimatstadt], sodass ich dann immer von Montag bis Freitag alleine bin mit Kind und dadurch wird es noch schwieriger.« (31, w)

Im Einzelfall führt die Doppelbelastung dazu, dass diese Frauen keine andere Möglichkeit sehen, als zeitnah aus der Wissenschaft auszusteigen. Im Austausch für eine weniger interessante Tätigkeit und weniger Autonomie erhoffen sie sich von einem Anstellungsverhältnis in der freien Wirtschaft neben der beruflichen Sicherheit eine bessere Vereinbarkeit von Familie und Beruf. Ist ihrer Einschätzung und Erfahrung nach eine Teilzeittätigkeit in der Wissenschaft höchstens vertraglich, aber nicht gemessen an der Arbeitszeit möglich, hegen sie die Hoffnung, ihre Arbeitsstunden auf einer Stelle in der freien Wirtschaft reduzieren zu können, um mehr Zeit für die Familie zu haben.

»Ich kann damit leben, dass ich dann, wenn ich da eine Stelle finde, dass das nicht das Perfekte ist, dass sich das dann halt der Familie unterordnet und dass meine Arbeitszeiten dann wahrscheinlich auch etwas entspannter sind als jetzt.« (31, w)

Im Vergleich mit den »Hoffnungsvollen« stellt dieser Typ das absolute Gegenbild dar. Weder beruflich noch privat findet er ein unterstützendes Umfeld vor, einen längeren Auslandsaufenthalt hat er auch nicht absolviert und eine Gruppenleitungsposition scheint unerreichbar. Im Wettbewerb um den besten Lebenslauf sind die »SpielverweigererInnen« eindeutig im Nachteil. In vielen Facetten erinnern sie damit an die *»Isolierten«*, die Wirth et al. (2008: 101) in ihrer Studie identifiziert haben und denen sie von ihren drei Clustern »die geringsten Karrierechancen im akademischen Sektor« attestieren. Beide Gruppen sind weder in karriereförderliche Netzwerke eingebunden, noch können sie sich auf unterstützende Strukturen im privaten Bereich verlassen. Derart schlecht gerüstet für das wissenschaftliche Spiel um Reputation und Anerkennung leiten die »SpielverweigerInnen« aus der im gesamten Sample vorzufindenden Kritik, dass es *»kaum noch Wissenschaftler mit einer langfristigen Perspektive gibt, die reine Wissenschaft machen können«* (38, m), die Einsicht ab, dass ein langfristiger Verbleib in der Wissenschaft nicht möglich ist, ohne deren agonale Grundstruktur zu akzeptieren und Karriere im Sinne eines vertikalen Aufstiegs machen zu wollen. Zähneknirschend bereiten sich die jungen VertreterInnen dieses Typs ohne entfristete Stelle deshalb, trotz ihrer starken intrinsischen Motivation für die wissenschaftliche Arbeit, auf den kurz- bis mittelfristigen Ausstieg aus der Wissenschaft vor. Mit Blick auf Situation im Frankreich der 1960er Jahren bezeichnen Bourdieu und Passeron (1971: 222) die »vorweggenommene Hinnahme des Scheiterns und Ausgeschlossenseins […] als unbewußte Vorwegnahme der Sanktionen […], die das Bildungssystem objektiv über die unterprivilegierten Klassen verhängt«. In unserem Sample konnten wir eine Wirksamkeit der sozialen Herkunft nicht feststellen – wohl aber eine des aktuellen sozialen Umfelds.[170]

170 In diesem Punkt decken sich unsere Ergebnisse mit denen des Kooperationsprojekts zu Absolventenstudien, die zeigen, dass Faktoren, die mit der aktuellen Situation zusammenhängen (Einbindung der Promotion in den Hochschulkontext, Orientierung auf

Das deutsche Wissenschaftssystem »verhängt« die Spielverweigerung als Akzeptanz der eigenen zukünftigen Erfolglosigkeit heutzutage offenbar nicht über unterprivilegierte Klassen, sondern über jene, die in Bezug auf die aktuellen Unterstützungsstrukturen unterprivilegiert sind. Noch immer sind das mehrheitlich Frauen. Die Kritik an den fehlenden alternativen Karrieremöglichkeiten und Reputationssystemen eint zwar die Geschlechter über alle Typen hinweg, es sind aber vor allem Frauen, die daraus die Konsequenz ziehen, sich den männlich geprägten Spielregeln des Feldes zu verweigern und eher kurz- als mittelfristig die Wissenschaftswelt verlassen werden. Die »SpielverweigerInnen« sind fast ausschließlich weiblich. Die Verschränkung der ›alten‹ Barrieren mit dem verschärften Wettbewerb führt für Frauen zu gänzlich neuen Ausgrenzungserfahrungen. Nicht nur haben sie diese Spielregeln nicht selbst mitgestalten können, es mangelt ihnen auch, mehr als den Männern im Sample, an personellen »Stabilisatoren«, die durch ihre unsicherheitsreduzierende Wirkung eine Spielteilnahme überhaupt erst möglich erscheinen lassen.

4.2.5 Konfligierende politische Ziele und Programme

In der Gesamtschau der drei vorgestellten Typen wird eines schnell deutlich: Die deutsche Wissenschaftspolitik steht vor einem markanten Steuerungsparadox. Der verschärfte Wettbewerb einer drastisch gesteigerten Zahl von NachwuchswissenschaftlerInnen um eine gleichbleibend niedrige Zahl von Professuren untergräbt nicht nur die Attraktivität des wissenschaftlichen Berufswegs in Deutschland und die Chancengerechtigkeit von Männern und Frauen, sondern auch die Innovations- und Wettbewerbsfähigkeit des deutschen Wissenschaftssystems. Im Einzelnen:

Seit Jahren ist es ein wissenschaftspolitisches Anliegen, die Arbeitsbedingungen und Karriereperspektiven des wissenschaftlichen Nachwuchses zu verbessern und den wissenschaftlichen Berufsweg in Deutschland attraktiver zu machen. Auf diese Weise sollen ein Abwandern der ›besten Köpfe‹ in andere Berufsfelder oder nationale Wissenschaftssysteme verhindert und hervorragende NachwuchswissenschaftlerInnen aus dem In- und Ausland

den wissenschaftlichen Karriereweg etc.), einen deutlich stärkeren Einfluss darauf haben, ob jemand eine berufliche Laufbahn innerhalb der Wissenschaft verfolgt, als soziobiographische Faktoren (Konsortium Bundesbericht Wissenschaftlicher Nachwuchs 2013: 295).

angelockt werden. Durch die Verschärfung des Wettbewerbs bei gleichzeitiger Zuspitzung der Monodirektionalität wissenschaftlicher Karrieren wurde jedoch genau das Gegenteil erreicht. In einem Punkt nämlich stimmen alle unsere Befragten überein: Die Attraktivität des wissenschaftlichen Berufsweges ist durch den radikal verschärften Wettbewerb in den monodirektionalen Strukturen des deutschen Wissenschaftssystems in den Augen unserer Befragten deutlich gesunken. Die Vorzüge wissenschaftlicher Arbeit – die geistige Freiheit, die tiefgehende intellektuelle Auseinandersetzung und die schiere Freude an der Erkenntnisgewinnung – sehen sie durch den verstärkten Konkurrenzdruck akut bedroht. Insbesondere jene Befragten, denen es an personellen »Stabilisatoren«, das heißt insbesondere an beruflicher Förderung und Unterstützung aus dem privaten Bereich, fehlt (die »SpielverweigererInnen«), ziehen gezwungenermaßen den kurz- bis mittelfristigen Ausstieg aus der Wissenschaft in Betracht. Es handelt sich – und das ist wichtig zu betonen – nicht um einen Ausstieg aus freien Stücken.

Diese WissenschaftlerInnen haben einen kritischen Punkt erreicht, an dem die hohe Zufriedenheit mit den Arbeitsinhalten und der wissenschaftlichen Arbeitsweise, die auch andere Studien immer wieder bestätigen (vgl. etwa Jongmanns 2011: 81), die emotionalen Belastungen durch die katastrophalen Zukunftsperspektiven nicht mehr ausgleichen kann. Davon unterscheidet sich die ›erzwungene‹ Aufstiegsorientierung derjenigen Fälle, die sich bereits eine verhältnismäßig gute Ausgangsposition auf dem Weg zu einer ordentlichen Professur erarbeitet haben: die »Fatalisten«. Um weiterhin wissenschaftlich tätig zu sein, sehen sie keine andere Möglichkeit, als eine Professur anzustreben. Damit sie am Ende nicht mit leeren Händen dastehen, fühlen sie sich gezwungen, alle anderen Lebensbereiche der Arbeit unterzuordnen und außerwissenschaftliche Aktivitäten sämtlich danach zu befragen, ob sie dem verordneten »*Erfolgsprogramm*« (36, w) dienlich sind oder nicht. Die Folge sind zum Teil unzumutbare psychische und physische Anstrengungen, welche die »Fatalisten« an und über die Grenzen ihrer Belastungsfähigkeit bringen. Unzufrieden mit der gefühlten Ausweglosigkeit ihrer Situation sind beide Gruppen, »SpielverweigererInnen« und »Fatalisten« gleichermaßen. Sehnsüchtig blicken sie daher auf die ihrer Meinung nach meist besseren Beschäftigungsbedingungen in der freien Wirtschaft und die *Tenure-Track*-Modelle in anderen nationalen Wissenschaftssystemen.

Diese Befunde gelten zwar generell für beide Geschlechter, für weibliche Nachwuchswissenschaftlerinnen führt der verschärfte Wettbewerb, in Verbindung mit den verstärkten wissenschaftspolitischen Bemühungen, die

Chancengerechtigkeit von Männern und Frauen in der deutschen Wissenschaft zu erhöhen, aber zu einer geradezu zynischen Situation: Einerseits gibt es eine ungeahnte Vielfalt an gleichstellungspolitischen Förderprogrammen, die den Frauen suggeriert, die Gelegenheit zum Aufstieg sei günstig wie nie. Andererseits konterkariert der verstärkte Wettbewerb die Fortschritte dieser Programme und erweist sich als strukturelle Bremse für die Chancengerechtigkeit von Männern und Frauen. So sticht sofort ins Auge, dass die Männer unter den »Hoffnungsvollen« die Mehrheit stellen, während die »Spielverweigerer« fast ausschließlich weiblich sind. Es fällt weiterhin auf, dass die Frauen in unserem Sample ihre Karrieren insgesamt zaghafter und weniger risikofreudig angehen, ihre Chancen auf beruflichen Aufstieg geringer einschätzen und häufiger zu einer negativen Einschätzung ihrer Erfolgschancen kommen als die Männer. Zudem verweigern sich mehr Frauen als Männer den Spielregeln des wissenschaftlichen Feldes, weil sie die Zukunftsperspektiven als dermaßen düster wahrnehmen, dass eine Spielbeteiligung in ihren Augen wenig sinnvoll erscheint – obgleich Frauen wie Männer allesamt die Wissenschaft anderen Tätigkeitsfeldern vorziehen.[171] Die Gründe dafür offenbaren sich im typenübergreifenden Geschlechtervergleich: Frauen werden en gros weniger stark beruflich gefördert und sind weniger in beruflich förderliche Netzwerke eingebunden als ihre männlichen Kollegen. Obendrein sind ihre Paar- und Familienkonstellationen einer wissenschaftlichen Karriere oft weniger zuträglich als die der Männer.[172]

All dies scheint altbekannt und mit dem Stichwort des »Androzentrismus«[173] der Wissenschaft auf den Punkt gebracht. Unzählige Studien haben erge-

171 Insofern sind im Grunde alle unsere Fälle der von Kahlert (2012: 70) identifizierten Gruppe »Wissenschaft als Beruf« zuzurechnen, die sich vor allem dadurch auszeichnet, dass diese Personen »alle nach Abschluss der Promotion weiter wissenschaftlich im Hochschul- und Forschungssystem tätig sein« möchten. Kahlert (2012: 71) attestiert dieser Gruppe aber auch ein »großes Selbstvertrauen«, sodass sie eher den von uns identifizierten »Hoffnungsvollen« ähnelt. Dieser Zusammenhang von eindeutiger Orientierung auf Wissenschaft und großer Zuversichtlichkeit, den Kahlert mit ihrer Typologie behauptet, lässt sich für unser Sample nicht bestätigen.

172 Das trifft vor allem auf Frauen mit Betreuungsaufgaben zu, in deren Beziehungen keine gleichberechtigte Aufgabenteilung praktiziert wird (dies ist ein hervorstechender Unterschied zwischen den »hoffnungsvollen« Frauen und den »Spielverweigerinnen«).

173 Mit dem Begriff »Androzentrismus« soll zum Ausdruck gebracht werden, dass die Strukturen der Wissenschaft männlich vergeschlechtlicht sind. Das bezieht sich erstens auf die Anstellungspraxis, zweitens auf die Auswahl und Definition von Forschungsthemen und Forschungsobjekte und drittens sogar auf die Methoden (vgl. Schmuckli 1996: 25–30).

ben, dass DoktorandInnen und AssistentInnen, genauso wie die Anwärter auf andere berufliche Positionen, nach dem Prinzip der Selbstähnlichkeit ausgewählt werden (vgl. etwa Hartmann 2004: 136–147) und dass die nur langsam bröckelnde, zahlenmäßige Dominanz männlicher Professoren deshalb noch immer zu einer systematischen Benachteiligung von Frauen bei der Personalrekrutierung führt (vgl. Allmendinger 2005). Zudem weiß man, dass die Netzwerke von Frauen im Vergleich zu denen der Männer im Allgemeinen kleiner sind (vgl. Lang/Neyer 2004: 528–529), einen höheren Frauenanteil aufweisen (vgl. Feeney/Bernal 2010: 784) und mit weniger sozialem Kapital ausgestattet sind (vgl. Etzkowitz/Kemelgor/Uzzi 2000: 171). Es darf jedoch nicht außer Acht gelassen werden, dass persönliche »Stabilisatoren« in Zeiten unerbittlicher struktureller Destabilisierung enorm an Bedeutung gewinnen und ausschlaggebend für die Einschätzung der individuellen Karrierechancen sind. Die unterschiedlichen Einstellungen der Befragten – wer »hoffnungsvoll« oder »fatalistisch« ist bzw. sich dem wissenschaftlichen Spiel um Reputation und Anerkennung »verweigert« – sind maßgeblich von der individuellen Verfügbarkeit unsicherheitsreduzierender Ressourcen abhängig. »Hoffnungsvoll« in Bezug auf die eigenen Zukunftsperspektiven in der deutschen Wissenschaft ist nur, wer auf wissenschaftliche FördererInnen und Unterstützung aus dem privaten Umfeld zählen kann. Die Gewinner des wettbewerblichen Ausleseprozesses könnten am Ende also vor allem jene sein, die auf individuell stabilisierende ›Rückendeckung‹ zurückgreifen können. Im fortdauernd männlich dominierten Wissenschaftssystem – und vor dem Hintergrund der Persistenz traditioneller Geschlechterverhältnisse – sind das nach wie vor erheblich weniger Frauen als Männer. Zu den seit langem bekannten institutionellen Barrieren für Frauen, deren Abbau sich die Wissenschaftspolitik eigentlich auf die Fahnen geschrieben hat, hat sich mit dem unverhältnismäßig verschärften Wettbewerb eine weitere gesellt, die die gleichstellungspolitischen Zielsetzungen torpediert.

Der verschärfte Konkurrenzdruck zerstört demnach nicht nur die Attraktivität des wissenschaftlichen Berufswegs in Deutschland, er unterminiert auch das gleichstellungspolitische Ziel eines erhöhten Frauenanteils (vor allem auf den Spitzenpositionen) in der Wissenschaft, das sich nicht zuletzt in verschiedenen wissenschaftspolitischen Maßnahmen, wie dem Professorinnen-Programm des BMBF und der Exzellenzinitiative von Bund und Ländern, ausdrückt. Die Konsequenzen dieses Steuerungsparadox sind, neben den Belastungen für die NachwuchswissenschaftlerInnen, systematische Fehlallokationen, deren Folgen derzeit noch gar nicht in Gänze absehbar sind: Der Mangel an alternativen Karrierewegen mit Langfristperspektive führt sowohl zum erzwungenen Aus- als auch Aufstieg. Es ist jedoch nicht ausgemacht, dass die »Stabilsten« immer auch die »Besten« und »Innovativsten« sind. Ebenso wenig kann schließlich behauptet werden, dass diejenigen, die sich dem *sozialen* Spiel der Wissenschaft »verweigern«, notwendig jene sind, die sich *intellektuell* am wenigsten dazu eignen.[174] Die hinter der politisch induzierten Verstärkung des Konkurrenzdrucks stehende Prämisse der Qualitätssicherung – mehr Wettbewerb führt zu besseren (Forschungs-) Leistungen – muss ernsthaft infrage gestellt werden. Schlussendlich steht damit nicht nur die Attraktivität und die Chancengerechtigkeit, sondern auch die Innovations- und Wettbewerbsfähigkeit der deutschen Wissenschaft auf dem Spiel.

4.2.6 Wissenschaft als Karrierejob

In dieser politischen Gemengelage spielt der Mensch als Referenzpunkt für die Organisation der Wissenschaft nur noch eine untergeordnete Rolle. Die Zeiten, in denen das sich selbst bildende Individuum, zumindest ideell, der Orientierungspunkt für die (Neu-)Organisation der Wissenschaft gewesen ist, sind endgültig vorbei. In der Wissenschaft hat das ›betriebliche‹ Denken Einzug gehalten. Heute steht nicht mehr die »sittliche Vervollkommnung« (Schelsky 1963: 76) des Menschen, sondern die Wettbewerbsfähigkeit der nationalen Volkswirtschaft im Zentrum der Aufmerksamkeit. Auch hier lässt sich die Ablösung der langfristigen durch die kurzfristige Ordnung, die Denker wie Sennett (1998), Bauman (2003), Rosa (2005) und andere schon seit längerem umtreibt, beobachten. Die Vorstellung, dass sich der Nutzen, der die Wissenschaft dem Staat einbringt, erst auf lange Sicht und durch deren weitgehende Autonomie entfaltet, ein Argument, das sich nicht

174 Nichtsdestotrotz ist ein nicht selten vorgetragener Einwand, dass davon auszugehen sei, die besten Köpfe würden auch am besten gefördert. Einen empirischen Beleg für diese These gibt es aber nicht. Vielmehr ist davon auszugehen, dass die Fördersituation nicht unwesentlich von biographischen Zufällen abhängig ist. Und selbst wenn, alle, die gut gefördert werden, auch hervorragende WissenschaftlerInnen wären, heißt das noch lange nicht, dass alle Nicht-Geförderten weniger gute WissenschaftlerInnen sein müssen oder alle hervorragenden WissenschaftlerInnen auch gut gefördert werden. Schon alleine das massive zahlenmäßige Ungleichgewicht zwischen dem wissenschaftlichen Nachwuchs und den ProfessorInnen steht dem im Weg: Schließlich bedeutet das auch, dass die Betreuungsrelationen immer schlechter werden.

nur bei Humboldt und seinen Zeitgenossen, sondern auch zum Beispiel bei Niklas Luhmann findet, gilt heute als ebenso überholt wie das von Francis Bacon inspirierte Bild der Kaskade, auf der wissenschaftliche Erkenntnisse über mehrere Stufen hinweg immer weiter aus dem geschützten Raum der Grundlagenforschung herausgeschält werden, bis sie schließlich zur Anwendung gebracht werden können.

In der Folge werden die Beziehungen zwischen der Wissenschaft und ihren Umwelten immer intensiver. Politische und gesellschaftliche Ansprüche werden in einer neuen Unmittelbarkeit an die Wissenschaft herangetragen. Die Erwartung ist, dass sich die Wissenschaft nicht mehr selbstreferentiell mit der Suche nach der Wahrheit beschäftigen und dabei mehr zufällig als geplant wirtschaftlich relevante Innovationen zustande bringen, sondern direkt zur Wettbewerbsfähigkeit der Volkswirtschaft beitragen soll. Zu diesem Zweck haben die wissenschaftlichen Einrichtungen in den letzten Jahren große Sprünge in Richtung jener eigenständigen Handlungsfähigkeit gemacht, die bei Wirtschaftsorganisationen seit je als selbstverständlich gilt. Sie haben nun mehr Entscheidungsgewalt, tragen aber auch mehr Verantwortung für ihre Leistungen. Sie sollen sich im gegenseitigen Wettbewerb profilieren, dabei exzellent werden und ihre Reputation steigern, um auf diese Weise das deutsche Wissenschaftssystem insgesamt international konkurrenzfähiger zu machen. Wie im Sport wird auch in der Wissenschaft zunehmend ein nationales Leistungskollektiv beschworen, das sich im internationalen Wettbewerb bewähren muss. Freilich gibt es auch in der Wissenschaft eine Konzentration auf einzelne Superstars und aussichtsreiche Talente. Insgesamt rücken jedoch die Leistungen und deren Beitrag zum ›Teamerfolg‹ ins Zentrum. *Wer* die mühsame Vorarbeit für den entscheidenden Treffer geleistet hat, wird dabei fast vollständig ausgeblendet. Kurz gesagt: Der Fokus liegt mehr auf den Leistungen und weniger auf den Akteuren, die sie erbringen. Dadurch erklärt sich das Paradox, dass die NachwuchswissenschaftlerInnen als Träger wertvollen Humankapitals zwar vermehrt in den Fokus der politischen Aufmerksamkeit rücken, die Karriereaussichten und die Beschäftigungssituation des wissenschaftlichen Nachwuchses sich gleichzeitig aber so drastisch verschlechtert haben.[175]

Selbstredend gehen diese Entwicklungen nicht spurlos an der Wissenschaft als Beruf vorüber: In den Augen unserer Befragten wird der wissen-

175 Ein anderer Grund ist die derzeitige Aufgabenteilung zwischen Bund und Ländern in der Bildungs- und Wissenschaftspolitik.

schaftliche Beruf mehr und mehr zum »*Karrierejob*«, in dem das Bestehen im Wettbewerb und die Ausrichtung der wissenschaftlichen Arbeit an karriereförderlichen Indikatoren die Freude am Erkenntnisgewinn überlagern. Mit dem gängigen Idealbild des Wissenschaftlers, für den die Wissenschaft innere Berufung und Lebensform zugleich ist, ist eine solche Sichtweise nur schwer zu vereinbaren. Wie kann die Wissenschaft zugleich Karrierejob und innere Berufung sein? Die Spannung zwischen der intrinsischen Motivation für die wissenschaftliche Arbeit und der Konkurrenz um die Möglichkeit, dauerhaft dieser Motivation nachzukommen, ist völlig aus dem Lot geraten. Das ist genau das Dilemma, in dem sich die NachwuchswissenschaftlerInnen derzeit befinden. Die große Unsicherheit, die seit je die wissenschaftliche Berufslaufbahn auszeichnet, ist in den letzten Jahren eskaliert. Was das für die Karrieren der aktuellen Generation an NachwuchswissenschaftlerInnen bedeutet, wenn sich die Karrierebedingungen nicht in naher Zukunft ändern, ist noch gar nicht vollständig absehbar. Viele der Personen, die in den letzten Jahren neu in das Wissenschaftssystem eingeschleust wurden, stehen entweder noch am Anfang ihrer wissenschaftlichen Karriere und müssen sich entscheiden, ob sie zukünftig weiterhin in der Wissenschaft tätig sein wollen, oder sie sind gerade mittendrin im Kampf um die wenigen Professuren. Erst die nächsten Jahre werden zeigen, was mit all jenen Personen passiert, die dann massenhaft die Altersgrenze überschreiten und keine Aussicht auf eine Professur und einen dauerhaften Verbleib in der Wissenschaft mehr haben (oder bereits vorher ausgestiegen sind).

Ungeachtet dieser Diagnose und der Entwicklung der Wissenschaft zum »*Karrierejob*«, sehen sich die NachwuchswissenschaftlerInnen weiterhin mit dem Idealbild der wissenschaftlichen Persönlichkeit aus den Zeiten von Humboldt und Weber konfrontiert. Durch die intensivierte Konkurrenzsituation in den monodirektionalen Strukturen des deutschen Wissenschaftssystems wird die Spannung zwischen dem »*Karrierejob*« und der zur Wissenschaft berufenen Persönlichkeit immer größer. Die Unwägbarkeiten des wissenschaftlichen Berufs sind immer weiter gesteigert worden, der Mythos, dass die innere Berufung zur Wissenschaft durch das Aushalten dieser Unsicherheit unter Beweis gestellt werden müsse, hat aber nicht an Wirkmächtigkeit verloren. Das führt zu überaus widersprüchlichen Karriereanforderungen an die wissenschaftlich Tätigen, auf die die NachwuchswissenschaftlerInnen, in Abhängigkeit von ihrer persönlichen ›Stabilisierung‹ durch berufliche und private UnterstützerInnen, mit unterschiedlichen Karrierestrategien antworten.

In den Interviews zeigt sich diese Widersprüchlichkeit an vielen verschiedenen Punkten: zum Beispiel am Umgang mit dem Thema *Arbeitszeit*[176], aber auch an der *Vereinbarkeit von Beruf und Privatleben* in Zeiten eines soziokulturellen Wertewandels, der dabei ist, die Beziehungen zwischen den Geschlechtern neu auszurichten, und schließlich an der Diagnose einer *gestiegenen Bedeutung von Selbstdarstellungskompetenzen*.

Arbeitszeit

Noch weniger als in der Wirtschaft scheint eine Teilzeittätigkeit in der Wissenschaft überhaupt denkbar. Mit dem gängigen Idealbild des Wissenschaftlers, für den die Wissenschaft innere Berufung und Lebensform zugleich ist, lässt sich eine Arbeitszeitreduzierung jedenfalls nicht vereinbaren. Wie schließlich könnte eine Person sich der Sache der Wissenschaft voll hingeben und gleichzeitig die dafür zur Verfügung stehende Zeit reduzieren wollen? Im US-amerikanischen Forschungskontext wird dies unter den Begriffen des »ideal worker« (Acker 1990) und dem »work devotion schema« (Blair-Loy 2003) verhandelt. Das »work devotion schema«, dessen Ursprünge in der protestantischen Arbeitsethik liegen, reflektiert kulturelle Vorstellungen[177] über die Zentralstellung der Erwerbsarbeit gegenüber anderen Lebensbereichen und führt zu einem »flexibility stigma«, also zur Stigmatisierung der Inanspruchnahme von flexiblen Arbeitszeitarrangements (Williams/Berdahl/Blair-Loy 2013). Karriererelevante Positionen werden so zu einem »All-or-Nothing-Workplace« (Stone/Hernandez 2013) – Vollzeit oder gar nicht. Dieses Stigma ist tief eingelassen in die deutsche Wissenschaftskultur und stark handlungsleitend für alle dahingehend erfolgreich sozialisierten wissenschaftlich Tätigen.[178]

Hinzu kommt, dass die tatsächliche Wochenarbeitszeit der WissenschaftlerInnen die vertraglich vereinbarte Zeit in den meisten Fällen er-

176 Auf den »Zeitkonflikt« weisen auch Baethge, Denkinger und Kadritzke (1995: 23) als Teil des »Führungskräfte-Dilemmas« hin.

177 Blair-Loy und andere beziehen sich dabei auf die US-amerikanische Kultur. Es ist jedoch anzunehmen, dass, in Übereinstimmung mit dem in Deutschland gängigen Ideal des Wissenschaftlers, diese Überlegungen auf das Feld der Wissenschaft in Deutschland übertragbar sind.

178 Tatsächlich kommt eine Verbindung von Teilzeittätigkeit und wissenschaftlicher Arbeit in unserem Sample empirisch eigentlich nicht vor. Lediglich eine Frau arbeitet derzeit auf einer Teilzeitstelle – das aber auch nur für das erste Jahr nach der Geburt ihres zweiten Kindes. Dies hängt jedoch sicherlich auch mit der Zusammensetzung des Samples zusammen (siehe Kapitel 4.2.2).

heblich überschreitet.[179] Im Vergleich zu den Befragten aus der Wirtschaft arbeiten die WissenschaftlerInnen gemessen an den geschätzten Wochenarbeitsstunden deutlich mehr. Das gilt in besonderer Weise für die Führungskräfte unter den interviewten WissenschaftlerInnen, die Nachwuchs- und ForschungsgruppenleiterInnen und JuniorprofessorInnen. Insbesondere die Letzteren berichten über besonders ausufernde Arbeitszeiten und außerdem über mangelnde Ausstattung. An vielen Universitäten haben Juniorprofessuren kein Anrecht auf Zugang zu einem Sekretariat und vor allem in den ersten drei Jahren ist die Ausstattung sehr gering.

»Also von den Rahmenbedingungen an der Uni ist ganz klar zu sagen, dass wir zu wenig Geld haben. Also wenn ich dieses Emmy-Noether-Stipendium nicht hätte mit den entsprechenden Mengen für Sachmittel, könnte ich nicht arbeiten. Als Juniorprofessor kriege ich pro Jahr an Verbrauchsmitteln 2.500 Euro. [...] Für 2.500 Euro kann ich nicht mal Pipettenspitzen kaufen.« (36, w)

Die JuniorprofessorInnen in unserem Sample sind laut eigener Einschätzung eine *»one-man-show«* (36, w), die nicht nur innerhalb kürzester Zeit, bis zur Evaluation nach drei Jahren, exzellente wissenschaftliche Leistungen abliefern, sondern auch erste Erfahrungen in der Mitarbeiterführung sammeln sollen und meist alle anfallende administrativ-organisatorische Arbeit alleine zu bewältigen haben. Zur Verbesserung der Ausstattung müssen sie Drittmittel einzuwerben, was wiederum zusätzlichen Arbeitsaufwand bedeutet.

Die ausufernden Arbeitszeiten werden von der überwiegenden Mehrheit aller WissenschaftlerInnen im Sample zwar im Interview problematisiert, gleichzeitig werden sie aber als freie Entscheidung beschrieben. Abstrakt ist eine Arbeitszeitreduzierung auf ›Normalmaß‹ (oder in Einzelfällen auch weniger) für die meisten durchaus vorstellbar, wenn nicht gar wünschenswert. Konkret ist für sie jedoch unklar, wie das mit einer wissenschaftlichen Karriere vereinbar sein soll. Es gäbe dafür schlichtweg keine *»role models«* (36, w). Einerseits ist der Spaß an der Arbeit so groß, dass längere Arbeitszeiten gerne in Kauf genommen werden, andererseits spüren die von uns befragten WissenschaftlerInnen aber auch den diffusen Druck, immer mehr arbeiten zu müssen, um ihre Chancen auf den Aufstieg zu wahren. Beide Motive sind

179 Es dürfte allgemein bekannt sein, dass gerade in der Promotionsphase oftmals nur halbe Stellen vergeben werden, von den StelleninhaberInnen aber (mindestens) eine Vollzeitstellen äquivalente Arbeitszeitleistung erwartet wird. Aussagekräftige Zahlen zu diesbezüglichen Unterschieden zwischen Promovierenden und Promovierten sind nicht zu bekommen.

nur schwer voneinander zu trennen und bringen die Widersprüchlichkeit der Anforderungen zum Ausdruck. Intrinsische und extrinsische Motivation sind auch für die Befragten selbst nur schwer voneinander abzugrenzen, insbesondere dann, wenn es an den notwendigen Unterstützungsstrukturen mangelt.

Vereinbarkeit von Familie und Beruf

Die vollständige Hingabe der Person an die Wissenschaft gerät aber auch noch von ganz anderer Seite unter Druck. Nicht nur wird dem Privatleben, vor allem von Seiten der Männer, infolge eines soziokulturellen Wertewandels mehr Beachtung geschenkt, die Pluralisierung von Lebensstilen bringt für weite Teile der hochqualifiziert Beschäftigten auch neue Anforderungen der Vereinbarkeit von Arbeit und Privatleben mit sich. Der männliche Wissenschaftler, der sich, mit der tatkräftigen Unterstützung seiner Frau durch deren Übernahme der häuslichen und familiären Verpflichtungen, voll und ganz der Wissenschaft widmen kann, ist empirisch immer seltener vorzufinden. Er ist aber noch immer die Grundlage für das kulturelle Leitbild des allzeit verfügbaren Wissenschaftlers. Zwar lebt noch ein Gutteil der von uns befragten männlichen Wissenschaftler in Beziehungen mit klassischer Rollenverteilung, das heißt die Frau übernimmt den Großteil der familiären und häuslichen Arbeit bzw. verfolgt keine eigene Karriere, doch problematisieren fast alle Männer diese Situation. Als Rechtfertigung werden die Strukturen des Wissenschaftssystems, die auf den allzeit verfügbaren Wissenschaftler zugeschnitten sind, und die verschärfte Konkurrenzsituation angeführt. Dass die ›alten‹ Strukturen noch immer wirkmächtig sind, zeigen nicht zuletzt die durch unsere Studie aufgedeckten Geschlechterdifferenzen, sie sind aber nunmehr in stärkerem Maße als früher (oder überhaupt erst) begründungsbedürftig. Dieser Befund stützt die, nicht auf die Wissenschaft begrenzten, Ergebnisse von Wippermann, Calmbach und Wippermann (2009: 18), dass Männer (vor allem in der Oberschicht und der gesellschaftlichen Mitte) heute das traditionalistische Rollenmodell zwar hinterfragen, aber keine »rationalen, ökonomisch attraktiven Hebel (mit Ausnahme des Elterngeldes) [sehen], dem traditionalistischen Reflex nicht zu folgen«. Lange und Zerle (2008) konstatieren daher eine mittlerweile starke Kluft zwischen Einstellung und Verhalten.

Ein eindrucksvoller Beweis dafür, dass auch die Männer mit dem herrschenden Idealbild ringen, ist die Tatsache, dass acht Männer, aber nur eine

Frau als abschreckende Negativbilder Personen angeben, die zu viel arbeiten und keine Zeit mehr für ihr Privatleben haben.

»*Also abschrecken tut mich das, was 99 Prozent der Kollegen tun, einfach nur noch dafür leben, alles andere möglichst hintanstellen, den Jobs nachreisen, keine klare Grenze mehr zum Privatleben ziehen zu können, Sonntag abends um elf E-Mails zu schreiben, was überhaupt nicht außergewöhnlich ist, aus jedem Urlaub E-Mails zu schreiben. [...] Dieses Gefangensein im Beruf, das ganz viele Kollegen haben, das möchte ich für mich nicht und gleichzeitig könnte es aber sein, dass das passiert.*« (37, m)

Die Frauen im Wissenschaftssystem haben sich mit dem Erfordernis viel zu arbeiten offenbar bewusster arrangiert als die Männer – oder sie steigen gleich ganz aus dem wissenschaftlichen Spiel aus. Während mehr Männer das Spiel mitspielen, aber mit den Anforderungen hadern und befürchten, zu sehr davon vereinnahmt zu werden, nehmen die Frauen die Anforderungen, die an sie gestellt werden, entweder ohne zu klagen hin oder verweigern sich ihnen.[180] Analog zu unseren Befunden für das wirtschaftliche Feld, wo die »Flüchtigkeit« im Umgang mit der beruflichen Zukunft eine vorwiegend männliche Karrierestrategie ist und Frauen ihre Karriere gezwungenermaßen stärker planen als Männer (siehe Kapitel 4.1), sind die Frauen in der Wissenschaft offenbar dezidierter in ihrer Anerkennung (oder ihrer Verweigerung) der Anforderungen des wissenschaftlichen Berufs als die Männer.

Gestiegene Bedeutung von Selbstdarstellungskompetenzen

Häufiger noch als bei den Männern tauchen bei den Frauen mangelnde Sozialkompetenz und Selbstdarstellertum als Negativbilder auf.

»*Also zum Beispiel, dass es so Profilneurotiker gibt, also finde ich gerade in der jüngeren Generation und leider gerade unter Männern. Das nervt. Die laut auf Tagungen auftreten, sich in die erste Reihe schieben und so. Also manchmal mache ich mir Sorgen, ob sich dadurch die Kultur unseres Faches verändert.*« (38, w)

Die gestiegene Bedeutung von Selbstdarstellungskompetenzen konstatieren jedoch alle NachwuchswissenschaftlerInnen, ob männlich oder weib-

180 Damit hängt jedoch zusammen, dass die Frauen in unserem Sample insgesamt pessimistischer sind als die Männer, wenn es um ihre eigenen Karriereaussichten geht. Das zeigt die Geschlechterverteilung über die drei Typen.

lich, gleichermaßen. Der Zwang zur Selbstdarstellung offenbart sich dabei als Folge der Umdeutung von Wissenschaft zum »*Karrierejob*«. Damit verändert sich nicht nur die Kultur des Faches, wie im oben stehenden Zitat befürchtet wird, sondern insgesamt der Charakter des Spiels Wissenschaft. Unter den Bedingungen des verschärften Wettbewerbs erlangen karrierestrategische Überlegungen ein Übergewicht. Auslandsaufenthalte dienen nicht nur einer Erweiterung des forscherischen Horizonts, sondern der Veredelung des Lebenslaufs und fungieren als Mittel zum Zweck der Bewerbung auf eine Nachwuchsgruppenleitungsposition. Es zählt nicht nur, *was* veröffentlicht wird, sondern *wo* es veröffentlicht wird. Auf Tagungen und Konferenzen fährt man nicht nur, weil es etwas Inhaltliches zu präsentieren gibt, sondern weil das eigene »*Gesicht bekannt werden muss*« (37, m). Erbrachte Leistungen werden nicht nur daraufhin befragt, ob sie zum wissenschaftlichen Erkenntnisprozess, sondern ob sie zum eigenen Fortkommen beitragen. Gegenüber der Leistungserbringung selbst gewinnen die Darstellung der Leistung und die »Kompetenzdarstellungskompetenz« (Pfadenhauer 2003) rasant an Bedeutung. Es lässt sich also feststellen: Die Anforderungen an Wirtschaftskarrieren gelten in wachsendem Maße auch in der Wissenschaft. Die eigene Kompetenz muss von den Wissenschaftlern und Wissenschaftlerinnen zielgerichtet und wirkungsvoll inszeniert werden.

In Folge der Vermarktlichung der Wissenschaft, welche die Regeln und Gesetze des wissenschaftlichen Feldes umschreibt, wird der wissenschaftliche Beruf damit tatsächlich mehr und mehr zum »*Karrierejob*«. Entweder man fällt bewusst die Entscheidung, das Spiel um Anerkennung und Reputation mitzuspielen und steigt in das Rennen um den besten Lebenslauf ein – oder »*es geht nicht*« (36, m). Diese Einsicht teilen alle der befragten WissenschaftlerInnen. Deshalb stürzen sich einige – mal »hoffnungsvoll«, mal »fatalistisch« – in den immer aussichtsloser werdenden Wettbewerb, während sich andere dem wissenschaftlichen Spiel, nie jedoch dem wissenschaftlichen Arbeiten, »verweigern«. Wie diese neue Werthaltung mit dem ›alten‹ normativen Idealbild der wissenschaftlichen Persönlichkeit in Einklang zu bringen ist, obliegt der Verantwortung der einzelnen WissenschaftlerInnen. Vieles deutet jedoch darauf hin, dass die WissenschaftlerInnen ihre hohe intrinsische Motivation für die Arbeit, die nicht nur Motor von Innovation, sondern auch Kern der idealen wissenschaftlichen Persönlichkeit ist, immer weniger ausleben können, weil Beschleunigung und Aktionismus die tiefgehende wissenschaftliche Auseinandersetzung sabotieren. Mit der Unterstützung der »Stabilisatoren« können am ehesten noch die »Hoffnungsvollen«

den Ansprüchen der Wissenschaft als Lebensform gerecht werden. Starke berufliche Förderung und Sicherheit im privaten Bereich geben diesen Personen die Freiheit, sich auf ihren Beruf zu konzentrieren und in diesem Sinne ihrer inneren Berufung zu folgen. Aufgrund der eskalierten Zwänge des »äußeren Berufs« und der sich verändernden Rahmenbedingungen ist die Wissenschaft aber selbst für sie mittlerweile ein »*Karrierejob*«.

5 Schluss

Nach einer Phase relativer Stabilität sind Wirtschaft und Wissenschaft seit nunmehr 20 bis 25 Jahren massiven Wandlungsprozessen unterworfen. Auf der einen Seite kommt es dabei zu einer »Ökonomisierung« der Wissenschaft, die sich unter anderem in der Stärkung der Leitungsebene von wissenschaftlichen Organisationen, dem Einsatz von quantitativen Leistungsmessungsinstrumenten und einer Verschärfung des Wettbewerbs zu erkennen gibt. Um diese Entwicklungen auf den Punkt zu bringen, wird hier das ebenso populäre wie umstrittene Schlagwort der »Ökonomisierung« nur deshalb verwendet, weil damit die Angleichungsprozesse zwischen Wissenschaft und Wirtschaft in den Fokus rücken. Denn auf der anderen Seite kommt es zu einer »Verwissenschaftlichung« der Wirtschaft (und anderer Teile der Gesellschaft). Die Anforderungen, die eigentlich für wissenschaftliches Arbeiten reserviert schienen, gelten in hohem Maße auch für den Typus (hoch)qualifizierter Wissensarbeit im wirtschaftlichen Bereich. Wissensarbeit ist durch die meist projektförmige, das heißt kollektive Bewältigung von einmaligen und vielschichtigen Problemstellungen bestimmt und lässt sich deshalb nicht *direkt* über die Detailkontrolle des Arbeitsprozesses steuern und koordinieren, sondern nur *indirekt*, etwa über Zielvereinbarungen und den Appell an die intrinsische Motivation der Beschäftigten.

Die Gegenüberstellung von Ökonomisierung der Wissenschaft einerseits und Verwissenschaftlichung der Wirtschaft andererseits darf aber nicht den Blick darauf verstellen, dass es in beiden Feldern gleichermaßen zu einer *Vermarktlichung* der Steuerung von Arbeit gekommen ist. In Wissenschaft wie Wirtschaft ist die vormalige Isolation der Produktionsgemeinschaften – in Wirtschaftsunternehmen wurden die konkreten Produktionsabläufe gegenüber den Unwägbarkeiten des Marktes abgeschottet (vgl. Sauer 2010: 26) und wissenschaftliche Forschung sollte idealiter in Einsamkeit und Freiheit stattfinden – weitgehend aufgehoben worden. Der generelle Trend der Vermarktlichung äußert sich in den beiden Feldern jedoch in ganz unterschiedlicher Weise: In der zuvor nicht-marktlich koordinierten Wissenschaft mussten marktähnliche Mechanismen durch wissenschaftspolitische Entscheidungen überhaupt erst eingeführt werden, nicht umsonst ist aus diesem Grund im öffentlich finanzierten Bereich von »Quasi-Märkten« die Rede. Die neuen Mittel zur Steuerung und Koordination der Arbeit werden hier in erster Linie als verstärkte Fremdsteuerung diskutiert, die dem Ideal der Autonomie der Wissenschaft widersprechen, mit den distinkten Regeln, Werten und Gepflogenheiten der wissenschaftlichen »Wertsphäre« (Weber) nicht oder nur schwerlich zu vereinbaren sind und der intrinsischen Motivation der WissenschaftlerInnen zuwiderlaufen. In der Wirtschaft dagegen wurde der Marktdruck, dem die Unternehmen zuvor nur als Ganzes ausgesetzt waren, in die Organisationen hineingeholt und als Steuerungsinstrument von organisationalen Subeinheiten und einzelnen Beschäftigten eingesetzt. Dies geht mit einer erhöhten »Ergebnisverantwortlichkeit« (Heidenreich 1996: 27) der Arbeitenden einher: Nicht der Weg, sondern das Ziel der Arbeit wird zum Objekt der Steuerung. Die dabei zum Einsatz kommenden indirekten Steuerungsformen, die auf ein höheres Maß an Selbstorganisation setzen als die traditionellen tayloristischen Methoden, werden im wirtschaftlichen Kontext als Teil einer »Subjektivierung von Arbeit« interpretiert. Während also in der Wissenschaft in dem Maße, in dem das »Systemvertrauen« (Giddens, Luhmann) in die wissenschaftlichen Institutionen erodiert, auch dem Vertrauen in die Steuerungswirkung der intrinsischen Motivation der WissenschaftlerInnen langsam das Wasser abgegraben wird, haben die Unternehmen die intrinsische Motivation ihrer Mitarbeitenden als neues Objekt ihrer Steuerungsbemühungen entdeckt.

Es mag verwundern, dass mit dem Begriff der Vermarktlichung derart unterschiedliche Entwicklungen beschrieben werden. Der Grund dafür findet sich in den je spezifischen Ausgangsbedingungen der beiden Felder, die in Kapitel 2 beschrieben wurden: In den klassischen Organisationstheorien werden Wirtschaftsorganisationen als rationale Systeme und die Gruppe der Beschäftigten als Versammlung von »Homines oeconomici«, die allein durch monetäre Anreize auf den *One Best Way* zur Erreichung der organisationalen Ziele zu verpflichten sind, portraitiert. Die Humboldtsche Universitätsidee hingegen konzipiert die wissenschaftlichen Einrichtungen als bloße Hülle für die Wissenschaft als Lebensform, als Wirkungsstätte des »philosophischen Kopfes«, der allein durch die Kraft seiner intrinsischen Motivation Höchstleistungen zu vollbringen vermag. Dies sind die ideellen Grundmauern, auf denen die Gebäude der modernen Wissenschaft und Wirtschaft errichtet worden sind. Hier wie dort wurden in den letzten Jahren an einigen Gebäudeteilen weitreichende Umbaumaßnahmen vorgenommen, andere hingegen haben bestenfalls einen neuen Anstrich bekommen, während das ursprüngliche Fundament bzw. das Mauerwerk darunter jedoch (stellenweise oder gar größtenteils) bestehen bleibt. Aus der sich daraus ergebenden Überlagerung von altem und neuem Gerüst, und damit von im Grunde unvereinbaren organisationalen Strukturen und Leitbildern, entstehen für die Beschäftigten in beiden Feldern höchst widersprüchliche Karriereanforderungen mit bislang unabsehbaren Folgen.

Zunächst zur Wirtschaft: Seit den Tagen von Taylor und Weber ist das Menschenbild des »Homo oeconomicus«[181], das eng mit der Vorstellung der Wirtschaftsorganisation als rationales System verwoben ist, immer wieder modifiziert worden – etwa durch die Annahme der begrenzten Rationalität (vgl. Simon 1976). Es ist auch viel darüber diskutiert worden, wie die Akteure überhaupt zu ihren Nutzenvorstellungen kommen. Während die klassische Sichtweise davon ausgeht, dass es vor allem materielle Güter und Leistungen sind, durch die sich der »Homo oeconomicus« motivieren lasse (vgl. zum Beispiel Schein 1988: 53), wird in aktuellen Theorien betont, die Kosten-Nutzen-Kalkulationen der Akteure seien hochgradig subjektiv. Schimank (2007: 101) bspw. argumentiert, die »abstrakten Formeln« der Nutzenmaximierung und Verlustminimierung seien an sich »inhaltsleer« und müssten für eine bestimmte gesellschaftliche Situation »substanziell spezifiziert« werden. Nicht zuletzt aus dieser Differenz erklärt sich, dass es in der Literatur mindestens zwei verschiedene Begriffsverwendungen des »Homo oeconomicus« gibt: Zum einen wird in (Teilen) der Arbeits- und Organisationspsychologie das klassische Bild des »Homo oeconomicus«, der sich allein durch monetäre Anreize motivieren lässt, zum Ausgangspunkt einer Chronologie von Menschenbildern und korrespondierenden Organisationstheorien gemacht.[182] Zum anderen wird an seiner theoretischen Verfeine-

181 Als die ›Väter‹ des »Homo oeconomicus« gelten die ökonomischen Denker des 17. und 18. Jahrhunderts: Adam Smith, Thomas Robert Malthus, John Stuart Mill und David Ricardo (vgl. Stengel 1997: 78).

182 Kirchler, Meier-Pesti und Hofmann (2004) konstatieren in Anlehnung an Schein (1988) einen Wandel vom nutzenmaximierenden »Homo oeconomicus« (prominent bei Taylor, Weber und dem französischen Managementtheoretiker und Industrieunternehmer Henri Fayol) über den »social man«, der seine sozialen Bedürfnisse auch am Arbeitsplatz befriedigt sehen will (ein Bild, das vor allem durch die Hawthorne-Studien Aufwind erfahren und zur »Human-Relations«-Bewegung geführt hat), und den nach individueller Selbstverwirklichung strebenden »self-actualizing man« (dem Menschenbild der Ver-

rung gearbeitet. So hebt Schimank aus soziologischer Perspektive auf die Subjekt- und Situationsabhängigkeit der Nutzenkomponente ab. Als Ansatzpunkte für deren Theoretisierung gelten ihm erstens die verschiedenen gesellschaftlichen Wertsphären, Teilsysteme und Felder sowie ihre jeweiligen Subeinheiten, zweitens »lagespezifische Lebensstile«, die durch Bildung, Einkommen und Berufszugehörigkeit, aber auch durch Alter, Geschlecht, Familienstand, ethnische Zugehörigkeit und Wohnort geprägt werden, und drittens die »reflexiven Interessen der Akteure«[183] (Schimank 2007: 101–105). Der »Homo oeconomicus« wird damit gewissermaßen als ein ›zeitloses‹ Akteurmodell entworfen, das durch soziologische Anreicherung gestärkt und aktuell gehalten werden kann. Zudem wird er in eine Reihe mit anderen soziologischen Modellen der Handlungsbeschreibung gestellt, die nicht chronologisch auftreten, sondern je unterschiedlichen Erklärungsgehalt besitzen. Zu seinen Geschwistern zählen zum Beispiel der normorientierte »Homo sociologicus«, der affektgeleitete »emotional man« und der auf das eigene Selbstbild gerichtete »Identitätsbehaupter« (Schimank 2007). Trotz der kontinuierlichen theoretischen Arbeit an dem Modell hat sich jedoch an der Kernannahme der »*Maximierung* als Auswahlprinzip« (Maurer 2013: 239) wenig geändert. Bis heute ist der rational agierende, nutzenmaximierende Akteur das »weithin gültige Menschenbild in den Wirtschaftswissenschaften« (Stengel 1997: 78).

Mit Blick auf die Analyse der »verhaltensmodellierenden Effekte« dieses Menschenbilds entwirft Ulrich Bröckling (2007: 12) das Leitbild des »unternehmerischen Selbst«, das er, in Anlehnung an Foucaults Überlegungen zur Gouvernementalität, zu einem »Abkömmling des Homo oeconomicus« erklärt. Indem die Humankapitaltheoretiker um Gary S. Becker ihren »ökono-

fechter einer Humanisierung von Arbeit) zum »complex man«, der nicht auf das eine oder andere Menschenbild vergangener Jahre reduziert werden kann, sondern stattdessen den vielfältigen »inter- und auch intraindividuellen Unterschieden« (Kirchler/Meier-Pesti/Hofmann 2004: 121) Rechnung trägt. Heute dominiert den Autoren zufolge das Menschenbild des »autonomen Wissensarbeiters«, das wieder etwas enger gefasst ist als der »complex man« und »postmoderne Werte« wie Freiheit und Selbstverwirklichung sowie die Bedeutung der Ressourcen Information und Wissen ins Zentrum stellt (ebd.: 165).

183 Damit ist gemeint, dass die Akteure danach streben, erstens, »die Reichweite der eigenen Interessenrealisierung auszudehnen«, zweitens, »Dominanz in einer gegebenen substanziellen Interessensphäre« zu erlangen, und drittens, »die Kontrolle über die eigene Interessenrealisierung zu erweitern« (Schimank 2007: 104–105).

mischen Ansatz«[184], der sich hinter dem Menschenbild des »Homo oeconomicus« verbirgt, auf prinzipiell alles menschliche Verhalten ausweiten, werde der Mensch zum »›Unternehmer seiner selbst‹, ›der sich selbst sein eigenes Kapital ist, sein eigener Produzent, seine eigene Eigentumsquelle‹« (Foucault 2006: 314 zitiert nach Bröckling 2007: 88). Für die Humankapitaltheorie gebe es kein menschliches Verhalten mehr, dass sich nicht aus der Logik von Kosten-Nutzen-Kalkülen erklären ließe. Der so zugeschnittene Mensch müsse sich permanent und unentwegt entscheiden und dabei stets die Erhaltung und Mehrung des eigenen (Human-)Kapitals im Auge behalten. Aus diesem Boden, so Bröckling, sei das »unternehmerische Selbst« zum kategorischen Imperativ der Gegenwart herangewachsen. Damit ist eine Subjektanrufung, ein Subjektivierungsregime[185] und eine *Subjektivierung*sform gemeint, aber keine *Subjekt*form, wie es zum Beispiel der »Arbeitskraftunternehmer« (Voß/Pongratz 1998) für sich in Anspruch nimmt: »Ein unternehmerisches Selbst ist man nicht, man soll es werden« (Bröckling 2007: 47). Als solches lässt es nicht empirisch beobachten, sondern präsentiert sich den Individuen immer nur als das vermeintliche bessere Selbst, als eine Veränderungsrichtung und als nie zu erreichendes Ideal: »Auf der Differenz zwischen totalitärem Anspruch und seiner stets nur partiellen Einlösung beruht die Wirksamkeit der unternehmerischen Anrufung – sie erzeugt den Sog.« (ebd.: 284) Kurz: Das »unternehmerische Selbst« ist das *Leitbild* der neuen kapitalistischen Rationalisierungsstrategie der Subjektivierung. Es ist die semantische Hülle für all jene »zumindest informell sanktionierte[n] Verhaltenserwartungen« (ebd.: 12), mit denen sich die Beschäftigten in der gegenwärtigen Arbeitswelt auseinandersetzen müssen.

Nun zeigen unsere Ergebnisse aber, dass die Differenz zwischen Anspruch und Einlösung des Leitbildes nicht nur, wie Bröckling annimmt, aus der inhärenten Unabschließbarkeit der Anforderungen – eine relative Steigerung kennt keine Grenzen (vgl. Rosa 2006: 94) – resultiert, sondern auch aus seiner tendenziellen Unvereinbarkeit mit den Arbeits- und Karrierebedingungen, denen die Akteure ausgesetzt sind.[186] Von überall, nicht zuletzt

184 Beckers »ökonomischer Ansatz« erhebt den Anspruch, jede Handlung durch Kosten-Nutzen-Kalküle beschreiben zu können, einschließlich der Entscheidung für oder gegen Kinder und für oder gegen eine Ehe (vgl. Becker 1993).

185 Bröckling (2007: 28) definiert: »Subjektivierungsregime konfrontieren den Einzelnen mit spezifischen Erwartungen, die er zurückweisen, unterlaufen oder einzulösen versuchen, denen er aber niemals voll und ganz genügen kann.«

186 Nicht zuletzt aufgrund unserer Erhebungsmethode, dem persönlichen Interview, können wir freilich nicht ausschließen, dass sich die unterschiedlichen Wahrnehmungen

aus den von Bröckling untersuchten Lehrbüchern und Erfolgsratgebern, die als Seminare und Trainings in die Unternehmen hereingetragen werden, schallt es den Beschäftigten entgegen: »Sei aktiv! Nimm Dein Leben in die Hand!« (Bröckling 2007: 282). Sie sollen sich ständig neu in Szene setzen, ob nun unternehmensintern oder auf externen Arbeitsmärkten, klug mit ihrem Humankapital umgehen und kreative Wege zur Erreichung der unternehmensseitig gesetzten Ziele finden. Damit wird an ihre Selbstorganisation appelliert. Zum Kompetenzprofil des »Arbeitskraftunternehmers«, dem zum Idealtyp geronnenen »unternehmerischen Selbst«, gehört demnach etwas, das man Autonomiebegabung nennen könnte: die Fähigkeit zum selbstorganisierten, autonomen Arbeiten, einschließlich einer hohen zeitlichen und räumlichen Flexibilität. Diese Kompetenz wird den Beschäftigten von den Unternehmen immer dann abverlangt, wenn es den organisationalen Zielen dienlich ist. Das ist der »neue Geist des Kapitalismus« (Boltanski/Chiapello 2003), »der Mobilität und Anpassungsfähigkeit preist« (ebd.: 255). Umgekehrt erweisen sich die Unternehmen aber vielfach als erstaunlich widerständig, wenn es um die Autonomiebedürfnisse der Beschäftigten geht. An vielen Stellen atmen die organisationalen Strukturen offenbar noch den »alten« Geist des Kapitalismus. Aus der Blickrichtung moderner Organisationstheorien scheint es, als würden einige Wirtschaftsorganisationen weiterhin dem irrigen Traum nachhängen, ein rationales System zu sein, das seine organisationalen Ziele nur durch direkte *top down*-Steuerung und rigide Kontrolle erreichen kann. Eine solche Sichtweise, die sich in den Wirtschaftswissenschaften und noch mehr in der wirtschaftlichen Praxis weiterhin starker Popularität erfreut, ist mit den im Leitbild des »unternehmerischen Selbst« verdichteten Ansprüchen freilich nicht kompatibel. Die Bürde, diesen Widerspruch im Arbeitsalltag zu überbrücken, haben allein die Beschäftigten zu tragen.

Die hochqualifizierten Beschäftigten in unserem Sample nehmen dieses Ungleichgewicht zwischen eingeforderter Autonomiebegabung einerseits und nicht anerkannter Autonomiebefähigung andererseits mal als »Entmündigung« (im Falle der »Kritischen«) und mal als totale Vereinnahmung (im Falle der »EntschleunigerInnen«) wahr. Ihre Reaktionen darauf sind unmittelbar karriererelevant: Entweder ziehen sie den mittelfristigen Ausstieg aus den Konzernstrukturen in kleinere Unternehmen in Betracht oder sie sehen von

der Strukturen nicht (auch) auf individuelle Konstruktionen der jeweiligen Umwelt zurückführen lassen. Das löst den Widerspruch aber nicht auf.

weiteren Karriereambitionen ab und versuchen ihre aktuelle Position zu halten. Einzig im Falle der »Flüchtigen« scheinen die organisationalen Strukturen mit dem Leitbild des »unternehmerischen Selbst« zu harmonieren bzw. die organisationalen zu den individuellen Ansprüchen zu passen. Dem offenen Karriereverständnis dieses Typs, der seine berufliche Zukunft nicht langfristig plant, sondern situativ nach sich bietenden Möglichkeiten Ausschau hält, entspricht unternehmensseitig eine Strukturdynamik, die den »Flüchtigen« vergleichsweise große Freiräume eröffnet. In diesem Typ finden die im »unternehmerischen Selbst« gebündelten Subjektanrufungen, die den Beschäftigten sowohl als individuelle wie auch als gesellschaftliche und unternehmerische Bedürfnisse gegenübertreten, am ehesten ihre subjektförmige Entsprechung.

Im Spiegel der Geschlechterforschung betrachtet, zeigen die »Flüchtigen« das Ebenbild eines neuen Modells »hegemonialer Männlichkeit«, das »sich dadurch auszeichnet, dass es die gegenwärtigen Unsicherheiten in einer offensiven und positiven Haltung als […] Chance zur Gestaltung sieht« (Lengersdorf/Meuser 2010: 98). Es ist aus unserer Sicht nicht hinreichend, die Gründe dafür, dass Frauen en gros den Flexibilitäts- und Mobilitätsansprüchen des »unternehmerischen Selbst« nicht in gleicher Weise gerecht werden können wie ihre männlichen Kollegen, ausschließlich in familienplanerischen Aspekten und einer gesellschaftlichen Situation, in der Frauen nach wie vor den Großteil der Sorgearbeit zu erledigen haben (vgl. zum Beispiel Holst/Busch/Kröger 2012: 54), zu suchen. Vielmehr sind wohl auch die stereotypen Zuschreibungen einer mangelnden weiblichen Karriereorientierung von entscheidender Bedeutung. Flüchtigkeit und ein Nicht-festlegenwollen auf zukünftige Karriereziele könnte den Frauen schnell als ›typisch weibliche‹ Karriereunwilligkeit auslegt werden. Ihre berufliche Zukunft können und wollen sie deshalb nicht dem Zufall überlassen. So überrascht es nicht, dass die Männer unter den »Flüchtigen« in der Überzahl sind. Die beiden anderen Typen, die ihre berufliche Zukunft stärker planen, sind hingegen mehrheitlich weiblich.

Zusammenfassend lässt sich für das Feld der Wirtschaft festhalten, dass sich die Arbeitswelt der »flüchtigen Moderne« (noch) nicht überall so flüssig, dynamisch, beweglich, unbeständig und leicht präsentiert, wie man es nach der Lektüre des gleichnamigen Buches (Bauman 2003) vermuten oder wie es das Konzept der *boundaryless career* glauben machen könnte – zumindest nicht für die Mehrheit der von uns befragten Hochqualifizierten und Führungskräfte. Es existieren vielmehr trotz aller Verflüssigungen noch immer starre Grenzen in den Unternehmen. Projektifizierung, Vermarktlichung, Entgrenzung und

Beschleunigung fordern zwar ihren Tribut und führen zu einer enormen Leistungsverdichtung. Befristete Anstellungsverhältnisse und die Angst um den eigenen Arbeitsplatz gehören für diese Personen aber, das ist die aus Sicht der Beschäftigten positive Seite der ›alten‹ Muster, nicht zu ihrem persönlichen Alltag. Flüchtigkeit zeigt sich in deutschen Konzernen eher als Karrierestrategie einer vorwiegend männlichen Gruppe von Beschäftigten, die auf einer erlebten Passung von gesellschaftlichen Leitbildern und organisationalen Strukturen basiert. Diese Personen haben die Maxime, stets flexibel und mobil zu sein, zum Kern ihrer Subjektivität erhoben und treffen auf organisationale Rahmenbedingungen und auf Vorgesetzte, die ihnen (bislang) erlauben, ihren Drang nach permanenter Selbstveränderung auszuleben. Im Gegensatz dazu erleben die beiden anderen Gruppen, die »Kritischen« und die »EntschleunigerInnen«, die an sie herangetragenen Forderungen nach Autonomiebegabung als weitgehend unvereinbar mit den starren organisationalen Arbeits- und Karrierebedingungen. Eine besondere Rolle spielen unseren Ergebnissen zufolge die unmittelbaren Vorgesetzten: Sie können den gewünschten Gestaltungsfreiraum entweder unterbinden (im Falle der »Kritischen«) oder ermöglichen (im Falle der »Flüchtigen«). Sie sind es, die die Kluft zwischen den veränderten Anforderungen der kontemporären Arbeitswelt und den veränderungsträgen bzw. -resistenten Konzernstrukturen und -praktiken überbrücken.

In der Wissenschaft ist es weniger ein neues Leitbild, dass mit den aktuell vorzufindenden Strukturen konfligiert, sondern ein altes, das jedoch noch immer eine große Strahlkraft besitzt: das des »philosophischen Kopfes«. Er ist das Idealbild des intrinsisch motivierten Wissenschaftlers, der sich voll und ganz der Sache der Wissenschaft verschrieben hat und sich auch durch widrige äußere Umstände nicht davon abbringen lässt. In Anlehnung an Pierre Bourdieu (1992), der damit freilich etwas ganz anderes im Sinn hatte[187], und in Analogie zum Menschenbild des »Homo oeconomicus« könnte man auch vom »Homo academicus« sprechen. Dieser Akteurstyp interessiert sich nicht für die eigene Nutzenmaximierung, es geht ihm höchstens mittelbar, gewissermaßen als »Zweitziel« (Luhmann 1970: 237) wissenschaftlicher Tätigkeit, um die Steigerung seiner akademischen Reputation. Zuvörderst aber ist er auf den Nutzen bedacht, den er der wissenschaftlichen Gemeinschaft erbringen kann. Dabei orientiert er sich zwar, wie der »Homo sociologicus«, auch an Normen – es

187 Bei Bourdieu ist der »Homo academicus« ein Akteur, der sich auf dem universitären Feld bewegt, dort soziales, institutionelles und symbolisches (manchmal gar ökonomisches) Kapital akkumuliert und dessen Handeln von den »ubiquitären Zwängen sozialer Macht« (Peter 2010: 210) bestimmt ist.

sei hier noch mal an das Merton'sche »Ethos der Wissenschaft« erinnert – diese Normen leiten sich jedoch direkt aus dem institutionellen Ziel der Wissenschaft, der Erweiterung abgesicherten Wissens ab (vgl. Merton 1985: 89). Im Zweifelsfall würde sich der »Homo academicus« nicht für die Einhaltung von Normen, sondern für das Streben nach Wahrheit entscheiden. Sie ist sein Leitwert.[188] Anders als das »unternehmerische Selbst« ist der »philosophische Kopf« aber nicht nur Subjektanrufung, sondern auch Subjektform. Vermittels der Ausleseprozesse sollten die »philosophischen Köpfe« von den anderen wie die Spreu vom Weizen getrennt werden. Auf diese Weise sollte sichergestellt werden, dass, nimmt man die Idealisierungen Humboldts und seiner Zeitgenossen beim Wort, am Ende all jene, denen die Aufnahme in die wissenschaftliche Gemeinschaft gewährt wurde, auch tatsächlich dem Idealbild entsprechen. Dieser Mythos lebt bis heute fort.

Ganz im Gegensatz zum Leitbild haben sich die Arbeits- und Karrierebedingungen in der Wissenschaft seit Humboldts und Schillers Zeiten massiv gewandelt. Zwar ist der akademische Karriereweg auch nach der Einführung neuer Karrierepositionen (Juniorprofessur und Nachwuchsgruppenleitung) durch die harte Barriere zwischen berufenem und nicht-berufenem wissenschaftlichen Personal an den Universitäten bestimmt. Nach wie vor gilt die lange berufliche Unsicherheit, die durchschnittlich bis ins fünfte Lebensjahrzehnt reicht[189], im wissenschaftlichen Feld selbst als Bewährungsprobe, die jede/r Anwärter/in auf eine Professur nun mal zu absolvieren hat. In dieser Hinsicht erweisen sich die Strukturen also auch in der Wissenschaft als äußerst träge. Was sich jedoch geändert hat, ist die Intensität des Wettbewerbs. Immer mehr Personen können eine wissenschaftliche Karriere beginnen, die Zahl der Professuren aber stagniert und die Zahl der unbefristeten Stellen sinkt. Die dahinterliegende Prämisse scheint zu sein: Je stärker der Wettbewerb, desto besser die Leistungen. Und, nationalstaatlich gewendet: Wettbewerbsintensivierung nach innen sichert Wettbewerbsfähigkeit nach außen.

Das heißt nichts anderes, als dass der extrinsische Druck die intrinsische Motivation als Steuerungsform zunehmend verdrängt. Der entfesselte

188 Schimank (2007: 102–103) argumentiert, dass die »soziologisierte« Version des »Homo oeconomicus« seine individuellen Ziele in Abhängigkeit von der jeweiligen gesellschaftlichen Wertsphäre, in der er sich bewegt, formuliert: In der Wissenschaft sei bspw. das Streben nach Wahrheit, in der Wirtschaft das Streben nach Profit rational.

189 Das Durchschnittsalter bei der Ernennung zum Professor bzw. zur Professorin beträgt 2012 bei Männern wie bei Frauen 41,0 Jahre (Statistisches Bundesamt Fachserie 11 Reihe 4.4).

Wettbewerb und die Einführung neuer quantitativer Indikatoren zur Leistungsmessung sind eindeutige Belege dafür, dass sich die Steuerung und Koordination der deutschen Wissenschaft nicht länger am Idealbild einer Gemeinschaft »philosophischer Köpfe« ausrichtet, sondern immer stärker am ›alten‹ Akteurmodell des »Homo oeconomicus«, der nur durch äußere Anreize zur Leistungserbringung zu motivieren ist. In den monodirektionalen Strukturen des deutschen Wissenschaftssystems erschöpfen sich die verfügbaren Anreize für den wissenschaftlichen Nachwuchs im Wesentlichen in der Aussicht auf eine Professur.[190] Die statistische Wahrscheinlichkeit, dieses Ziel zu erreichen, schwindet jedoch drastisch. Daraus entsteht ein Teufelskreis, aus dem auszubrechen bedeutet, der Wissenschaft den Rücken kehren zu müssen. Das ist der große Unterschied zwischen den »SpielverweigerInnen« und den »Fatalisten« in unserem Sample: Während die einen das wissenschaftliche Spiel um Anerkennung und Reputation nicht mehr mitspielen wollen und den kurz- bis mittelfristigen Ausstieg aus der Wissenschaft einplanen, haben sich die anderen dazu entschlossen weiterzumachen, glauben aber selbst nicht daran, dass ihre Anstrengungen irgendwann von Erfolg gekrönt sein werden, und können die psychische Belastung, die daraus resultiert, kaum verbergen.

Durch die immense Zunahme des äußeren Drucks wird diesen beiden Typen genau das genommen, wozu sie den Wettbewerb überhaupt nur auf sich genommen haben: die geistige Freiheit, die tiefgehende intellektuelle Auseinandersetzung und die schiere Freude an der Erkenntnisgewinnung, jene Faktoren, die den Kern ihrer intrinsischen Motivation bilden. Eben darin liegt der Fehlschluss der oben genannten, wissenschaftspolitischen Prämisse: Die intrinsische Motivation, die als Voraussetzung für exzellente Forschung und Innovation gilt, ist kein absoluter Wert, der ungeachtet aller äußeren Einflüsse als schlicht ›gegeben‹ (oder eben nicht) angenommen werden kann, sondern ein relativer Wert, der sich nur in Abhängigkeit von der individuellen psychischen Disposition und den Umweltbedingungen entfalten kann (oder eben nicht). Wird der äußere Druck zu stark und stehen keine Gegenmittel zur Verfügung, wird irgendwann auch die tiefste intrinsische Motivation im Keim erstickt. Ihr Verlust bedeutet jedoch, die Zuschreibung als ideale wissenschaftliche Persönlichkeit zu verwirken und sich schon alleine dadurch für die weitere Beteiligung am wissenschaftlichen Spiel zu disqualifizieren.

190 Die Einführung der Leistungszulagen im Rahmen der W-Besoldung ist ein weiteres Indiz.

Mit tatkräftiger Unterstützung der »Stabilisatoren« können noch am ehesten die »Hoffnungsvollen« ihrer intrinsischen Motivation verhältnismäßig ungehindert nachkommen und so den im Leitbild des »philosophischen Kopfes« verdichteten Ansprüchen gerecht werden; das aber auch nur, weil sie mit der Rückendeckung ihrer beruflichen FördererInnen zugleich die neuen Anforderungen, die mit der Verschärfung des Konkurrenzdrucks bei gleichzeitiger (neuerlicher) Zuspitzung auf das Karriereziel der Professur einhergehen, gleichsam spielend zu bedienen wissen. Denn im Zuge der Vermarktlichung ist auch das Leitbild des »unternehmerischen Selbst« scheinbar unbemerkt in die Wissenschaft eingesickert. Da der Markt die Vorbedingung für unternehmerisches Handeln ist, zieht das »Ausgreifen der Marktmechanismen« auf zuvor nicht-marktlich koordinierte gesellschaftliche Bereiche fast unweigerlich den Aufstieg der »Subjektivierungsfigur« des »unternehmerischen Selbst« nach sich (vgl. Bröckling 2007: 76). Um die Chancen auf den eigenen Erfolg auf dem akademischen »Quasi-Markt« zu wahren, reicht es nicht (mehr) aus, die eigene intrinsische Motivation unter Beweis zu stellen. Vielmehr müssen die individuellen Kompetenzen und der eigene Werdegang geschickt inszeniert werden. Wichtiger als die Arbeit an den wissenschaftlichen Inhalten wird die performativ grundierte Arbeit am eigenen Humankapital.

Infolgedessen schieben sich karrierestrategische Überlegungen immer weiter in den Vordergrund. In der Wahrnehmung unserer Befragten wird die Wissenschaft mehr und mehr zum »*Karrierejob*«. Die NachwuchswissenschaftlerInnen stehen nunmehr vor dem Dilemma, »philosophischer Kopf« und »unternehmerisches Selbst« zugleich sein zu müssen. Im Prinzip sind sie damit in einer ähnlichen Situation wie die Beschäftigten in der Wirtschaft. Schließlich muss die Arbeit ja auch dort zunehmend als Berufung thematisiert werden (vgl. Honneth 2010) und ist gleichzeitig durch Kurzfristigkeit und Oberflächlichkeit geprägt (vgl. Sennett 2011: 95). Während Honneth aber für den Produktions- und Dienstleistungssektor unterstellt, die Beschäftigten in diesen Bereichen müssten »ihre eigene Berufungsbiographie *fiktiv* nach dem Muster der Selbstverwirklichung organisieren, obwohl weitgehend doch nur der Wunsch nach sozialer und ökonomischer Sicherheit bestehen dürfte« (Honneth 2010: 153, eigene Hervorh.), kann die innere Berufung zur Wissenschaft dem Mythos nach nie nur eine fiktive sein. Sie ist der Kern, um den die traditionelle Subjektanrufung kreist. Und nicht umsonst sind die traditionellen Auslesemechanismen der Wissenschaft gänzlich darauf abgestellt, die Authentizität der inneren Berufung zu prüfen.

Überspitzt formuliert, werden die WissenschaftlerInnen durch die beschriebene »Hybridisierung« von »traditionellen Merkmale[n] mit persönlichen Eigenschaften, Handlungsmustern und Wertorientierungen [...], die durch neue, übergreifende gesellschaftliche Prozesse der Modernisierung und Ökonomisierung hervorgebracht werden«, in die Rolle des »*Homo academicus oeconomicus*« (Peter 2010: 214–5, Hervorh. i. O.) gedrängt. Dieser neue WissenschaftlerInnen-Typ ist ein »akademischer Entrepreneur«, der »systematische Arbeit an der Karriere sowie zur Steigerung des eigenen Verkaufswerts auf dem akademischen Markt« (ebd.: 216) betreibt und für den »nichts anderes zählt als Siege auf dem akademischen Markt« (ebd.: 215). Peter hat damit jedoch nur die ProfessorInnen und nicht den wissenschaftlichen Nachwuchs im Blick. Die Ökonomisierung und Vermarktlichung der Wissenschaft, die Peter für die Herausbildung des »Homo academicus oeconomicus« verantwortlich macht, betrifft aber alle wissenschaftlich Tätigen. Gerade der wissenschaftliche Nachwuchs muss ja in der verschärften Wettbewerbssituation immer stärker auf seinen Marktwert achten, um nicht unversehens ins Hintertreffen zu geraten. Zu kurz greift auch Peters (2010: 216) Feststellung, der »Professor als Unternehmer ordne[t] alle persönlichen Energien rigoros dem Bemühen unter, ökonomisch bzw. quantitativ messbare Erfolge zu erzielen«. Unsere Ergebnisse legen am Beispiel junger WissenschaftlerInnen vielmehr nahe, dass es zu einer eigenartigen Überlagerung von Ansprüchen kommt, die sich sowohl aus dem Leitbild des »unternehmerischen Selbst« als auch dem des »philosophischen Kopfes« speisen. Hinzu treten die Zwänge des wissenschaftlichen Spiels um Reputation und Anerkennung,[191] die seit je integraler Bestandteil des wissenschaftlichen Feldes sind und durch das Leitbild des »philosophischen Kopfes« lediglich notdürftig kaschiert werden.

Ob und wie es den WissenschaftlerInnen gelingt, zwischen diesen Anforderungen und Ansprüchen zu tarieren, hängt ganz wesentlich von ihrer beruflichen und privaten Förderung ab und ist von hoher Bedeutung für die individuellen Karriereambitionen der Befragten. Dabei fällt auf: Trotz der gleichstellungspolitischen Bemühungen der letzten Jahre sind die »Hoffnungsvollen« in unserem Sample überwiegend männlich. Da im deutschen Wissenschaftssystem erstens die ProfessorInnen über den Großteil der Personal- und Organisationsmacht verfügen (siehe Kapitel 3.2.2), zweitens Mit-

191 Dies ist das Spielfeld des »Homo academicus«, den Pierre Bourdieu (1992) vor Augen hatte.

arbeiterInnen überwiegend nach dem Muster homosozialer Kooptation ausgewählt werden und es drittens nach wie vor mehr Männer als Frauen mit Professorentitel gibt, werden Männer offenbar noch immer besser gefördert als Frauen. Darüber hinaus können sich männliche Wissenschaftler vor dem Hintergrund der Persistenz traditioneller Geschlechterarrangements häufiger als ihre weiblichen Kolleginnen darauf verlassen, dass ihre PartnerInnen ihnen den Rücken freihalten und beruflich zurückstecken und ihnen damit die Verwirklichung ihrer Karriereambitionen erlauben. Die Ökonomisierung der Wissenschaft hat demnach, in Gestalt des verschärften Wettbewerbs und der überlebensnotwendigen Bedeutung persönlicher »Rückendeckung«, einen erneuten Verdrängungsprozess von Frauen zur Folge, der die gleichstellungspolitischen Zielsetzungen unterläuft. So viel zur Wissenschaft.

In der Zusammenschau der beiden Feldern zeigt sich: Allzu oft passen die hegemonialen Leitbilder nicht zu den vorherrschenden Arbeits- und Karrierebedingungen. In Wirtschaft wie Wissenschaft rufen die Leitbilder die intrinsische Motivation der Subjekte an, während der strukturelle Rahmen, der die Akteure umgibt, auf extrinsische Motivation und Kontrolle ausgerichtet ist. Oder anders formuliert: Die Leitbilder der gegenwärtigen Arbeitswelt, das ›alte‹ des »philosophischen Kopfes« (im Falle der Wissenschaft) und das ›neue‹ des »unternehmerischen Selbst«, fordern die Beschäftigten dazu auf, ihre Arbeit zum Kern ihrer Subjektivität zu erheben, sprich: nach Selbstverwirklichung im Beruf zu streben. In den meisten Fällen setzen die strukturellen Rahmenbedingungen der unternehmensseitig versprochenen und individuell wünschenswerten Subjektentfaltung jedoch – noch immer oder immer mehr – enge Grenzen. Trotz der so unterschiedlichen historischen Ausgangsbedingungen gilt diese Aussage heutzutage für beide Felder. In dieser Hinsicht haben sich Wirtschaft und Wissenschaft in den letzten Jahren einander angenähert. Geht man von einem Kontinuum zwischen intrinsischer und extrinsischer Motivation aus (vgl. Ryan/Deci 2000: 72), haben sich in den letzten hundert Jahren die Instrumente der Steuerung und Koordination der Arbeit in der Wirtschaft sukzessive in Richtung des intrinsischen und in der Wissenschaft in Richtung des extrinsischen Pols verschoben.

Diese Verschiebung verläuft jedoch nicht gleichgerichtet und synchron, sondern führt zu Verwerfungen und Überlagerungen von neuen und alten Steuerungsformen und Leitbildern. Davon verschont bleiben am ehesten die »Flüchtigen« und die »Hoffnungsvollen« – und damit mehr Männer als Frauen. Alle anderen erleben die aus der gegenwärtigen Kollision von alten und neuen Mustern resultierenden widersprüchlichen Karriereanforderungen als strukturelle Einhegung ihrer Subjektivität und als Angriff auf ihre Identität. Die Kritik der Hochqualifizierten und Führungskräfte in Wissenschaft und Wirtschaft stößt sich jedoch nicht nur an dem damit verbundenen Verlust an Autonomie, sondern auch an dem zur Oberflächenbehandlung neigenden Projektemacher-Aktionismus, der eine tiefergehende thematische Auseinandersetzung nicht zulässt. Sie wendet sich gegen eine Kultur, in der der Erhalt der Wettbewerbsfähigkeit zum Selbstzweck mutiert und die Darstellung der Leistung wichtiger zu werden droht als die Leistung selbst.

Der neue Geist führt bei den inhaltsorientierten Führungskräften in der Wirtschaft zu großer Unzufriedenheit und bei den WissenschaftlerInnen zu der Wahrnehmung, dass Wissenschaft immer mehr zum »*Karrierejob*« wird, bei dem karrierestrategische Überlegungen gegenüber der Hingabe an die Sache die Oberhand gewinnen. Wenn es aber stimmt, dass die intrinsische Motivation der Arbeitenden die zentrale Voraussetzung für Innovation und Kreativität schlechthin ist (vgl. Osterloh/Frey 2008: 20; Bröckling 2010: 95), die aktuellen Arbeits- und Karrierebedingungen in Wirtschaft und Wissenschaft diese aber allzu oft geradezu ersticken, dann ist von der Zukunft nicht viel Neues zu erwarten.

Anhang – Methodisches Vorgehen

Empirische Grundlage der vorliegenden Studie sind 51 leitfadengestützte, fokussierte Interviews mit Hochqualifizierten und Führungskräften in Wirtschaft und Wissenschaft im Alter von 30 bis 40 Jahren (im Einzelfall auch geringfügig älter). In der Wirtschaft wurden insgesamt 31 Personen, 18 Frauen und 13 Männer, in der Wissenschaft insgesamt 20 Personen, davon jeweils zehn Frauen und Männer befragt. Aus Gründen der Anonymität werden die Zitate der InterviewpartnerInnen im Text nur durch die Angabe des Alters (zum Zeitpunkt des Interviews) und des Geschlechts (w= weiblich und m = männlich) gekennzeichnet.

Leitfaden

Der Leitfaden beinhaltete Fragen zu Themenkomplexen, die zuvor in der Literatur als relevant für die Karriere- und Lebensverläufe der jungen Führungskräfte und NachwuchswissenschaftlerInnen identifiziert wurden. Zentrale Fragenkomplexe waren:

- Karriereverlauf und -strategie
- Erfahrungen (Förderung, Hindernisse, Zufriedenheit)
- Strukturen, Strukturwandel
- Ansprüche an Arbeit
- Aktuelle berufliche Situation
- Berufliche Anforderungen
- Anerkennung und Unterstützung
- Vor- und Negativbilder
- Aktuelle Situation im Privatleben
- Vereinbarkeit Berufs- und Privatleben
- Zukunftsperspektiven beruflich und privat

Der Leitfaden sollte den Durchführenden lediglich als Anhaltspunkt und Orientierungshilfe dienen. Daher wurden in den jeweiligen Interviews die Fragen zu den einzelnen Themenkomplexen nicht in gleichbleibender Reihenfolge abgefragt, sondern dem Gesprächsverlauf angepasst. Weiterhin wurde auf Äußerungen der InterviewpartnerInnen gegebenenfalls mit Nachfragen reagiert, die nicht im Leitfaden verankert waren, um Hintergründe und Handlungszusammenhänge zu eruieren. Die Interviews dauerten zwischen 60 und 120 Minuten und wurden akustisch aufgezeichnet.

Fallauswahl

In der Wirtschaft war das ausschlaggebende Moment für die Fallauswahl zunächst das Alter, die Positionierung innerhalb der Organisation, die Branche und die Betriebsgröße. Die Ansprache der InterviewpartnerInnen erfolgte über MultiplikatorInnen in den jeweiligen Unternehmen. Pro Unternehmen wurden eine bis fünf Personen befragt. Insgesamt finden sich 14 Unternehmen im Sample. Die Befragten aus der Wissenschaft sollten mindestens promoviert sein, aber noch nicht eine ordentliche Professur erreicht haben und an einer deutschen Universität bzw. außeruniversitären Forschungseinrichtung angestellt sein. Da ein besonderes Augenmerk auf den neuen Karrierepositionen lag, wurden, im Verhältnis zur Grundgesamtheit, überproportional viele JuniorprofessorInnen und NachwuchsgruppenleiterInnen befragt. Die Ansprache der Interviewees erfolgte in der Wissenschaft aufgrund der im Vergleich zur Wirtschaft weit besseren Datenlage über das Internet. Nach den in Kapitel 4.1.2 beschriebenen Kriterien wurden geeignete Personen identifiziert und zunächst per E-Mail kontaktiert. Etwa ein bis zwei Wochen später wurde telefonisch nachgefasst.

Auswertung und Analyse

Die transkribierten Interviews wurden mit Hilfe des Programms ATLAS. ti in zwei Schritten ausgewertet: a) durch induktive Kategorienbildung und offene Kodierung in einem erweiterten Modus der Grounded Theory (vgl. Strauss/Corbin 1998) und b) durch eine anschließende strukturierende Inhaltsanalyse (vgl. Mayring 2010).

Literatur

Abele, Andrea/Hausmann, Andrea/Weich, Marion (1994): Karriereorientierungen angehender Akademikerinnen und Akademiker. Theorie und Praxis der Frauenforschung Bd. 25. Bielefeld: Kleine.

Abele, Andrea E. (2003): Beruf – kein Problem, Karriere – schon schwieriger: Berufslaufbahnen von Akademikerinnen und Akademikern im Vergleich. In: Abele, Andrea E.; Hoff, Ernst-Hartmut; Hohner, Hans-Uwe: Frauen und Männer in akademischen Professionen. Berufsverläufe und Berufserfolg. Heidelberg: Asanger. S. 157–182.

Abele, Andrea E./Hoff, Ernst-Hartmut/Hohner, Hans-Uwe (Hg.) (2003): Frauen und Männer in akademischen Professionen. Berufsverläufe und Berufserfolg. Heidelberg: Asanger.

Accenture (2002): Frauen und Macht. Anspruch oder Widerspruch? http://www.dripartner.de/we_lernsystem/daten/1_mat/fil_1833.pdf. Zuletzt geprüft: 07.08.2013.

Accenture (2007): Expectations and Achievement. Empowering Women from Within. http://www.globewomen.org/summit/2007/speeches/accenture_frauenstudie_2007%5b1%5d.pdf. Zuletzt geprüft: 07.08.2013.

Acker, Joan (1990): Hierarchies, Jobs and Bodies: A Theory of Gendered Organizations. In: *Gender & Society*. Vol.: 4 (2). S. 139–158.

Adecco Institute (2009): Die Demografische Fitness-Umfrage Europa 2008. Demografische Fitness der Unternehmen in wirtschaftlich schwierigen Zeiten. London.

Akerlof, George A. (1976): The Economics of Caste and of the Rat Race and Other Woeful Tales. In: *The Quarterly Journal of Economics*. Vol.: 90 (4). S. 599–617.

Alexander, K./Bozick, R./Entwisle, D. (2008): Warming Up, Cooling Out, or Holding Steady? Persistence and Change in Educational Expectations After High School. In: *Sociology of Education*. Vol.: 81 (4). S. 371–396.

Allmendinger, Jutta (Hg.) (2005): Karriere ohne Vorlage. Junge Akademiker zwischen Hochschule und Beruf. Hamburg: Ed. Körber-Stiftung.

Allmendinger, Jutta/Fuchs, Stefan/Stebut, Janina von (2001): Zwei Schritte vor, einer zurück. In: *DUZ*. Vol.: 57 (24). S. 26–27.

Altmann, Norbert/Böhle, Fritz (Hg.) (2010): Nach dem »Kurzen Traum«. Neue Orientierungen in der Arbeitsforschung. Berlin: edition sigma.

Arbeitsgruppe SubArO (Hg.) (2005): Ökonomie der Subjektivität – Subjektivität der Ökonomie. Berlin.

Argyris, Chris (1957): Personality and Organization: The Conflict between the System and the Individual. New York: Harper & Brothers.

Armutat, Sascha/Geighardt-Knollmann, Christiane/Sedlacek, Bronia (2009): Trends im Personalmanagement. PraxisPapier (4). http://static.dgfp.de/assets/publikationen/2011/05/dgfp-e-v-hg-trends-im-personalmanagement-1347/pp-042009-trendstudie.pdf. Zuletzt geprüft: 07.08.2013.

Arthur, Michael B./Rousseau, Denise M. (Hg.) (2001): The Boundaryless Career. A New Employment Principle for a New Organizational Era. New York: Oxford University Press.

Ash, Mitchell G. (Hg.) (1999): Mythos Humboldt. Vergangenheit und Zukunft der deutschen Universitäten. Wien: Böhlau.

Ateş, Gülay/Holländer, Karoline/Koltcheva, Nadia/Kristić, Snežana/Parada, Filomena (2011): Eurodoc Survey I. The First Eurodoc Survey on Doctoral Candidates in Twelve European Countries : Descriptive Report. Brüssel: Eurodoc.

Aulenbacher, Brigitte/Funder, Maria/Jacobsen, Heike/Völker, Susanne (Hg.) (2007): Arbeit und Geschlecht im Umbruch der modernen Gesellschaft. Wiesbaden: VS Verlag für Sozialwissenschaften.

Aulenbacher, Brigitte/Riegraf, Birgit (Hg.) (2012): Erkenntnis und Methode. Geschlechterforschung in Zeiten des Umbruchs. Wiesbaden: Springer VS.

Baecker, Dirk (1999): Organisation als System. Aufsätze. Suhrkamp Taschenbuch Wissenschaft Band 1434. Frankfurt am Main: Suhrkamp.

Baethge, Martin (1991a): Arbeit, Vergesellschaftung, Identität. Zur zunehmenden normativen Subjektivierung der Arbeit. In: Zapf, Wolfgang: Die Modernisierung moderner Gesellschaften. Verhandlungen des 25. Deutschen Soziologentages. Frankfurt am Main, New York: Campus. S. 260–278.

Baethge, Martin (1991b): Arbeit, Vergesellschaftung, Identität – Zur zunehmenden normativen Subjektivierung der Arbeit. In: *Soziale Welt*. Vol.: 42 (1). S. 6–19.

Baethge, Martin (1993): Arbeit und Identität. In: Beck, Ullrich; Beck-Gernsheim, Elisabeth: Riskante Freiheiten. Individualisierung in modernen Gesellschaften. Frankfurt am Main, New York: Campus. S. 6–19.

Baethge, Martin/Denkinger, Joachim/Kadritzke, Ulf (1995): Das Führungskräfte-Dilemma. Manager und industrielle Experten zwischen Unternehmen und Lebenswelt. Frankfurt am Main, New York: Campus.

Bahr, Peter Riley (2008): Cooling Out in the Community College: What is the Effect of Academic Advising on Students' Chances of Success? In: *Research in Higher Education*. Vol.: 49 (8). S. 704–732.

Baker, David P./Lenhardt, Gero (2008): The Institutional Crisis of the German Research University. In: *Higher Education Policy*. Vol.: 21. S. 49–64.

Bauman, Zygmunt (2003): Flüchtige Moderne. Frankfurt am Main: Suhrkamp.

Beaufaÿs, Sandra (2003): Wie werden Wissenschaftler gemacht? Beobachtungen zur wechselseitigen Konstitution von Geschlecht und Wissenschaft. Bielefeld: Transcript.

Beaufaÿs, Sandra/Engels, Anita/Kahlert, Heike (Hg.) (2012): Einfach Spitze? Neue Geschlechterperspektiven auf Karrieren in der Wissenschaft. Frankfurt am Main, New York: Campus.

Bechmann, Sebastian/Dahms, Vera/Tschersich, Nikolai/Frei, Marek/Leber, Ute/Schwengler, Barbara (2013): Beschäftigungsmuster von Frauen und Männern. Auswertungen des IAB-Betriebspanels 2012. IAB Forschungsbericht (14/2013). Nürnberg. http://doku.iab.de/forschungsbericht/2013/fb1413.pdf. Zuletzt geprüft: 07.01.2014.

Beck, Ullrich/Beck-Gernsheim, Elisabeth (Hg.) (1993): Riskante Freiheiten. Individualisierung in modernen Gesellschaften. Frankfurt am Main, New York: Campus.

Beck, Ulrich (1986): Risikogesellschaft. Auf dem Weg in eine andere Moderne. edition suhrkamp Band 1365. Frankfurt am Main: Suhrkamp.

Beck, Ulrich/Bonß, Wolfgang (Hg.) (2001): Die Modernisierung der Moderne. Suhrkamp Taschenbuch Wissenschaft Band 1508. Frankfurt am Main: Suhrkamp.

Beck, Ulrich/Lau, Christoph (Hg.) (2004): Entgrenzung und Entscheidung. Was ist neu an der Theorie reflexiver Modernisierung? Edition zweite Moderne. Frankfurt am Main: Suhrkamp.

Becker, Gary Stanley (1993): Der ökonomische Ansatz zur Erklärung menschlichen Verhaltens. Die Einheit der Gesellschaftswissenschaften Band 32. Tübingen: Mohr.

Becker, Ruth (Hg.) (2010): Handbuch Frauen- und Geschlechterforschung. Theorie, Methoden, Empirie. Wiesbaden: VS Verlag für Sozialwissenschaften.

Becker-Schmidt, Regina (2010): Doppelte Vergesellschaftung von Frauen: Divergenzen und Brückenschläge zwischen Privat- und Erwerbsleben. In: Becker, Ruth: Handbuch Frauen- und Geschlechterforschung. Theorie, Methoden, Empirie. Wiesbaden: VS Verlag für Sozialwissenschaften. S. 65–74.

Beck-Gernsheim, Elisabeth (2006): Die Kinderfrage heute. Über Frauenleben, Geburtenrückgang und Kinderwunsch. München: C. H. Beck.

Bell, Daniel (1973): The Coming of Post-Industrial Society. A Venture in Social Forecasting. New York: Basic Books.

Bendix, Reinhard (1960): Herrschaft und Industriearbeit. Untersuchungen über Liberalismus und Autokratie in der Geschichte der Industrialisierung. Frankfurt am Main: EVA.

Benz, Arthur (2007): Politischer Wettbewerb. In: Benz, Arthur; Lütz, Susanne; Schimank, Uwe; Simonis, Georg: Handbuch Governance. Theoretische Grundlagen und empirische Anwendungsfelder. Wiesbaden: VS Verlag für Sozialwissenschaften. S. 54–67.

Benz, Arthur/Lütz, Susanne/Schimank, Uwe/Simonis, Georg (Hg.) (2007): Handbuch Governance. Theoretische Grundlagen und empirische Anwendungsfelder. Wiesbaden: VS Verlag für Sozialwissenschaften.

Berkowitz, Leonard (Hg.) (1988): Social Psychological Studies of the Self. Perspectives and Programs. Advances in Experimental Social Psychology Band 21. San Diego: Academic Press.

Bertram, Hans (2012): Von der skeptischen Generation zur überforderten Generation. In: Statistisches Landesamt Baden-Württemberg: 30 Jahre Familien-Forschung Baden-Württemberg. Gesellschaft nachhaltig entwickeln. Stuttgart. S. 91–122.

Besio, Cristina (2009): Forschungsprojekte. Zum Organisationswandel in der Wissenschaft. Bielefeld: Transcript.

Blair-Loy, Mary (2003): Competing Devotions. Career and Family Among Women Executives. Cambridge, MA: Harvard University Press.

Bloch, Roland (2008): Internationale Mobilität des wissenschaftlichen Nachwuchses. In: Burkhardt, Anke: Wagnis Wissenschaft. Akademische Karrierewege und das Fördersystem in Deutschland. Leipzig: Akademische Verlagsanstalt. S. 467–494.

Böckenförde, Ernst Wolfgang (1976): Staat, Gesellschaft, Freiheit. Studien zur Staatstheorie und zum Verfassungsrecht. Suhrkamp Taschenbuch Wissenschaft Band 163. Frankfurt am Main: Suhrkamp.

Boes, Andreas/Kämpf, Tobias (2010): Zeitenwende im Büro: Angestelltenarbeit im Sog der Globalisierung. In: *WSI-Mitteilungen*. Vol.: 63 (12). S. 611–617.

Bögenhold, Dieter (Hg.) (2014): Soziologie des Wirtschaftlichen. Alte und neue Fragen. Wiesbaden: Springer VS.

Bogumil, Jörg/Burgi, Martin/Heinze, Rolf G./Gerber, Sascha/Gräf, Ilse-Dore/Jochheim, Linda/Kohrsmeyer, Maren/Wannöffel, Manfred (2013): Modernisierung der Universitäten. Umsetzungsstand und Wirkungen neuer Steuerungsinstrumente. Modernisierung des öffentlichen Sektors : Sonderband Band 41. Berlin: edition sigma.

Bogumil, Jörg/Heinze, Rolf G. (Hg.) (2009): Neue Steuerung von Hochschulen. Eine Zwischenbilanz. Modernisierung des öffentlichen Sektors Sonderband Band 34. Berlin: edition sigma.

Böhle, Fritz (2010): Arbeit und Belastung. In: Böhle, Fritz; Voß, G. Günter; Wachtler, Günther: Handbuch Arbeitssoziologie. Wiesbaden: VS Verlag für Sozialwissenschaften. S. 451–481.

Böhle, Fritz/Bolte, Annegret (2002): Die Entdeckung des Informellen. Der schwierige Umgang mit Kooperation im Arbeitsalltag. Frankfurt am Main, New York: Campus.

Böhle, Fritz/Voß, G. Günter/Wachtler, Günther (Hg.) (2010): Handbuch Arbeitssoziologie. Wiesbaden: VS Verlag für Sozialwissenschaften.

Böhm, Sabine/Herrmann, Christa/Trinczek, Rainer (2004): Vertrauensarbeitszeit – die Zeit des Arbeitskraftunternehmers? In: Pongratz, Hans; Voß, G. Günter: Typisch Arbeitskraftunternehmer? Befunde der empirischen Forschung. Berlin: edition sigma. S. 139–162.

Böhmer, Susan/Hornbostel, Stefan (2009): Postdocs in Deutschland. Nachwuchsgruppenleiterprogramme im Vergleich. iFQ-Working Paper (6). Bonn. http://www.forschungsinfo.de/publikationen/Download/working_paper_6_2009.pdf. Zuletzt geprüft: 30.09.2014.

Böhmer, Susan/Hornbostel, Stefan/Meuser, Michael (2008): Postdocs in Deutschland: Evaluation des Emmy Noether-Programms. iFQ-Working Paper (3). Bonn. http://www.forschungsinfo.de/Publikationen/Download/working_paper_3_2008.pdf. Zuletzt geprüft: 30.09.2014.

Boltanski, Luc/Chiapello, Ève (2003): Der neue Geist des Kapitalismus Band 30. Konstanz: UVK.

Boltanski, Luc/Chiapello, Ève (2010): Die Arbeit der Kritik und der normative Wandel. In: Menke, Christoph; Rebentisch, Juliane: Kreation und Depression. Freiheit im gegenwärtigen Kapitalismus. 67. Berlin: Kadmos. S. 18–37.

Bolte, Annegret/Porschen, Stephanie (2006): Die Organisation des Informellen. Modelle zur Organisation von Kooperation im Arbeitsalltag. Wiesbaden: VS Verlag für Sozialwissenschaften.

Borgwardt, Angela (2010): Der lange Weg zur Professur. Berufliche Perspektiven für Nachwuchswissenschaftler/innen. Schriftenreihe des Netzwerk Exzellenz an Deutschen Hochschulen. Berlin.

Bosbach, Eva (2009): Von Bologna nach Boston? Perspektiven und Reformansätze in der Doktorandenausbildung anhand eines Vergleichs zwischen Deutschland und den USA. Leipzig: Akademische Verlagsanstalt.

Bourdieu, Pierre (1982): Die feinen Unterschiede. Kritik der gesellschaftlichen Urteilskraft. Frankfurt am Main: Suhrkamp.

Bourdieu, Pierre (1992): Homo academicus. Suhrkamp-Taschenbuch Wissenschaft Band 1002. Frankfurt am Main: Suhrkamp.

Bourdieu, Pierre (1997): Die männliche Herrschaft. In: Dölling, Irene; Krais, Beate: Ein alltägliches Spiel. Geschlechterkonstruktion in der sozialen Praxis. Frankfurt am Main: Suhrkamp. S. 153–217.

Bourdieu, Pierre (1998): Gegenfeuer. Wortmeldungen im Dienste des Widerstands gegen die neoliberale Invasion. Edition discours Band 23. Konstanz: UVK.

Bourdieu, Pierre (1998a): Praktische Vernunft. Zur Theorie des Handelns. Frankfurt am Main: Suhrkamp.

Bourdieu, Pierre (1998b): Prekarität ist überall. In: Bourdieu, Pierre: Gegenfeuer. Wortmeldungen im Dienste des Widerstands gegen die neoliberale Invasion. Edition discours. 23. Konstanz: UVK. S. 96–102.

Bourdieu, Pierre/Passeron, Jean-Claude (1971): Die Illusion der Chancengleichheit. Untersuchungen zur Soziologie des Bildungswesens am Beispiel Frankreichs. Texte und Dokumente zur Bildungsforschung. Stuttgart: Klett.

Braczyk, Hans-Joachim (2000): Organisation in industriesoziologischer Perspektive. In: Ortmann, Günther; Sydow, Jörg; Türk, Klaus: Theorien der Organisation. Die Rückkehr der Gesellschaft. Organisation und Gesellschaft. Opladen: Westdeutscher. S. 530–575.

Brader, Doris/Lewerenz, Julia (2006): An der Spitze ist die Luft dünn. IAB-Kurzbericht (2). Nürnberg. http://doku.iab.de/kurzber/2006/kb0206.pdf. Zuletzt geprüft: 05.05.2014.

Brandt, Tasso/Breitfuss, Marija/Daimer, Stephanie/Dinges, Michael/Ecker, Brigitte/Egeln, Jürgen/Flink, Tim/Niederl, Andreas/Rammer, Christian/Reidl, Sybille/Rogge, Jan-Christoph/Roßmann, Simon/Schiessler, Paula/Schubert, Torben/Simon, Dagmar (2012): Forschung an deutschen Hochschulen – Veränderungen durch neue Governance-Modelle und den Exzellenzdiskurs. In: Fraunhofer-Institut für System- und Innovationsforschung/ Joanneum Research Forschungs-gmbH/ Stifterverband Wissenschaftsstatistik gGmbH/ Wissenschaftszentrum Berlin für Sozialforschung (WZB)/ Zentrum für Europäische Wirtschaftsforschung (ZEW): Zur Situation der Forschung an Deutschlands Hochschulen – Aktuelle empirische Befunde. Studien zum deutschen Innovationssystem. S. 3–206. http://e-fi.de/fileadmin/Innovationsstudien_2012/Studis_16_ZEW_WZB_Joanneum_ISI.pdf. Zuletzt geprüft: 30.09.2014.

Braun-Thürmann, Holger (2010): Wandel der Wissensproduktion. In: Simon, Dagmar; Knie, Andreas; Hornbostel, Stefan: Handbuch Wissenschaftspolitik. Wiesbaden: VS Verlag für Sozialwissenschaften. S. 71–88.

Breidbach, Olaf/Rosa, Hartmut (Hg.) (2010): Laboratorium Aufklärung. Laboratorium Aufklärung Band 1. Paderborn: Wilhelm Fink.

Briscoe, Jon P./Hall, Douglas T. (2006): The Interplay of Boundaryless and Protean Careers: Combinations and implications. In: *Journal of Vocational Behavior*. Vol.: 69 (1). S. 4–18.

Bröckling, Ulrich (2002): Jeder könnte, aber nicht alle können: Konturen des unternehmerischen Selbst. In: *Mittelweg 36: Zeitschrift des Hamburger Instituts für Sozialforschung*. Vol.: 11 (4). S. 6–26.

Bröckling, Ulrich (2007): Das unternehmerische Selbst. Soziologie einer Subjektivierungsform. Suhrkamp Taschenbuch Wissenschaft Band 1832. Frankfurt am Main: Suhrkamp.

Bröckling, Ulrich (2010): Über Kreativität: Ein Brainstorming. In: Menke, Christoph; Rebentisch, Juliane: Kreation und Depression. Freiheit im gegenwärtigen Kapitalismus. 67. Berlin: Kadmos. S. 89–97.

Brunsson, Nils/Sahlin-Andersson, Kerstin (2000): Constructing Organizations: The Example of Public Sector Reform. In: *Organization Studies*. Vol.: 21 (4). S. 721–746.

Buchholz, Kai/Gülker, Silke/Knie, Andreas/Simon, Dagmar (2009): Attraktivität von Arbeitsbedingungen in der Wissenschaft im internationalen Vergleich. Wie erfolgreich sind die eingeleiteten wissenschaftspolitischen Initiativen und Programme? Berlin.

Bühner, Rolf (Hg.) (2001): Managementlexikon. Oldenburg, München: Wissenschaftsverlag.

Bukow, Sebastian/Sondermann, Michael (2010): Verschärfter Wettbewerb um exzellente (Nachwuchs-)Wissenschaftler: Strategien und Handlungsoptionen im Kontext der Exzellenzinitiative. In: *Qualität in der Wissenschaft. Zeitschrift für Qualitätsentwicklung in Forschung, Studium und Administration*. Vol.: 4 (3). S. 58–65.

Bundesministerium für Bildung und Forschung (BMBF) (2000): Hochschuldienstrecht für das 21. Jahrhundert. Das Konzept des BMBF. Bonn.

Burkhardt, Anke (Hg.) (2008): Wagnis Wissenschaft. Akademische Karrierewege und das Fördersystem in Deutschland. Leipzig: Akademische Verlagsanstalt.

Burkhardt, Anke (2014): Zu Chancen und Risiken einer wissenschaftlichen Karriere. In: *Wissenschaftlerinnen-Rundbrief.* 2014 (1). S. 10–11.

Burrell, Gibson (1988) (1988): Modernism, Post Modernism and Organizational Analysis 2: The Contribution of Michel Foucault. In: *Organization Studies*. Vol.: 9 (2). S. 221–235.

Busch, Anne/Holst, Elke (2011): Gender-Specific Occupational Segregation, Glass Ceiling Effects, and Earnings in Managerial Positions: Results of a Fixed Effects Model. Discussion Papers (1101). Berlin.

Castel, Robert (2000): Die Metamorphosen der sozialen Frage. Konstanz: UVK.

Castells, Manuel (1996): The Rise of the Network Society. The Information Age: Economy, Society and Culture Band 1. Cambridge, Mass: Blackwell.

Ceci, Stephen J./Williams, Wendy M. (2011): Understanding Current Causes of Women's Underrepresentation in Science. In: *Proceedings of the National Academy of Sciences*. Vol.: 108 (8). S. 3157–3162.

Clark, Burton R. (1960): The »Cooling-Out« Function in Higher Education. In: *American Journal of Sociology*. Vol.: 65 (6). S. 569–576.

Clark, Burton R. (1980): The »Cooling Out« Function Revisited. In: *New Directions for Community Colleges* (32). S. 15–31.

Clark, Burton R. (1983): The Higher Education System. Academic Organization in Cross-National Perspective. Berkeley: University of California Press.

Conrad, Peter (2001): Menschenbilder. In: Bühner, Rolf: Managementlexikon. Oldenburg, München: Wissenschaftsverlag. S. 500–503.

Cornelißen, Waltraud/Rusconi, Alessandra/Becker, Ruth (Hg.) (2011): Berufliche Karrieren von Frauen. Hürdenläufe in Partnerschaft und Arbeitswelt. Wiesbaden: VS Verlag für Sozialwissenschaften.

Crozier, Michel/Friedberg, Erhard (1993 [1979]): Die Zwänge kollektiven Handelns. Über Macht und Organisation. Frankfurt am Main: Hain.

Currie, Graeme/Tempest, Sue/Starkey, Ken (2006): New Careers for Old? Organizational and Individual Responses to Changing Boundaries. In: *The International Journal of Human Resource Management*. Vol.: 17 (4). S. 755–774.

Dackweiler, Regina-Maria (Hg.) (2007): Willkommen im Club? Frauen und Männer in Eliten. Forum Frauen- und Geschlechterforschung Bd. 20. Münster: Westfälisches Dampfboot.

De Boer, Harry/Enders, Jürgen/Schimank, Uwe (2007): On the Way towards New Public Management? The Governance of University Systems in England, the Netherlands, Austria and Germany. In: Jansen, Dorothea: New Forms of Governance in Research Organizations. Disciplinary Approaches, Interfaces and Integration. Dordrecht: Springer. S. 13–54.

Döhl, Volker/Kratzer, Nick/Moldaschl, Manfred/Sauer Dieter (2001): Auflösung des Unternehmens? Die Entgrenzung von Kapital und Arbeit. In: Beck, Ulrich; Bonß, Wolfgang: Die Modernisierung der Moderne. Suhrkamp Taschenbuch Wissenschaft. 1508. Frankfurt am Main: Suhrkamp. S. 219–232.

Dölling, Irene/Krais, Beate (Hg.) (1997): Ein alltägliches Spiel. Geschlechterkonstruktion in der sozialen Praxis. Frankfurt am Main: Suhrkamp.

Dömling, Martina/Schröder, Thomas (2011): Qualitätssicherung in Berufungsverfahren unter Gleichstellungsaspekten. Ergebnisse eines Benchmarkings niedersächsischer Hochschulen. Hannover: HIS.

Domsch, Michel E./Ladwig, Désirée H. (Hg.) (2011): Fachlaufbahnen. Alternative Karrierewege für Spezialisten schaffen. Personalwirtschaft: Buch. Köln: Luchterhand.

Domsch, Michel E./Ladwig, Désirée H. (2011): Fachlaufbahnen – Zukunftsweisende Laufbahnkonzepte für Wissensgesellschaften und Netzwerkorganisationen. In: Domsch, Michel E.; Ladwig, Désirée H.: Fachlaufbahnen. Alternative Karrierewege für Spezialisten schaffen. Personalwirtschaft: Buch. Köln: Luchterhand. S. 15–30.

Dörre, Klaus/Neis, Matthias (2008): Geduldige Prekarier. Unsicherheit als Wegbegleiter wissenschaftlicher Karrieren. In: *Forschung & Lehre*. Vol.: 15 (10). S. 672–674.

Dörre, Klaus/Neubert, Jürgen/Wolf, Harald (1993): »New Deal« im Betrieb? Unternehmerische Beteiligungskonzepte und ihre Wirkung auf die Austauschbeziehungen zwischen Management, Belegschaften und Interessenvertretungen. In: *SOFI-Mitteilungen (*20). S. 15–35.

Drori, Gili S./Meyer, John W./Hwang, Hokyu (Hg.) (2006): Globalization and Organization. World Society and Organizational Change. Oxford: Oxford University Press.

Drucker, Peter F. (1955): The Practice of Management. New York: HarperCollins.

Dülfer, Eberhard (Hg.) (1991): Organisationskultur. Phänomen – Philosophie – Technologie. Stuttgart: Poeschel.

Düring, Ingemar (1966): Aristoteles. Heidelberg: Carl Winter Universitätsverlag.

Ebner, Alexander (2014): Theorie der Vermarktlichung: Ein institutionalistischer Ansatz. In: Bögenhold, Dieter: Soziologie des Wirtschaftlichen. Alte und neue Fragen. Wiesbaden: Springer VS. S. 99–113.

Ehrenberg, Alain (2010): Depression: Unbehagen in der Kultur oder neue Formen der Sozialität. In: Menke, Christoph; Rebentisch, Juliane: Kreation und Depression. Freiheit im gegenwärtigen Kapitalismus. 67. Berlin: Kadmos. S. 52–62.

Eichler, Lutz (2005): Seelenlose Unternehmer ihrer Selbst? Über die psychische Wirkung subjektivierter Arbeit. In: Arbeitsgruppe SubArO: Ökonomie der Subjektivität – Subjektivität der Ökonomie. Berlin. S. 203–225.

Eigen, Manfred/Gadamer, Hans-Georg/Habermas, Jürgen/Lepenies, Wolf/Lübbe, Hermann/Meyer-Abich, Klaus Michael (Hg.) (1988): Die Idee der Universität. Versuch einer Standortbestimmung. Berlin: Springer.

Ellwein, Thomas (1992): Die deutsche Universität. Vom Mittelalter bis zur Gegenwart. Frankfurt am Main: Hain.

Enders, Jürgen/Bornmann, Lutz (2001): Karriere mit Doktortitel? Ausbildung, Berufsverlauf und Berufserfolg von Promovierten. Frankfurt am Main, New York: Campus.

Enders, Jürgen/Bornmann, Lutz (2002): Internationale Mobilität bundesdeutscher Promovierter – Eine Sekundäranalyse der Kasseler Promoviertenstudie. Mitteilungen aus der Arbeitsmarkt- und Berufsforschung. http://213.241.152.197/mittab/2002/2002_1_MittAB_Enders_Bornmann.pdf. Zuletzt geprüft: 30.09.2014.

Enders, Jürgen/Kottmann, Andrea (2009): Neue Ausbildungsformen – andere Werdegänge? Ausbildungs- und Berufsverläufe von Absolventinnen und Absolventen der Graduiertenkollegs der DFG. Bonn.

Enders, Jürgen/Mugabushaka, Alexis-Michel (2004): Wissenschaft und Karriere. Erfahrungen und Werdegänge ehemaliger Stipendiaten der DFG. Bonn.

Engler, Steffani (2001): »In Einsamkeit und Freiheit?«. Zur Konstruktion der wissenschaftlichen Persönlichkeit auf dem Weg zur Professur. Konstanz: UVK.

Etzkowitz, Henry/Kemelgor, Carol/Uzzi, Brian (2000): Athena Unbound. The Advancement of Women in Science and Technology. Cambridge, New York: Cambridge University Press.

Etzkowitz, Henry/Leydesdorff, Loet (2001): Universities and the Global Knowledge Economy. A Triple Helix of University – Industry – Government Relations. New York, London: Continuum.

Färber, Christine/Spangenberg, Ulrike (2008): Wie werden Professuren besetzt? Chancengleichheit in Berufungsverfahren. Frankfurt am Main, New York: Campus.

Faust, Michael (2002): Karrieremuster von Führungskräften der Wirtschaft im Wandel – der Fall Deutschland in vergleichender Perspektive. In: *SOFI-Mitteilungen.* 2002 (30). S. 69–90.

Faust, Michael/Jauch, Peter/Notz, Petra (2000): Befreit und entwurzelt: Führungskräfte auf dem Weg zum »internen Unternehmer«. München, Mering: Rainer Hampp.

Federkeil, Gero/Buch, Florian (2007): Fünf Jahre Juniorprofessur – Zweite CHE-Befragung zum Stand der Einführung. Arbeitspapier (90). Gütersloh. http://www.che-consult.de/downloads/CHE_Juniorprofessur_Befragung_AP_90.pdf. Zuletzt geprüft: 10.04.2014.

Feeney, Mary K./Bernal, Margarita (2010): Women in STEM Networks: Who Seeks Advice and Support from Women Scientists? In: *Scientometrics.* Vol.: 85 (3). S. 767–790.

Festinger, Leon (1957): A Theory of Cognitive Dissonance. Stanford: Stanford University Press.

Fichte, Johann Gottlieb (1806): Über das Wesen des Gelehrten und seine Erscheinungen im Gebiete der Freiheit. In öffentlichen Vorlesungen, gehalten zu Erlangen, im Sommer-Halbjahre 1805. In: Fichte, Johann Gottlieb: Werke. Auswahl in sechs Bänden. V. Leipzig: Verlag von Felix Meiner. S. 1–102.

Fichte, Johann Gottlieb (1806): Werke. Auswahl in sechs Bänden V. Leipzig: Verlag von Felix Meiner.

Fichte, Johann Gottlieb (1817): Deducirter Plan einer zu Berlin zu errichtenden höhern Lehranstalt. Geschrieben im Jahre 1807. Stuttgart und Tübingen: Cottaische Buchhandlung.

Findeisen, Ina (2011): Hürdenlauf zur Exzellenz. Karrierestufen junger Wissenschaftlerinnen und Wissenschaftler. Wiesbaden: VS Verlag für Sozialwissenschaften.

Fitzenberger, Bernd/Leuschner, Ute (2012): Up or Out: Research Incentives and Career Prospects of Postdocs in Germany. ZEW Discussion Paper (12–020). Mannheim. http://ftp.zew.de/pub/zew-docs/dp/dp12020.pdf. Zuletzt geprüft: 19.05.2014.

Flüter-Hoffmann, Christiane (2010): Der Weg aus der Demografie-Falle – Lebenszyklusorientierte Personalpolitik. In: Naegele, Gerhard: Soziale Lebenslaufpolitik. Sozialpolitik und Sozialstaat. Wiesbaden: VS Verlag für Sozialwissenschaften. S. 411–428.

Foucault, Michel (1994): Überwachen und Strafen. Die Geburt des Gefängnisses. Frankfurt am Main: Suhrkamp.

Foucault, Michel (2006): Die Geburt der Biopolitik. Vorlesung am Collège de France, 1978–1979. Geschichte der Gouvernementalität Band 2. Frankfurt am Main: Suhrkamp.

Frank, Robert H./Cook, Philip J. (1995): The Winner-Take-All Society. How More and More Americans Compete for Ever Fewer and Bigger Prizes, Encouraging Economic Waste, Income Inequality, and an Impoverished Cultural Life. New York [u.a.]: Free Press.

Fraunhofer-Institut für System- und Innovationsforschung/Joanneum Research ForschungsgmbH/Stifterverband Wissenschaftsstatistik gGmbH/Wissenschaftszentrum Berlin für Sozialforschung (WZB)/Zentrum für Europäische Wirtschaftsforschung (ZEW) (2012): Zur Situation der Forschung an Deutschlands Hochschulen – Aktuelle empirische Befunde. Studien zum deutschen Innovationssystem. Berlin. http://e-fi.de/fileadmin/Innovationsstudien_2012/StuDIS_16_ZEW_WZB_Joanneum_ISI.pdf. Zuletzt geprüft: 30.09.2014.

Frey, Michael/Hüning, Hasko/Nickel, Hildegard Maria (2004): Entgrenzung, Vermarktlichung und Subjektivierung – Formwandel von Arbeit und betriebliche Geschlechterverhältnisse. Empirische Fallstudien aus der Deutschen Bahn AG und einer kommunalen Verwaltung. In: *Zentrum für transdisziplinäre Geschlechterstudien.* 2004 (27). S. 1–15.

Friedli, Vera (2002): Die betriebliche Karriereplanung. Konzeptionelle Grundlagen und empirische Studien aus der Unternehmensperspektive. Berner betriebswirtschaftliche Schriften Bd. 27. Bern: Haupt.

Friedli, Vera (2007): Betriebliche Karriereplanung. In: Thom, Norbert; Zaugg, Robert J.: Moderne Personalentwicklung. Wiesbaden: Gabler. S. 245–261.

Friedman, Andrew L. (1977a): Industry and Labour. Class Struggle at Work and Monopoly Capitalism. London: Macmillan.

Friedman, Andrew L. (1977b): Responsible Autonomy Versus Direct Control Over the Labour Process. In: *Capital & Class*. Vol.: 1 (1). S. 43–57.

Fuchs, Jürgen (1998): Die neue Art Karriere im schlanken Unternehmen. In: *Harvard Business Manager*. Vol.: 20. (4). S. 83–91.

Funken, Christiane/Hörlin, Sinje/Rogge, Jan-Christoph (2013): Generation 35plus. Aufstieg oder Ausstieg? Hochqualifizierte und Führungskräfte in Wirtschaft und Wissenschaft. Berlin. https://www.mgs.tu-berlin.de/fileadmin/i62/mgs/Generation35plus_ebook.pdf. Zuletzt geprüft: 06.10.2014.

Funken, Christiane/Schulz-Schaeffer, Ingo (Hg.) (2008): Digitalisierung der Arbeitswelt. Zur Neuordnung formaler und informeller Prozesse in Unternehmen. Wiesbaden: VS Verlag für Sozialwissenschaften.

Funken, Christiane/Stoll, Alexander/Hörlin, Sinje (2011): Die Projektdarsteller: Karriere als Inszenierung. Paradoxien und Geschlechterfallen in der Wissensökonomie. Wiesbaden: VS Verlag für Sozialwissenschaften.

Funtowicz, Silvio O./Ravetz, Jerome R. (1993): Science for the Post-Normal Age. In: *Futures*. Vol.: 25 (7). S. 739–755.

Geis, Anna/Strecker, David (Hg.) (2005): Blockaden staatlicher Politik. Sozialwissenschaftliche Analysen im Anschluss an Claus Offe. Frankfurt am Main, New York: Campus.

Gemeinsame Wissenschaftskonferenz (GWK) (2012): Chancengleichheit in Wissenschaft und Forschung. 16. Fortschreibung des Datenmaterials (2010/2011) zu Frauen in Hochschulen und außerhochschulischen Forschungseinrichtungen. Materialien der GWK (Heft 29). Bonn.

Gergs, Hans-Joachim/Schmidt, Rudi (2002): Generationswechsel im Management ost- und westdeutscher Unternehmen. Kommt es zu einer Amerikanisierung des deutschen Managementmodells? In: *KZfSS Kölner Zeitschrift für Soziologie und Sozialpsychologie*. Vol.: 54 (3). S. 553–578.

Gibbons, Michael/Limoges, Camille/Nowotny, Helga/Schwartzman, Simon/Scott, Peter/Trow, Martin (1994): The New Production of Knowledge. The Dynamics of Science and Research in Contemporary Societies. London [u.a.]: Sage Publications.

Giesel, Katharina D. (2007): Leitbilder in den Sozialwissenschaften. Begriffe, Theorien und Forschungskonzepte. Wiesbaden: VS Verlag für Sozialwissenschaften.

Glaser, Barney G. (1968a): Introduction. In: Glaser, Barney G.: Organizational Careers. A Sourcebook for Theory. Rutgers: Transaction Publishers. S. 1–12.

Glaser, Barney G. (Hg.) (1968b): Organizational Careers. A Sourcebook for Theory. Rutgers: Transaction Publishers.

Goffman, Erving (1952): On Cooling the Mark Out: Some Aspects of Adaptation to Failure. In: *Psychiatry: Journal for the Study of Interpersonal Processes*. Vol.: 15 (4). S. 451–463.

Goffman, Erving (1977): Rahmen-Analyse. Ein Versuch über die Organisation von Alltagserfahrungen. Suhrkamp-Taschenbuch Wissenschaft Band 329. Frankfurt am Main: Suhrkamp.

Graefe, Stephanie (2011): Formierte Gefühle – erschöpfte Subjekte. In: Koppetsch, Cornelia: Nachrichten aus den Innenwelten des Kapitalismus. Wiesbaden: VS Verlag für Sozialwissenschaften. S. 139–154.

Grey, Christopher (1994): Career as a Project of the Self and Labour Process Discipline. In: *Sociology*. Vol.: 28 (2). S. 479–497.

Grimshaw, Damian/Beynon, Huw/Rubery, Jill/Ward, Kevin (2002): The Restructuring of Career Paths in Large Service Sector Organizations: ›Delayering‹, Upskilling and Polarisationl. In: *The Sociological Review*. Vol.: 50 (1). S. 89–115.

Gross, Christiane/Junghauer-Gans, Monika/Kriwy, Peter (2008): Die Bedeutung meritokratischer und sozialer Kriterien für wissenschaftliche Karrieren – Ergebnisse von Expertengesprächen in ausgewählten Disziplinen. In: *Beiträge zur Hochschulforschung*. Vol.: 30 (4). S. 8–32.

Grühn, Dieter/Hecht, Heidemarie/Rubelt, Jürgen/Schmidt, Boris (2009): Der wissenschaftliche »Mittelbau« an deutschen Hochschulen. Zwischen Karriereaussichten und Abbruchtendenzen. anstöße. Berlin.

Güdler, Jürgen/Mugabushaka, Alexis-Michel/Sack, Dominik/Wilhelm, Beate (2009): Nachwuchswissenschaftlerinnen und Nachwuchswissenschaftler in DFG-geförderten Forschungsprojekten. Rekrutierungen, Erfahrungen, Perspektiven. Bonn.

Gülker, Silke (2010): Autonomer, aber weiter unsicher. Neue Führungspositionen haben das Karrieresystem in der deutschen Wissenschaft nur wenig verändert. WZBrief Arbeit (05). Berlin.

Gülker, Silke (2011): Karrierestrukturen in der Wissenschaft: Stand und Zukunftsbedarf. In: Keller, Andreas; Ortmann, Alexandra; Himpele, Klemens: Traumjob Wissenschaft? Karrierewege in Hochschule und Forschung. GEW-Materialien aus Hochschule und Forschung. 117. Bielefeld: W. Bertelsmann. S. 31–45.

Habermas, Jürgen (1988): Die Idee der Universität – Lernprozesse. In: Eigen, Manfred; Gadamer, Hans-Georg; Habermas, Jürgen; Lepenies, Wolf; Lübbe, Hermann; Meyer-Abich, Klaus Michael: Die Idee der Universität. Versuch einer Standortbestimmung. Berlin: Springer. S. 139–173.

Haffner, Yvonne/Krais, Beate (Hg.) (2008): Arbeit als Lebensform? Beruflicher Erfolg, private Lebensführung und Chancengleichheit in akademischen Berufsfeldern. Frankfurt am Main, New York: Campus.

Hall, Douglas/Moss, Jonathan E. (1998): The New Protean Career Contract: Helping Organizations and Employees Adapt. In: *Organizational Dynamics*. Vol.: 26 (3). S. 22–37.

Hall, Douglas T. (Hg.) (1996): The Career is Dead – Long Live the Career. A Relational Approach to Careers. The Jossey-Bass business & management series. San Francisco: Jossey-Bass Publishers.

Hall, Douglas T./Mirvis, Philip H. (1996): The New Protean Career: Psychological Success and the Path with a Heart. In: Hall, Douglas T.: The Career is Dead –

Long Live the Career. A Relational Approach to Careers. The Jossey-Bass business & management series. San Francisco: Jossey-Bass Publishers. S. 15–45.

Harde, Maria E./Streblow, Lilian (2008): »Ja, ab der Promotion wird es eng«. In: Haffner, Yvonne; Krais, Beate: Arbeit als Lebensform? Beruflicher Erfolg, private Lebensführung und Chancengleichheit in akademischen Berufsfeldern. Frankfurt am Main, New York: Campus. S. 155–175.

Harrison, Richard (2006): From Landlines to Cell Phones: Negotiating Identity Positions in New Career Contexts. In: *Journal of Employment Counseling*. Vol.: 43 (1). S. 18–30.

Hartmann, Martin (2005): Paradoxien des »neuen Kapitalismus«. In: Geis, Anna; Strecker, David: Blockaden staatlicher Politik. Sozialwissenschaftliche Analysen im Anschluss an Claus Offe. Frankfurt am Main, New York: Campus. S. 199–212.

Hartmann, Michael (2002): Der Mythos von den Leistungseliten. Spitzenkarrieren und soziale Herkunft in Wirtschaft, Politik, Justiz und Wissenschaft. Frankfurt am Main, New York: Campus.

Hartmann, Michael (2004): Elitesoziologie. Eine Einführung. Frankfurt am Main, New York: Campus.

Hassard, John/Morris, Jonathan/McCann, Leo (2012): ›My Brilliant Career‹? New Organizational Forms and Changing Managerial Careers in Japan, the UK, and USA. In: *Journal of Management Studies*. Vol.: 49 (3). S. 571–599.

Hassauer, Friederike (1994): Homo. Academica. Geschlechterkontrakte, Institution und die Verteilung des Wissens. Wien: Passagen.

Haubl, Rolf/Voß, G. Günter (Hg.) (2011): Riskante Arbeitswelt. Eine Studie zu den Auswirkungen spätmoderner Arbeits- und Lebensverhältnisse. Göttingen: Vandenhoeck & Ruprecht.

Hauss, Kalle/Kaulisch, Marc/Zinnbauer, Manuela/Tesch, Jakob/Fräßdorf, Anna/Hinze, Sybille/Hornbostel, Stefan (2012): Promovierende im Profil: Wege, Strukturen und Rahmenbedingungen von Promotionen in Deutschland. Ergebnisse aus dem ProFile-Promovierendenpanel. iFQ-Working Paper (13). Berlin. http://www.forschungsinfo.de/Publikationen/Download/working_paper_13_2012.pdf. Zuletzt geprüft: 19.05.2014.

Heidenreich, Martin (1996): Die subjektive Modernisierung fortgeschrittener Arbeitsgesellschaften. In: *Soziale Welt*. Vol.: 47 (1). S. 24–43.

Heintz, Bettina/Merz, Martina/Schumacher, Christina (2004): Wissenschaft, die Grenzen schafft. Geschlechterkonstellationen im disziplinären Vergleich. Bielefeld: Transcript.

Hermann, Ulrich (2011): Bildung durch Wissenschaft? Mythos »Humboldt«. In: Jamme, Christoph; Schröder, Asta von: Einsamkeit und Freiheit. Zum Bildungsauftrag der Universität im 21. Jahrhundert. Paderborn: Wilhelm Fink. S. 171–192.

Hess, Johanna/Pfahl, Lisa (2011): »Under pressure …!?« – Biografische Orientierungen von Wissenschaftlerinnen in Beruf, Partnerschaft und Familie. In: Rusconi, Alessandra: Gemeinsam Karriere machen. Die Verflechtung von Berufskarrieren und Familie in Akademikerpartnerschaften. Opladen: Barbara Budrich. S. 117–145.

Hess, Johanna/Rusconi, Alessandra/Solga, Heike (2011): »Wir haben dieselben Ziele …« – Zur Bedeutung von Paarkonstellationen und Disziplinenzugehörigkeit für Karrieren von Frauen in der Wissenschaft. In: Cornelißen, Waltraud; Rusconi, Alessandra; Becker, Ruth: Berufliche Karrieren von Frauen. Hürdenläufe in Partnerschaft und Arbeitswelt. Wiesbaden: VS Verlag für Sozialwissenschaften. S. 65–104.

Hirsch, Jorge E. (2005): An Index to Quantify an Individual's Scientific Research Output. In: *Proceedings of the National Academy of Sciences*. Vol.: 102 (46). S. 16569–16572.

Hitzler, Ronald/Pfadenhauer, Michaela (Hg.) (2003): Karrierepolitik. Beiträge zur Rekonstruktion erfolgsorientierten Handelns. Soziologie der Politik Bd. 6. Opladen: Leske + Budrich.

Hochschulrektorenkonferenz (HRK) (2014): Empfehlung der 16. Mitgliederversammlung der HRK am 13. Mai 2014 in Frankfurt am Main. Orientierungsrahmen zur Förderung des wissenschaftlichen Nachwuchses nach der Promotion und akademischer Karrierewege neben der Professur. Bonn. http://www.hrk.de/uploads/tx_szconvention/HRK_Empfehlung_Orientierungsrahmen_13052014.pdf. Zuletzt geprüft: 13.07.2014.

Hohn, Hans-Willy (2010): Außeruniversitäre Forschungseinrichtungen. In: Simon, Dagmar; Knie, Andreas; Hornbostel, Stefan: Handbuch Wissenschaftspolitik. Wiesbaden: VS Verlag für Sozialwissenschaften. S. 457–477.

Holst, Elke/Busch, Anne/Kröger, Lea (2012): Führungskräfte – Monitor 2012. Update 2001 – 2010. Politikberatung Kompakt (65). Berlin. http://www.diw.de/documents/publikationen/73/diw_01.c.407592.de/diwkompakt_2012-065.pdf. Zuletzt geprüft: 04.08.2014.

Holtgrewe, Ursula/Voswinkel, Stephan/Wagner, Gabriele (Hg.) (2000): Anerkennung und Arbeit. Konstanz: UVK.

Honneth, Axel (2010): Organisierte Selbstverwirklichung. Paradoxien der Individualisierung. In: Menke, Christoph; Rebentisch, Juliane: Kreation und Depression. Freiheit im gegenwärtigen Kapitalismus. 67. Berlin: Kadmos. S. 63–80.

Huber, Natalie/Böhmer, Susan (2012): Karrierewege von Promovierten in der Wissenschaft. In: Huber, Natalie/ Schelling, Anna/ Hornbostel, Stefan: Der Doktortitel zwischen Status und Qualifikation. iFQ-Working Paper. (12). S. 69–84.

Huber, Natalie/Schelling, Anna/Hornbostel, Stefan (2012): Der Doktortitel zwischen Status und Qualifikation. iFQ-Working Paper (12). Berlin.

Humboldt, Wilhelm von (1903a): Gesammelte Schriften. Politische Denkschriften. Erster Band. 1802–1810. Berlin: B. Behr's.

Humboldt, Wilhelm von (1903b): Über die innere und äussere Organisation der höheren wissenschaftlichen Anstalten in Berlin. In: Humboldt, Wilhelm von: Gesammelte Schriften. Politische Denkschriften. Erster Band. 1802–1810. Berlin: B. Behr's. S. 250–260.

Humboldt, Wilhelm von (1993): Der Königsberger und der Litauische Schulplan. In: Humboldt, Wilhelm von: Schriften zur Politik und zum Bildungswesen. Werke in fünf Banden. Band IV. Darmstadt: Wissenschaftliche Buchgesellschaft. S. 168–195.

Humboldt, Wilhelm von (1993): Schriften zur Politik und zum Bildungswesen. Werke in fünf Banden. Band IV. Darmstadt: Wissenschaftliche Buchgesellschaft.

Hüther, Otto (2010): Von der Kollegialität zur Hierarchie? Eine Analyse des New Managerialism in den Landeshochschulgesetzen. Wiesbaden: VS Verlag für Sozialwissenschaften.

Hüther, Otto/Krücken, Georg (2011): Wissenschaftliche Karriere und Beschäftigungsbedingungen. Organisationssoziologische Überlegungen zu den Grenzen neuer Steuerungsmodelle an deutschen Hochschulen. In: *Soziale Welt*. Vol.: 62. S. 305–325.

Hüther, Otto/Krücken, Georg (2012): Hierarchie ohne Macht? Karriere- und Beschäftigungsbedingungen als ›vergessene‹ Grenzen der organisatorischen Umgestaltung der deutschen Universitäten. In: Wilkesmann, Uwe; Schmid, Christian: Hochschule als Organisation. Organisationssoziologie. Wiesbaden: Springer VS. S. 27–39.

Iellatchitch, Alexander/Mayrhofer, Wolfgang/Meyer, Michael (2003): Career Fields: a Small Step Towards a Grand Career Theory? In: *The International Journal of Human Resource Management*. Vol.: 14 (5). S. 728–750.

Illouz, Eva (2011): Die Errettung der modernen Seele. Therapien, Gefühle und die Kultur der Selbsthilfe. Frankfurt am Main: Suhrkamp.

Inkson, Kerr/Gunz, Hugh/Ganesh, Shiv/Roper, Juliet (2012): Boundaryless Careers: Bringing Back Boundaries. In: *Organization Studies*. Vol.: 33 (3). S. 323–340.

Jaeger, Michael (2009): Steuerung durch Anreizsysteme an Hochschulen. Wie wirken formelgebundene Mittelverteilung und Zielvereinbarungen? In: Bogumil, Jörg; Heinze, Rolf G.: Neue Steuerung von Hochschulen. Eine Zwischenbilanz. Modernisierung des öffentlichen Sektors Sonderband. 34. Berlin: edition sigma. S. 45–66.

Jäger, Wieland/Schimank, Uwe (Hg.) (2005): Organisationsgesellschaft. Facetten und Perspektiven. Lehrbuch. Wiesbaden: VS Verlag für Sozialwissenschaften.

Jaksztat, Steffen/Briedis, Kolja/Preßler, Nora (2012): Promotionen im Fokus. Promotions- und Arbeitsbedingungen Promovierender im Vergleich. Forum Hochschule Band 2012,15. Hannover: HIS, Hochschul-Informations-System.

Jaksztat, Steffen/Schindler, Nora/Briedis, Kolja (2010): Wissenschaftliche Karrieren. Beschäftigungsbedingungen, berufliche Orientierungen und Kompetenzen des wissenschaftlichen Nachwuchses. HIS: Forum Hochschule (14). Hannover.

Jamme, Christoph/Schröder, Asta von (Hg.) (2011): Einsamkeit und Freiheit. Zum Bildungsauftrag der Universität im 21. Jahrhundert. Paderborn: Wilhelm Fink.

Jansen, Dorothea (Hg.) (2007): New Forms of Governance in Research Organizations. Disciplinary Approaches, Interfaces and Integration. Dordrecht: Springer.

Janson, Kerstin/Schomburg, Harald/Teichler, Ulrich (2007): Wege zur Professur. Qualifizierung und Beschäftigung an Hochschulen in Deutschland und den USA. Münster: Waxmann.

Jaspers, Karl (1980): Die Idee der Universität. Berlin [u.a.]: Springer.

Jongmanns, Georg (2011): Evaluation des Wissenschaftszeitvertragsgesetzes (WissZeitVG). Gesetzesevaluation im Auftrag des Bundesministeriums für Bildung und Forschung. Hannover. http://www.his.de/pdf/pub_fh/fh-201104.pdf. Zuletzt geprüft: 13.07.2014.

Kaesler, Dirk (2003): Karrierepolitik zwischen Geld und Wissenschaft. Der Fall Max Weber. In: Hitzler, Ronald; Pfadenhauer, Michaela: Karrierepolitik. Beiträge zur Rekonstruktion erfolgsorientierten Handelns. Soziologie der Politik. Bd. 6. Opladen: Leske + Budrich. S. 27–41.

Kahlert, Heike (2012): Was kommt nach der Promotion? Karriereorientierungen und -pläne des wissenschaftlichen Nachwuchses im Fächer- und Geschlechtervergleich. In: Beaufaÿs, Sandra; Engels, Anita; Kahlert, Heike: Einfach Spitze? Neue Geschlechterperspektiven auf Karrieren in der Wissenschaft. Frankfurt am Main, New York: Campus. S. 57–86.

Kahlert, Heike (2011): »Cooling out« und der riskante Weg an die Spitze. Zum Einfluss von Ungleichheitsregimes auf Karriereorientierungen im wissenschaftlichen Nachwuchs. In: Wergen, Jutta: Forschung und Förderung. Promovierende im Blick der Hochschulen. Münster: LIT. S. 105–123.

Kalkowski, Peter/Mickler, Otfried (2002): Zwischen Emergenz und Formalisierung – Zur Projektifizierung von Organisation und Arbeit in der Informationswirtschaft. In: *SOFI-Mitteilungen*. Vol.: 30. S. 119–134.

Kattenbach, Ralph/Schneidhofer, Thomas M./Lücke, Janine/Latzke, Markus/Loacker, Bernadette/Schramm, Florian/Mayrhofer, Wolfgang (2014): A Quarter of a Century of Job Transitions in Germany. In: *Journal of Vocational Behavior*. Vol.: 84 (1). S. 49–58.

Keller, Andreas/Ortmann, Alexandra/Himpele, Klemens (Hg.) (2011): Traumjob Wissenschaft? Karrierewege in Hochschule und Forschung. GEW-Materialien aus Hochschule und Forschung Band 117. Bielefeld: W. Bertelsmann.

Kern, Horst/Schumann, Michael (1984): Das Ende der Arbeitsteilung? Rationalisierung in der industriellen Produktion. München: C.H. Beck.

Kienbaum (2007): Work-Life Balance im Kontext des Demographischen Wandels. Studienergebnisse 2007. Berlin.

Kieser, Alfred (2006a): Human Relations-Bewegung und Organisationspsychologie. In: Kieser, Alfred; Ebers, Mark: Organisationstheorien. Stuttgart: Kohlhammer. S. 133–167.

Kieser, Alfred (2006b): Managementlehre und Taylorismus. In: Kieser, Alfred; Ebers, Mark: Organisationstheorien. Stuttgart: Kohlhammer. S. 93–132.

Kieser, Alfred (2006c): Max Webers Analyse der Bürokratie. In: Kieser, Alfred; Ebers, Mark: Organisationstheorien. Stuttgart: Kohlhammer. S. 63–92.

Kieser, Alfred (2010): Unternehmen Wissenschaft? In: *Leviathan*. Vol.: 38 (3). S. 347–367.

Kieser, Alfred/Ebers, Mark (Hg.) (2006): Organisationstheorien. Stuttgart: Kohlhammer.

Kirchler, Erich/Meier-Pesti, Katja/Hofmann, Eva (2004): Menschenbilder in Organisationen. Arbeits- und Organisationspsychologie Band 5. Wien: WUV.

Klecha, Stephan/Krumbein, Wolfgang (Hg.) (2008): Die Beschäftigungssituation von wissenschaftlichem Nachwuchs. Wiesbaden: VS Verlag für Sozialwissenschaften.

Klecha, Stephan/Krumbein, Wolfgang (2008): Vorwort. Die Leiden der jungen Wissenschaftler/innen. In: Klecha, Stephan; Krumbein, Wolfgang: Die Beschäftigungssituation von wissenschaftlichem Nachwuchs. Wiesbaden: VS Verlag für Sozialwissenschaften. S. 9–12.

Klecha, Stephan/Reimer, Melanie (2008): Wissenschaft als besonderer Arbeitsmarkt. Grundtypologien des Umgangs mit unsicherer Beschäftigung beim wissenschaftlichen Personal. In: Klecha, Stephan; Krumbein, Wolfgang: Die Beschäftigungssituation von wissenschaftlichem Nachwuchs. Wiesbaden: VS Verlag für Sozialwissenschaften. S. 13–87.

Kleemann, Frank/Matuschek, Ingo/Voß, Günter G. (2002): Subjektivierung von Arbeit. Ein Überblick zum Stand der Diskussion. In: Moldaschl, Manfred; Voß, G. Günter: Subjektivierung von Arbeit. 2. München: Rainer Hampp. S. 57–102.

Kleemann, Frank/Voß, Günter G. (2010): Arbeit und Subjekt. In: Böhle, Fritz; Voß, G. Günter; Wachtler, Günther: Handbuch Arbeitssoziologie. Wiesbaden: VS Verlag für Sozialwissenschaften. S. 415–450.

Kleinert, Corinna/Kohaut, Susanne/Brader, Doris/Lewerenz, Julia (2007): Frauen an der Spitze. Arbeitsbedingungen und Lebenslagen weiblicher Führungskräfte. IAB-Bibliothek Bd. 2. Frankfurt am Main, New York: Campus.

Knie, Andreas/Simon, Dagmar (2010): Stabilität und Wandel des deutschen Wissenschaftssystems. In: Simon, Dagmar; Knie, Andreas; Hornbostel, Stefan: Handbuch Wissenschaftspolitik. Wiesbaden: VS Verlag für Sozialwissenschaften. S. 26–38.

Knoblauch, Hubert (1996): Arbeit als Interaktion. Informationsgesellschaft, Post-Fordismus und Kommunikationsarbeit. In: *Soziale Welt*. Vol.: 47. S. 344–362.

Kocyba, Hermann (2000): Der Preis der Anerkennung. Von der tayloristischen Missachtung zur strategischen Instrumentalisierung der Subjektivität der Arbeitenden. In: Holtgrewe, Ursula; Voswinkel, Stephan; Wagner, Gabriele: Anerkennung und Arbeit. Konstanz. S. 127–140.

Kocyba, Hermann (2005): Selbstverwirklichungszwänge und neue Unterwerfungsformen. Paradoxien der Kapitalismuskritik. In: Arbeitsgruppe SubArO: Ökonomie der Subjektivität – Subjektivität der Ökonomie. Berlin. S. 79–93.

Kohaut, Susanne/Möller, Iris (2010): Frauen kommen auf den Chefetagen nicht voran. IAB-Kurzbericht (6). Nürnberg. http://doku.iab.de/kurzber/2010/kb0610.pdf. Zuletzt geprüft: 05.05.2014.

Kohaut, Susanne/Möller, Iris (2013): Punktgewinn in westdeutschen Großbetrieben. IAB-Kurzbericht (23). Nürnberg. http://doku.iab.de/kurzber/2013/kb2313.pdf. Zuletzt geprüft: 05.05.2014.

König, Karsten (2009): Hierarchie und Kooperation. Die zwei Seelen einer Zielvereinbarung zwischen Staat und Hochschule. In: Bogumil, Jörg; Heinze, Rolf G.: Neue Steuerung von Hochschulen. Eine Zwischenbilanz. Modernisierung des öffentlichen Sektors Sonderband. 34. Berlin: edition sigma. S. 29–44.

Konsortium Bundesbericht Wissenschaftlicher Nachwuchs (2013): Bundesbericht Wissenschaftlicher Nachwuchs 2013. Statistische Daten und Forschungsbefunde zu Promovierenden und Promovierten in Deutschland. Bielefeld.

Kopetz, Hedwig (2002): Forschung und Lehre. Die Idee der Universität bei Humboldt, Jaspers, Schelsky und Mittelstraß. Studien zu Politik und Verwaltung Band 78. Wien: Böhlau.

Koppetsch, Cornelia (2000): Wissenschaft an Hochschulen. Ein deutsch-französischer Vergleich. Analyse und Forschung Sozialwissenschaften. Konstanz: UVK.

Koppetsch, Cornelia (Hg.) (2011): Nachrichten aus den Innenwelten des Kapitalismus. Wiesbaden: VS Verlag für Sozialwissenschaften.

Kotthoff, Hermann (1997): Führungskräfte im Wandel der Firmenkultur. Quasi-Unternehmer oder Arbeitnehmer? Forschung aus der Hans-Böckler-Stiftung Band 2. Berlin: edition sigma.

Kotthoff, Hermann/Wagner, Alexandra (2008): Die Leistungsträger. Führungskräfte im Wandel der Firmenkultur – eine Follow-up-Studie. Berlin: edition sigma.

Krais, Beate (2000): Das soziale Feld Wissenschaft und die Geschlechterverhältnisse. Theoretische Sondierungen. In: Krais, Beate: Wissenschaftskultur und Geschlechterordnung. Über die verborgenen Mechanismen männlicher Dominanz in der akademischen Welt. Frankfurt am Main, New York: Campus. S. 31–54.

Krais, Beate (Hg.) (2000): Wissenschaftskultur und Geschlechterordnung. Über die verborgenen Mechanismen männlicher Dominanz in der akademischen Welt. Frankfurt am Main, New York: Campus.

Kratzer, Nick (2003): Arbeitskraft in Entgrenzung. Grenzenlose Anforderungen, erweiterte Spielräume, begrenzte Ressourcen. Berlin: edition sigma.

Kratzer, Nick/Boes, Andreas/Marrs, Kira/Sauer, Dieter (2004): Entgrenzung von Unternehmen und Arbeit – Grenzen der Entgrenzung. In: Beck, Ulrich; Lau, Christoph: Entgrenzung und Entscheidung. Was ist neu an der Theorie reflexiver Modernisierung? Edition zweite Moderne. Frankfurt am Main: Suhrkamp. S. 329–359.

Kreckel, Reinhard (2008): Zwischen Promotion und Professur. Das wissenschaftliche Personal in Deutschland im Vergleich mit Frankreich, Grossbritannien, USA, Schweden, den Niederlanden, Österreich und der Schweiz. Leipzig: Akademische Verlagsanstalt.

Kreckel, Reinhard (2010): Zwischen Spitzenforschung und Breitenausbildung. Strukturelle Differenzierungen an deutschen Hochschulen im internationalen Vergleich. In: Krüger, Heinz-Hermann; Rabe-Kleberg, Ursula; Kramer, Rolf-

Torsten; Budde, Jürgen: Bildungsungleichheit revisited. Bildung und soziale Ungleichheit vom Kindergarten bis zur Hochschule. Wiesbaden: VS Verlag für Sozialwissenschaften. S. 235–256.

Kreckel, Reinhard (2011): Akademische Karriere zwischen Promotion und Professur im internationalen Vergleich. Ein deutscher Sonderweg. Beitrag zur 19. Hochschulkonferenz der GEW Thüringen. Halle-Wittenberg. http://www.gew-thueringen.de/Binaries/Binary8483/HSKonferenz2011_Reinhard_Kreckel.pdf. Zuletzt geprüft: 18.09.2013.

Kreckel, Reinhard (2012): Akademischer Nachwuchs als Beruf? Deutsche Entwicklungen im internationalen Vergleich. Zur unzeitgemäßen Aktualität Max Webers. Vortrag im Rahmen des Symposiums »Wissenschaft als Beruf« der Österreichischen Akademie der Wissenschaften in Wien am 8. Mai 2012. http://www2.soziologie.uni-halle.de/emeriti/kreckel/docs/nachwuchs-weber-txt-fertig-kre.pdf. Zuletzt geprüft: 16.01.2014.

Krell, Gertraude (2010): Führungspositionen. In: Projektgruppe GiB: Geschlechterungleichheiten im Betrieb. Arbeit, Entlohnung und Gleichstellung in der Privatwirtschaft. Forschung aus der Hans-Böckler-Stiftung. 110. Berlin: edition sigma. S. 423–484.

Krücken, Georg/Kosmützky, Anna/Torka, Marc (Hg.) (2007): Towards a Multiversity? Universities between Global Trends and National Traditions. Science studies. Bielefeld: Transcript.

Krücken, Georg/Meier, Frank (2006): Turning the University into an Organizational Actor. In: Drori, Gili S.; Meyer, John W.; Hwang, Hokyu: Globalization and Organization. World society and organizational change. Oxford: Oxford University Press.

Krüger, Heinz-Hermann/Rabe-Kleberg, Ursula/Kramer, Rolf-Torsten/Budde, Jürgen (Hg.) (2010): Bildungsungleichheit revisited. Bildung und soziale Ungleichheit vom Kindergarten bis zur Hochschule. Wiesbaden: VS Verlag für Sozialwissenschaften.

Kuhn, Thomas S. (1976): Die Struktur wissenschaftlicher Revolutionen. Suhrkamp-Taschenbuch Wissenschaft Band 25. Frankfurt am Main: Suhrkamp.

Küpper, Willi/Ortmann, Günther (Hg.) (1992): Mikropolitik. Rationalität, Macht und Spiele in Organisationen. Opladen: Leske + Budrich.

Kürschner, Wilfried/Laer, Hermann von/Schulz, Volker (2000): Humboldt adieu? Hochschule zwischen Autonomie und Fremdbestimmung. Vechtaer Universitätsschriften Bd. 20. Münster: LIT.

Kurtz, Thomas/Pfadenhauer, Michaela (Hg.) (2010): Soziologie der Kompetenz. Wiesbaden: VS Verlag für Sozialwissenschaften.

Lang, Frieder R./Neyer, Franz J. (2004): Kooperationsnetzwerke und Karrieren an deutschen Hochschulen. In: *KZfSS Kölner Zeitschrift für Soziologie und Sozialpsychologie*. Vol.: 56 (3). S. 520–538.

Lange, Andreas/Zerle, Claudia (2008): Väter im Familienalltag. Die Kluft zwischen Einstellungen und Verhalten. In: *BZgA Forum Sexualaufklärung und Familienplanung* (2). S. 17–20.

Laudel, Grit/Gläser, Jochen (2008): From Apprentice to Colleague: The Metamorphosis of Early Career Researchers. In: *Higher Education*. Vol.: 55 (3). S. 387–406.

Le Grand, Julian (1991): Quasi-Markets and Social Policy. In: *The Economic Journal*. Vol.: 101 (408). S. 1256–1267.

Le Grand, Julian/Bartlett, William (1993): Quasi-markets and Social Policy. Houndmills, Basingstoke, Hampshire: Macmillan Press.

Lenger, Andreas (2009): Ökonomisches, kulturelles und soziales Kapital von Promovierenden. Eine deskriptive Analyse der sozialen Herkunft von Doktoranden im deutschen Bildungswesen. In: *die hochschule (*2). S. 104–125.

Lengersdorf, Diana/Meuser, Michael (2010): Wandel von Arbeit – Wandel von Männlichkeiten. In: Österreichische Zeitschrift für Soziologie. Vol.: 35 (2). S. 89–103.

Lind, Inken/Löther, Andrea (2007): Chancen für Frauen in der Wissenschaft – eine Frage der Fachkultur? – Retrospektive Verlaufsanalysen und aktuelle Forschungsergebnisse. In: *Schweizerische Zeitschrift für Bildungswissenschaften*. Vol.: 29 (2). S. 249–272.

Littler, Craig R./Wiesner, Retha/Dunford, Richard (2003): The Dynamics of Delayering: Changing Management Structures in Three Countries. In: *Journal of Management Studies*. Vol.: 40 (2). S. 225–256.

Lohr, Karin/Nickel, Hildegard Maria (Hg.) (2005): Subjektivierung von Arbeit – Riskante Chancen. Münster: Westfälisches Dampfboot.

Luhmann, Niklas (1970): Soziologische Aufklärung. Aufsätze zur Theorie sozialer Systeme. Köln und Opladen: Westdeutscher Verlag.

Luhmann, Niklas (1975): Macht. Stuttgart: Enke.

Luhmann, Niklas (1992): Die Wissenschaft der Gesellschaft. Suhrkamp Taschenbuch Wissenschaft. Frankfurt am Main: Suhrkamp.

Luhmann, Niklas (2006): Organisation und Entscheidung. Wiesbaden, Opladen: Westdeutscher Verlag.

Lutz, Burkart (Hg.) (2001): Entwicklungsperspektiven von Arbeit: Ergebnisse aus dem Sonderforschungsbereich 333 der Universität München / Deutsche Forschungsgemeinschaft. Berlin.

Maasen, Sabine/Kaiser, Mario/Reinhart, Martin/Sutter, Barbara (Hg.) (2012): Handbuch Wissenschaftssoziologie. Wiesbaden: Springer VS.

Maasen, Sabine/Weingart, Peter (2006): Unternehmerische Universität und neue Wissenschaftskultur. In: *die hochschule (*1). S. 19–45.

Maccoby, Michael (1979): Die neuen Chefs. Die erste sozialpsychologische Untersuchung über Manager in Großunternehmen. Rororo 7282 : rororo-Sachbuch. Reinbek bei Hamburg: Rowohlt.

Mainiero, Lisa A./Sullivan, Sherry E. (2005): Kaleidoscope Careers: An Alternate Explanation for the »Opt-Out« Revolution. In: *Academy of Management Perspectives*. Vol.: 19 (1). S. 106–123.

Marginson, Simon (2006): The Anglo-American University at its Global High Tide. In: *Minerva*. Vol.: 44 (1). S. 65–87.

Marrs, Kira (2010): Herrschaft und Kontrolle in der Arbeit. In: Böhle, Fritz; Voß, G. Günter; Wachtler, Günther: Handbuch Arbeitssoziologie. Wiesbaden: VS Verlag für Sozialwissenschaften. S. 331–356.

Marx, Karl (2005 [1844]): Ökonomisch-philosophische Manuskripte. Philosophische Bibliothek Band 559. Hamburg: Meiner.

Maslow, Abraham (1954): Motivation and Personality. New York: Harper.

Matthies, Hildegard/Zimmermann, Karin (2010): Gleichstellung in der Wissenschaft. In: Simon, Dagmar; Knie, Andreas; Hornbostel, Stefan: Handbuch Wissenschaftspolitik. Wiesbaden: VS Verlag für Sozialwissenschaften. S. 193–209.

Maurer, Andrea (Hg.) (2008): Handbuch der Wirtschaftssoziologie. Wiesbaden: VS Verlag für Sozialwissenschaften.

Maurer, Andrea (2013): Handlungsbeschreibungen und Menschenbilder in der Soziologie. Auch ein Beitrag zur Auseinandersetzung mit dem Modell des Homo oeconomicus. In: *Zeitschrift für Wirtschafts- und Unternehmensethik (zfwu)*. Vol.: 14 (2). S. 237–258.

Maus, Christian (2013): Der ordentliche Professor und sein Gehalt. Die Rechtsstellung der juristischen Ordinarien an den Universitäten Berlin und Bonn zwischen 1810 und 1945 unter besonderer Berücksichtigung der Einkommensverhältnisse. Bonner Schriften zur Universitäts- und Wissenschaftsgeschichte Bd. 4. Göttingen: V&R Unipress.

Mayrhofer, Wolfgang/Meyer, Michael/Steyrer, Johannes/Iellatchitch, Alexander/Schiffinger, Michael/Strunk, Guido/Erten-Buch, Christiane/Hermann, Anett/Mattl, Christine (2002): Einmal gut, immer gut? Einflussfaktoren auf Karrieren in ›neuen‹ Karrierefeldern. In: *Zeitschrift für Personalforschung*. Vol.: 16 (3). S. 392–415.

Mayring, Philipp (2010): Qualitative Inhaltsanalyse. Grundlagen und Techniken. Weinheim: Beltz.

McCann, Leo/Morris, Jonathan/Hassard, John (2008): Normalized Intensity: The New Labour Process of Middle Management. In: *Journal of Management Studies*. Vol.: 45 (2). S. 343–371.

McGregor, Douglas (1960): The Human Side of Enterprise. New York: McGraw-Hill.

Meier, Frank (2009): Die Universität als Akteur. Zum institutionellen Wandel der Hochschulorganisation. Wiesbaden: VS Verlag für Sozialwissenschaften.

Menke, Christoph/Rebentisch, Juliane (Hg.) (2010): Kreation und Depression. Freiheit im gegenwärtigen Kapitalismus Band 67. Berlin: Kadmos.

Merton, Robert K. (1968): The Matthew Effect in Science. The Reward and Communication Systems of Science are Considered. In: *Science*. Vol.: 159 (3810). S. 56–63.

Merton, Robert K. (1971): Bürokratische Struktur und Persönlichkeit. In: Mayntz, Renate: Bürokratische Organisation. Köln/Berlin: Kiepenheuer & Witsch. S. 265–276.

Merton, Robert K. (1985): Entwicklung und Wandel von Forschungsinteressen. Aufsätze zur Wissenschaftssoziologie. Frankfurt am Main: Suhrkamp.

Meuser, Michael (2012): Männlichkeiten in Bewegung – Zur Aktualität des Konzepts der hegemonialen Männlichkeit angesichts des Wandels von Erwerbsarbeit. In: Aulenbacher, Brigitte; Riegraf, Birgit: Erkenntnis und Methode. Geschlechterforschung in Zeiten des Umbruchs. Wiesbaden: Springer VS. S. 249–265.

Minssen, Heiner (1999): Von der Hierarchie zum Diskurs? Die Zumutungen der Selbstregulation. München, Mering: Hampp.

Minssen, Heiner (2012): Arbeit in der modernen Gesellschaft. Eine Einführung. Studientexte zur Soziologie. Wiesbaden: Springer VS.

Mittelstraß, Jürgen (1994): Die unzeitgemäße Universität. Suhrkamp Taschenbuch Wissenschaft Band 1159. Frankfurt am Main: Suhrkamp.

Möbius, Stefan/Schroer, Markus (Hg.) (2010): Diven, Hacker, Spekulanten. Sozialtypen der Gegenwart. Frankfurt am Main: Suhrkamp.

Moldaschl, Manfred (2001): Herrschaft durch Autonomie – Dezentralisierung und widersprüchliche Arbeitsanforderungen. In: Lutz, Burkart: Entwicklungsperspektiven von Arbeit: Ergebnisse aus dem Sonderforschungsbereich 333 der Universität München / Deutsche Forschungsgemeinschaft. Berlin. S. 132–164.

Moldaschl, Manfred/Voß, G. Günter (Hg.) (2002): Subjektivierung von Arbeit Band 2. München: Rainer Hampp.

Moosbrugger, Jeanette (2012): Subjektivierung von Arbeit: Freiwillige Selbstausbeutung. Ein Erklärungsmodell für die Verausgabungsbereitschaft von Hochqualifizierten. Wiesbaden: Springer VS.

Morgan, Gareth (1986): Images of Organization. Newbury Park: Sage Publications.

Morgan, Gareth (1997): Bilder der Organisation. Stuttgart: Klett-Cotta.

Morris, Jonathan/Farrell, Catherine (2007): The ›Post-Bureaucratic‹ Public Sector Organization. New Organizational Forms and HRM in Ten UK Public Sector Organizations. In: *The International Journal of Human Resource Management.* Vol.: 18 (9). S. 1575–1588.

Mucha, Anna/Rastetter, Daniela (2012): Macht und Gender. Nach Macht greifen – mit mikropolitischer Kompetenz! Bereitschaft weiblicher Nachwuchsführungskräfte zum Einsatz und Aufbau von Macht. In: *Gruppendynamik und Organisationsberatung. Zeitschrift für angewandte Sozialpsychologie.* Vol.: 43 (2). S. 173–188.

Münch, Richard (2007): Die akademische Elite. Zur sozialen Konstruktion wissenschaftlicher Exzellenz. Frankfurt am Main: Suhrkamp.

Münch, Richard (2010): Der Monopolmechanismus in der Wissenschaft. Auf den Schultern von Robert K. Merton. In: *Berliner Journal für Soziologie.* Vol.: 20 (3). S. 341–370.

Musselin, Christine (2007): Are Universities Specific Organizations? In: Krücken, Georg; Kosmützky, Anna; Torka, Marc: Towards a Multiversity? Universities between Global Trends and National Traditions. Science studies. Bielefeld: Transcript. S. 63–84.

Musselin, Christine (2010): The Market for Academics. Studies in Higher Education. New York: Routledge.

Naegele, Gerhard (Hg.) (2010): Soziale Lebenslaufpolitik. Sozialpolitik und Sozialstaat. Wiesbaden: VS Verlag für Sozialwissenschaften.

Nagl, Manfred/Rüssmann, Kirsten (2011): Zufriedenheit mit der Ingenieurpromotion – Ist-Situation und Verbesserungspotenziale. Aachen.http://www.4ingonline.de/fileadmin/uploads/pdf/Zufriedenheit_mit_der_Ingenieurpromotion.pdf. Zuletzt geprüft: 23.06.2014.

Neckel, Sighard (2008): Flucht nach vorn. Die Erfolgskultur der Marktgesellschaft. Frankfurt am Main, New York: Campus.

Neckel, Sighard/Wagner, Greta (Hg.) (2013): Leistung und Erschöpfung. Burnout in der Wettbewerbsgesellschaft. Berlin: Suhrkamp.

Nickel, Maria Hildegard (2007): Tertiarisierung, (Markt-)Individualisierung, soziale Polarisierung – neue Konfliktlagen im Geschlechterverhältnis? In: Aulenbacher, Brigitte; Funder, Maria; Jacobsen, Heike; Völker, Susanne: Arbeit und Geschlecht im Umbruch der modernen Gesellschaft. Wiesbaden: VS Verlag für Sozialwissenschaften. S. 27–44.

Ochsenfeld, Fabian (2012): Gläserne Decke oder goldener Käfig: Scheitert der Aufstieg von Frauen in erste Managementpositionen an betrieblicher Diskriminierung oder an familiären Pflichten? In: *KZfSS Kölner Zeitschrift für Soziologie und Sozialpsychologie*. Vol.: 64 (3).

OECD (2011): Education at a Glance 2011. OECD Indicators. http://dx.doi.org/10.1787/eag-2011-en. Zuletzt geprüft: 16.05.2014.

Oechsle, Mechtild (2010): Work-Life-Balance: Diskurse, Problemlagen, Forschungsperspektiven. In: Becker, Ruth: Handbuch Frauen- und Geschlechterforschung. Theorie, Methoden, Empirie. Wiesbaden: VS Verlag für Sozialwissenschaften. S. 234–243.

Oevermann, Ulrich (2005): Wissenschaft als Beruf. Die Professionalisierung wissenschaftlichen Handelns und die gegenwärtige Universitätsentwicklung. In: *die hochschule (*1). S. 15–51.

Ohlendieck, Lutz (2003): Gender Trouble in Organisationen und Netzwerken. In: Pasero, Ursula; Weinbach, Christine: Frauen, Männer, Gender Trouble. Systemtheoretische Essays. Frankfurt am Main: Suhrkamp. S. 171–185.

Olbertz, Jan-Hendrik/Pasternack, Peer (Hg.) (1999): Profilbildung, Standards, Selbststeuerung. Ein Dialog zwischen Hochschulforschung und Reformpraxis. Weinheim: Beltz.

Ortmann, Günther/Sydow, Jörg/Türk, Klaus (Hg.) (2000): Theorien der Organisation. Die Rückkehr der Gesellschaft. Organisation und Gesellschaft. Opladen: Westdeutscher Verlag.

Osterloh, Margit/Frey, Bruno S. (2008): Anreize im Wissenschaftssystem. Zürich. https://www.uzh.ch/iou/orga/ssl-dir/.../Anreize_final_12.9.08.pdf. Zuletzt geprüft: 11.07.2012.

Paletschek, Sylvia (2002): Die Erfindung der Humboldtschen Universität. Die Konstruktion der deutschen Universitätsidee in der ersten Hälfte des 20. Jahrhunderts. In: *Historische Anthropologie*. Vol.: 10 (183–205).

Pasero, Ursula/Weinbach, Christine (Hg.) (2003): Frauen, Männer, Gender Trouble. Systemtheoretische Essays. Frankfurt am Main: Suhrkamp.

Peiperl, Maury/Baruch, Yehuda (1997): Back to Square Zero: The Post-Corporate Career. In: *Organizational Dynamics*. Vol.: 25 (4). S. 7–22.

Peter, Lothar (2010): Der Homo academicus. In: Möbius, Stefan; Schroer, Markus: Diven, Hacker, Spekulanten. Sozialtypen der Gegenwart. Frankfurt am Main: Suhrkamp. S. 206–218.

Pfadenhauer, Michaela (2003): Professionalität. Eine wissenssoziologische Rekonstruktion institutionalisierter Kompentenzdarstellungskompetenz. Opladen: Leske + Budrich.

Picot, Arnold/Neuburger, Rahild (2008): Arbeitsstrukturen in virtuellen Organisationen. In: Funken, Christiane; Schulz-Schaeffer, Ingo: Digitalisierung der Arbeitswelt. Zur Neuordnung formaler und informeller Prozesse in Unternehmen. Wiesbaden: VS Verlag für Sozialwissenschaften. S. 221–238.

Pohlmann, Markus. C. (2002): Management, Organisation und Sozialstruktur – Zu neuen Fragestellungen und Konturen der Mangementsoziologie. In: Schmidt, Rudi: Managementsoziologie: Themen, Desiderate, Perspektiven. München, Mering: Rainer Hampp. S. 227–244.

Pongratz, Hans/Voß, G. Günter (1997): Fremdorganisierte Selbstorganisation. Eine soziologische Diskussion aktueller Managementkonzepte. In: *Zeitschrift für Personalforschung*. Vol.: 11 (1). S. 30–53.

Pongratz, Hans/Voß, G. Günter (Hg.) (2004): Typisch Arbeitskraftunternehmer? Befunde der empirischen Forschung. Berlin: edition sigma.

Power, Michael (1997): The Audit Society. Rituals of Verification. Oxford: Oxford University Press.

Prager, Jens U./Schleiter, André (2006): Älter werden – aktiv bleiben?! Ergebnisse einer repräsentativen Umfrage unter Erwerbstätigen in Deutschland. Gütersloh.

Preisendörfer, Peter (2011): Organisationssoziologie. Grundlage, Theorien und Problemstellungen. Wiesbaden: VS Verlag für Sozialwissenschaften.

Prisching, Manfred (2003): Seelentraining. Über eine neue Dimension der Karrierepolitik. In: Hitzler, Ronald; Pfadenhauer, Michaela: Karrierepolitik. Beiträge zur Rekonstruktion erfolgsorientierten Handelns. Soziologie der Politik. Bd. 6. Opladen: Leske + Budrich. S. 53–70.

Projektgruppe GiB (Hg.) (2010): Geschlechterungleichheiten im Betrieb. Arbeit, Entlohnung und Gleichstellung in der Privatwirtschaft. Forschung aus der Hans-Böckler-Stiftung Band 110. Berlin: edition sigma.

Reckwitz, Andreas (2012): Die Erfindung der Kreativität. Zum Prozess gesellschaftlicher Ästhetisierung. Suhrkamp Taschenbuch Wissenschaft Band 1995. Berlin: Suhrkamp.

Riesman, David (1955): The Lonely Crowd. A Study of the Changing American Character. New Haven: Yale University Press.

Ringer, Fritz K. (1983): Die Gelehrten. Der Niedergang der deutschen Mandarine, 1890–1933. Stuttgart: Klett-Cotta.

Rogge, Jan-Christoph (2013): Wissenschaft als Karrierejob. In: Funken, Christiane/ Hörlin, Sinje/ Rogge, Jan-Christoph: Generation 35plus. Aufstieg oder Ausstieg? Hochqualifizierte und Führungskräfte in Wirtschaft und Wissenschaft. S. 35–57. https://www.mgs.tu-berlin.de/fileadmin/i62/mgs/Generation35plus_ebook.pdf. Zuletzt geprüft: 06.10.2014.

Rogge, Jan-Christoph/Flink, Tim/Roßmann, Simon/Simon, Dagmar (2013): Auf Profilsuche. Grenzen einer ausdifferenzierten Hochschullandschaft. In: *die hochschule* (2). S. 68–84.

Rohstock, Anne (2011): »Ein manchmal auch ein wenig verlogener Pathos«. Humboldt als Argument in den Hochschulreformen der Bundesrepublik (1949–2009). In: Jamme, Christoph; Schröder, Asta von: Einsamkeit und Freiheit. Zum Bildungsauftrag der Universität im 21. Jahrhundert. Paderborn: Wilhelm Fink. S. 117–123.

Rosa, Hartmut (2005): Beschleunigung. Die Veränderung der Zeitstrukturen in der Moderne. Frankfurt am Main: Suhrkamp.

Rosa, Hartmut (2006): Wettbewerb als Interaktionsmodus. Kulturelle und sozialstrukturelle Konsequenzen der Konkurrenzgesellschaft. In: *Leviathan*. Vol.: 34 (1). S. 82–104.

Rosa, Hartmut (2010): Autonomieerwartung und Authentizitätsanspruch. In: Breidbach, Olaf; Rosa, Hartmut: Laboratorium Aufklärung. Laboratorium Aufklärung. 1. Paderborn: Wilhelm Fink. S. 199–215.

Rosa, Hartmut (2011): Entfremdung in der Spätmoderne. Umrisse einer Kritischen Theorie der sozialen Beschleunigung. In: Koppetsch, Cornelia: Nachrichten aus den Innenwelten des Kapitalismus. Wiesbaden: VS Verlag für Sozialwissenschaften. S. 221–252.

Ruschenburg, Tina/Zuber, Stephanie/Engels, Anita/Beaufaÿs, Sandra (2011): Frauenanteile in der Exzellenzinitiative. Zu den methodischen Herausforderungen bei der Ermittlung aussagekräftiger Vergleichswerte. In: *die hochschule* (2). S. 161–172.

Rusconi, Alessandra (Hg.) (2011): Gemeinsam Karriere machen. Die Verflechtung von Berufskarrieren und Familie in Akademikerpartnerschaften. Opladen: Barbara Budrich.

Rusconi, Alessandra (2013): Karriereentwicklung in der Wissenschaft im Kontext von Akademikerpartnerschaften. In: *Beiträge zur Hochschulforschung*. Vol.: 35 (1). S. 78–97.

Rusconi, Alessandra/Solga, Heike (2007): Determinants of and Obstacles to Dual Careers. In: *Zeitschrift für Familienforschung*. Vol.: 19 (3). S. 311–336.

Ryan, Richard M./Deci, Edward L. (2000): Self-Determination Theory and the Facilitation of Intrinsic Motivation, Social Development, and Well-Being. In: *American Psychologist*. Vol.: 55 (1). S. 68–78.

Sauer, Dieter (2010): Umbruch der Arbeitsgesellschaft. Zeitdiagnosen zur Entwicklung von Arbeit. In: Altmann, Norbert; Böhle, Fritz: Nach dem »Kurzen Traum«. Neue Orientierungen in der Arbeitsforschung. Berlin: edition sigma. S. 17–35.

Schein, Edgar H. (1988): Organizational Psychology. Englewood Cliffs, NJ: Prentice-Hall.

Schein, Virginia E./Davidson, Marilyn (1993): Think Manager, Think Male. In: *Management Development Review,*. Vol.: Vol. 6 (No. 3). S. 24–28.

Schelling, Friedrich Wilhelm Joseph von (1990): Vorlesungen über die Methode (Lehrart) des akademischen Studiums. Auf der Grundlage des Textes der Ausgabe von Otto Weiss mit Einleitung und Anmerkungen und einer Beilage Schellings philosophisches Testament. Philosophische Bibliothek Bd. 275. Hamburg: Meiner.

Schelsky, Helmut (1963): Einsamkeit und Freiheit. Idee und Gestalt der deutschen Universität und ihrer Reformen. rowohlts deutsche enzyklopädie. Reinbek bei Hamburg: Rowohlt Taschenbuch.

Schiller, Friedrich (2006 [1789]): Was heißt und zu welchem Ende studiert man Universalgeschichte? Eine akademische Antrittsrede. Universal-Bibliothek Nr. 18460. Stuttgart: Reclam.

Schimank, Uwe (2007): Handeln und Strukturen. Einführung in die akteurtheoretische Soziologie. Grundlagentexte Soziologie. Weinheim: Juventa.

Schimank, Uwe (2009): Governance-Reformen nationaler Hochschulsysteme. In: Bogumil, Jörg; Heinze, Rolf G.: Neue Steuerung von Hochschulen. Eine Zwischenbilanz. Modernisierung des öffentlichen Sektors Sonderband. 34. Berlin: edition sigma. S. 123–138.

Schimank, Uwe/Volkmann, Ute (2008): Ökonomisierung der Gesellschaft. In: Maurer, Andrea: Handbuch der Wirtschaftssoziologie. Wiesbaden: VS Verlag für Sozialwissenschaften. S. 382–393.

Schlichting, Carsten (2011): Karrieremöglichkeiten für Experten – 30 Jahre Fachlaufbahn bei Bosch. In: Domsch, Michel E.; Ladwig, Désirée H.: Fachlaufbahnen. Alternative Karrierewege für Spezialisten schaffen. Personalwirtschaft: Buch. Köln: Luchterhand. S. 73–90.

Schmeiser, Martin (1994): Akademischer Hasard. Das Berufsschicksal des Professors und das Schicksal der deutschen Universität 1870–1920 : eine verstehend soziologische Untersuchung. Stuttgart: Klett-Cotta.

Schmidt, Rudi (Hg.) (2002): Managementsoziologie: Themen, Desiderate, Perspektiven. München, Mering: Rainer Hampp.

Schmuckli, Lisa (1996): Differenzen und Dissonanzen. Zugänge zu feministischen Erkenntnistheorien in der Postmoderne. Facetten. Königstein/Taunus: Helmer.

Schreyögg, Georg (1999): Organisation. Grundlagen moderner Organisationsgestaltung. Mit Fallstudien. Wiesbaden: Gabler.

Schuldt, Hans-Joachim (2007): Stichwort: »Erst-«, »Zweit-« und »Drittmittel«. In: *DIE Zeitschrift für Erwachsenenbildung* (2). S. 18–19.

Schulze, Gerhard (1993): Die Erlebnisgesellschaft. Kultursoziologie der Gegenwart. Frankfurt am Main, New York: Campus.

Schwarzbach, Freya (2005): Entscheidungsfindung in Projektteams. Zum Umgang mit unterschiedlichen Perspektiven und Rationalitäten. München: Hampp.

Senghaas-Knobloch, Eva (2008): Wohin driftet die Arbeitswelt? Wiesbaden: VS Verlag für Sozialwissenschaften.

Sennett, Richard (1998): Der flexible Mensch. Die Kultur des neuen Kapitalismus. Berlin: Berlin-Verlag.

Sennett, Richard (2008): Handwerk. Berlin: Berlin-Verlag.

Sennett, Richard (2011): Die Kultur des neuen Kapitalismus. Berlin: Berlin-Verlag.

Serrano-Velarde, Kathia (2008): Evaluation, Akkreditierung und Politik. Zur Organisation von Qualitätssicherung im Zuge des Bolognaprozesses. Wiesbaden: VS Verlag für Sozialwissenschaften.

Shenhav, Yehouda (1995): From Chaos to Systems. The Engineering Foundations of Organization Theory, 1879–1932. In: *Administrative Science Quarterly*. Vol.: 40 (4). S. 557–585.

Simmel, Georg (2000): Georg Simmel in Wien. Texte und Kontexte aus dem Wien der Jahrhundertwende. Edition Parabasen. Wien: WUV.

Simon, Dagmar/Knie, Andreas/Hornbostel, Stefan (Hg.) (2010): Handbuch Wissenschaftspolitik. Wiesbaden: VS Verlag für Sozialwissenschaften.

Simon, Herbert A. (1976): Administrative Behavior. A Study of Decision-Making Processes in Administrative Organization. New York: Free Press.

Springer, Roland (1999): Rückkehr zum Taylorismus? Arbeitspolitik in der Automobilindustrie am Scheideweg. Frankfurt am Main, New York: Campus.

Staehle, Wolfgang H./Conrad, Peter/Sydow, Jörg (1999): Management. Eine verhaltenswissenschaftliche Perspektive. Vahlens Handbücher der Wirtschafts- und Sozialwissenschaften. München: Vahlen.

Statistisches Bundesamt (2013): Hochschulen auf einen Blick. Ausgabe 2013. Wiesbaden.

Statistisches Landesamt Baden-Württemberg (Hg.) (2012): 30 Jahre FamilienForschung Baden-Württemberg. Gesellschaft nachhaltig entwickeln. Stuttgart.

Steele, Claude M. (1988): The Psychology of Self-Affirmation: Sustaining the Integrity of the Self. In: Berkowitz, Leonard: Social psychological studies of the self. Perspectives and programs. Advances in experimental social psychology. 21. San Diego: Academic Press. S. 261–302.

Stehr, Nico (1994): Knowledge societies. London [u.a.]: Sage.

Stengel, Martin (1997): Psychologie der Arbeit. Arbeits- und Organisationspsychologie. Weinheim: Beltz, Psychologie-Verl.-Union.

Stone, Pamela/Hernandez, Lisa Ackerly (2013): The All-or-Nothing Workplace: Flexibility Stigma and »Opting Out« Among Professional-Managerial Women. In: *Journal of Social Issues*. Vol.: 69 (2). S. 235–256.

Strauss, Anselm L./Corbin, Juliet (1998): Basics of Qualitative Research. Techniques and Procedures for Developing Grounded Theory. London: Sage.

Super, Donald E. (1980): A Life-Span, Life-Space Approach to Career Development. In: *Journal of Vocational Behavior*. Vol.: 16 (3). S. 282–298.

Taylor, Frederick Winslow (1977): Die Grundsätze wissenschaftlicher Betriebsführung. Berufliche Bildung und Berufsbildungspolitik Bd. 3. Weinheim und Basel: Beltz.

Teichler, Ulrich (1999): Profilierungspfade der Hochschulen im internationalen Vergleich. In: Olbertz, Jan-Hendrik; Pasternack, Peer: Profilbildung, Standards, Selbststeuerung. Ein Dialog zwischen Hochschulforschung und Reformpraxis. Weinheim: Beltz. S. 27–38.

THESIS Interdisziplinäres Netzwerk für Promovierende und Promovierte e. V. (2004): Zur Situation Promovierender in Deutschland. Ergebnisse der bundesweiten THESIS-Doktorandenbefragung 2004. duz SPECIAL. Berlin.

Thom, Norbert (2007a): Nachhaltige Personalentwicklung. In: Thom, Norbert; Zaugg, Robert J.: Moderne Personalentwicklung. Wiesbaden: Gabler. S. 19–40.

Thom, Norbert (2007b): Trends in der Personalentwicklung. In: Thom, Norbert; Zaugg, Robert J.: Moderne Personalentwicklung. Wiesbaden: Gabler. S. 3–18.

Thom, Norbert/Zaugg, Robert J. (Hg.) (2007): Moderne Personalentwicklung. Wiesbaden: Gabler.

Thrift, Nigel (1997): The Rise of Soft Capitalism. In: *Cultural Values*. Vol.: 1 (1). S. 29–57.

Torka, Marc (2006): Die Projektförmigkeit der Forschung. In: *die hochschule* (1). S. 63–83.

Torka, Marc (2009): Die Projektförmigkeit der Forschung. Baden-Baden: Nomos.

Torka, Marc (2012): Neue Arbeitsweisen: Projekte und Vernetzungen. In: Maasen, Sabine; Kaiser, Mario; Reinhart, Martin; Sutter, Barbara: Handbuch Wissenschaftssoziologie. Springer VS. S. 329–340.

Traue, Boris (2010): Kompetente Subjekte: Kompetenz als Bildungs- und Regierungsdispositiv im Postfordismus. In: Kurtz, Thomas; Pfadenhauer, Michaela: Soziologie der Kompetenz. Wiesbaden: VS Verlag für Sozialwissenschaften. S. 49–67.

Turner, George (2001): Hochschule zwischen Vorstellung und Wirklichkeit. Zur Geschichte der Hochschulreform im letzten Drittel des 20. Jahrhunderts. Berlin: Duncker & Humblot.

Volkmann, Ute/Schimank, Uwe (Hg.) (2002): Soziologische Gegenwartsdiagnosen II. UTB 2158, 2349. Opladen: Leske + Budrich.

Volpert, Walter (1977): Einleitung zum Neudruck. In: Taylor, Frederick Winslow: Die Grundsätze wissenschaftlicher Betriebsführung. Berufliche Bildung und Berufsbildungspolitik. Bd. 3. Weinheim und Basel: Beltz. S.IX–LI.

Vom Bruch, Rüdiger (1999): Langsamer Abschied von Humboldt. Etappen deutscher Universitätsgeschichte 1810–1945. In: Ash, Mitchell G.: Mythos Humboldt. Vergangenheit und Zukunft der deutschen Universitäten. Wien: Böhlau. S. 29–57.

Voß, G. Günter (1998): Die Entgrenzung von Arbeit und Arbeitskraft. Eine subjektorientierte Interpretation des Wandels der Arbeit. In: *Mitteilungen aus der Arbeitsmarkt- und Berufsforschung*. Vol.: 31 (3). S. 473–487.

Voß, G. Günter/Pongratz, Hans J. (1998): Der Arbeitskraftunternehmer. Eine neue Grundform der Ware Arbeitskraft? In: *KZfSS Kölner Zeitschrift für Soziologie und Sozialpsychologie*. Vol.: 50 (1). S. 131–158.

Voß, G. Günter/Weiß, Cornelia (2005): Ist der Arbeitskraftunternehmer weiblich? In: Lohr, Karin; Nickel, Hildegard Maria: Subjektivierung von Arbeit – Riskante Chancen. Münster: Westfälisches Dampfboot. S. 65–91.

Voswinkel, Stephan (2000): Anerkennung und Arbeit im Wandel. Zwischen Würdigung und Bewunderung. In: Holtgrewe, Ursula; Voswinkel, Stephan; Wagner, Gabriele: Anerkennung und Arbeit. Konstanz. S. 39–60.

Voswinkel, Stephan (2005): Die Organisation der Vermarktlichung von Organisationen. In: Jäger, Wieland; Schimank, Uwe: Organisationsgesellschaft. Facetten und Perspektiven. Lehrbuch. Wiesbaden: VS Verlag für Sozialwissenschaften. S. 287–312.

Wagner-Baier, Annette/Funke, Friedrich/Mummendey, Amélie (2011): Analysen und Empfehlungen zur Situation von Postdoktorandinnen und Postdoktoranden an deutschen Universitäten und insbesondere an der Friedrich-Schiller-Universität Jena. Jena. http://www.jga.uni-jena.de/dokumente/PostDocSurvey_web.pdf. Zuletzt geprüft: 23.06.2014.

Weber, Marianne (Hg.) (1988 [1924]): Max Weber: Gesammelte Aufsätze zur Soziologie und Sozialpolitik. Tübingen: Mohr Siebeck.

Weber, Max (1976 [1921]): Wirtschaft und Gesellschaft. Grundriss der verstehenden Soziologie. Studienausgabe. Tübingen: J. C. B. Mohr (Paul Siebeck).

Weber, Max (1986 [1920]): Die protestantische Ethik und der Geist des Kapitalismus. In: Weber, Max: Gesammte Aufsätze zur Religionssoziologie. Tübingen: J.C.B. Mohr. S. 17–206.

Weber, Max (Hg.) (1986 [1920]): Gesammte Aufsätze zur Religionssoziologie. Tübingen: J.C.B. Mohr.

Weber, Max (1995 [1919]): Wissenschaft als Beruf. Stuttgart: Reclam.

Weber, Max (2011 [1918]): Parlament und Regierung im neugeordneten Deutschland. Zur politischen Kritik des Beamtentums und Parteiwesens. Berlin: Duncker & Humblot.

Weingart, Peter (2001): Die Stunde der Wahrheit. Zum Verhältnis der Wissenschaft zu Politik, Wirtschaft und Medien on der Wissensgesellschaft. Weilerswist: Velbrück Wissenschaft.

Weingart, Peter/Carrier, Martin/Krohn, Wolfgang (2007): Nachrichten aus der Wissensgesellschaft. Analysen zur Veränderung der Wissenschaft. Weilerswist: Velbrück Wissenschaft.

Wilkesmann, Uwe (2005): Die Organisation von Wissensarbeit. In: *Berliner Journal für Soziologie*. Vol.: 15 (1). S. 55–72.

Wilkesmann, Uwe/Schmid, Christian (Hg.) (2012): Hochschule als Organisation. Organisationssoziologie. Wiesbaden: Springer VS.

Willems, Herbert (1998): Inszenierungsgesellschaft. Ein einführendes Handbuch. Opladen [u.a.]: Westdeutscher Verlag.

Williams, Joan C./Berdahl, Jennifer L./Blair-Loy, Mary (2013): Cultural Schemas, Social Class, and the Flexibility Stigma. In: *Journal of Social Issues*. Vol.: 69 (2). S. 209–234.

Willke, Helmut (1998): Organisierte Wissensarbeit. In: *Zeitschrift für Soziologie*. Vol.: 27 (3). S. 161–177.

Wimbauer, Christine/Henninger, Annette/Gottwald, Markus/Künzel, Annegret (2007): Gemeinsam an die Spitze – oder der Mann voran? (Un-)Gleichheit in Doppelkarriere-Paaren. In: Dackweiler, Regina-Maria: Willkommen im Club? Frauen und Männer in Eliten. Forum Frauen- und Geschlechterforschung. Bd. 20. Münster: Westfälisches Dampfboot. S. 87–105.

Wing, Deborah A./Benner, Rebecca S./Petersen, Rita/Newcomb, Robert/Scott, James R. (2010): Differences in Editorial Board Reviewer Behavior Based on Gender. In: *Journal of Women's Health*. Vol.: 19 (10). S. 1919–1923.

Winker, Gabriele/Carstensen, Tanja (2007): Eigenverantwortung in Beruf und Familie – vom Arbeitskraftunternehmer zur ArbeitskraftmanagerIn. In: *feministische studien* (2). S. 277–288.

Winterhager, Nicolas (2012): Mechanismen der Forschungssteuerung an deutschen und österreichischen Universitäten. In: Wilkesmann, Uwe; Schmid, Christian: Hochschule als Organisation. Organisationssoziologie. Wiesbaden: Springer VS. S. 261–277.

Wippermann, Carsten (2010): Frauen in Führungspositionen. Barrieren und Brücken. Sinus Sociovision. Heidelberg.

Wippermann, Carsten (2011): Perspektive Wiedereinstieg. Ziele, Motive und Erfahrungen von Frauen vor, während und nach dem beruflichen Wiedereinstieg. Sinus Sociovision. Heidelberg.

Wippermann, Carsten/Calmbach, Marc/Wippermann, Katja (2009): Männer: Rolle vorwärts, Rolle rückwärts. Identitäten und Verhalten von traditionellen, modernen und postmodernen Männern. Opladen, Farmington Hills, Mich: Budrich.

Wirth, Angelika (2013): Wie groß ist die Berufungschance? Der Stellenmarkt für Hochschullehrer 2011. In: *Forschung & Lehre*. Vol.: 20 (12). S. 1002–1007.

Wirth, Werner/Stämpfli, Ilona/Böcking, Saskia/Matthes, Jörg (2008): Führen viele Wege nach Rom? Berufssituation und Karrierestrategien des promovierten wissenschaftlichen Nachwuchses in der Kommunikations- und Medienwissenschaft. In: *Publizistik*. Vol.: 53 (1). S. 85–113.

Wissenschaftsrat (WR) (2014): Empfehlungen zu Karrierezielen und -wegen an Universitäten (Drs. 4009–14). Dresden.

Wobbe, Theresa (1997): Wahlverwandtschaften. Die Soziologie und die Frauen auf dem Weg zur Wissenschaft. Frankfurt am Main, New York: Campus.

Wolf, Harald (2003): Partizipatives Management – was bleibt? Expertise für die Hans-Böckler-Stiftung. Göttingen. http://www.sofigoettingen.de/fileadmin/Harald_Wolf/Material/Wolf_Partizipatives_Management.pdf. Zuletzt geprüft: 16.04.2014.

Womack, James P./Jones, Daniel T./Roos, Daniel (1990): The machine that changed the world. Based on the Massachusetts Institute of Technology 5-million dollar 5-year study on the future of the automobile. New York: Rawson Associates.

Wren, Daniel A. (1979): The Evolution of Management Thought. New York: John Wiley & Sons.

Zapf, Wolfgang (Hg.) (1991): Die Modernisierung moderner Gesellschaften. Verhandlungen des 25. Deutschen Soziologentages. Frankfurt am Main, New York: Campus.

Zimmer, Annette/Krimmer, Holger/Stallmann, Freia (2007): Frauen an Hochschulen. Winners among losers: zur Feminisierung der deutschen Universität. Opladen, Farmington Hills: Barbara Budrich.